新时代高校思想教育模式多元化构建探究

马艳萍　张大伟　姜玲玲　主编

全国百佳图书出版单位　吉林出版集团股份有限公司

图书在版编目（CIP）数据

新时代高校思想教育模式多元化构建探究 / 马艳萍，张大伟，姜玲玲主编. -- 长春：吉林出版集团股份有限公司，2021.9

ISBN 978-7-5731-0474-8

Ⅰ.①新… Ⅱ.①马… ②张… ③姜… Ⅲ.①高等学校-思想政治教育-研究 Ⅳ.①G641

中国版本图书馆CIP数据核字（2021）第194300号

XINSHIDAI GAOXIAO SIXIANG JIAOYU MOSHI DUOYUANHUA GOUJIAN TANJIU

新时代高校思想教育模式多元化构建探究

主　　编：马艳萍　张大伟　姜玲玲
责任编辑：朱　玲
封面设计：雅硕图文
开　　本：787mm×1092mm　1/16
字　　数：400千字
印　　张：17
版　　次：2021年9月第1版
印　　次：2021年11月第1次印刷

出　　版：吉林出版集团股份有限公司
发　　行：吉林出版集团外语教育有限公司
地　　址：长春市福祉大路5788号龙腾国际大厦B座7层
电　　话：总编办：0431-81629929
印　　刷：吉林省创美堂印刷有限公司

ISBN 978-7-5731-0474-8　　定　价：68.00元
版权所有　侵权必究　举报电话：0431-81629929

前　言

　　思想政治教育工作的开展不仅是高校教育教学工作的重要内容，也是为国家培养优秀人才、提升当代大学生综合素质的重要环节。高校的思想政治教育旨在对学生进行正确的思想认识引导，使学生能够端正政治立场，树立正确的思想意识、良好的价值观念，从而发展成为社会发展所需的高素质、高水平的综合应用型人才。

　　本书是一本探讨新时代高校大学生思想政治教育模式多元化构建的理论著作。本书简要论述了高校大学生思想政治教育的基础知识、思想政治教育模式构建的基本理论；分别探讨了高校思想政治教育立体化模式的构建、高校思想政治教育和谐模式的构建、高校思想政治教育公众参与模式的构建、高校思想政治教育"三全六结合"模式的构建、高校思想政治文化教育模式的构建、高校思想政治心理教育机制的构建、高校思想政治实践育人机制的构建、高校思想政治自主学习模式的构建、高校思想政治"微教育"模式的构建；最后分析了高校思想政治教育评价体系的构建与完善。

　　与已有的同类研究成果相比，本书主要具有以下四大特色：

　　一是层次性。本书可分为三部分，第一部分（第一章、第二章）主要探讨了思想政治教育模式构建的基础知识；第二部分（第三章至第十一章）从不同的层面出发论述了思想政治教育模式的构建对策。第三部分（第十二章）则对高校思想政治教育评价体系进行了深入论述。本书框架鲜明，结构清晰，能够让读者快速抓住作者的写作思路。

　　二是全面性。本书以从第三章至第十一章共九个板块的篇幅，围绕新时代高校大学生思想政治教育模式的多元化构建进行了深入的分析与探讨。内容比较广博，信息量比较丰富，以期给新时代的读者更全面、更综合的知识。

　　三是针对性。目前，虽然高校对思想政治教育越来越重视，但当前的课堂效率依然没有得到有效地提升，本书在深入剖析现象的基础上提出了切实可行的教学模式的构建对策，以期能给大学生及教育工作者有益的启迪。

　　四是实用性。本书论述了高校思想政治教育立体化模式构建的途径、思想政治教育师生和谐模式的构建策略、高校思想政治教育公众参与的构建路径、基于信息技术支持下的"三全六结合"教育平台的构建对策、高校思想政治文化教育模式的构建策略、高校心理教育机制的构建、思想政治教育实践育人评价体系的构建、自主学习评价体系的构建、思想政治"微教育"模式的构建路径，能够在一定程度上指导实践，具有一定的实用性。

　　需要说明的是，新时代高校大学生思想政治教育模式的多元化构建并不止于本书的内容，尤其是其中的某些教育的技巧与方法，还需要教师们结合自身实际，灵活运用，唯有如此，才能百尺竿头更进一步！

　　在本书的写作过程中，作者查阅了大量的资料，也就一些比较有争议的问题请教了相关的专家，以期本书能对高校思想政治教育研究贡献自己的力量。但是，由于时间及能力有限，本书可能还存在很多不足之处，还望读者指教。最后，作者对给予本书巨大帮助的亲朋好友致以最诚挚的感谢。

目 录

第一章 高校大学生思想政治教育概述 ... 1
第一节 思想政治教育理论 ... 1
第二节 思想政治教育的特征及作用 ... 11
第三节 思想政治教育的主客体 ... 14
第四节 思想政治教育的主旋律 ... 18

第二章 思想政治教育模式构建的理论基础及现状 ... 23
第一节 高校思想政治教育模式的历史沿革 ... 23
第二节 思想政治教育模式构建的理论基础 ... 26
第三节 思想政治教育模式构建的机制保障 ... 32
第四节 思想政治教育模式构建现状与探索 ... 33

第三章 高校思想政治教育立体化模式的构建探究 ... 48
第一节 高校思想政治教育立体化模式概述 ... 48
第二节 高校思想政治教育立体化模式构建的原则及条件分析 ... 51
第三节 高校思想政治教育立体化模式构建的途径 ... 58
第四节 构建高校思想政治教育立体化模式的保障 ... 64

第四章 高校思想政治教育和谐模式的构建探究 ... 70
第一节 思想政治教育和谐模式理论基础 ... 70
第二节 思想政治教育师生和谐模式的构建策略 ... 78
第三节 思想政治教育家校和谐模式的构建 ... 83
第四节 社会教育与学校教育和谐模式的构建 ... 87

第五章 高校思想政治教育公众参与模式的构建探究 ... 92
第一节 高校思想政治教育公众参与概述 ... 92
第二节 高校思想政治教育公众参与的构成要素及运行机制 ... 98
第三节 高校思想政治教育公众参与的构建路径 ... 105

第六章 高校思想政治教育"三全六结合"模式的构建探究 ... 114
第一节 "三全"育人教育模式的构建 ... 114
第二节 基于信息技术支持下的"三全六结合"教育平台的构建 ... 120
第三节 "三全六结合"教育模式带给我们的启示 ... 123

第七章 高校思想政治文化教育模式的构建探究 … 129
第一节 传统文化概述 … 129
第二节 传统文化在思想政治教育中的价值分析 … 132
第三节 传统文化在思想政治教育中的应用现状 … 140
第四节 高校思想政治文化教育模式的构建策略 … 145

第八章 高校思想政治心理教育机制的构建探究 … 151
第一节 心理教育概述 … 151
第二节 心理教育与思想政治教育的关系 … 155
第三节 心理教育在思想政治教育中的作用分析 … 161
第四节 高校心理教育机制的构建研究 … 163

第九章 高校思想政治实践育人机制的构建探究 … 177
第一节 实践育人概述 … 177
第二节 思想政治教育中的实践育人现状 … 180
第三节 不同主体实践育人机制的构建 … 186
第四节 思想政治教育实践育人评价体系的构建 … 188

第十章 高校思想政治自主学习模式的构建探究 … 197
第一节 思想政治教育自主学习概述 … 197
第二节 网络环境及新媒体环境下的自主学习 … 208
第三节 自主学习评价体系的构建 … 215

第十一章 高校思想政治"微教育"模式的构建探究 … 219
第一节 思想政治"微教育"概述 … 219
第二节 "微教育"背景下思想政治教育面临的机遇与挑战 … 228
第三节 思想政治"微教育"模式的构建路径 … 234

第十二章 高校思想政治教育评价体系的构建 … 236
第一节 思想政治教育评价体系概述 … 236
第二节 高校思想政治教育评价的基本原则、方法及体系 … 247
第三节 思想政治教育综合评价体系构建的路径分析 … 252

参考文献 … 261

第一章
高校大学生思想政治教育概述

开展大学生思想政治教育必须以正确的理论为指导，适应时代发展的新变化，了解当代大学生思想政治教育的理论基础，明确大学生思想政治教育的特征及作用，分析当代大学生思想政治教育的主客体以及主旋律，对思想政治教育工作不断创新，这样才能使大学生思想政治教育在日新月异的时代中保持活力。

第一节　思想政治教育理论

一、中国传统哲学

（一）儒家人学理论对高校有效教学的启示

儒家仁学主流思想无一不是在强调人在宇宙中的主体作用，以及道德主体在道德内化过程中的能动性。因而在教育的所有环节里，如果没有学生主动参与的学习活动，教育者所做的一切便微乎其微，教育存在的价值也荡然无存。教育的最终目的不是传授已有的东西，而是要把人的创造力诱导出来，将生命感、价值感唤醒。高校思想政治课教学，作为塑造学生灵魂和理想信念的课程，其有效教学的核心前提即是在"以人为本，以生为本"的教学原则下，将思想政治课教学建立在主体行为基础上。具体体现在：

第一，肯定人的主体作用的同时，强调对人性的理解和尊重，在此基础上实施情感教育。情感是一个精神饱满、为已定目标而奋斗的人的本质力量。它会给学生以兴趣、以需求、以信心、以希望，推动、促进学生的发展。众所周知，高校思想政治课的最终目的是树立大学生正确的价值理念和道德体系，正像儒家所倡言的以"为己之学"为核心的道德修身之说，不是为了师长，不是为了家庭，甚至也不是为了简单的社会要求，而是为了发展自己的人格。

积极的情感在人们从事学习和探究真理的活动中可起到积极的促进作用，这主要是因为积极情感能创造有利于学生学习的心理状态。高效的思想政治教学必须具备积极的情感，如果学生具有乐观向上的态度，他们在参加思想政治实践活动时会表现得十分积极,这就使他们获得了比其他人还多的学习机会,从而促进了其对知识的掌握;如果学生具有强烈的学习动机、浓厚的学习兴趣以及大胆的实践精神,那么他们的学习效率将会有很大的提高;如果学生具有充分的信心和坚强的意志,那么他们就会有勇气面对和克服学习中的各种困难。而消极的情感则往往会对学生的学习和探究活动起到抑制阻碍的作用。如过于害羞、胆怯以及过于内向的学生都不利于参与学习活动,也不利于展示自己。因此,高校思想政治课要实现有效教学就需要重点关注学生情感态度和价值观的培养,而这就要求教育者在教学的全过程中构建一种以学生为主的教学体系,在教学活动中,使他们能够根据自己的需要,主动为自己确定目标,从而不断改变自我、完善自我、提升自我。

第二,在尊重学生主体性的同时,以人为本的教育还强调教师与学生由上下支配地位关系向伙伴合作关系方向转变,以建构主义的方法论去帮助学生实现价值观的改造和社会化。教师的教学最终要使学生愿意学、主动学、学会学,通过启发、引导学生内在的教育需求,创设和谐、宽松、民主的教育环境,有目的、有计划地组织、规范各种教学活动,使他们成为自主地、能动地进行认识和实践活动的社会主体,从而达到人的终极价值目标的实现和人格的健全。

我们已经意识到传统的教学方式必须发生转变。在认识方式、教学方式转变的背后更是对学习者、对学习、对教育等认识方式上的根本性变革。因此,现代高校思想政治教学必须以中国传统哲学为依托,突出了大学生主体人格的力量,在更深层的意义上发掘了主体自我发展及实践活动的内在作用。传统儒家以自我节制、发奋立志的途径来建立主体的意志结构,以道德自律来树立人之为人的价值主动性和创造性,这对于当前高校思想政治课有效教学强调以生为本,注重学生价值、情感与知识目标系统整合的思想是有着一定借鉴意义的。换句话说,思想政治课有效教学要以人为本,抓住人的内心最基本的需要,实施教育策略,帮助其实现自我满足,而这一切的实现,都能从中国传统哲学中挖掘出来。

(二)中庸的执中思想与现代教学

中庸的执中思想对现代教学的影响体现在教学的方方面面,尤其体现在教师的学生在教学的互动中。

1. 执中思想与教师的为师之道

在儒家伦理思想中,"中和""中庸""中道"这些概念,有多种不同的理解和诠释,在不同的场合也从不同意义上的使用。对这些概念理解上的分歧至今仍然存在。在这里,我们主要将用中庸思想来塑造一个不一样的教师。

我们用"中庸"思想反思我们的教育实践,可以看到教育现象中有诸多"两端",教育实践中存在着大量"过"与"不及"的行为,尤其是在师生关系的处理上,存在着偏执一端的现象。教育过程中最重要、最基本、最典型的关系是师生关系,这一关系贯穿教育过程的始终,是教育过程中经常性而又非常活跃的人际关系。良好的师生关系是向学生进行全面发展教育、提高教育教学质量的前提。因此有必要借鉴儒家的"中庸"思想,正确把握和处理教育中的"过犹不及",以达于"中"。中庸思想要求教师为人立身要正,处事要坚守正道,力避过与不及的偏激行为,使师生关系保持一种正义与和谐状态，以利于教学的发展。

儒家讲求以人为本、以和为贵。"以和为贵"的真正内涵是要求每个人不断提高自己的道德修养，为人处世都要以达到中庸的境界，从自我提高入手来改进与人交往的氛围，这也是一种对个人德行修养的鞭策。运用到为师之道，即强调从整体观出发，谋求教师自身、教师与学生之间的和谐共处，营造一种和谐、轻松的教学氛围。每个教育者都希望创建一个和谐的师生关系，但如何创建却总是难以把握。这里中庸思想恰好为我们提供了一个理想的工具。"过"与"不及"是"中庸"的两端。教师渊博的知识和高尚人格魅力会产生一定的权威，但权威又是相对的，如果教师在运用过程中对权威使用不当，不但不会产生应有的教学效果，甚至会走向"权力主义"或"娇惯、溺爱"学生的反面。从中庸的观点看，教师权威就是要做到无"过"、无"不及"。如果教师长期将权威当作权力压抑、控制学生，那么在长期的权力压抑下，学生便形成了无言服从与机械接受的定式，久而久之，学生的学习热情、学习兴趣、创新意识、创新能力等将会被机械而麻木、唯命是从的奴性思想代替。教育者在处理与学生之间的问题时，思虑求中，审事求中，必须用中庸思想分析和把握课堂教学的动态平衡，从而实现课堂教学的和谐统一。

教师在教育学生时，不可一味纵容，也不可一味地严厉，而应允执其中。宇宙自然法则极其微妙，很难把握；面对变幻的人心，微妙的自然，只有用精密的方法了解事理和物理的真相，用一贯的态度洞察宇宙和人生的全体。这一贯的态度就是不偏不倚，以中道为准则来立身处世。"己所不欲，勿施于人"，因此，教师在教学中要不断提高自己，尊重差异，以平等的眼光来看待每一个学生。对学生采取民主、尊重、理解的态度，激发学生的主观能动性，加强教师的主导作用，确立学生主体的观念，在具体实施过程中时刻牢记"以人为本"。在教学中，教师无须居高临下，学生也无必要唯命是从，而应采取"对话模式"，教师与学生之间的"教"与"学"要构建一个良性的反馈机制，通过沟通来促进教学。

2. 执中思想使师生关系更加和谐

教学是一个双向互动的过程。教师与学生是教育得以构成的两个必需因素，可是这两个因素单方面地强化不足或强化过度，即"过犹不及"，教育就失去了平衡、和谐。

在学校这个小社会中任何活动的进行都离不开教师和学生的参与。教师是学生学习和成长的促进者、引导者。离开了教师的教，"学"的活动将没有正确的导向；离开了学生的学，教学成为一句空话，教学活动将无法取得应有的效果。因此，合理的教师权威是学校教育稳定有序进行的前提。师生关系要保持均衡、和谐、协调，不能厚此薄彼，而要达于"中庸"中庸思想不仅是中国传统文化中极其重要的思想观念，而且也培育了中华民族的群体心态。正是因为千年来中国人对中庸思想的认同和追求，才形成了中国人仁爱温良、平和宽大的品格，崇尚团结、热爱和平的价值取向。才使得中国人十分注重和谐局面的实现和保持，做事不走极端，着力维护集体利益，求大同存小异，成了人们普遍的思维原则，并逐步形成了一种比较稳定的社会心理和民族文化传统。

对于高校教学而言，中庸思想的应用既可以培养学生的集体意识，又可以维持课堂教学的和谐，从而达到教学的有效效果。但是，直到现在，我们的教学还是停留在传统以教师为主的模式上，而忽视学生的学，因此，教学效果并不明显。不可否认，教学本身是由教与学共同组成的，包括教师的教与学和学生的教与学，是一个复杂的、多层次的系统。教学中应该解放学生，不能让他们只是一味地接受知识，还要学会探究知识，提倡研究性学习。教师还要从观念上彻底转变过来，平等地看待学生，尊重学生，把课堂变成学生发挥其创造性的舞台。要让学生自己探究知识，把课堂还给学生，鼓励并引导学生主动学习。

另外，在学生探究学习的过程中，需要教师积极地寻求系统知识和学生创造性思维开发中的某种联系，把学生的思维引导到思考知识的系统性和完整性上，设计合理的提问，让学生自己主动地进行知识的梳理和规整，做到知识学习和思维开发两不误。教师权威是保证学生以及他们的思想、行为等从无序走向高效有序运行的必要手段。面对这个信息飞速发展、知识来源多渠道化的社会，教师必须具有更为广博的知识，才能为学生提供不同的学习与思维判断角度，使学生准确而快捷地掌握学习方法。

总之，我们所倡导的中庸之道是"去其过，舍其不及"而构建适度的教师权威。这种教师权威必须遵循不偏不倚、无过无不及的原则，既充分发挥教师的主导性作用，也重视学生的主体作用，注重学生主体地位和教师主导作用的平衡。每个学生作为一个有生命的个体，并不能如同物一般成为教师改造的对象。教师作为交往中的一方是有权威的影响者，但更应该作为一个平等的对话者，教师与学生之间的关系应是一种"主体与主体之间的双向理解"的交往关系，师生之间进行的是人与人之间的精神沟通与交流。高校思想政治课教学要做到有效教学，就应该通过相互之间的情感交流，寻求师生情感上的共鸣，使个体的道德修养得到升华，实现高校思想政治课教学塑造灵魂的终极目标。

二、人的全面发展理论

马克思主义关于人的全面发展理论是马克思主义的最高价值理想。从社会发展的规律看，是人类社会发展最终形态——共产主义社会的价值目标；从个人发展的角度看，是实现人的全面而自由发展的最高理想境界的理想归属。具体说来，包括人的全面发展、人的自由发展、人的全面而自由的发展三个逐次递增的层次，逻辑相连，有机统一于马克思关于人的全面发展的理论。既体现出马克思主义哲学的辩证观，又体现出马克思主义理论的发展观，闪耀着辩证法和发展论的思想光辉，对高校思想政治教学改革具有理论借鉴的现实意义。

（一）马克思主义关于人的全面发展理论内容概述

基于马克思主义关于人的本质的内在规定的理论，马克思主义关于人的全面发展理论的内涵，主要包括人的劳动活动的全面发展、劳动能力的全面发展、社会关系的全面发展、自由个性的全面发展和人类整体的全面发展五个方面的内容。具体如下：

人的劳动活动的全面发展。自由自觉的劳动是人群的特性，是人区别于动物的本质性活动；正是在劳动中，人的类存在才得以体现，人的本质才得以反映，人才成其为人。人通过劳动，在改造客观世界的同时改造自己本身，在劳动的发展中获得自身的发展。

人的能力的全面发展。人的能力既包括体力，又包括智力；既包括人们从事物质生产的能力，又包括人们从事精神生产的能力；既包括人的社会交往的能力，又包括人的道德修养的能力和审美能力等。这里所指的能力，既包括体力，又包括智力；既包括从事物质生产劳动的能力和作为生产力要素的生产技术的能力,又包括从事精神活动和精神生产的能力;既包括人们的社会交往、社会适应和驾驭社会关系的能力,又包括开拓和创新的能力;既包括德能,即思想觉悟与道德修养的能力,又包括审美的能力,即人们感受美、鉴赏美、表现美和创造美的能力;既包括现实的能力、显性的能力;又包括潜在能力、隐性的能力。其中,体力和智力的发展,是人的核心能力,是人的能力的全面发展的主要内容,也是人的其他能力得以全面发展的基础和前提。

人的能力的全面发展是马克思主义关于人的全面发展理论中强调得最多的一个价值目标。人的能力是人的本质力量的外化和展现,是人表现和确证自己社会本质的内在力量,主要包括人的体力和智力、自然能力和社会能力、潜在能力和现实能力等不同类型的能力。能力的发展在人的全面发展中具有重要的地位。它是人的全面发展的核心。

人的社会关系的全面发展。人的劳动从来就是社会的劳动,脱离了人的社会性,就不成其为人的劳动。因而,人是社会的存在物,人总是在一定的社会关系中生存和发展。

人的自由个性的全面发展。人的个性,是个人的自我意识及由此形成的个人特有的素质、品格、气质、性格、爱好、兴趣、特长、情感等的总和。人的个性的全面发展,就是指这一"总和"的全面发展。自由个性的充分发挥,是人的全面发展的综合体现和最高目标,也是人的全面发展的根本内涵。人的个性的发展程度表现为人的独立自主性、自觉能动性和独特创造性的发展程度。自觉能动性是个性的根本特征。创造性则是个性的最高表现,也是最活跃的因素,其实质是主体对现实的超越。人的全面发展并不是要排斥人的个性发展,相反,它是以人的个性发展为条件,因为人的自由发展是一切人自由发展的条件。人的全面发展是在个性自由发展的基础上的个性发展与全面发展的统一。人类是社会历史的主人,也是推动历史前进的根本动力源。在人的本质力量当中,创造力是其集中体现,也是人区别于动物的根本属性之一。人的个性的充分发展,离不开人的身心潜能的开发,也就是离不开人的体力和智力的全面发展,特别是人的创造潜能的激发。

思想政治教学必须注重教育对象在个性和智力潜能上的差异,在共性教育的基础上更应该重视个性教育,把发展个性作为全面发展教育的一项重要任务来抓。如果在一个社会中,任何人都是一个模式,毫无个性差异,那么这个社会必然缺乏创造性的人才。因为个性发展在很大程度上决定了个体创造灵感和创造能力的培养。

人的需要的全面发展。人的需要是多方面的。从层级上说,有生存需要、发展需要、安全需要,情感归属的需要和自我价值实现的需要;从内容上说,有物质需要和精神需要。需要产生动机,动机促使人去实践、去劳动、去创造。在实践的基础上,人又产生新的需要,驱动人去开拓更广阔的实践领域和生活领域。

综上所述,人的全面发展思想是贯穿于马克思主义三大组成部分之中的重要思想,不仅在马克思主义思想体系中占有重要的地位,也是马克思和恩格斯两位革命导师一生追求的理想目标。作为马克思主义者,高校的思想政治课程教师应以此为高端标杆,在教育教学实践中,切实做到以人为本,以学生为本的教育实践,这不仅是教育教学中应尽的义务,更是作为马克思主义者实践的结果。

（二）马克思主义关于人的全面发展理论对思想政治教学改革的启示

1. 崇尚以人为本的理念，增强思想政治课程的针对性

树立以人为本的理念，体现在思想政治教学中，即在开展思想政治教学的过程中不是以教师主观的推测与想象来代替学生的客观实际情况，而是始终以人为本，注重从大学生主体需要的角度考虑问题，紧紧围绕其实际需要选择恰当的课堂教学方式，组织丰富的教育教学内容。其次，要树立求真务实的理念，从解决大学生的实际问题入手，提高思想政治教学的针对性。在具体教学中，注意从小处着手，切实解决大学生关心的实际问题，并将教育内容、教育目标巧妙地贯穿在解决实际问题的过程中，达到教师既能传播教育内容又能赢得大学生尊重的双重效果。最后，要有针对性地深入研究思想政治教学课中深层次的理论和实际问题，如结合当代大学生思想实际开展专题报告、社会热点问题讨论等活动，有力地调动大学生学习思想政治理论的主动性、积极性。

2. 树立全面发展的思想，拓宽思想政治课程的创新性

以学生创造发展为契机，创新大学生思想政治教学理念，拓宽思想政治课程的创新性，为大学生的全面发展提供导向。思想政治教学要激发学生的身心潜能，开发智力，充分发挥教育对象的自主能动性，培养广泛的兴趣爱好，使教育对象成为具有创造思维和创新精神的个性鲜明的人。这是人的全面发展教育的必然要求，也是拓展人的本质力量，推动社会发展的内在需要，具体体现在：

第一，充分发挥社会实践的育人作用，拓宽大学生社会实践教育领域。作为拥有较高学历，掌握较多知识技能，具备较高思想道德素质的群体，大学生们有条件、也有能力积极参与社会服务活动，运用他们的知识智慧、技能体力等为需要的人们提供帮助、解决问题。因此，提供更加全新的多样化的场所，构筑更加宽阔的社会活动平台，增强有组织的多元化的社会考察形式，服务于大学生的社会实践活动，是充分发挥社会实践的育人作用。

第二，充分发挥网络媒介的育人功能，主动占领网络思想政治教学新阵地。21世纪是网络化、数字化的时代，以互联网为核心的信息革命将给人类的生产、生活、科技、教育带来史无前例的变化。大学生思维活跃，接受新鲜事物强，是最先接触和接受网络的群体之一，因而，他们所受到的网络的影响也是最早、最普遍的。当代大学生正处于社会转型和自身发展的关键时期，面对网络时代多元化的文化与价值观念的冲击，他们的品德的形成和价值信仰的选择将直接关系到国家的发展和命运。因此，高校思想政治教学工作应该重视网络发展带来的挑战，针对传统工作方式的不适之处做出相应的调整。同时，应充分利用网络的优势，不失时机地开辟网络阵地，借助网络媒介将思想政治教学工作深入推进。

第三，充分发挥先进文化的育人作用，拓宽高校校园文化建设领域。校园文化具有重要的育人功能。新形势下，校园文化建设是学校加强和改进大学生思想政治教学的一个重要载体和有效途径。要积极建设体现社会主义特点、突出时代特征、反映学校特色的校园文化。首先，在指导思想上坚持用马克思主义占领大学生的思想文化阵地，积极宣传马克思主义文化思想。其次，学校应以建设优良校风、教风和学风为目标，以精品活动、社团组织和宣传思想理论阵地为载体，突出马克思主义关于人的全面发展理论的内涵，整体规划，正确引导，通过开展健康向上、格调高雅和富有特色的校园文化活动，为促进学生的全面发展创造良好的外部条件。最后，要重视校园自然环境和人文环境建设，完善校园文化活动实施。

3. 提倡个性发展的观念，营造思想政治课程的实效性

父母是子女的第一位老师，家庭教育是大学生思想政治教学不可忽视的重要环节。来自不同家庭的大学生有不同的性格特点。要提倡个性发展的观念，营造思想政治课程的实效性，从家庭教育和影响的角度看，大学生思想政治教学要根据父母对学生的亲情，探索建立与家庭联系沟通的机制。比如建立家庭联系委员会组织、建立学校与学生家长的联系卡、定期召开学生家长座谈会等。大学生的思想政治教学不能仅靠思想政治课程教师、辅导员和班主任来做，而是要树立全员德育观念，充分重视和发挥全体教师、党政管理干部和后勤服务人员在大学生思想政治教学中的作用，形成教书育人、管理育人、服务育人的良好氛围和工作格局。大学生的思想政治素质的形成和提升不仅受到个体因素、学校因素的影响，家庭教育和社会的影响也是不容忽视的。因而，在尊重人性、提倡个性发展观念下，大学生思想政治教学仅靠学校教育是难以具有实效性的，必须重视社会教育的作用，依靠全社会的力量创造积极向上、健康文明的校园周边环境和良好的社会经济、政治、文化环境。简言之，要提高高校思想政治教学的实效性，就必须以学校、家庭、社会三位一体为对象，做到学校教育、家庭教育、社会教育的统一协调，齐抓共管，紧密配合，形成合力，实现学校教育、家庭教育和社会教育的良性互动。

三、主体教育理论

（一）主体教育理论的内涵

主体教育是一种基于主体哲学对教育培养什么样的人以及教育活动的认识，是一种教育的观念或教育哲学思想，相对于客体教育而言，其基本观点是：人是教育的出发点，人的价值是教育的最高价值；培育和完善人的主体性，使之成为时代需要的社会历史活动的主体，是教育的根本目的。主体教育的过程必须把受教育者当作主体，唤起受教育者的主体意向，激发受教育者主体的自主性、能动性和创造性，使教育成为主体的内在需要，成为主体自主建构的教育实践活动。

所谓的主体教育，就是依靠主体来培养主体的教育，它包括三层含义：第一，把学生培养成未来社会生活的主体，弘扬人的主体性，这是主体教育的基本价值立场；第二，在教育活动中，学生是正在成长着的主体，有一定的主体性，又需要进一步培养和提高，这是主体教育人性论的体现；第三，只有发挥人，即教育者和受教育者的主体性，才能培养主体性强的人，这是主体教育所采取的基本策略。主体教育的终极目标就是使每个人得到全面、自由、充分地发展。

（二）主体教育理论对思想政治教学改革的启示

1. 转变教师的教学观念，树立以学生为主体的意识

要确立学生在思想政治教学中的主体地位，首先应从转变教师教育观念入手，要从

新的角度来认识和看待高校思想政治课程程，真正确立学生在思想政治课程的主体地位。高校思想政治课程教师要始终把学生看作是有自主能动性，处于主体地位的独立个体，在设计教学目标、教育途径、教育方法等方面，都应从学生的主体需要出发。当今的大学生，自主意识普遍比较强，有着自己独特的思维方式和价值观念。教师要把学生看作是与教师在人格上完全平等的主体，要相互尊重、相互理解。教师如果过多地采取说教、灌输的方式，必然造成学生的逆反心理。所以，在思想政治教学中，教师要大力引导学生去自我教育，学会自我反省、自我提高，认识到接受教育是自身的需要，进而将接受教育转变为自我教育。只有充分发挥学生的能动作用，学生的积极性和主动性才会得到根本的提高，才能真正达到将外界的教育教学影响内化为自身的道德素养的目的。可见，主体教育作为一种教育理念，最终要在课堂教学的实践活动中体现出来，才能促使学生自身的发展和教育的进步。

2. 建构发展性教学策略，实施有效的课堂教学评估

发展性教学策略就是在现代教学观念指导下，以学生为主体，充分尊重学生的在教学过程中的主体性地位，引导学生主动学习，促进主体发展。具体包括学生主动参与、合作学习、差异发展、体验成功等四个基本策略。在教育教学活动中，应注重学生的参与，培养他们学习的主动性、积极性和创造性。建立集体教学、小组合作学习及个别辅导相结合的教学形式，实施有效的课堂教学及评估。有效的课堂教学的基本特征是以人的全面发展为宗旨的教学目标、科学合理的教学内容、学生主动学习的教学策略与方法。教师不仅要有教学创新，更应形成自己独特的教学风格。通过教师在课堂上有效的教学，创造性地引导学生主动积极地参与到教学活动中去，这样更有利于学生的成长。

3. 关注教师的主体地位，吸纳相关学科理论的整合

主体教育的重心是关注学生主体性的发挥和培养，以学生的主体性地位为核心。但是，若教师的主体意识不强，对主体教育理论的理解不够全面深入，会直接影响到主体教育的实施。因此，教师的主体性也不容忽视。

思想政治课程教师的主体性体现在教师是教学过程的设计者和实施者，对教学内容赋有选择权和组织权，是思想政治课程程的开发者和管理者，必须提升教师的主体意识和主体能力。

4. 发挥教师的主导作用，提升思想政治课程教师的综合素质

对于高校思想政治课程而言，发展学生的主体性是以发挥思想政治教学的主导性为前提的。但在实际的教学中，主导性的体现更大程度上取决于教师引导作用的有效发挥。在教学中，思想政治课程教师既要发挥权威引导作用，全面客观地认识学生；又要始终注重发展学生的主体性能力，创设一种能带动学生自由发挥的教学情景，使学生能主动地表达新的思维或者观念。

5. 提倡学生的主体参与，优化思想政治教学的外部环境

建立良好的思想政治教学大环境。一个文明向上的社会环境有利于开展丰富多彩和积极向上的充满正能量的社会文化活动，这就要求相应的基础设施建立完善。对于高校而言，建立良好的思想政治教学的大环境对于提倡学生的主体参与度，优化思想政治教学的外部环境至关重要。当前，社会文化发展趋势的多元化，在我国创新型国家建设的大背景下，对大学生的创新能力和个性的发展相当重视。除了要采取各种方式强化大学

生的公民基本法制、道德意识，引导大学生正确认识社会、明辨是非之外，更要注意加强社会环境积极健康的建设和发展。为思想政治教学营造良好的社会大环境。

四、生命教育理论

（一）生命教育理论的内涵

生命教育是以生命为起点，发展生命、完善生命，以提升生命质量与意义为宗旨的新型教育。生命教育有广义与狭义两种：狭义的生命教育指的是对生命本身的关注，包括个人与他人的生命，进而扩展到一切自然生命。广义的生命教育是一种全面的教育，它不仅包括对生命的关注，而且包括对生存能力的培养和生命价值的提升。生命特别是人的生命，应当由三个因素构成，即形体、心理（精神）和社会性。

生命教育是在生命活动中进行教育，是通过生命活动进行教育，是为了生命而进行教育。让青少年认识生命和珍惜生命成为这一活动的重中之重。生命教育既是一切教育的前提，同时还是教育的最高追求。因此，生命教育应该成为指向人的终极关怀的重要教育理念，是在充分考察人的生命本质的基础上提出来的，符合人性要求，它是一种全面关照生命多层次的人本教育。

（二）生命教育理论对思想政治教学改革的启示

1. 树立生命教育理念，增强大学生生命教育的意识

生命教育的实施离不开学校教师的积极参与，只有教师正确认识了生命教育，才能保障生命教育的有效实施。作为教师应该具有生命意识及自觉的生命教育意识，开启教师自身的生命情怀和生命智慧，努力成为充满生命活力的自我主体。只有教师自身生命意识的觉醒，才能更好地激发受教育者的生命意识，只有生命教育主体素质的不断进步，才能为生命教育工作的成效提供一个保障。教师要自觉地转变教育观念，确立生命教育理念，将生命教育渗透到大学生思想政治教学活动中。教师应该树立"以学生为本"的理念，怀着对生命的敬畏，以提升生命潜能为目的，实施有效的课内外教学，让学生的生命价值转化为现实，并在现实世界中获得提升和发展。

2. 普及生命教育课程，走出大学生生命教育的困境

大学生生命教育的现实困境体现在，目前，我国高校的生命教育活动都还只是一些不成系统的教育活动，生命教育课程也没有在全国各高校中得以普遍推行。所以，我国高校大学生的生命教育还普遍存在着缺失的现象。从高校的教育现状来看，大学生生命教育的现实困境主要表现在：一是生命教育的课程建设没有被提上日程，使课堂教学这一生命教育的主渠道难以发挥其相应的作用。二是大多数高校将生命教育融入大学生心理健康教育之中，或是穿插在思想政治教学之中。在高校的"思想道德修养与法律基础"和"马克思主义基本原理概论"课的教学中尽管也涉及了人生观、价值观等教育的内容，但由于其不是从生命教育的角度切入，加上大学生对公共基础课的忽视，因而也就不能达到真正的生命教育的目的，起不到真正的生命教育的效果。即便讲授了生命教育的有关内容，但由于过于抽象化和理想化，课堂授课也大多是"灌输式"的说教，难以帮助

大学生树立正确清晰的生命观，适应不了大学生生命教育的需求。因此，在高校中普及生命教育课程，走出大学生生命教育的困境显得尤为重要。

3. 拓展生命教育内容，构建大学生生命教育的模式

在高校思想政治教学中融入生命教育的具体理念、相关内容以及教学模式，可按照当代大学生生命成长的状况进行课程内容的调整，设计相应教学专题，将教学内容与大学生生命成长密切结合，拓展生命教育的内容。如运用典型案例，使学生感悟生命的价值与意义，树立正确的生命观，正确地看待自己与他人的生命，从中学会珍爱一切生命，自觉尊重自己与他人的生命；使学生认识到每个自然人都有生命权，任何伤及自身和他人生命安全的行为都是触犯法律的行为，每个人的生命安危都要受法律的保护。

4. 创建高校思想政治课程"生命化"教学方法

教师应该尊重学生的个性和生命的多样性，以彰显人文关怀。对生命的尊重意味着对生命个性差异的理解和包容，生命教育尊重所有具有独特特质和独立人格的个体。生命教育不仅是传授生命知识，更倾向于塑造个体的人格心灵。教师应该把学生当作有血有肉、有灵魂的鲜活的生命主体，关爱学生，尊重学生的个性，尊重学生的人格和情感需求，尊重学生的生命及其价值，在教学的各个环节中渗入生命教育的理念，让自身和学生都张扬生命的活力，而不是空洞的说教。

5. 形成高校思想政治课程"生命化"评价机制

思想政治教学课程评价仅关注课程的实施，忽视生命价值的实现。自由而全面的发展是人的生命价值的真正实现。马克思主义人学视域下，思想政治教学的全部意义与终极目标就在于促进人的自由而全面发展，除此之外的任何功能与价值都需要从这里得到解释，并以此为目的和归宿。因此，思想政治教学既要关注学生的整体人格，又要关注学生的个体差异，使每个学生都能得到充分而全面的发展。然而目前以考试为主的高校思想政治课程的评价机制，在考试内容上更多关注的是教材基本知识技能的检测，较少关注学生面临的实际问题和社会现实状况，忽视了对学生情感态度价值观和实践能力等综合素质的评价。在评分方式上，学校要求教师给试题编出"标准答案"，按学生答题与标准答案的符合度给学生打分，学生创新意识与创新能力的培养被忽视；在评价的目的上，只是通过分数的高低给学生排队。教学评价上，应该让学生自由、充分、全面发展，幸福成长，快乐生活，而不应该把学生的考分作为唯一的评判标准，这是思想政治课教学中运用生命教育理念的评价准则。教师不能用简单统一的标准或一成不变的方式去评价所有的学生，而应根据每个学生的个性、主动性和发展的可能性去评价，关注学生生命的感悟和体验，关注学生生命意义的获得与体现。创新评价方式，建立一个既包括知识、智力和学习成绩，又包括对学生心灵、态度、协作、作风等基本品质的综合评价体系。要坚持评价主体与评价方式的多元化，充分调动学生的自我评价，丰富教育评价方式，最终实现知识评价向发展评价的转变，形成合理的"生命化"评价机制。

6. 借助生命教育的理念，探求高校思想政治课程改革的路径

借助生命教育的理念来探求思想政治课程改革的路径，最根本的原因基于两者之间的共生性——生命共生性。内容主要包括：一方面，共生性的存在以个体生命存在为其前提，只有结合于个体生命才能作为一个活生生的人而存在，才赋予人的生命以价值与意义；另一方面，每个个体作为关系型的存在又是诸多个体生命的凝聚，他内在地统整

了自我与他我、小我与大我、内存在与外存在等等人的存在形态。

思想政治课程的独特性体现在它不同于专业技能课，能教给学生生存或生活的技能，它更多地强调提高一个人的素质和精神涵养。这些纯理论的教学在传统教学模式下难免枯燥、乏味，缺乏艺术美感，但这正是思想政治课程改革的切入点。借鉴生命教育理论把学生成长中的经历整合到课堂教学过程中去，由学生自我体验、自我发现、自我总结，最终落脚到课本理论中去，不仅丰富了思想政治教学的内容，活跃了课堂气氛，也同样激发了学生潜意识里的学习兴趣，教育的价值也在愉快的氛围中得到了实现。将生命教育渗透于大学思想政治理论教育，大学思想政治课程成为生命教育主要平台的可行性。

第二节　思想政治教育的特征及作用

一、思想政治教育的特征

（一）思想政治教育具有对某一利益集团的归属性

社会集团在实现自身利益的过程中，要有追求的理想和奋斗目标，要确定近期或长期的工作任务，为此要确定自己的路线方针政策，拟定具体的步骤和实施方案。这是一个系统工程，也是一个复杂的过程，要做的工作很多，其中必然离不开思想政治教育。思想政治教育不是唯一的工作，却是必不可少的工作。任何一个利益集团要贯彻执行自己的路线方针政策，实现自己的奋斗目标，都要宣传教育，鼓舞和凝聚人心，因此都要重视思想政治教育。

思想政治教育作为一种实践性活动，有其明确的服务对象，没有服务对象的思想政治教育不可能存在，或者不能称为思想政治教育。例如，原始社会的道德教育，就不应是我们所说的思想政治教育。

应当注意的是，思想政治教育既具有阶级属性，又具有学术和学科的相对独立性。思想政治教育的理论具有科学性，其有用性就不是单一的，它对于任何国家，任何政治利益集团都是有价值的。

（二）思想政治教育具有历史决定性，反映出鲜明的时代特色

历史上不同社会形态、不同时期，思想政治教育有所不同。因此我们应当承认思想政治教育的历史局限性，不应超越历史，思想政治教育必然受历史环境、历史条件的影响。思想政治教育的使命与任务，思想政治教育的内容，思想政治教育的方式与手段，具有鲜明的历史和时代特色。任何先进的思想政治教育未来都可能失去先进性，尽管我们不否认历史继承性和可借鉴性。

当然，代表先进生产力发展方向、反映社会发展科学规律、反映人类文明发展趋势的思想政治教育，可以具有预见性、超前性。我国现阶段处于社会主义初级阶段，依据

科学理论的指导，依据对历史发展过程的科学总结，对于未来发展趋势的预测是科学可信的。依此进行的思想政治教育，也具备相应的预见性和超前性。

(三) 思想政治教育具有明显的应用性，属于实践性活动

思想政治教育的作用对象是人。因为人是有思想的，通过教育可以使其接受某种理论、思想、观念，并指导、规范、约束自己的行为。社会的存在和发展，某一利益集团的得失和兴衰，需要人们的实际参与，动员的民众越多，得到的支持越广泛，力量越强大，越有利于顺利地实现目标。思想政治教育的目的在于帮助人们形成符合社会要求或符合政治利益集团要求的世界观、人生观、价值观，树立正确的政治观、道德观、法治观，进而解决"做什么""怎么做"的问题，指导人们在社会生活中采取某种行为。

在当前的历史条件下，人们对思想政治教育是一种实践性活动认识得比较到位，探讨和研究的问题也比较广泛。而对于思想政治教育理论的研究，对于超出实践层面的各个国家、各个政治利益集团都可以运用的科学理论的研究，尚存欠缺。

以上关于思想政治教育的内涵、特征等基本问题的探讨，侧重于理论上、学术上的研究，试图突破某种固有认识。而思想政治教育作为一种政治特色鲜明的实践性活动，在探讨具体问题时，还不能脱离实际。

二、思想政治教育的作用

(一) 提升人的精神境界，促进个体成员健康成长的作用

就我国而言，社会主义的精神文明建设，任务仍然十分艰巨，需要社会成员的共同参与，需要社会成员精神境界的普遍性提升。这一过程中的思想政治教育同样重要。

1. 人们的思想变化随着接受教育而不断完善提高

客观环境总是处于不断的变化之中，人们的思想也总是处于动态的、变化的过程中。这种变化有两种可能：或者变好，或者变坏。如果想引导人们向正面的、好的方面转化，我们的国家，我们的执政党就应当承担起引导、教育的责任。加强思想政治教育就是引导、教育的途径和方式之一。如果不加强甚至放弃正面的引导教育，负面的影响和教育就会乘虚而入，一些人尤其是年轻人就可能因受到不良思想的影响而走向歧途，滑向深渊，成为社会的负面力量。许多事例都可证明这一点，有许多典型的经验教训可以总结。

2. 社会精神文明的建设随着社会成员精神境界的提升而提升

社会精神文明建设与物质文明、政治文明、生态文明的建设相互配合、相互促进。这既是社会文明进步的保证，也是证明社会文明进步的体现和标志。而人的精神境界的提升，是综合因素作用的结果，其中的因素之一就是有效的思想政治教育。这就是说，人们精神境界的提升，思想政治教育不是唯一的因素，但又是不可缺少的因素。良好的思想政治教育可以促使人们坚定对马克思主义的信仰，坚定正确的理想信念，坚定正确的政治方向；正确认识和把握中国特色社会主义的共同理想；树立以爱国主义为核心的民族精神和以改革创新为核心的时代精神；树立社会主义荣辱观；践行社会主义核心价值观。

3. 思想政治教育是社会成员提高和完善综合素质的重要途径

在我国社会主义现代化建设的进程中，在实现国家富强、民族振兴、人民幸福的中国梦的过程中，每个社会成员的科学技术素质、精神文化素质、思想道德素质等应该能与之相适应，发展过程中所面临的诸多新生事物要求社会个体成员能与时俱进，能适应、理解、接受，开放过程中的外来文化、理论、价值观的影响需要人们的辨别、分析、批判吸收。每一位社会成员在文化、价值观多元化的环境之下，需要思想、认知、辨别、判断层次的完善和提高。所有这些要求的实现，都离不开有效的教育，离不开思想政治教育，适度、适当的思想政治教育尤为重要。

（二）促进社会发展、和谐进步的作用

当前，在中国梦的引领下，我国人民正在为全面建成小康社会，实现"两个一百年"的目标而奋斗，也正在努力构建稳定和谐、文明进步的社会主义社会。社会的发展进步，社会的文明和谐，需要具有良好综合素质的人的参与、奉献、牺牲，需要社会群体具有良好精神状态。这一过程中的思想政治教育工作，要求更高，任务更重。

1. 思想政治教育的引导启发作用

思想政治教育的引导启发作用主要表现在两个方面：对人的行为的直接引导、对人的思想形成和发展变化的引导。

人的行为由思想支配，一个正常人的行为是其思想综合作用的结果。当一个人面对某一境况思考是否采取行为、采取什么行为时，既有自身长期形成的思想认识、思维定式的作用，也有外界环境、舆论氛围、教育引导的作用。科学的、及时的、有说服力和影响力的、能产生冲击和震撼的思想政治教育，既具有内在的对教育对象思想形成的长期影响，也具有环境和氛围的外在引导作用。

人的思想的形成有一个过程，但一经形成便具有某种稳定性。人们形成的思想也不是一成不变的，随着客观环境、活动条件的变化，人的思想也必然变化。有效的思想政治教育可以在人们思想形成、发展的过程中起到正面的引导作用，帮助人们树立和保持正确的思想，克服和摒弃错误的思想。

2. 思想政治教育的制约保证作用

思想政治教育作为一种实践性较强的教育活动，本身不具备强制性的约束力，但仍不能否定其有一定程度的约束作用和保证作用。

思想政治教育的约束，可以称为"软约束"，这是相对于强制性约束而言的。"软约束"也是一种约束，对人们的行为也具有制约作用。一方面，思想政治教育的实施，要主张一种思想，要倡导一种精神，要指引一个方向。这往往代表社会的主流意识，人们在做出行为选择时，一般不会不顾这种体现主流意识的要求而为所欲为，否则，必将为自己带来某种不利的后果。另一方面，法律规范、制度规范的强制性约束力，在调整社会关系的过程中，其作用是其他约束不能取代的，但这种约束仍有局限性，有些社会关系、社会现象，尤其是人们的内在思想问题，不是强制性规范所能约束的，此时的思想政治教育的作用恰好是不可忽视的。

思想政治教育的保证作用可以从两个方面来理解：一方面，可以保证国家、政党、政治利益集团的路线方针政策的贯彻执行，使社会意识形态的状况符合其要求，维护其根本利益。另一方面,可以保证社会个体、内部成员的行为符合其要求,使绝大多数人的行为不偏离其设定的方向,并心甘情愿地为维护其利益而努力,甚至不惜流血牺牲。

3. 思想政治教育的调整平衡作用

社会主体在社会生活中扮演着各种角色,每个主体都会有自己的欲望和要求,然而现实的环境和条件很难使人们一切都顺遂心愿,梦想成真,人们的心理矛盾和冲突不可避免。尤其在社会变革、转型时期,社会关系的重新调整、社会资源的重新分配、利益关系的重新组合,常常使一些人处于焦躁、烦闷、茫然、不知所措的状态。这时人们的思想易偏激、行为易失控,社会易动荡。此时,思想政治教育成为调整、平衡人们的思想和行为的必不可少的方式。

4. 思想政治教育的鼓励促进作用

人是需要有一种精神的,积极向上的精神可以激发斗志,使人不畏艰险,不怕流血牺牲。中国共产党人之所以能在革命战争时期勇于面对困难,奋勇向前,前仆后继,死而后已,就是来源于一种巨大的精神力量的支撑。而形成这样的精神状态,又与党有效的思想政治教育有关。我们党在实践中形成的思想领先、政治工作是生命线的经验;共产党员冲锋在前、牺牲在前的先锋模范作用的经验;人民的利益高于一切,牺牲在先,享受在后,全心全意为人民服务的经验;等等,充分发挥出了思想政治教育的鼓励促进作用。在社会主义现代化建设的新时期,这些思想政治教育的优良传统仍然十分宝贵,继承和发扬这些传统,仍然有利于新时期思想政治教育的鼓励促进作用的发挥。

5. 思想政治教育的是非评价作用

在现实生活中,应该做什么,不应该做什么?怎么做是对的,怎么做是不对的?对此的评判呈现多重标准,难以统一。不同的人有不同的标准,同一人的评判标准也并非固定不变。在这样复杂的社会环境中,怎样统一认识,统一思想,统一行动,进行正确的是非评价?思想政治教育可以发挥不可替代的作用。首先,当前我国思想政治教育的组织、实施者是作为执政党的中国共产党,思想政治教育所倡导的理论、思想、精神、行为准则代表了执政党的意志,而作为执政党的中国共产党代表了先进生产力的发展要求,代表了最广大人民群众的根本利益,代表了先进文化的前进方向。历史和人民选择了中国共产党。这表明了中国共产党的先进性,其倡导的理论、思想、精神、行为准则必然表现出先进性,可以作为是非评价的标准。其次,党的思想政治教育的内容包括了中华民族传统美德教育、社会主义道德教育。在道德教育的过程中,当然包含了是非、善恶的评价问题。

第三节 思想政治教育的主客体

一、思想政治教育主客体含义

(一) 思想政治教育主体的含义

思想政治教育主体是指按照一定社会、阶级的要求,有计划、有目的地对教育对象的思想品德进行带有控制性质的作用的组织者和教育者。思想政治教育学主体的定义表明，思想政治教育主体是根据一定社会、阶级的要求对教育对象施加可控性影响，而不是按照个人或有小部分人组成的小集团的要求去影响教育对象；思想政治教育主体对教育对象的教育必须是有计划和有目的的，切不可随意的、盲目的对教育对象施加影响。思想政治教育主体的核心部分是专门从事思想政治教育的机构和人员。

（二）思想政治教育客体的含义

客体是相对主体而言的，思想政治教育客体指的是在思想政治教育活动中为思想政治教育主体所指向和作用的教育对象，即受教育者。与一般的客体相比思想政治教育客体具有主体性、层次性和动态性特征。

二、当前学界对于思想政治教育主客体关系的主要观点

（一）教育主体说

此说认为思想政治教育者是思想政治教育过程中的主体，受教育者则是客体，因此受教育者的主观能动性，仅仅是在接受思想政治教育影响的范围内和方向上发挥作用，主要是教育者对受教育者的单向作用。

（二）"双主体"说

此说认为教育者与受教育者之间互为"主客体"，从施教过程方面讲，教育者是施教的主体，受教育者是施教的客体；从受教过程方面来说，受教育者是接受教育的主体，教育者则是接受的客体，双方的影响作用是双向的，分别构成互为"主客体"的两个认识活动循环圈。

（三）双向互动说

此说认为在思想政治教育过程中，教育者的施教起主导作用，但是受教育者接受教育影响是也不是消极、被动的，而是具有主动性、能动性。教育者和受教育者相互认识、相互作用，形成合力（即互动），进而推动思想政治教育过程向前发展。与此类似的还有主导主体说、交互主体说。

（四）主体际说

此说认为思想政治教育过程是在教育者与受教育者互动交往过程中，通过"主体—客体—主体"的转化过程实现的，在这个转化过程中，教育者和受教育者结成"主体—主体"的关系，即一种主体际关系。

三、思想政治教育主客体关系

（一）思想政治教育主体和客体的对立

思想政治教育主体和客体有着明显的界限和区别、甚至在某些方面有着不同程度的

对立性。二者在性质、地位、角色、素质、活动方式、任务侧重点和作用等方面都有着显著的差异乃至对立。

1. 思想政治教育主体和客体在性质、角色上的对立

（1）思想政治教育主体和客体在性质上的对立主要是指它们在根本内涵上的差异和对立

这种性质上的差异和对立必然导致二者在角色地位方面的区别和对立。思想政治教育是一种具有可控性甚至相当约束性的活动，即思想政治教育主体对整个活动的调控和驾驭，而思想政治教育主体的这种调控和驾驭主要针对的又是思想政治教育客体。在阶级社会中，不管思想政治教育客体喜不喜欢，理不理解，接不接受，都不可回避地受到思想政治教育主体的教育和"塑造"。在这种意义上，思想政治教育主体是教育者、组织者和塑造者，理所当然居于主导地位。思想政治教育客体是指思想政治教育主体施加可控性教育影响的对象。作为思想政治教育主体及其活动直接指向的目标对象，思想政治教育客体的根本含义在于受教和被塑造。虽然思想政治教育客体是人具有主观能动性但是依然摆脱不了被"塑造"的命运。

（2）与思想政治教育主体和客体在性质上的对立密切相关的是双方在角色上的对立

思想政治主体和客体性质上差别和对立是在思想政治教育活动中确立的。那么两者角色上的对立更加能解释两者在性质上的对立。其实，思想政治教育主体和客体的角色是"社会性"和"阶级性"的，思想政治教育主体和客体的角色从根本上说是由特定社会或特定阶级所赋予的。思想政治教育主体的角色是"社会性"和"阶级性"的。思想政治教育本身具有阶级性，思想政治教育是为统治阶级服务的，从根本上说思想政治教育是统治阶级拿来维护自己的统治的。那么要对人们进行思想政治教育必须有专门的思想政治教育人员。那么这些出任思想政治教育的人员就是统治阶级的"代言人"。

思想政治教育客体则是一种被"控制"的对象是"被控制者"的角色。作为思想政治教育客体的社会成员就被作为被灌输对象就处于被灌输者地位，扮演被灌输者的角色。

2. 思想政治教育主体和客体在素质上的对立

思想政治教育主体和客体的差异和对立还表现在其素质上尤其是思想政治素质方面。在一般情况下，社会个体或群体要成为思想政治教育主体，必然会受到一定社会或阶级的严格挑选、培训、锻炼和考核。因此，作为一定社会或阶级"代言人"的思想政治教育主体必然在政治觉悟、社会经验、能力素质等方面比思想政治教育客体有优势。尤为突出的是思想政治教育主体在思想政治品德、素质方面与思想政治教育客体有着明显的差异甚至对立。我们通常认为，思想政治教育的基本矛盾在于特定社会或阶级所要求的思想政治品德与其社会成员现实的思想政治素质之间的差异和矛盾。思想政治教育领域的特殊矛盾是一定社会发展对人们的思想政治品德要求同人们实际的思想政治品德水准之间的矛盾。这些矛盾集中表现为思想政治教育主体和客体之间的矛盾。一般情况下作为统治阶级"代言人"的思想政治教育主体必然先接受统治阶级的思想、道德等然后才能有资格对统治阶级的社会成员进行思想政治教育。而思想政治教育客体在还没有接受思想政治教育主体的教育之前可能已经形成了自己的思想观点等等，也就是说他们已经有了自己的思想政治素质，但可能这些观点是和统治阶级所要求的是对立的。甚至有些社会成员在经过思想政治教育之后还没有形成与统治阶级要求相一致的思想观点。除了

在思想政治素质方面的对立在其他方面的素质也存在对立。这也就很好地说明了思想政治教育主体和客体在素质上的对立。

3. 思想政治教育主体和客体在任务侧重点、活动方式上的对立

思想政治教育的目的就是通过开展思想政治教育活动，促使思想政治教育客体形成符合一定社会或阶级所要求的思想政治品德。这一目的决定了思想政治教育主体必须完成类似于"医生"和"教练、导演"的任务，即"治疗"教育对象思想政治方面的"疾病"（相对于一定社会或阶级所要求的思想政治品德来说）以及通过培育教育对象"良好"的思想政治品质来促进和提升其综合素质并在实际活动中表现出来。这一任务决定了思想政治教育主体所从事的活动是具有全局性和控制性的活动。如确立思想政治教育具体目标，制定思想政治教育计划，选择教育内容和教育方法以及收集和分析教育反馈信息进而调节教育措施等等。这些活动不是思想政治教育客体所担负的，只能由思想政治教育主体来完成。思想政治教育客体的"任务"则受制于思想政治教育主体的任务，从属于一定阶级或社会所规定的思想政治教育目的，即在思想政治教育主体的指导下，通过自身主观能动性的发挥，提高自己的理论水平和思想水平。思想政治教育客体主要是接受教育的活动，他在思想政治教育目标、内容、方法等的规定下，通过发挥主体性，实现知与行的统一。但是，这并不意味着思想政治教育客体是消极被动的活动方式，思想政治教育活动的开展需要思想政治教育客体发挥主观能动性。这就规定了思想政治教育客体所从事的活动就是接受教育，接受思想政治教育主体的教育，即被教育的活动。

4. 思想政治教育主体和客体在作用上的对立

思想政治教育活动是思想政治教育主体和客体相互影响、相互作用的过程，但两者在思想政治教育活动过程中的作用是不一样的。思想政治教育主体处于支配地位，起着主导作用。这种主导作用贯穿于思想政治教育的全过程。一项具体的思想政治教育活动至少包括方案的设计、实施、反馈和检验几个阶段。在每个阶段思想政治教育主体都起着积极的主导作用。思想政治教育者需要根据教育目的和教育对象的特点制定教育方案，确立教育内容，选择活动方式方法。并在实施过程中根据条件变化适时进行有关事项的改变。思想政治教育活动结束后需要进行反馈，而这一工作也主要是由思想政治教育主体来完成。可见在思想政治教育活动过程中思想政治教育主体起着积极的主导作用。

当然，思想政治教育客体在思想政治教育活动中也发挥着重要的作用。首先思想政治教育活动需要有思想政治教育客体的参与，只有这样才能有思想政治教育活动的完成。其次，思想政治教育主体要依据思想政治教育客体的特点和思想水平制定思想政治教育方案，只有这样才能很好地实现思想政治教育效果。也就是说思想政治教育客体具有制约作用。最后思想政治教育活动效果的检验需要思想政治教育客体来体现，那么这一环节体现了思想政治教育客体具有反馈、检验作用。

（二）思想政治教育主客体的统一

1. 思想政治教育主体和客体是相互规定和相互依存的

正如哲学意义上的主体和客体一样，双方都以对方的存在为前提，失去任何一方，另一方就失去了存在的依据和意义。思想政治教育主体和思想政治教育客体相伴而生，如影随形，双方相互规定，都以对方的存在而得到说明。如果把思想政治教育当作一个

系统来考察，那么教育主体和客体作为"人"的因素，便是这个系统中最根本又最密切联系的两个因素，思想政治教育系统的骨架也正是由二者紧密联系而支撑起来的。就特定的思想政治教育活动来说，教育客体离不开教育主体，失去了教育主体，也就失去活动的设计者、发动者和实施者，也就意味着教育客体失去了方向的引领者。同时教育主体也离不开教育客体，作为教育主体的直接作用对象，它是教育主体的最终归宿点，因为教育主体职责的履行和作用的发挥无不集中指向于教育客体。失去了教育客体，也就失去了教育主体的对象和目标，也就失去了教育主体存在的意义与依据。在党的思想政治教育活动中，党和广大人民群众、思想政治教育者和思想政治教育对象的关系同样如此。

2. 思想政治教育主体和客体变化不居、相互转化

二者的相互转化是基于一定的时空条件或在活动中地位和作用的变化而实现的。由于时间和空间的改变，思想政治教育主体转化为思想政治教育客体，即思想政治教育主体客体化；或者思想政治教育客体又转化为思想政治教育主体，即思想政治教育客体主体化。

思想政治教育主体和客体相互转化更为重要的表现则是二者由于相互作用而发生的相互转化，即主体客体化和客体主体化。思想政治教育主体客体化是指思想政治教育主体通过思想政治教育活动，并通过教育客体对教育主体所传授的思想道德观念和规范进行加工内化，是社会要求转化为思想政治教育客体的个人意识，并外化为实际行为的过程。客体主体化是指客体的因素转化为主体的思维要素的过程。客体的思想品德实际及其变化发展被主体所掌握，就会改变和丰富思想政治教育主体意识。客体主体化和主体客体化是一个问题的两个方面，是思想政治教育主体和客体相互作用、相互渗透、相互吸取，从而促使双方在思想政治道德等精神方面，进而在行为层面的互动与发展的过程。这一过程是在思想政治教育主客体双向互动中实现。综上所述，思想政治教育主体与客体的关系是对立统一的辩证关系。双方的对立统一不是截然分开的而是密切相关、互相渗透的，双方的对立与矛盾隐含着双方的统一，是蕴有统一性的对立和矛盾；双方的统一中也包含着二者的矛盾和对立，这种统一总是相对的，是具有对立性的统一。思想政治教育主体和客体的关系还应该朝着平等、理解、共享的方向发展、以使思想政治教育效果更加明显、增强思想政治教育的时效性。①

第四节 思想政治教育的主旋律

大学生思想政治教育内容是影响大学生思想政治教育实效性的重要因素之一。大学生思想政治教育内容的确定是理论与实际的统一。思想政治教育是培养高素质人才的生命线，是高校的中心环节。思想政治教育其内容十分的广泛、丰富，在新时代，大学生思想政治教育内容要变得更具人本性。

---

① 秦琬媛，王琪，黄长云. 职业道德与法律［M］. 长春：吉林人民出版社，2017：212.

一、中华民族传统美德教育

（一）自强不息教育

"自强不息"这个词语最早出现在《周易》中："天行健，君子以自强不息"，它是从中国古代"天人合一"的宇宙观和朴素的人文思想中孕育发展出来的人民的心理素质和精神状态，它根植于中华民族的传统之中，是中华儿女发奋图强，自立于世界民族之林，实现民族伟大复兴的精神动力。从历史角度来看，人类的发展，文明的进步，是永远不会终结的；而人对自然、社会发展的认识，以及在此基础上形成的永无止境的向上努力、自重自信自强的精神，成了最适应现代社会发展需要的民族精神的突出表现。对大学生进行自强不息教育的目的，就是要使大学生志存高远，刚健有为，不怕困难，积极向上，奋发图强。

（二）忧患自省教育

忧患意识可以说是一种责任意识，它是个体履行应当承担的社会责任并努力维护社会正常运行的信念和意志。这种意识是个体在社会分化和社会整合中必须拥有的，要求人们在市场经济发展过程中敢于承担风险、敢于再创辉煌，把国家、民族的生存发展放在心上，还要求他们树立以天下为己任的历史使命感，维护国内安定、发展、团结、进步的稳定局面，保持积极进取、艰苦奋斗的昂扬斗志，以自身的行动去实现社会发展和民族振兴。

中华民族的优良传统远远不止这些，物物相依的集体精神、不畏强权的抗争精神还有生生不息的变革精神、经世致用的实用精神、正道直行的廉洁精神，大公无私的奉献精神，等等，都是祖先遗留给我们的珍贵的精神财富，加强对大学生进行这些中华民族的优良传统精神教育，会在不同的层次、不同的侧面锻炼他们的意志，完善他们的人格，提升他们的精神境界。

（三）中华革命传统教育

中国革命传统主要是指，中国共产党在领导中国人民进行长期的革命斗争的过程中产生的，并在中国共产党大力提倡和培植下形成并发展起来的事迹、思想、作风、道德、信仰，等等，它是共产党领导下的中国革命斗争实践的产物，是中国共产党克敌制胜的传家宝，这一优良传统有着极其丰富的内容。

第一，中国革命历史和革命者英勇奋斗的事迹是革命传统教育的基础，革命者的事迹、中国革命的历程虽然不能直接等同于革命传统，但却是革命传统的载体，是进行革命传统教育的基础。

第二，中国革命产生和形成的思想、道德和作风，是属于精神上或者是思想意识上的，是革命传统精神教育的核心和重点内容。

第三，在中国革命中形成和确立的纪律和制度，也是革命传统教育的重要内容。

二、道德规范教育

中国社会主义思想道德规范体系的基本框架，即以为人民服务为核心，以集体主义为原则，开展道德规范教育。

（一）以为人民服务为核心的教育

把为人民服务作为社会主义道德建设的核心，是中国共产党人在伦理思想上的一大贡献。为人民服务也是公民应尽的义务。对他人提供必要的帮助和关心是公民应尽的责任和义务，也就是说，我们在接受他人和社会给我们的服务时，也应尽自己的所能为他人和社会服务，并在服务他人、服务社会的过程中实现自己的个人利益和人生价值。在新的形势下，必须继续大张旗鼓地倡导为人民服务的道德观，把为人民服务的思想贯穿于各种具体道德规范之中。要引导人们正确处理个人与社会、竞争与协作、先富与共富、经济效益与社会效益等关系，提倡尊重人、理解人、关心人，发扬社会主义人道主义精神，为人民为社会多做好事，反对拜金主义、享乐主义和极端个人主义，形成体现社会主义制度优越性、促进社会主义市场经济健康有序发展的良好道德风尚。

（二）集体主义原则的教育

集体主义是社会主义道德的根本属性，体现在社会主义道德规范体系各个方面。在社会主义初级阶段，集体主义包含着三个层次的道德要求。一是从个人和小集体利益出发，兼顾国家和社会整体利益；二是从国家、集体利益出发，兼顾个人利益；三是在三者利益发生矛盾时，自觉牺牲个人和局部利益，以维护国家和整体利益。这三种层次体现了由低到高的三种道德境界，与社会主义初级阶段的现实相适应。在三者利益发生矛盾时，自觉牺牲个人和局部利益，以维护国家和整体利益是集体主义的最高境界，是社会主义道德的核心。集体主义原则是适应社会主义政治、经济制度发展规律而提出的道德原则，加强思想政治教育必须要贯穿集体主义原则的教育。

（三）公民基本道德规范教育

道德规范是人们根据一定社会的道德要求所制订的具有普遍约束力的行为规则与标准。道德规范是在人们的道德活动与道德意识的基础上形成与概括出来的，它源于对人们道德行为的指导，又指导着人们行为的道德化。公民道德是中国社会主义道德体系的基础，是社会主义道德大厦的基石。

三、爱国主义教育

大学生是国家和民族的希望，是实现全面建设小康社会的主要力量，他们爱国情感的强弱，将直接关系到社会的进步和发展，关系到整个国家和民族的前途和命运。因此，必须强化爱国主义教育，以增强他们的民族自豪感、自尊心、自信心和自强精神，增强他们的爱国热情和报国之决心，在实现中华民族的伟大复兴中贡献力量。

爱国主义教育的内容主要包括以下四个方面：

(一) 中华民族发展历史

历史是不能割断的，只有懂得历史才能正确地了解现在和展望未来。我们要讲中华民族发展史中的曲折，更要讲近百年来中国的屈辱史，讲现代中国革命史，讲新中国的艰苦创业史，使人们懂得，特别是使青少年懂得，新中国来之不易，社会主义建设成就来之不易，让人们知道中国有今天，多少先烈付出了鲜血和生命，亿万人民进行了多么艰巨的劳动。还应当注重讲杰出人物个人的历史，讲杰出人物、英雄模范的奋斗史、贡献史。因为这样的史料最真切，最实际，也最感人，同时又包含着这些人物的世界观，也最容易引人效法、学习，具有潜移默化的作用。学习革命先烈为了共产主义的实现而不惜抛头颅、洒热血的精神，学习新时期各条战线上涌现出来的先进人物和事迹，能够使大学生更好地认识过去，立足现在，展望未来。

(二) 中华民族优秀传统文化教育

中华民族是一个有着五千年悠久历史的伟大民族，我们的祖先通过世世代代的辛勤劳动创造出了光辉灿烂的历史文化，这是我们中华民族的历史瑰宝，是对大学生进行爱国主义教育的重要内容。《周易》和《老子》充满辩证思想，至今为世界许多国家所研究和运用；《孙子兵法》和中国古代其他许多兵家的著述，至今被许多国家的军事学院定为必读书，而且被广泛应用于企业和市场竞争，显示出他们的无限生命力。在新中国成立不久，中国自力更生制造出"两弹一星"。中国在尖端科学、尖端医学等方面，有许多重大突破，居于国际领先地位。在当代，随着全球化浪潮的兴起，具有不同历史传统和民族特色的文化之间的碰撞和交融将更加广泛、更加频繁、更加激烈、更加深入。一个国家在全球化浪潮中能否保持其优秀民族文化，不仅关系到本民族文化的生存与发展，还关系到国家的命运和前途。特别是一些西方国家借全球化之际，凭借其雄厚的经济实力和信息高科技优势，打着"文化全球化""文化一体化"的旗号，大肆推行文化殖民主义，以达到损害别国本土文化的目的。因此，我们引导大学生继承和发扬中华民族优秀文化传统，培养大学生对民族文化的热爱和认同，增强大学生的民族自尊心、自信心和自豪感，使大学生在西方文化霸权主义面前，自觉保护和弘扬本民族文化，维护国家的利益。

(三) 国家安全教育

在新时期必须加强大学生国防意识教育和国家安全教育，并将此作为爱国主义教育的重要内容。爱国主义教育与国家安全驾驭有着十分密切的联系，爱国主义教育是国家安全教育的核心和灵魂，国家安全教育是最生动、最实际、最有效的爱国主义教育。国家安全、国防意识，从本质上来说也体现着国家意识、国家观念。没有国家安全意识也就没有真正的国家意识，也就很难产生真正的爱国主义情感；没有国防观念，也就很难从理性的高度把握科学的国家观念，因而也就很难使朴素的爱国主义情感向科学和理性的层面升华。随着经济全球化的不断深入，国家安全的内涵与以往相比也有了很大不同，不仅包括政治、军事安全，而且更突出了经济安全，同时又包含科技、文化、信息安全。因而，我们应顺应时代要求，提升与拓展国防教育，树立大国防观念，进行大国防教育，培养科学的国家安全意识。

（四）民族平等团结教育

中国是一个多民族国家，对大学生进行深入的民族平等团结的教育对维护民族团结和国家的稳定是非常重要的。中国共有 56 个民族，虽然各民族的人数有多有少，并不均衡，但是各民族之间相互依存，不可分割，并无高低贵贱之分，每个民族都享有相同的权利，履行相同的义务。在进行这项教育的过程中，首先要让他们明白 56 个民族都是优秀的、勤劳的、富有智慧的民族，民族之间没有优劣之分、贵贱之别，谁也离不开谁，各民族都享有平等的权利、履行相同的义务；还要让他们明白只有加强民族团结，才能消除民族隔阂和民族歧视，真正实现平等。民族团结也是实现国家统一的前提和保证，要让他们了解到民族平等和民族团结是社会稳定、国家昌盛和民族共同繁荣的基础，中华民族是一个同呼吸、共命运的整体，合则兴，分则衰。其次，对大学生进行民族区域自治制度教育，旨在对他们进行民族基本制度教育，在国家的统一领导下，少数民族在聚居的区域内设立自治机关，自主地管理本民族本地区内部事务，行使自治权，从而体现其主人翁地位，发展平等、团结、互助的社会主义民族关系。民族区域自治制度是实现民族平等、民族团结和各民族共同繁荣的法律保障。再次，对大学生进行各民族共同繁荣的教育，要让他们认识到民族地区的现代化与全国其他地区的现代化、民族地区全面小康的实现与全国其他地区全面小康的实现是密切联系、相互促进的，各民族的繁荣将使中华民族立于世界民族之林，各民族地区的繁荣将使整个国家的社会主义现代化实现；要让他们认识到各民族共同繁荣是指各民族在政治、经济、文化和社会等各方面得到全面发展进步，而不单单指某一方面；要使他们认识到经济发达民族和地区帮助少数民族和民族地区发展经济文化事业是责无旁贷的义务，从而实现共同发展。

总之，弘扬爱国主义精神是中华民族的光荣传统，也是每个中国人的责任与义务。高校除了要做好爱国主义课堂教学工作外，更应当利用网络媒介建立爱国主义教育示范基地，积极宣传爱国主义精神，面对社会发展多样化的趋势，引导学生坚定自己的社会主义立场。以先进的思想政治教育理念代替落后的思想，使爱国主义精神成为推动祖国走上繁荣富强道路的巨大力量。作为高校思想政治教育体系的重要内容，爱国主义教育体现了社会主义精神文明建设的主旋律，明确实现大学生全面发展这一总体目标是为了推动社会主义现代化建设，爱国主义教育具有划时代的历史意义。

第二章
思想政治教育模式构建的理论基础及现状

思想政治教育模式是高校开展思想政治教学工作的重要前提，本章首先分析了高校思想政治教育模式的历史沿革，接着进一步分析了思想政治教育模式构建的理论基础和思想政治教育模式构建的机制保障，最后分析了思想政治教育模式构建现状与探索。

第一节　高校思想政治教育模式的历史沿革

任何事物的发展都要有一定的历史发展脉络，只有将演变脉络梳理清楚，才便于对其经验进行总结，以便于更好地促进高校思想政治教育模式发展。根据改革开放的发展进程和对高校思想政治的几次改革，梳理出如下几个阶段。

一、1978 至 1984 年：启发式教育模式初现

这一时期将高校思想政治确定为社会主义大学的标志，高校思想政治的课程地位逐渐得到提高，引起了各大高校的重视。高校提出了"学生必须学好"的原则，这说明这一时期学生的主体性在高校思想政治中提到了提升，学生学好、会用才是开设该课程的目的，因此该时期教师开始转变教育模式理念，教师开始尝试启发式式教育模式。在实际中高校思想政治开始探索启发式教育模式，在该教育模式中学生不再是单纯的知识接受者，而是渐渐成了课程的主体。至此，改革开放以后高校思想政治教育模式改变了过去注入式的教学，开始根据实际情况采用启发式教学。例如，中国人民大学采取了"教师讲解+学习阅读经典"的启发式教育模式。

二、1985 年至 1997 年：逐渐形成双向互动式教育模式

随着"85方案"的颁布，其提倡在高校思想政治教学过程中学生和教师一同参与互动，活跃课堂氛围，在实践中形成了高校思想政治的双向互动式教育模式。其具体包括阅读研讨法、分组讨论法等。例如，在这一时期，清华大学生开创了多种多样的教育模式，其中最为著名的是"师生对话研讨""学生专题辩论""哲人名言解析"等。总之，此时的高校思想政治课堂已由教师的唯一主体性逐渐形成了课堂双主体形式，形成了双

向互动式教育模式。

三、1998年至2005年：多样化的教育模式初步形成

"98方案"颁布以后，高校思想政治教育模式多样化的倾向开始形成。1998年12月，政府提出高校应该尝试运用开放教育的模式方法。接着政府提出应该利用好电化教育和利用计算机作为辅助手段，来进行思想政治教育，后来又提出要加强互联网的建设，拓宽高校思想政治教育的途径，拓展教育的空间，在教学的过程中将传统思想政治教育与互联网形成一个合力。虽然该时期互联网技术在教育模式的运用上并不广泛，但是也形成了线上线下式的高校思想政治教育模式。

四、2005年至今：多样化的教育模式体系形成

随着"05方案"的提出，在教育模式上，学校倡导运用启发式、参与式、研究式等教学方式和专题式、案例式等教育模式，以发挥教师主导作用和学生主体作用，并强调运用多媒体计算机和互联网建立教学资料数据库，推进教学资源的共享。党中央、教育部提出应该将"老师讲授与学生参与""课堂教学与日常教育""校内与校外"等教育模式结合起来。政府相关部门后来又继续提出要努力实现思想政治教学"配方"先进、"工艺"精湛、"包装"时尚，教育模式创新要坚持以学生为主体、以教师为主导，加强师生互动，注重调动学生学习积极性主动性，同时制定好实践教学大纲，拓展实践教学形式，并且将网络教学作为课堂教学的有益补充。例如，北京理工大学教师在讲授"中国近现代史纲要"时，将北京的红色教育资源与学生的社会实践、个人出行结合起来，带领大学生们参观红色爱国主义教育基地。

五、高校思想政治教育模式的历史发展趋势

由于大学教育模式灵活多样，教育模式的改革自然包括多方面的内容。这里主要结合高校思想政治教育模式改革的历程及新的形势、任务和当代大学生思想变化的特点，从原则的角度，对思想政治教育模式改革的总体趋势给出几点意见。

（一）教育模式的多样化和知识结构的综合化

自从中华人民共和国成立以来，尤其是改革开放以来，高校思想政治教育教学取得了优异的成绩。面对新形势、新变化和新情况，思想政治教育教学还存在很多亟待解决的问题。其中，教学方式方法单一是教师所要关注的主要问题。为此，我们提倡要大胆创新，要求在更新观念的基础上大幅度地拓宽思路，这成为解决这一问题的关键。美国一流大学就强调教育模式在人才培养过程中的重要作用。耶鲁大学校长莱文（Levin）认为，"制约学生创新能力发展的主要因素应该是教育模式的问题，不同的教育模式取得的效果大不一样。教学中不是给学生特定内容，而是培养他们独立思考、批判思维的能力，严密分析的能力，从不同视角看问题和不断创新的能力，这种教育对社会的贡献是最大

的。"① 教育模式要依据教学目标、学生的知识结构以及学生的心理特征等方面特点灵活地选择。例如，要精心设计和组织教学活动，认真探索专题讲授、讨论、案例教学等多种教学方法。这里以案例教学为例，这种教育模式之所以是思想政治教育模式改革的方向，也是由这一方法自身的特点决定的。案例分析教学有助于促进思想政治教育理论联系实际，有助于变"注入式"教学为"参与式"教学，有助于提高学生分析问题和解决问题的能。同时，案例教学法从具体生活实例出发来阐述理论，这不仅符合理论自身发展的客观逻辑，也是马克思主义理论的本质要求。当然，这些教育模式也都更容易激发学生的在实践中的创新精神。

需要指出的是，思想政治的理论基础和教育内容是马克思主义基本理论和思想政治教育学科的基本原理，但是要优化教育教学内容还要广泛吸收和借鉴哲学社会科学和自然科学的相关知识进行丰富、充实。教学方式方法的多元化是课程教学内容的丰富化必然要求。所以，作为思想政治教师一定要具备一个宏大的、综合的知识背景：不只要了解相关学科知识，还要善于借鉴和融合相关学科的教学方式方法。因此，不断提升教育教学内容的深度和广度是激发学生的学习兴趣和求知欲望的根本保证。

(二) 教学手段的现代化、信息化

教学手段是教育模式重要的构成要素之一。我们现在已经进入到信息化时代，尤其是进入到 21 世纪的这十几年，计算机信息技术取得了长足的发展，随之应用的投影、幻灯、影视等现代化的技术手段和多媒体相继进入高校课堂，它们作为教学活动的辅助设施参与教学实践，并以其生动的视听结合形式取代了古板的"粉笔+黑板"的传统授课模式；用直观、形象的立体组合形式等丰富的表现力和信息量代替了原来抽象、枯燥的概念和原理，这样更容易让学生接受、理解，也能让教学过程与教学效果达到最佳状态。另外，互联网技术相结合的多媒体教学系统的特点即强大的交互功能和感染力，让学生、师生、教师之间可以随时、随地地进行相互交流，能够最大限度地发挥学生学习的主动性，实现自由传统教学模式无法比拟的讨论式的协同学习。多媒体教学系统作为现代教学中教学方式和手段的运用，它不仅体现了教育教学思想，也必然会引起教育模式的改革。为此，教师要重视发挥多媒体和网络等信息技术的重要作用，倡导在教学中使用新技术新手段，逐步实现教学手段现代化，开发网络教育资源，形成网上网下教学互动、校内校外资源共享。所以，高校思想政治教育模式改革的一个必然趋势就是现代化与信息化。

(三) 教师主导与学生主体、教书与育人相结合

无论采用什么样的教学方式，最主要的目的都是调动学生学习的主动性，激发学生的兴趣好好奇心，鼓励学生积极参与到教学过程之中。这是参与性教学的一个基本原则。从心理学的角度看，人的发展不仅仅是外塑的结果，而是一个内在构建的过程。现在高校思想政治教学的对象主要是 90 后的青年人，这些青年人生活在当代信息化、全球化的大的时代背景下，促使他们的独立性和主体意识增强，如果还采用传统的"注入式"教

---

① 沈祖芸，唐景莉，等. 耶鲁大学校长：教学方法影响创新能力培养 [N]. 中国教育报，2007-07-20.

学方式会人为地将他们同教学活动隔离开，他们将失去主动性和创造性。结合当代大学生思想变化的新特点，新型的教学模式必然要强调教师在教学活动中的主导作用与学生的主体地位相结合，这也符合"教"与"学"之间的辩证理念。传统那种单调的教学方式不利于对学生的创新精神的培养，这就要求我们在教学活动中务必注意每个学生的特点和个性，这样才有可能真正做到因材施教，才能激发学生的求知欲和学习热情，才会更有效的培养学生的创新精神。

人们总强调"教书育人"，我们结合思想政治这一学科自身的特点，强调思想政治教学尤其要注重"教书"与"育人"相结合，这是这类课教学过程中必须遵循的准则。因为思想政治教学同其他学科，尤其是同自然科学学科教学的最大不同就在于，它不仅要传授正确的知识，更重要的是通过教学活动，帮助学生树立马克思主义信仰，形成科学的世界观、人生观、价值观，这就要求思想政治教师本身要有极高的政治觉悟和人格修养。只有这样，人们才能全面贯彻党的教育方针，坚持教育为社会主义现代化建设服务、为人民服务，把立德树人作为教育的根本任务，培养德智体美全面发展的社会主义建设者和接班人。社会每天都在快速地发展，相关的知识也在进行不断地更新，最重要的是我们教育的对象，他们的思维也在随着社会的发展进行相应的变化。我们作为思想政治的教师，肩负着社会赋予我们的神圣使命，同时，这也对我们现实的工作提出了更为艰巨的要求，即要求我们不能墨守成规，要时刻对自己的知识储备进行更新和相应的调整，最为关键的是对我们的教育模式进行及时的革新，以适应眼界不断开阔、心理不断成熟的学生们的要求。只有这样，我们的教学活动才能取得良好的效果，我国高校思想政治的教学水平不断走向更高的阶段才得以实现。

第二节 思想政治教育模式构建的理论基础

一、马克思关于人的全面发展理论

人的全面发展理论是马克思主义学说的核心理论，马克思主义所有的学说和理论，归结到一点就是实现人的自由和解放，促进人的自由全面发展。马克思主义关于人的全面发展理论有着十分丰富的内涵。正确地认识和梳理马克思关于人的全面发展的科学内涵，是我们推动实现当代大学生全面发展的基本前提。

（一）人的全面发展是指人的需要的丰富和满足

在马克思看来，正是人的需要的发展和需要的不断满足推动着人类和人类社会的文明进步。人的需要是人的意识活动及其他各方面行为活动的内在动力。人的需要是多样的和多层次的，不仅有物质需要，还有精神需要，精神需要中又有发展需要、自我实现的需要等。人们总是在旧的需要得以满足的基础上产生新的需要，从而推动各项事业的发展。因此，在马克思的观念中，人的需要的发展证明了人的本质力量和人的本质的充实。人的需要具有层次性，需要形式的日渐多样，以及需要的不断满足，推动着人的全面发展，进而推动人类社会的全面进步。

（二）人的全面发展是指劳动能力的全面发展

在马克思的《1844年经济学哲学手稿》中，劳动这种生命活动、这种生产生活本身对人来说不过是满足他的需要即维持肉体生存的需要的手段。而生产生活就是类生活。这是产生生命的生活。一个种的全部特性、种的类特性就在于生命活动的性质，而人的类特性恰恰就是自由的有意识的活动。生活本身仅仅成为生活的手段。由此可以看出，人的类特性就在于自由自觉性。劳动，作为人的根本实践活动，创造了人，也造就了人的类本质。因此，劳动能力的强弱和劳动水平的高低，直接决定并且反映着人的自由自觉性的发展程度，劳动能力的全面发展，成为人的自由全面发展的根本。

（三）人的全面发展是指人的个性的自由全面发展

从马克思关于人的发展的三个阶段来看：第一个阶段，是人对人的依赖，人的个性被淹没在依赖性的畸形人际关系之中；第二个阶段，在对物的依赖的基础上人的独立性有所发展，人的个性有所表现；第三个阶段，即自由个性的阶段，生产力高度发展，社会财富极大丰富，人们才注重追求个性的自由发展。这一阶段，也被称为"自由人的联合体"阶段。人的个性的自由发展程度是人的全面发展的综合表现。人的全面发展，以人的个性的自由全面发展为基点，而人的个性的自由全面发展的程度，代表了人的全面发展的优劣。

（四）人的全面发展是指人的社会关系的不断丰富

人的本质属性是社会性，人是处于社会关系中的人，人的发展与其社会关系紧密相连。马克思在《关于费尔巴哈的提纲》中指出："人的本质不是单个人所固有的抽象物，在其现实性上，它是一切社会关系的总和。"[①] 人总是社会的人，总是在一定的社会关系中生存和发展。任何一个人的能力的形成、发展和完善，都离不开特定的社会关系。人的社会关系的发展，是个人形成的社会关系日益普遍化、全面化的过程。每个人都有自己的社会圈，每个人每天都在同他人交往着，只有在同他人交往的过程中，人才能发展。因此，个人的发展通常取决于与他发生交往的人。一个人的社会交往程度越高，社会关系越丰富，他的视野就会越开阔，获取的信息、知识、技能、经验就越多，能力的发展就越快，进步就越全面、越迅速。

二、马克思关于人和社会关系的理论

对于人与社会的关系这一问题，马克思给出了自己的解释。其内涵主要包括以下两个方面。

---

① 靳玉乐，张铭凯，郑鑫. 核心素养及其培育 [M]. 南京：江苏人民出版社，2018：231.

(一) 社会是人的社会

在马克思的思想中,社会是人的社会,没有人,社会也就不可能存在。社会的形成伴随着人的发展。人和社会之间存在互为基础、互为结果的关系。如果将社会看作一个复杂的有机体,那么社会的产生、构成及发展过程中存在的有机性完全是根源于人的有机性,这是因为社会是人存在和发展的载体,因此,社会才具有有机性。因此,在任何社会的关系中还存在一个社会历史前提的问题。

马克思在创立唯物史观时提出,唯物史观必须从"现实的个人"出发研究人的本质以及人和社会的关系。这是因为历史存在的前提是有生命的人的存在,因此,要首先确定"肉体组织"的存在,然后再讨论受到肉体组织制约的人与社会的关系。

在马克思的思想中,"现实的人"一定是处于一定社会历史条件中的,并且存在于一定的社会关系中。无论是何种形态、何种形式的社会,其都是人的交互作用的结果;而社会的主体只能是人,但是这些人是存在于定的相互关系之中的,也就是说,社会其实就是处于社会关系中的人本身。人处于的社会关系主要包括生产关系、家庭关系、阶级关系、政治关系、交换关系等。这些关系的主体是个人,同时这些关系也是在个人的相互作用下产生的。因此,马克思得出结论:人是什么样,社会就会是什么样。从这个角度分析,不难理解,马克思定义下的"现实的人"并不仅仅是人这个个体,而是存在于一定社会关系中的人。同时,社会历史也不是别的事物的历史,而是由处于社会关系中的"现实的人"在生产和交往活动中创造出来的历史。

(二) 人是社会的人

在马克思的观念中,人是社会中的人。马克思将社会看做人存在的形式和载体,仅仅具备物质结构和功能的生命个体不能算作真正的人,真正人是现实的人,是存在于社会关系中的人,因此,人与社会是无法分离的,只有存在于一定社会关系中并和其他人发生关联的时候,人才是真正的人。人无法脱离社会孤立地存在。

人是社会的存在物。人类存在的本质实际上是社会生存。作为社会的存在物,人的生命表现,无论是否是与他人一同完成的,都是社会生活的体现。马克思认为:"人的个人生活和类生活并不是各不相同的,尽管个人生命的存在方式必然是人类生活的较为特殊或较为普遍的方式。"[①] 社会和个人不是对立存在的,人是社会整体中的一部分,人的个人生活方式无论是表现出其独特的个性,还是表现出一类群体的共性,在本质上都是社会生活的重要体现。

人和人的生产能力都是单方面的,但是为了满足自己多方面的需求,个人就需要和其他人进行分工合作,实现生产交换和互补,从而实现满足个人需求的目的。从这个角度上不难看出,个人只有通过在社会关系中同他人建立联系才能获得生存和发展。

从表面上看,每个人都是独立存在的个体,但是人的本质还是社会的,人并不是抽象地存在于世界之外的事物,而是构成国家、世界的元素,本质上就是国家,就是社会。除了物质生产之外,人的脑力劳动与科学研究从本质上来看也是社会的活动,这是因为

---

① 李蓉. 马克思主义中国化与我国主流意识形态建设研究 [M]. 成都:四川大学出版社,2017:76.

人们进行脑力劳动、开展科学研究所需要的材料和条件都是社会提供的。因此，人是社会的人。

三、马克思主义人本理论

人们对马克思关于人的本质问题的研究，大多集中在他对人的本质内容的基础上，而对他关于人的本质问题的研究方法及理论意义缺乏探讨，结果使这种研究难于把握问题的真谛。马克思对人的本质的探究是采取多种方法的，他主要采取如下三种方法，下面具体分析。

（一）寻找人之所以成为现实的个人的根据

人是现实生活中的人，只有有血、有肉、有灵魂，并与社会打交道的个体，才是现实的人。在马克思之前的哲学家的思想中，人的本质是由于人具有思想、意识和理性。思想、意识和理性确实能够把人与动物区分开来但绝不是人的本质属性。

在马克思看来，直到人们自己能够运用劳动工具生产生活资料时人与动物相区别的标志正是人自身。生产劳动是现实的人的类本质，生产劳动是人区别于动物的本质特征，生产劳动能够推动人的各种属性的发展。在关于人的本质研究上，马克思做出了巨大贡献，这位伟大的思想家有着辩证唯物主义的头脑，他将人的本质建立在辩证唯物主义基础之上。

马克思在辩证唯物主义的道路上走得更远。在马克思的观点中，人的类本质与人的本质是不同的两个课题。在人的类本质问题上，物质生产劳动是人成为人的根据，把人和动物区分开来。人必然存在于现实生活中每个现实的人为了自己以及后代的生存，都从事着一定的劳动，由于自然因素，在现实生活中的人是与他人不同的独一无二的个体；在人的本质问题上，人的社会属性就凸显出来，人的特定的社会关系就构成了他的本质属性。

（二）分析人的存在

人的存在是多方面的，马克思主要把它归结为四个基本方面：自然存在、类存在、社会存在、个性存在。这实际上也是从人的生活中揭示人的本质。此方法的特点，是首先确定人的基本存在，然后从中揭示出人的本质。

个人的自然存在即有生命体征的个人存在，它包括人自身的自然存在和人身外的自然存在。个人的自然存在要成为人的自然存在，在马克思看来，在于人的物质生产劳动和社会关系。马克思就从人的自然存在中揭示出人的本质—物质生产劳动和社会关系。

生活在现实生活中的每个人都有自己不同于他人的个性，每个人的生活过程是完全不同于其类生活和社会生活的。类生活和社会生活是不能取代个体生活的。马克思认为，个人是社会关系的承担者，但社会关系并不是个人的全部，个人绝不只是社会关系的承担者，所以说社会存在不能代表个人的全部[①]。

---

① 肖呈生. 大学生思维政治和创业教育教程 [M]. 北京：原子能出版社，2017：8—9.

然而，同时，人是社会的存在物，其本质是一切社会关系的总和。在马克思的观念中，人正是以自己的需要和活动为基础在社会生产实践中成为社会的存在物。人又是社会存在物，在马克思看来，个体的社会联系是由于人们之间的相互依赖性和所进行的社会生产实践劳动而形成的人以自己的需要和活动为中介而成为社会存在物。因此，每个人拥有不同于他人的社会生产方式和社会关系。

（三）分析人的物质实践活动

人是具有多种属性的存在物。马克思以前的思想家往往片面夸大其中某一属性，忽视其他属性。18世纪，法国唯物主义者把人的本质归结为某种人的自然属性，而德国古典哲学家则把人的理性看作人的本质。在马克思看来，这在于他们没有看到人的所有属性得以统一的基础物质实践活动。

马克思从物质生产活动中发现了关于人本质的秘密。他通过对这一活动的分析，揭示了人的本质的丰富性、历史具体性和完整性。这一方法贯穿于马克思所有著述的始终。归结起来，可分为三个基本逻辑层次：第一，从分析人的实践活动本身的性质入手揭示人类本质。就人的本质而言，实际上表达了三层次含义，即（1）人的类本质在于人的生命活动的性质；（2）这一性质在于自由自觉；（3）人的全部本质都内含在人的活动之中。第二，从人的物质生产劳动的社会性质——物质生产方式或物质生活方式出发揭示人的社会本质。马克思指出，物质生产方式决定了个人的生活方式，而生活方式是依据于活动方式的。第三，从人的物质生产劳动的个人性质入手揭示人的个人本质。在马克思的思想中，人的物质生产活动既属于社会，又属于个人，人的物质生产需求是源于人的需要。

综上所述，马克思基于人的物质生产劳动的基础上，揭示了人的本质：人是个人需要、社会实践活动和社会关系的统一体。

另外，要弄清马克思关于人的本质的内容，首先应对他的人的本质概念加以了解。因为在对马克思人学理论的研究中，人们对他关于人的本质内容的理解存在较大分歧，究其原因，是人们对人的本质与人性人的本性、人的属性没有一个清晰的理解。在马克思看来，人的本质有两层含义：第一，人的本质是人与动物相区别的最根本属性；第二，人的本质决定了人的现实存在，产生了人的各种类特性。

人的自我产生有一个从潜在的人到现实的人的过程，劳动是人们谋生的手段，劳动创造了人的意识、语言、社会性，劳动产生了人。人正是通过生产劳动证实了自己的意识和自由自觉性。人要想在社会中生存下去，必须要进行物质资料生产活动，在进行物质资料生产的过程中，人的物质生活诞生了。

与人的本质不同，人性并不是人之所以成其为人的真正根据。它的含义或特征是人区别于其他动物的全部类特性，这种类特性是由人的本质表现出来的，这种类特性有理想和现实之分。人性主要侧重于人区别于动物的全部类特性，而人的本质则主要着眼于揭示人与动物区别的根据，并对人之所以成其为人给予说明。换言之，人性只表示从外观上看人和动物有哪些不同，而没有指出造成这些不同的内在根据。

人性有理想和现实之分，而人的本质就其本来意义上讲，它自身中包含有理想因素和现实因素。在马克思那里，理想的人性是对动物性和非人性的否定，是对人的个性或主体性的肯定，使人类的特性在人的道德精神中表现出来的、有利于个人的一系列优秀品质和完美特性。这种人性不是从现实出发，它所规定的不是人性的现实状况，而是对美好人性的向往，是一种被精神净化、美化了的人性模范，因而它带有规范性。人的本性既与人的本质不同，又与人性不同。在马克思的德文原著中人的本性和人的本质、人性是在不同的含义上使用的。人的本性是和"天性"一词的含义等同的，而人的本质则是另外意义上的一个名词，它指的是人的"根本特性"。此外，当马克思谈到人的本性时，往往与人的自然欲望和生理需要以及天性联系在一起，而当谈到人性时，又常和人的美好品质相连。可见，人的本性与人的本质、人性是有区别的。

人的本性与人性、人的本质还有其联系的一面，这就是：人的本性是人性的逻辑前提和根源，离开人的本性就无所谓人性。承认人的本性并不等于承认人性，因为人性还是人的本性在人的生产劳动或社会实践中的表观，是历史的变化了的人的本性。人的一般本性只是一种形式上和本体上的抽象规定性，而人的历史的变化了的本性即人性。

人的一般本性的内容大致来讲有自然本性、精神本性、劳动本性和社会本性。但从形式和逻辑次序来讲，其最基础的本性是受人的肉体组织制约的自然本性，而人的主要自然本性是人的需要。这是因为，第一，人之所以要结成社会，是由于个人在其自然性上是有限的，单靠个人无法从外部自然界获得满足自己生存的生活资料，更谈不上发展，为了生存和发展，他就需要和他人合作交往即结成社会；第二，在自然主义那里，人是自然的一部分，自然就是人的"王国"，人的身体、各种需要和感觉，把他与自然紧紧联结在一起；第三，马克思批判地继承自然主义的上述思想，鲜明地把人的需要作为人的本性，比前人进了一步；第四，人的需要之所以是人的本性还在于：人的需要是人本身固有的、不可缺少的、必然的，规定并制约人的一切行为。

人的需要只不过构成"生产的观念上的内在动机"，构成"生产的前提"。生产和需要总是表现为一个过程的两个要素，生产是逻辑起点，对其他要素起支配作用，人的需要本身就是生产活动的内在要素。倘若撇开生产劳动来谈人的需要，我们就不能解释需要的内容及其满足方式。谈论生产劳动和人的需要的关系时，我们的出发点和立脚点是现实的。在这个意义上，那种把人的需要看作比人的生产劳动更根本的观点是错误的。人的最根本的东西是能把人和动物区别开来，人的需要再重要它也不能把人和动物从根本上区别开来，而能做到这些的，只能是人的生产劳动。人的本质、人性和人的本性，虽然在程度和意义上不同，但是都是通过人的各种属性（其基本属性是人的自然属性和社会属性）表现出来。人在与其他个体发生关系时，他表现出来的应是人的种种社会属性；在人作为自然的一部分的意义上，他表现出来的是人的自然属性等。

综上所述，人的本质是人的根本，是人成为人的根据；人性由人的本质所决定，通过人的精神表现出来；人的本性是植根于人的肉体组织中的，是人固有的、必然的、不可缺少的性质，天然决定着人的行为。其中人的本质是对人来说的最根本的东西，离开人的本质来谈人性和人的属性，必将陷入抽象。

第三节 思想政治教育模式构建的机制保障

一、建立民主开放的参与机制

大学生广泛参与、民主协商的管理制度是形成高校思想政治教育合力的重要环节。思想政治教育管理创新的实质是调动学生参与的积极性，只有大学生积极参与高校思想政治教育管理，才能淡化管理者和被管理者之间的隔阂，才能激励他们通过自我管理达到自我教育的目的，保证思想政治教育的有效性。建立民主开放的参与机制必须吸纳社会力量的积极参与。社会参与高校思想政治教育管理是高等教育走向开放化、社会化的具体体现。

二、要建立快捷灵敏的信息反馈机制

在国内外形势变化急速的今天，开放的环境对师生思想变化的决定影响日益突显。相比之下，高校思想政治教育过于传统、封闭，只有加强对网络的管理力度，使网络成为德育教育的资源，充分发挥社会化宣传阵地的作用，运用大众传媒，有效地在"第一时间"快速反应，才能使思想政治教育从封闭型向开放型转变；从单向灌输向自我教育转变，从被动应付向超前预防转变；从单纯说理向解决实际问题转变。建立嗅觉灵敏、反应快捷、运转高效的思想政治教育的信息反馈和调控机制，以便及时把握大学生的思想动向和心理动态，及时捕捉带有倾向性、苗头性的问题，力争把问题解决在萌芽状态。建立健全信息上报制度、分析例会制度，确保信息调节及时有效，使高校思想政治教育处于主动地位。

三、建立严明合理的评估机制

建立一套高校思想政治教育必须讲究实效，对工作效益进行科学评估，定期进行督促、检查。对开展思想政治教育工作出色的部门和人员，既给予精神奖励，又给予物质奖励，实行近期效益与长期效益、静态效益与动态效益的统一，科学、合理，具有可操作性的高校思想政治教育奖惩评估机制，这对调动从事思想政治教育工作人员的积极性具有重要的促进作用。

四、完善规范有效的保障机制

做好高校思想政治教育系统的有效运行，必须以一定的投入作保障。第一，高校思想政治教育工作要具有一支高素质的思想政治教育工作者队伍，建立健全思想政治教育学科机构。第二，高校要具有开展思想政治教育所必需的基本物质条件，重视思想政治教育的硬件建设，购置必要的设备，尽快实现思想政治教育手段的现代化。

随着高等教育收费制度的改革，高校中部分学生处于经济窘迫状态。有一些大学生他们过着清苦的生活，仅仅依靠自己打工维持学业。如果说经济上的贫困随着奖惩制度的逐步建立还能克服，那么由贫困所带来的精神压力和心理负担则很难在短时间内得以消解，其中交织着无奈、焦虑、自卑、梦想等多种复杂的成分，它所产生的压力无疑要大大超过经济因素。而如何做好这部分大学生的思想疏导工作，则是一个综合性的复杂问题。它要求在此过程中既要有充满人情味的关怀帮助，更要有确保他们能够顺利完成学业的有效保障机制。高校应该在经济上特别是思想观念方面保障贫困大学生顺利完成学业，一方面要不断加大助学金制度及勤工助学岗位基金的递增力度，为减轻部分大学生因生活负担过重而产生的压力提供良好的体制环境。另一方面高校要真正为那些需要帮助的贫困大学生搭建健康、向上的心理平台。

高校思想政治教育工作的模式与机制创新是适应市场经济发展的结果，对于高校思想政治工作诸方面的改进与加强提供强有力的环境和体制保障。

第四节 思想政治教育模式构建现状与探索

一、思想政治教育模式构建现状

大学生思想政治教育模式是大学生思想政治教育主体的理性认识方式，是按一定的结构、方法和程序把思维诸要素结合起来的相对稳定的运行方式。由于历史的惯性，发轫于战争年代并经过长期计划经济固化的大学生思想政治教育思维模式，没有也不可能随着改革开放的进行而转瞬即逝，而科学的、符合时代要求和实践工作需要的新的教育模式也不会在一夜之间突然到来。虽然党和国家高度重视大学生思想政治教育，各高校也进行了不懈的探索，积累了十分丰富的经验，但是在形势日新月异变化的背景下，当前大学生思想政治教育模式显得滞后和不适应，导致大学生思想政治教育的实效大打折扣。因此，深入分析当前大学生思想政治教育模式存在的问题，有助于我们提高教育能力，转变教育模式，摆脱工作困境，推进大学生思想政治教育创新发展。可以这么说，有什么样的教育模式就会有什么样的工作方法，从而就会有什么样的工作效果。

（一）封闭、静止的教育模式

由于传统的计划经济体制和教育体制的影响，在长期的大学生思想政治教育的实践中，我国逐步形成了封闭、静止的教育模式封闭、静止的教育模式，它主要表现为思路狭窄、思维僵化、墨守成规、理论贫乏，使大学生思想政治教育按照某种固定模式沿着已有经验得到的启示来认识和处理问题，忽视大学生思想政治教育的社会化要求，忽视不断变化发展的新形势、新情况和新问题，没有把大学生思想政治教育放到经济全球化、文化多元化以及改革开放的大背景下来加以考察，使思想政治教育内容与方法远离生活，脱离实际，只注重方向性，缺乏时代性、层次性和针对性。同时封闭、静止的教育模式注重一切从书本知识、文件规定出发，以上级部署、教科书或主观印象代替活生生的现实生活，从而带来教条主义，导致把教育对象与不断变化发展的政治经济社会隔离开来，不能准确把握教育对象的实际思想。其偏离大学生的认知特点、个性需求和生活空间，忽略教育对象的个性与能力，以既定的道德标准来检验高校学生的思想品德发展状态，形成封闭的教育环境和教育渠道，使大学生思想政治教育不能有效跳出假、大、空的传统窠臼，难以实现大学生思想政治教育的针对性与实效性。

（二）单维、求同的教育模式

传统的大学生思想政治教育模式的一个突出特点是只追求一个思维角度和一个思维结果，在实际工作中教师面对不同的学生出现的不同问题，往往习惯于找一种原因，用一种方法，而很少从其他角度或其他方面来系统考察和分析思想政治教育对象的实际情况。这导致大学生思想政治教育出现简单化现象，形成了大学生思想政治教育单维、求同的思维定势。其具体表现为教育视角单一化、教育观念片面化、教育方法机械化、教育手段同一化、评价标准教条化。于是出现工作方式和教育形式简单划一，学文件、开会、听报告、读报纸、发材料成为大学生思想政治教育的主要形式。这种思维定势存在着重共性、轻个性的错误倾向，把人的视野局限在某一特定的教育路径，抹杀了思想政治教育的个性化特征，完全不考虑具体教育对象的现实思想和心理、行为特征，不考虑人的发展的层次性和价值取向的多元性，也不考虑不断变化发展的国际和国内形势，不能系统、全局地看问题，容易陷入非此即彼的形而上学思维中，阻碍了大学生思想政治教育的创新发展。

（三）保守、滞后的教育模式

由于各种因素的影响，传统的大学生思想政治教育存在着保守、滞后的教育模式。具体表现为：思想保守、观念落后、措施滞后、工作被动、缺乏创新，学生形成了凭经验办事的思维定势。这种教育模式习惯于以历史的尺度和标准来度量正在发生深刻变化的现在，来指导不断创新发展的高校学生思想政治工作，被动地照搬照抄自以为还有价值，实际上与现实情况已完全不相适应的现成答案，迷恋已经过时的老套路、老经验，使大学生思想政治教育过程中的措施、行动落后于高校学生思想行为发展的过程与阶段。这导致思维上的惯性和自发性，其不仅违背了人的思想行为渐进演变的规律，而且也不符合大学生思想政治教育动态发展的客观规律。处于这种教育模式中的许多高校学生思想政治教育者习惯于"靠上头、等红头、看风头"、胆小怕事、求稳求妥、不敢尝试创新，教师往往会错过教育学生、启发学生、引导学生、化解学生思想矛盾的最佳时机，面对复杂多变的新形势、新情况和新问题，教师会感到工作力不从心，完全处于被动状态。同时，这也是导致大学生思想政治教育的理论创新机制、实践创新机制和自我反思机制难以建立和有效运转的重要原因。

（四）主客二分的教育模式

传统的大学生思想政治教育存在着主客二分的教育模式，它过分强调教育者的主体地位和主导作用，把受教育者仅仅当作一个被动接受思想政治教育的对象和客体，也有人称之为物本教育模式。这种教育模式预设了主体与客体、主观与客观的分离。它认为主体与客体的关系是对立的、分离的，看不到二者之间是相互依存、相互作用和相互转化的。在实际工作中具体表现为：教育者和受教育者地位不平等、教育者对受教育者漠不关心、容易出现简单粗暴的教育方法。被这种教育模式束缚的大学生思想政治教育者往往以对物的理解和把握方式来理解人，看到的只是"社会存在物的人"，而不是马克思、恩格斯所说的"现实的个人"。这种把人理解为抽象的"外在的存在物"的教育模式，彻底忽视学生的主体地位，忽视学生的主体需求，更不会考虑对学生的人文关怀，强调采用灌输的教育模式，容易导致大学生思想政治教育者所传授的内容与学生身心无法形成"水乳交融"，这就必然导致思想政治工作不会在学生的内心产生共鸣，也自然会严重削弱大学生思想政治教育的生命力。

二、思想政治教育模式的探索实践

（一）思想政治教育人文关怀和心理疏导模式的构建

1. 思想政治教育人文关怀和心理疏导模式的提出

与时俱进是马克思主义的理论品质，解放思想、实事求是、与时俱进是党的思想路线。思想政治工作作为党的中国特色社会主义理论体系的重要组成部分，内在要求适应新形势，树立创新意识，按照科学发展观的要求，加强和改进方式方法，实现理念、方法和机制的创新发展。

党中央对思想政治工作的认识更加与时俱进，达到了崭新的境界。注重人文关怀和心理疏导，是党中央对思想政治工作提出的工作要求、工作重点、工作模式和创新指向。大学生思想政治教育作为党的思想政治工作的重要组成部分，不断创新工作模式是进一步提升教育质量的必然要求，人文关怀和心理疏导是我国大学生思想政治教育的薄弱环节，需要切实加强和改进。

当前思想政治工作中的人文关怀和心理疏导还比较薄弱，需要切实加强和改进。突出表现在：在教育目标上重统一性要求，轻层次性要求；在教育内容上重普遍性要求，轻个性化需要；在教育方式上重主导性，轻多样性；在教育组织上重教师，轻学生。长期以来，我国大学生思想政治教育的目标定位存在着"社会本位"的价值取向，过多地强调为国家、集体和社会服务，培养国家和社会需要的合格人才，忽视满足大学生个体需要和生存发展的作用。往往培养目标统一规格、统一要求，忽视了个体的差异和个体的满足。社会需要与个人需求是辩证统一的，不符合社会需要的个人需求是不能长久的，没有个人需求的满足社会需要就会失去支撑的基础。我国大学生思想政治教育内容往往是统一教材、集中教育，注重共同理想信念、社会道德、行为规范的教育，忽视个性化教育和具体问题的解决，特别是对引发大学生思想问题的心理与情感学习与就业、经济与交往等方面问题的解决相对薄弱。作为思想政治教育主渠道的思想政治理论课，除了统一教材、统一授课外，考试往往都是统一的标准答案。在日常的思想政治教育中，往往以班级等"小集体"的形式为单位，统一宣讲教育内容与要求，对有特殊情况、特殊困难和特殊问题的大学生关注相对较少，而这些大学生往往由思想问题引发更严重的其他问题，更加需要注重人文关怀和心理疏导。

所谓主导性的思想政治教育方式是一种在坚持主导性的前提下强调主导性与多样性相统一的思想政治教育形态。主导性不是一元性，它是相对于多样性而言的，与多样性是辩证统一的关系。主导性是对多样性的主导，没有多样性就无所谓主导性。思想政治教育是双边活动，教育者和被教育者的积极性、创新性都应得到充分的尊重和发挥。实际中的思想政治教育往往过于强调教育者的主导性和权威性，被教育者的主体性和选择性没有得到有效尊重，硬"灌输"和被"认同"在思想政治教育过程中成为常见现象，容易引发大学生的逆反心理，表面上服从既定的道德标准和价值取向，内心并没有真正认同，更谈不上有效内化和付诸实践。这些完全背离人文关怀理念的做法，导致大学生思想政治教育的质量得不到有效提升。克服薄弱环节、探索创新模式，是大学生思想政治教育质量提升的必由之路。

大学生思想政治教育的可持续发展要求借鉴世界先进经验作为大学生思想政治教育工作者，有时不得不痛苦地去思考本不愿去面对的现象：我们眼中的"和平演变"是西方资本主义国家对于社会主义国家所采取的一种"超越遏制战略"，以促使社会主义国家崩溃瓦解。其实"和平演变"是一个中性词，往往优势的一方具有"和平演变"对方的愿望、能力和可能性。为什么不能通过"和平演变"推行我们的意识形态和价值观念？道理很简单，我们目前还处于相对弱势地位，"和平演变"总是强势一方演变弱势一方。就大学生思想政治教育而言，我国思想政治教育学科始于20世纪80年代，比世界先进国家同类学科建设晚了将近半个世纪。

中国现代科学技术的总体实力与西方发达国家还有较大的差距，现代化的思想政治教育手段运用得较少，先进性的思想政治教育理念还不够丰富。大学生思想政治教育以人为本、科学发展更多的是处于认识阶段和发展取向，还没有成为工作常态。我国学校心理健康教育亦始于20世纪80年代，起初以介绍国外学校心理咨询的理论与实践为主。20世纪80年代中期，学校心理健康教育工作才在较大范围内开展起来。而最早开展心理辅导教育服务的美国，其学校教育在20世纪初就为适应社会发展的要求设立了心理辅导这一科目。学科建设和心理疏导工作起步晚，现代科技手段运用少，人本理念的践行成为常态还需假以时日，这些决定了我国大学生思想政治教育既要坚持自尊自信，更要以海纳百川的胸怀和拿来主义的心态面对世界思想政治教育的先进经验与时代潮流。谦虚谨慎、虚怀若谷，方能后来居上。针对自己的薄弱环节，既实行拿来主义，也决不照抄照搬。注重人文关怀和心理疏导，是用世界的眼界、开放的视野对大学生思想政治教育创新发展提出的客观要求。

2. 思想政治教育人文关怀和心理疏导模式的构建路径

构建大学生思想政治教育人文关怀和心理疏导模式，必须坚持以科学发展观为指导，树立以人为本的理念，在加强和改进大学生思想政治教育的过程中，切实做到重视人、尊重人、关心人、帮助人、激发人、发展人。

（1）以正确思想为指导，树立以人为本的理念

贯彻落实正确的思想，教师就要注重人文关怀和心理疏导，把以人为本的理念贯穿于体现于教育的目标、内容、方式、方法、手段和结构等全方位的理论与实践中，切实做到大学生思想政治教育的目的是为了学生，大学生思想政治教育的实施依靠学生，从

而促进大学生的全面、自由发展。

大学生思想政治教育必须树立以人为本的理念，牢牢把握大学生思想政治教育的根本和基础、原则和标准、动力和依靠、目标和归宿。大学生思想政治教育始终把个人价值与社会价值相统的大学生的全面自由发展作为出发点和归宿，把促进大学生的全面自由发展作为思想政治教育的基本原则和实施标准，把大学生作为开展思想政治教育的依靠与动力。注意全面协调国际与国内、校内与社会、传统与现代等各种思想政治教育资源，统筹兼顾大学生的心理问题、思想问题和实际问题，建立长效工作机制，提升大学生的自我教育能力，实现可持续发展。只有牢固树立以人为本、以大学生为本的工作理念，大学生思想政治教育才能真正做到为了大学生、依靠大学生、发展大学生，教育质量的进一步提升才能落到实处。以科学发展观为指导，树立以人为本的理念，为大学生思想政治教育人文关怀和心理疏导模式的构建奠定理论基础，明确实践指向。

(2) 充分尊重个人价值和个性差异，构建科学的大学生思想政治教育目标与内容体系

人的价值分为个人价值和社会价值。个人价值是指个人或社会为满足个体需要、个人发展所做的贡献。个人的社会价值是指个人对社会的贡献。人作为大自然的产物，既具有自然属性，也有社会属性。人首先具有自然属性和个人价值，这就要求社会关注、承认和满足生命个体的正当利益诉求，为具体的个人创造实现全面自由发展的条件。同时，人具有社会属性和社会价值，个人价值的满足离不开社会价值的依托，这就要求个人和社会必须在个人价值与社会价值之间找到平衡点，才能实现个人价值与社会价值的和谐统一。个性差异是指人与人之间在稳定的特征上的差异。大学生由于家庭、阅历、情商与智商等因素的不同，造成了学习、心理、性格和能力等诸多方面的差异。大学生的个性差异是一种客观存在，可能反映个人的特长和优点，是成长成才的力量源泉；也可能反映个人的缺点和不足，是发展进步的影响因素。

探索大学生思想政治教育人文关怀和心理疏导模式，充分体现以人为本的理念。尊重大学生的个人价值，针对大学生的个性差异，构建科学的思想政治教育目标与内容体系。构建大学生思想政治教育目标和内容体系，注重正确处理大学生社会性发展和个体性发展的关系，将大学生的社会价值与个体价值有机整合，形成多层次的培养目标和与之相适应的教育内容：一方面在教育目标和内容体系的设计上，把大学生作为社会化的人来考虑，使其政治、思想和道德诸方面适应和符合社会发展的需要，成为社会主义事业的建设者和接班人。另一方面在教育目标和内容体系的设计上，把大学生作为独立的个体来尊重，使其具备基本的道德、健康的心理和完善的人格，成为符合社会需要又具有鲜明个性的合格"公民"。

(3) 切实维护大学生的主体地位和选择权利，形成民主化的思想政治教育工作范式

大学生的主体地位是由其在思想政治教育过程中的主体性决定的。大学生在思想政治教育过程中的主体性是指对教育者影响具有主观选择性和决定接受状况。大学生思想政治教育的对象是鲜活的、具体的且有思想的人，没有大学生的充分认可、积极参与和自觉内化，思想政治教育的实效性就难以保障。与其主体地位相对应的是大学生在思想政治教育过程中的选择权利，包括对教育目标、内容、方式甚至教育者的选择，这种选择发自内心，却时常表现于无形，不管人们承认不承认，它都客观地存在着。

大学生思想政治教育人文关怀和心理疏导模式的构建，必须尊重、维护大学生在思想政治教育过程中的主体地位和选择权利，探索民主化的思想政治教育工作范式。民主化的思想政治教育工作范式要求教育双方地位平等、民主自由、双向互动，教育过程和谐，教育效果良好。首先，尊重大学生的主体地位和选择权利，"思"大学生所想，"办"大学生所需，大学生的权利得到充分行使，主观能动性得到充分调动，使教育双方在心灵交融、情感沟通、教育内容和教育方式等方面产生共鸣，从而使思想政治教育的目标要求内化为大学生的自觉意识，外化为日常的实际行动。其次，尊重应把握好分寸，尊重但不能"失重"。在教育内容上，开放但不放任；在教育方式上，鲜活但不失理性；在教育载体上，创新但不猎奇。尊重大学生的选择权，不能丧失主导权而被动应对，以教育视野的开放性、教育理念的先进性、教育目标的科学性、教育内容的真理性、教育方式的艺术性、教育过程的主动性和教育平台的强势性等，牢牢把握思想政治教育的话语权、主动权和主导权。大学生思想政治教育过程中，大学生的选择权与教师的主导权互为根据和条件，相得益彰。

（4）有效帮助解决思想问题与现实困难，弘扬务实型的大学生思想政治教育工作作风

大学生思想政治教育注重人文关怀和心理疏导，崇尚求真务实，力戒虚谈废务，最终落实到有效帮助大学生解决各种思想问题与实际困难上来。美国心理学家亚伯拉罕·马斯洛（Abraham Maslow）的"基本需求层次理论"把人的需求从低到高划分为：生理上的需求、安全上的需求、情感和归属的需求、尊重的需求、自我实现的需求，这一理论具有一定的普适性。当下，我国在校大学生呈现诸多新特点：独生子女逐渐成为大学生群体中的主体，家庭经济相对困难大学生的问题日渐突出，高等教育大众化带来的就业压力越来越大，网络化信息时代带来的各种思想的激烈冲突等，使得大学生面临着来自经济、学业、就业、生活、情感和信息等各方面的困惑与压力。有效帮助大学生解决这些问题，是大学生思想政治教育工作者义不容辞的责任，也是注重人文关怀和心理疏导的具体体现。

面对大学生多层面的价值诉求、现实需求和实际问题引发的思想问题，大学生思想政治教育工作者应把人文关怀理念融入实际工作中去，在充分尊重人、理解人和关心人的基础上，切实把帮助人摆上重要工作的议事日程。第一，切实解决好现实存在的思想问题。立德树人是教育的根本任务，要求大学生思想政治教育树立德业、培养人才。大学生思想政治教育工作者遵照大学生思想活动规律和思想政治教育规律，切实解决好影响大学生健康成长、顺利成才的各种思想问题。第二，帮助解决好大学生的实际问题。大学生诸多思想问题是由实际问题引起的，不切实解决好这些实际问题，由实际问题引发的各种思想问题难以从根本上解决，大学生思想政治教育就像无源之水、无本之木，吸引力不足，凝聚力不强，实效性较差。大学生存在的实际困难与问题主要应站在全局的高度从学校的层面帮助解决，作为大学生思想政治教育工作者应关注这些问题，协调学校予以有效解决，或者帮助大学生提出解决实际问题的办法。

（5）大力推进专业化和常态化建设，探索高效度的大学生心理疏导工作方式

心理活动是思想形成的基础，思想是心理活动的结果。大学生的思想问题与心理问题休戚相关，思想政治教育与心理健康教育密切联系。缘于国际与国内、家庭和社会、

主观及客观等因素的影响，不少大学生由诸多具体的、实际的问题而引发紧张、焦虑和恐惧的心态，进而造成严重的心理障碍，甚至产生思想偏激与极端行为。采取有效措施，加强心理疏导，帮助有心理问题的大学生走出阴影回归正常的学习、生活，这是大学生思想政治教育注重人文关怀的重要体现、提升教育质量的内在要求。我国大学生心理咨询工作始于20世纪80年代中期，起步较晚，经验不多，与国外先进国家的差距较大。注重大学生的心理疏导，重点在队伍的专业化和工作的常态化上下功夫。在专业化建设方面，建立以专业与专职教师为主、有一定专业知识的兼职辅导员为辅的心理咨询工作队伍，切实保证心理咨询工作的专业性与覆盖面。在常态化建设方面，建立新生入学心理测试制度，健全大学生心理健康档案，建立专业化的心理咨询中心、实现心理健康教育进课堂，定期开展集中式的心理健康教育，有针对性地追踪开展个性化的心理疏导等，使大学生心理疏导工作体系化和常态化。在此基础上，特别注意帮助入学新生、毕业学生、经济困难学生和言行异常学生等特殊群体及时化解心理危机，消除心理障碍，做到重点群体抓住不放，面上工作科学规范，把对大学生的人文关怀变成促进他们健康成长、顺利成才的正能量。

（6）强化提升自我教育的意识与能力，建立大学生思想政治教育工作长效机制

"教是为了达到不需要教"[①]。教育的真谛主要不是把现成的知识交给学生，而是把学习的方法教给学生，让学生受用一辈子大学生思想政治教育既要帮助解决他们在校期间的思想问题，更要帮助他们增强自觉、自我和自主解决思想问题的能力，这是大学生思想政治教育注重人文关怀的崭新境界。强化提升大学生思想政治教育的自我教育意识与能力，重点教给大学生面对问题的勇气、应对问题的态度、分析问题的办法和解决问题的能力加强马克思主义理论特别是唯物论和辩证法的教育。我国高校普遍开设了"马克思主义基本原理"等思想政治理论课，这在帮助提高大学生解决思想问题和实际问题的能力方面作用巨大，不可或缺。今后在保证知识性教育的基础上，重在加强能力性教育。在授课过程中，既要传授知识，更要注重大学生正确立场科学观点和有效方法的培养。在课程考试安排上，着重考察大学生发现、分析和解决问题的能力，培养大学生积极、主动、创造性地解决问题的自觉意识、基本能力和行为习惯。教师在帮助大学生解决思想问题和实际问题的同时，教给他们解决类似问题的思路、方法。教给大学生面对问题的勇气最好采取寓事说理的办法，大学生容易接受，教育效果较好。教给大学生应对问题的态度，重点讲明道理、分析形势、指出思路。人生失意十之八九，坦然面对无常之事。天下之事何所惧，办法总比困难多。教给大学生分析问题的方法，可以"解剖麻雀"，举一反三、触类旁通、融会贯通，从解决具体问题的方法中悟出分析解决问题的模式。最终通过教给大学生面对问题的勇气、应对问题的态度和分析问题的方法等，帮助他们形成创造性地解决问题的思维、思路、能力与习惯。

（二）文化型大学生思想政治教育质量提升模式的构建

1. 文化型大学生思想政治教育质量提升模式的内涵

文化性是思想政治教育的基本属性。属性即特点、特征，它是事物本身所固有的、

---

① 吴非. 致青年教师 [M]. 北京：教育科学出版社，2010：60.

必然的和基本的特性，又是事物某方面质的表现。文化的内涵十分丰富，广义指人类在社会实践过程中所获得的物质、精神的生产能力和创造的物质、精神财富的总和。狭义指精神生产能力和精神产品，包括一切社会意识形式：自然科学、技术科学、社会意识形态。有时又专指教育、科学文学、艺术、卫生、体育等方面的知识与设施。文化属性是指个体的人、社会团体、一个民族或国家生产生活的习惯定性，或者说是基本的文化素质表现。思想政治教育是指一个阶级或集团为了建立或巩固其政治统治而进行的符合本阶级或集团根本利益的、包括一定的政治、法律、哲学、道德、艺术和宗教思想的意识形态理论的教育。从思想政治教育的内涵来看，思想政治教育具有文化属性。一方面，思想政治教育是一种特殊的文化形态。思想政治教育是为了阶级或集团的利益而进行的意识形态教育，而意识形态是阶级意志的表达，是文化的特殊部分，属文化范畴，文化与意识形态是一般与特殊的关系。另一方面，思想政治教育是一种文化过程。思想政治教育是一门科学，遵循人的思想品德形成规律和教育的一般规律，政治、法律、哲学、道德、艺术和宗教等，作为思想政治教育的内容均隶属文化范畴。思想政治教育的过程，其实就是以文"化"人的过程，它遵循文化的逻辑，体现知识的传授和价值的认同、情感的交融和理性的选择的有机统一。文化性是思想政治教育的基本属性，文化型的大学生思想政治教育质量提升模式，是思想政治教育的文化属性在其结构要素、实施过程中得到充分展现，成为一种成熟的、常态化的理论模型和实践范式。

能够成为一种教育模式，一定有异于其他模式的显著特点。文化型的大学生思想政治教育模式的特点体现在它的文化特性上。体现在思想政治教育的内容上，意识形态、价值取向、思想品德和知识规范等作为思想政治教育的内容，本身隶属于文化范畴，更要以文化的外在形态予以展现，增强其文化品位和文化魅力；体现在思想政治教育的方式上，思想政治教育的渠道、载体、活动和手段等，都应赋予文化的内涵和文化的形态，以适应大学生较高的文化层次和不断增强的文化需求。思想政治教育的文化性，决定了文化型的大学生思想政治教育模式必须充分赋予文化内涵，不断提升文化品位，适时展现文化形态，突出彰显文化魅力，成为提升大学生思想政治教育质量的有效模式。

2. 文化型大学生思想政治教育质量提升模式的提出

构建文化型的大学生思想政治教育模式是社会主义文化建设的重要组成部分。改革开放以来，随着以市场为导向的社会主义经济体制改革的深入，我国经济建设取得了世界瞩目的成就，同时提出了文化体制要适应社会主义市场经济体制的要求，突破束缚文化生产力发展的制度性障碍，开创文化发展繁荣新局面的改革也随之启动。在这一过程中，党对社会主义文化建设的本质规律、内容和形式等的认识逐步深入，越来越深刻。

3. 构建文化型大学生思想政治教育质量提升模式的路径

路径一般指到达目的地的路线，也比喻办事的门路与办法。构建文化型的大学生思想政治教育模式，是在全面建成小康社会、建设社会主义文化强国的历史背景下，适应思想政治教育的文化特性和大学生的文化需求，不断创新教育模式、进一步提升教育质量的必然要求。大学生思想政治教育模式创新是实践问题，也是理论问题。大学生思想政治教育模式创新要有一定的前瞻性，对的就坚持，不对的赶快改，新问题出来抓紧解决。构建文化型的大学生思想政治教育模式，使大学生思想政治教育从工作理念到构成要素都体现文化特性，展现文化魅力，成为具有理论意义和实践价值的提升大学生思想政治教育质量的工作范式。

（1）坚持以文"化"人，用先进理念指导大学生思想政治教育

理念就是思想、观念。理念是行动的先导，有什么样的理念，就会有什么样的战略与策略、思路和措施。做任何事情、干任何事业都需要一定的理念为指导。以零售业为主打的世界500强企业沃尔玛就是先进理念行为化的成功典型，其创始人山姆沃尔顿（Sam Walton）是一个普通人，却有着极强的竞争意识和冒险精神。在创业伊始他就意识到：沃尔玛要想获得成功，除了为顾客提供低价位的商品之外，还必须超越顾客对优质服务的期望。他倾其毕生精力为此工作理念转化为企业行为而不懈努力。他激励并鼓舞员工，并身体力行地实践他所倡导的一切，最终取得了成功，先进的理念引领沃尔玛走向成功之路。虽然山姆先生在1992年就已去世，但他的先进理念却一直引领沃尔玛的事业不断拓展。沃尔玛之所以获得今天的成就是源于其初创、坚守并始终践行着的先进企业理念。这样的典型不胜枚举。

构建文化型的大学生思想政治教育模式，同样需要先进理念的指导，使大学生思想政治教育充分体现文化属性，广泛展现文化魅力，有效提升教育质量。根据我国文化建设的战略任务和总体部署，结合大学生思想政治教育基本现状和内在需求，构建文化型的大学生思想政治教育模式，应树立以人为本、以文"化"人的先进理念。以人为本、以文"化"人的理念有着丰富的内涵，从构建文化型的大学生思想政治教育模式的视角来看，其丰富内涵主要体现在：大学生思想政治教育应以科学发展观为指导，针对大学生的文化层次特点，遵循大学生思想政治教育规律，使大学生思想政治教育体现文化的品质，充满文化的魅力，运用文化的方式，满足文化的需求，实现以文"化"人的教育目的。以人为本、以文"化"人理念体现在具体的大学生思想政治教育实践中就是：在思想政治教育目标上，既要提高大学生的思想政治素质，又要着力培养健康完美人格、促进全面发展，做到思想政治教育政治性和文化性的和谐统一；在思想政治教育内容上，凸显丰富文化内涵、提升文化品位，增强吸引力与感染力；在思想政治教育方式上，倡导文化渗透、寓教于无形，做到春风化雨；在思想政治教育队伍建设上，大力提升教育者的文化素养，增强人格魅力；在思想政治教育机制上，根据文化影响的渗透式、深刻化和持久性等特点，构建长效的文化育人新模式。

（2）提升文化素养，建设充满文化魅力的大学生思想政治教育教师队伍

思想政治教育工作队伍是提升大学生思想政治教育质量的组织保证，构建文化型的大学生思想政治教育模式需要充满文化魅力的教师队伍。当今社会科学技术迅猛发展，大学生获取信息的渠道越来越多，知识面越来越广，对教师文化素养的要求越来越高，而且这种文化素养是综合性的，具有高品质、全方位、立体化的特点。许多人感叹现在大学生思想政治教育工作难做，这里面既有客观的因素，也有文化实力不强、文化魅力不足等主观因素。

全国思想政治教育工作模范、原大连舰艇学院思想政治理论课教授方永刚在这方面树立了榜样。方永刚教授讲的思想政治理论课学生爱听，思想政治教育内容深受学生的喜爱，其成功的地方是他宣传教育建立在深厚的理论功底和充分的调查研究基础之上，具备能够将党的创新理论通俗化的高超的演讲技巧，有着明确的教育目标和鲜活的教学内容，掌握着灵活而有针对性的教学方法和艺术等。教育做到极致就是文化，方永刚的

思想政治理论课教学和思想政治教育工作蕴藏着丰富的文化内涵，充满着诱人的文化魅力，因而极具感染性和说服力。

(三) 和谐型的大学生思想政治教育质量提升模式

"和谐"是当代社会的热词，社会和谐是中国特色社会主义的本质属性。用和谐理念引领大学生思想政治教育创新，构建和谐型的大学生思想政治教育模式，是加强和改进大学生思想政治教育的时代课题。

1. 和谐型的大学生思想政治教育质量提升模式的内涵

和谐型的大学生思想政治教育模式，应该具有平等性、民主性、审美性、互动性、层次性与协调性等特点。大学生思想政治教育的平等性，指教师与大学生在地位、人格、诉求等方面是平等的，通过平等的对话、交流、讨论达到思想政治教育的效果；大学生思想政治教育的民主性，指在思想政治教育过程中贯彻民主的原则和运用民主的方法，引导大学生的思想和行为向健康正确的方向转化；大学生思想政治教育的审美性，指在教育过程中依据美学原则，加入美学因子，运用美学方法，使思想政治教育行云流水、入耳入心；大学生思想政治教育的互动性，指在思想政治教育过程中大学生的主体性和教师的主导性都得到充分尊重，达到交流探讨、教学相长、相得益彰的教育效果；大学生思想政治教育的层次性，指运用因材施教的原则，对不同类型的大学生确定并采取相应的教育目标、内容、方法和手段等，使不同层次的大学生皆得到有针对性的思想政治教育，实现大学生人性的全面发展和能力的全面提升；大学生思想政治教育的协调性，指对教师与大学生、教育目标、教育内容和具体措施等组成要素、运行机制及教育系统本身进行优化，充分发挥思想政治教育的整体功能，形成强大合力，提升教育质量。

和谐型的大学生思想政治教育模式是平等性、民主性、审美性、互动性、层次性与协调性等的有机统一，是效率高、质量好、运行流畅的一种思想政治教育理论模型和实践范式。

2. 和谐型的大学生思想政治教育质量提升模式的提出

大学生思想政治教育具有时代性，和谐型的大学生思想政治教育模式是伴随社会主义和谐社会的提出与建设应运而生的。大学生思想政治教育具有与时俱进的品格，和谐型的大学生思想政治教育模式既反映了时代变革的主题，也是自身创新发展的内在要求。

和谐是思想政治教育的内在品质和内在要求，当前大学生思想政治教育还存在着与社会主义和谐社会要求不相称的"不和谐音"：思想政治教育目标理想化，缺少层次性，往往将只有先进分子才能达到的目标，却要求所有大学生普遍达到；思想政治教育内容空泛化，缺少针对性，往往不区分对象，千篇一律，使不少大学生难以理解、内化；思想政治教育方式简单化，缺少多样性，往往外部灌输的多、自我修炼的少，知识说教的多、实践体验的少，抽象化的规范多、个性化的指导少，强制性的管教多、人性化的教育少。这些"不和谐"的问题不解决，和谐型的大学生思想政治教育模式就难以构建，就会影响德才兼备合格人才的培养和社会主义和谐社会的建设。

3. 构建和谐型的大学生思想政治教育质量提升模式的路径

以和谐理念引领大学生思想政治教育创新，构建和谐型的大学生思想政治教育模式，就要围绕"和谐"搞创新，通过创新促"和谐"，实现大学生思想政治教育目标与原则、内容与形式、方法与手段、渠道与载体全方位的和谐，培养全面和谐发展的人。

（1）在思想政治教育目标上坚持层次性的和谐

思想政治教育是目的性很强的教育实践活动，其教育目标具有多样性和层次性。一般按在实施过程中所处的地位、时间、可能性等，思想政治教育目标可分为总目标和分目标、远期目标和近期目标、主要目标和次要目标、社会目标和个人目标、普遍性目标和先进性目标、必须达到的目标和希望达到的目标等。现代管理科学中，有一个"分层目标结构"的概念，意指目标是由总目标到具体目标所构成的一个层次复杂的体系，下一级目标往往是实现上一级目标的手段。和谐型的大学生思想政治教育模式，其各层次教育目标形成有机的统一体。以远期目标和近期目标为例，思想政治教育的远期目标和近期目标是辩证统一的，近期目标应根据远期目标来确定，并服从和服务于远期目标，离开了远期目标，近期目标就会迷失方向。同时，远期目标的实现靠一个个具体的近期目标来完成，只有远期目标而没有近期目标，会使人感到难以实现而失却信心，远期的目标也难以实现。

坚持大学生思想政治教育目标的和谐性，关键在于把握好目标的层次性。确定思想政治教育目标主要依据党的奋斗目标和教育对象的思想实际。实现共产主义的社会制度是党的最终奋斗目标，大学生思想政治教育目标应依据和围绕党的这个最终目标来确定，用共产主义思想教育、动员、引导和激励大学生，激发大学生中的先进分子为实现共产主义社会制度而奋斗，并在奋斗中把自己培养锻炼成为具有高度共产主义觉悟的新人。要积极引导大学生不断追求更高的目标，使他们中的先进分子树立共产主义的远大理想，确立马克思主义的坚定信念。在这一总目标下确定大学生思想政治教育的具体目标。在社会主义初级阶段，我国大学生思想政治教育的主要任务是：以理想信念教育为核心，进行正确的世界观、人生观和价值观教育；以爱国主义为重点，进行弘扬和培育民族精神教育；以基本道德规范为基础，进行公民道德教育；以大学生全面发展为目标，进行素质教育，引导大学生确立在中国共产党领导下走中国特色社会主义道路、实现中华民族伟大复兴的共同理想和坚定信念。根据大学生思想政治教育主要任务和先进性目标，确定近期目标、普遍性目标和个人目标等不同层次的具体目标。大学生思想政治教育的目标，首先是塑造全面、和谐发展的人，在此基础上培养社会主义事业建设者和接班人，培养坚定的马克思主义者，坚持普遍性要求与先进性要求的和谐统一。

（2）在思想政治教育原则上坚持诸要素作用的和谐

大学生思想政治教育是一项系统工程，提升大学生思想政治教育质量是思想政治教育诸要素和谐运行、综合作用的结果。尽管这些要素的作用不尽相同，但在大学生思想政治教育过程中的作用不可或缺。加强和改进大学生思想政治教育坚持的基本原则是：坚持教书与育人相结合；坚持教育与自我教育相结合；坚持政治理论教育与实践教育相结合；坚持解决思想问题与解决实际问题相结合；坚持教育与管理相结合；坚持继承传统与改进创新相结合。在和谐型的大学生思想政治教育模式框架下，用和谐理念审视大学生思想政治教育的基本原则，无不贯穿、体现和践行着和谐的理念，即教书与育人的和谐、教育与自我教育的和谐政治理论教育与实践教育的和谐、解决思想问题与解决实际问题的和谐、教育与管理的和谐、继承传统与改进创新的和谐。

坚持教书与育人的和谐。教书是高校传授知识的基本形式，也是育人的主要载体，教书与育人是人才培养的两个重要方面，二者缺一不可。在人才培养过程中，在传授知识的同时，坚持育人为本、德育为先，把思想政治教育摆在首要位置；坚持教育与自我教育的和谐。大学生思想政治教育是双主体参与的教育活动，需要调动双方的主观能动性。既要充分发挥教师、党团组织的教育引导作用，又要充分调动大学生的积极性和主动性。引导他们自我教育、自我管理、自我服务；坚持政治理论教育与社会实践的和谐。大学生思想政治教育既需要理论灌输，也需要实践体验，二者不可偏废。

在大学生思想政治教育过程中，教师既重视课堂教育，又注重引导大学生深入社会、了解社会、服务社会，坚持解决思想问题与解决实际问题的和谐。大学生诸多思想问题往往是由实际问题引发的，不解决实际问题，由实际问题引发的思想问题难以从根本上解决。大学生思想政治教育既要讲道理又要办实事，既以理服人又以情感人，这样才能增强思想政治教育的实际效果；坚持教育与管理的和谐。学生工作离不开管理，管理也是教育，科学的管理就是有效的教育。大学生思想政治教育应融入学校日常管理之中，在管理中开展教育，在教育中加强管理，建立长效工作机制，使自律与他律、激励与约束有机地结合起来，有效地引导大学生的思想和行为；坚持继承优良传统与改进创新的和谐。与时俱进是大学生思想政治教育的品质，是大学生思想政治教育的生命力所在，和谐型的大学生思想政治教育模式，客观上要求继承优良传统与改进创新的和谐，挖掘、总结提炼传统大学生思想政治教育的精华，在新的时代中加以发扬光大，同时积极探索大学生思想政治教育的新途径、新办法，体现时代性，把握规律性，富于创造性，增强实效性。

（3）在思想政治教育内容上坚持稳定性与创新性的和谐

大学生思想政治教育是一门科学，其教育内容具有一定的系统性、稳定性。大学生思想政治教育长远目标明确，要求其教育内容必然是相对系统、稳定。作为思想政治教育学的重要组成部分，大学生思想政治教育的系统内容主要是世界观、政治观、人生观、道德观和法治观教育等相互联系、相互渗透和相辅相成的五个方面。中共中央国务院《关于进一步加强和改进大学生思想政治教育的意见》从四个方面明确了加强和改进大学生思想政治教育的主要任务。与时俱进是大学生思想政治教育的品质，内在要求大学生思想政治教育的内容与时代同步。大学生思想政治教育内容是系统性、稳定性与开放性、创新性的和谐统一。没有教育内容的系统性、稳定性，大学生思想政治教育就不能称其为一门科学，在教育过程中就会缺少"主心骨"和"定心丸"，大学生思想政治教育的说服力和实效性就会大大削弱。没有开放性和创新性，大学生思想政治教育就会因内容的陈旧、僵化而失去吸引力和感染力。

大学生思想政治教育内容稳定性与创新性的和谐，必须用科学精神规划大学生思想政治教育的内容体系。坚持以理想信念教育为核心、以爱国主义教育为重点、以基本道德规范教育为基础、以大学生全面发展为目标的和谐统一，坚持思想政治素质、科学文化素质与身心健康素质的和谐统一，坚持科学精神与人文素养的和谐统一。在坚持大学生思想政治教育内容系统性、稳定性的基础上，坚持与时俱进，与时代发展接轨。社会主义初级阶段和社会主义市场经济是基本国情，大学生思想政治教育内容必须面对社会实际，既有理论知识的传授，也有社会实际的剖析，既宣讲"真、善、美"，也剖析"假、恶、丑"，摒弃"假、大、空"，提倡"真、活、实"，从而消除大学生思想政治教育与社会实际"两张皮"现象。社会主义核心价值体系是大学生思想政治教育系统内容中的核心内容，是大学生思想政治教育内容与时俱进的具体体现。

（4）在思想政治教育方式上坚持隐性教育与显性教育的和谐

形式是指事物的样子或构造。逆反心理是人们彼此之间为了维护自尊，而对对方的要求采取相反的态度和言行的一种心理状态。大学生正处于人生的第二次逆反期，根据学生这一时期的特点，和谐型的大学生思想政治教育模式要求其教育形式做到显性教育与隐性教育的和谐，适宜显性的则显性，适宜隐性的则隐性，显性教育与隐性教育各得其所，相得益彰。

传统思想政治教育往往强调正面灌输，表现为内容上突出主旋律、形式上展示大场面等"显性"的方式。随着社会主义市场经济的发展、高教体制改革的深入和大学生主体意识的增强，单纯的"显性"方式极易使大学生产生"审美疲劳"，思想政治教育效果往往不佳，而日常制度规范、师德垂范、集体活动、校园文化等方面以潜在的、渗透的方式作用于每一位大学生，影响着他们世界观、人生观和价值观的形成，这种间接传递给大学生教育信息的方式，是"隐性"的思想政治教育方式。

"隐性"的思想政治教育方式的优势在于它的隐蔽性，耳濡目染、潜移默化、春风化雨、润物无声，更容易被大学生所接受。"高等学校思想政治理论课是大学生思想政治教育的主渠道。"在充分发挥主渠道"显性"教育作用的同时，大力开展"隐性"教育，寓思想政治教育于日常活动中。

（5）在思想政治教育双边关系上坚持主导性与主体性的和谐

主导是指统领、推动全局发展。主导性是指能够统领、推动全局发展的性能或性质。教师以其地位、学识、职责、工作性质等决定了其在大学生思想政治教育过程中具有主导性。主体一般指事物的主要部分，哲学上则指对客体有认识和实践能力的人。主体性是指人在实践过程中表现出来的能力、作用、地位，即人的自主、主动、能动、自由、有目的地活动的地位和特性。人行动的一切动力都一定要通过他的头脑，一定要转变为他的愿望动机，才能使他行动起来。科学世界观的形成需要科学理论的指导，而科学理论不可能在人的头脑中自发产生，需要从外部"灌输"进去。思想政治教育内容要真正成为人们世界观、价值观的有机组成部分，就必须经过主体的选择和确认，形成坚定的自我行为理念，内化为个人的品行特征。

在思想政治教育过程中，大学生不是完全处于被动地位，而具有主观能动性，其态度、能力、素质等影响思想政治教育的实施，在一定意义上说大学生作为"内因"决定思想政治教育的效果，因而在思想政治教育过程中具有主体性特点。大学生思想政治教育是教师与大学生的双边活动，需要调动教师与大学生两个方面的积极性、主动性和创造性，需要教师的主导作用与大学生的主体作用都得到和谐发挥，二者不可偏废，否则提升大学生思想政治教育质量就难以落实。在思想政治教育目标上，明确促进大学生全面自由发展和培养社会需要的合格人才的目标，并以此作为开展工作的目标指向。

在思想政治教育内容上，弘扬主旋律，提倡多样化，在内容的多样化中凸显主旋律的科学性、真理性，并内化为大学生的自觉认知和行为习惯。在教育过程中，遵循思想政治教育规律，针对大学生实际特点，使大学生思想政治教育始终按既定方向健康有效地进行。在教育方式上，主动采撷能够用于思想政治教育的最新科技成果，主动采取为大学生所喜闻乐见的方式方法，想在大学生所想之前，做在大学生所欲之前，牢牢掌握教育主动权，避免处处被动、疲于应付。在思想政治教育过程中大学生的主体地位应得到充分尊重，真正体现思想政治教育为了学生、依靠学生、发展学生的工作理念。在提高"灌输"艺术魅力的同时，尊重大学生的主体地位，对于教师的主导性和大学生的主体性的把握应和谐、有度。在教师主导性的发挥上，坚持思想政治教育先进性目标的引领作用，兼顾大学生群体层次性特点和普遍性要求；坚持社会主义核心价值体系的引领作用，在宽领域与多样化中凸显高品位弘扬主旋律；坚持充满吸引力、感染力和说服力的"灌输"，探索平等性、互动型、探讨式的教育新模式。在大学生主体性的发挥上，坚持尊重但不"失重"；在思想政治教育内容上，开放但不放任；在思想政治教育方式上，鲜活但不失理性在思想政治教育载体上，创新但不猎奇。

（6）在思想政治教育手段上坚持传统手段与现代技术的和谐

"传统"是人们用来界定人类发展历程的一个定性词语，般指过去式。"现代"指现在这个时代。"传统"相对的一面是"现代"。"手段"这里指为某种目的而采取的方法、措施。就大学生思想政治教育而言，传统的手段与现代的技术都是具体措施，没有好坏高低之分，检验的标准在于是否有效及有效的程度。坚持大学生思想政治教育传统手段与现代技术的和谐，就是挖掘传统思想政治教育的有效手段，在新的历史时期加以发扬光大，同时根据时代特点与时俱进地采取最新、最现代的技术与手段，不断提升大学生思想政治教育质量。继承传统应注意汲取精华、剔除糟粕，坚持创新旨在有效，不为创新而创新。

坚持传统手段与现代技术的和谐，做到有效的传统手段不放弃，并在新的时期发扬光大，同时紧跟时代潮流、追踪大学生关注的热点，以能够利用的最新科技成果为手段和载体，开展大学生思想政治教育。如说理教育法、集体宣讲法、个别谈心法、典型示范法、环境熏陶法、实践锻炼法等。

（7）在思想政治教育渠道上坚持各类教育的和谐

"渠道"原指在河、湖或水库周围开挖的排灌水道，引申比喻门路或途径。大学生思想政治教育的渠道丰富而广泛，主要包括课堂教学、社会实践、校园文化、网络媒体、心理咨询、寓思想教育于解决实际问题中、发挥党团组织班级的作用等。从更宏观的层面上还可以分为学校教育、家庭教育和社会教育等。用和谐理念审视大学生思想政治教育渠道，作为一项系统工程，大学生思想政治教育需要主渠道正常发挥作用，也需要多条渠道形成教育合力。

在高校内部，思想政治理论课是大学生思想政治教育的主渠道，是大学生的必修课，是帮助大学生树立正确的世界观、人生观和价值观的重要途径，体现了社会主义大学的本质要求。应坚持主渠道畅通，把理论武装与实践育人结合起来，切实改革教学内容，改进教学方法，改善教学手段，增强思想政治理论课的吸引力和说服力。坚持大学生思想政治教育渠道的多元化，社会实践、校园文化、网络媒体、心理咨询、寓思想教育于解决实际问题中、发挥党团组织班级的作用等渠道各得其所，共同作用，形成合力。现代社会是开放的世界，大学生思想政治教育也要实施开放性教育，做到学校、家庭、社会各渠道的匹配性和谐。学校是大学生思想政治教育的主渠道、主课堂、主阵地，家庭是最早的并持续一生的重要教育场所，社会是一本必须翻阅的"无字书"，是复杂多变的大课堂。它们在大学生思想政治教育过程中的作用不同，不能截然分开，而应和谐一致，形成教育合力。高校积极主动建立与家庭相互沟通的渠道，同时争取全社会的大力支持，努力建构党委统一领导、党政群齐抓共管、有关部门各负其责、学生家庭积极配合、全社会大力支持的领导体制和工作机制。

第三章
高校思想政治教育立体化模式的构建探究

新时期,高校思想政治教育模式占有非常重要的地位。本章主要论述了高校思想政治教育立体化模式概述、高校思想政治教育立体化模式构建的原则及条件分析、高校思想政治教育立体化模式构建的途径、构建高校思想政治教育立体化模式的保障等内容。

第一节 高校思想政治教育立体化模式概述

随着网络化、信息化、移动化的技术发展,针对当代大学生的特点,提高思想政治课教学实效性,我们进行了大胆的教育教学改革与实践,实施了立体化教学模式的探索,取得了显著的成效。

一、立体化教学模式的内涵

立体化教学模式是指根据高校思想政治理论课教学特点、规律、教学目标以及学生成长的规律,坚持以人为本,以学生为主体,整合思想政治课教学资源和教师队伍,对教学内容、教学过程、教学方式和考核方式进行全面设计,将新媒体技术应用到教学之中,形成全方位、多维度、网络化的相互协同、相互融合、功能互补教学模式,打破了传统教学模式,充分调动学生学习思想政治理论课的积极性和主动性,提高教学效果。

二、新时代高校思想政治立体化教学模式的内涵

立体化体现的是空间的三维效果。立体化教学,是采用多种教学手段和教学方式使教学过程体现"长、宽、高"的全方位格局,综合各种教育资源,实现理论与实践的结合,达到教育效果的最优化。而"所谓思想政治理论课立体化"教学新模式是指根据高校思想政治理论课教学特点、规律和教学目标,坚持以人为本,以学生为主体,集成思想政治教学资源,形成课堂理论教学、实验教学、实践教学、网络教学的全方位、多层次和网络化的教学新模式。

2005年《中共中央宣传部教育部关于进一步加强和改进高等学校思想政治理论课的意见实施方案》,对高校思想政治理论课的课程设置再一次进行了调整,由原来的七门主

干课调整为四门主干课,即"思想道德修养与法律基础""中国近现代史纲要""马克思主义基本原理"和"毛泽东思想、邓小平理论和'三个代表'重要思想概论"。可见,高校思想政治理论课的教学内容是高度统一的。在新的历史条件下,如何提高思想政治理论课的成效,达到更好的教育效果,成为当前最为关键的问题。那么,解决思想政治理论课的效果问题从何着手呢?我们认为首要的是要切实改进思想政治理论课教育教学的方式和方法,对传统的教学模式进行创新。具体说,就是借2005年思想政治理论课课程设置新方案的出台为东风,认真研究和理解新课程设置的科学性,深刻领会新课程体系的精神实质,以新的思想政治理论课课程设置为平台,以学生为本,重新构建多维性、立体化的思想政治理论课教学模式,改变传统的以灌输为主的教学方式和方法,切实提高高等学校思想政治理论课的针对性、实效性,这对提高大学生的思想政治素质意义重大。

在《中共中央宣传部教育部关于进一步加强和改进高等学校思想政治理论课的意见》中明确指出,要以马克思主义中国化的理论成果毛泽东思想邓小平理论和"三个代表"重要思想为中心内容,完善思想政治理论课课程体系。立足于对大学生进行系统的马克思列宁主义、毛泽东思想、邓小平理论和"三个代表"重要思想教育,进一步推动邓小平理论和"三个代表"重要思想进教材、进课堂、进大学生头脑工作,帮助学生掌握中国特色社会主义理论的科学体系和基本观点,指导学生运用马克思主义世界观和方法论去认识和分析问题。开展马克思主义人生观、价值观、道德观和法制观的教育,引导学生树立高尚的理想情操和养成良好的道德品质,树立体现中华民族优秀传统和时代精神的价值标准和行为规范。开展中国近现代史的教育,帮助学生了解国史、国情,深刻领会历史和人民是怎样选择了马克思主义,选择了中国共产党,选择了社会主义道路。开展党的路线、方针和政策的教育,帮助学生正确认识国内外形势。通过充实教学内容,完善课程设置,形成结构合理、功能互补、相对稳定的课程体系。

根据以上精神,当前应进一步深化教学改革,重新构建思想政治理论课多维性、立体化的教学模式。所谓立体化教学是从知识的纵横联系出发,采用多种教学方法和教学手段,使教学过程呈现出"长、宽、高"的全方位态势,保证教学主客体资源的综合利用,实现教育效能的最大化。

三、高校思想政治立体化教学模式的形成

(一)学生学习主动化

教师主导作用与学生主体地位的辩证统一规律,是教学工作相关理论之教学过程需要师生的共同参与,教师的主导作用,主要是教师对课堂教学的设计,在教学过程中引导学生,深化知识点的学习,调动课堂气氛,激励学生思考等一系列活动。而学生的主体地位,则主要指学生摆脱受支配的被动学习地位,主动学习、自觉学习。

(二)教学方式立体化

针对不同课程和学生的特点,采取多种形式的教学方式,提高教学效果,是立体化

教学方式的特点。高校多以课堂教学为主，辅以其他形式的教学方式。

（三）教学资源立体化

传统的教学资源主要是纸质的教学课本和参考书，课本的内容相对固定，而参考书往往是针对课本编写的配套教程，也缺乏一定的灵活性和针对性。互联网技术的发展大大扩宽了现代的教学资源。主干教材、教学指导书、电子教案、多媒体课件、试题库、案例库、多媒体网络课程等，都可纳入思想政治的教学资源。

（四）教学考核体系化

传统的教学考核，主要是采取期末书面考试的方式，结合学生平时表现进行打分。思想政治的教学目的，不是培养出只会牢记书本知识的人，而是让学生形成良好的道德情操，树立正确的三观等。各高校也越来越认识到思想政治不能单纯地以成绩盖棺定论，增加了考试中主观试题的比重，试图通过开放性的试题了解学生的思想动向和教学成效。

（五）保障机制立体化

立体化教学模式改革除了需要教育主体、客体、载体等教育要素的相互配合，也离不开相关保障机制的支持。学校首先要在思想上和政策上明确思想政治教学的地位、组织结构、任教资格、工作量、课酬、考核方式等，从制度上为思想政治的立体化教学改革提供物质保障；其次，思想政治立体化教学的改革是一项系统的工程，涉及包括学校党政领导机构、教学机构、职能部门以及各个学院等多个部门，改革过程中，要统一规划、协调，做好教学过程中人、财、物的后勤保障工作。再次，网络时代为立体化教学提供了形式多样的教学资源，多媒体因其生动、直接等特点被大学生广泛接受。学生能从互联网上获取海量有用的学习资源，可以讲，多媒体网络技术的使用，为思想政治立体化教学提供了物质资源的保证，而互联网相关知识的合理运用，则直接关系着立体化资源的使用效率。因此，要为立体化教学改革提供技术上的支持。高校应注意培养相关任课教师的网络技术，使其灵活运用网络这一平台对学生进行课上或线下的教育，在网络教育平台对所设计的相关话题进行及时的解答和更新，提供疑难解答等。

四、新媒体时代高校思想政治立体化教学模式的特点

（一）现实性与发展性相结合

思想政治理论课"立体化"教学模式使教学内容贴近现实生活。学生在立体化教学中学习理论，探讨现实热点问题，从而使教学内容潜移默化中内化到学生的行为里。另外，立体化教学模式在传统教学模式的基础上推陈出新、扬长避短，采用各种尝试和途径，加强教学与实践的联系，体现一个发展性的立体空间。

（二）主导性与多样性相结合

首先，在立体化教学模式中，教师起到"传道授业解惑"的主导作用，组织好教学

秩序，正确引导学生的思想，激发和调动学生的学习兴趣，强化教学效果；其次，充分尊重学生的主体地位，让学生主动参与到立体化教学模式中，采用多样性的教学和实践方式调动学生的积极性和主动性。

（三）目的性与手段性相结合

思想政治教育的目的是开展思想政治教育的前提，也是思想政治教育活动的出发点和归宿点。"现阶段我们思想政治教育的最终目的就是促进人的自由而全面发展，构建和谐社会。这是马克思、恩格斯追求的理想目标，也是党的领导人结合我们所从事的各项事业，以人的全面发展为出发点和价值追求，提出的科学发展观理念所要求的。"因此，思想政治理论课"立体化"教学模式是为实现思想政治教育根本目的服务的。另外，借助于一定的手段达到一定的目的，是人类自觉的对象性活动的一个根本特点。立体化教学模式将突破传统，采取全方位、多层次、广覆盖、网络状的各种有效手段，力求事半功倍、卓有成效。

（四）理论性与实践性相结合

思想政治理论课立体化教学模式在抓住课堂教学灌输理论，探讨理论的过程中，将更注重实践性教学方式。利用课堂以外的时空组织立体化教学实践活动，如采取社团、校园文化、讨论、参观、实地考察等形式，使学生的认知从感性认识上升到理性认识，增强主动性和积极性。

第二节　高校思想政治教育立体化模式构建的原则及条件分析

一、高校思想政治教育立体化模式构建的原则分析

思想政治教育者在思想政治教育方法创新过程中也应当遵循一定的原则，这些原则是教育者从思想政治教育方法创新的具体实践中抽象得到的结果，是教育者在思想政治教育方法创新时必须遵循的规定和准则。高校思想政治教育"立体化"模式需遵循如下原则。

（一）主体性原则

主体性原则就是要求思想政治教育立体化教学模式充分体现出学生主体性的原则。立体化教学模式的出发点和归宿就是要求从教材、教学内容的选择到教学方法、教学手段、教学评价的运用都要体现学生的自主性、参与性、选择性，体现以人为本、以学生为主体的教学观。要求教学内容在选择和使用上要符合思想政治理论课教学目的、教学大纲和素质要求，要有利于大学生主体性的发挥。教学方法和手段上，要注重发挥学生的积极性，激发学生参与教学活动。教学评价上，要采用有利于学生自主学习的评价方法。

思想政治教育工作，实质上就是以人为工作对象，做人的思想转化工作。思想政治教育是思想政治教育者帮助思想政治教育对象提高思想道德素质的过程，是将一个不适应或不完全适应社会发展需要的人，培养成为能够适应一定社会发展需要的合格社会成员的过程。以人为本，就是要重视人的价值，肯定人的作用，承认人的力量和能动性，以人为根本。主体性思想政治教育模式坚持以人为本原则，就是要把以有利于学生全面发展作为最根本的标准，它是指在思想政治教育活动中，坚持一切从人出发，尊重人、理解人、关心人，充分调动和激发教育对象的积极性和创造性，以达到人的全面发展为目的的观念。以人为本，要求在思想政治教育出发点上尊重教育者和教育对象的主体地位，了解学生特点和学生需要，从学生的内在需要出发，帮助学生形成正确的需要层次和需要结构；在思想政治教育目标上不仅仅考虑社会规范和要求，更要突出培养学生全面发展、培养学生主体性的要求；在思想政治教育方法上实现由外部灌输向注重学生自我实践体验的转化；在师生关系上实现主客对立向师生互动的转变等等。"为了一切学生，为了学生的一切，一切为了学生"，正是以人为本思想在高校主体性思想政治教育模式的体现。

注重主体需要是个体对内外环境客观要求的反映，是人类认识和实践活动的动力。任何人如果不同时为了自己的某种需要和为了这种需要的器官而做事，他就什么也不能做。人的主观能动性发挥的程度，在很大程度上取决于对需要满足的程度。因而，高校思想政治教育要想真正富有成效，就必须坚持以人为本，从学生需要出发，把学生的需要作为工作的出发点和归宿，尊重、研究、满足学生的主体需要，从而使学生的主体需要更好地发挥对行为的驱动作用，以增强高校思想政治教育的有效性。如果思想政治教育者不考虑学生的主体需要，一味地凭自己的主观意愿进行机械地灌输，那么，这种在没有学生认同的情感基础上的教育，是不可能收到良好效果的。大学生的主体需要是丰富而又具体的，主要包括学习需要、生活需要、情感需要、发展需要、就业需要等。同时，不同层次的人有不同层次的需要，一个人不同时期的需要的重点不同，即主要需要不同。例如，对于大一学生来说，其主要需要是学习需要，其中掌握科学理论的需要尤为突出；而对于大四毕业生来说，其主要需要则是就业需要。因此，高校思想政治教育者要在马克思主义需求理论的指导下，深入研究和准确把握大学生的需要，尤其是主要需要，通过满足他们的主要需要而卓有成效地开展思想政治教育工作。只有这样，才能将思想政治教育工作做到大学生的心坎上，充分地激发和调动大学生的积极性和创造性，提高高校思想政治教育的有效性。

同时，人的需要是多层次的、多方面的、动态的。大学生要成长为适应现代社会发展需要的高素质人才，就应该超越低层次的需要而发展高层次的需要。因而，高校思想政治教育有效性的实现要求教育者必须合理引导大学生的需要，促使需要转化，培养学生的高级需要，从而促使其思想、行为发生相应的变化。在高校思想政治教育过程中，教育者要善于引导学生的需要向高层次发展，使其正确认识世界、理解生活、思考人生，自觉地加强思想品德修养，把主要精力放在学习和发展上，努力成为中国特色社会主义事业的合格建设者和可靠接班人。

2003年12月初，胡锦涛同志在全国宣传思想工作会议上的讲话中指出，"思想政治工作说到底是做人的工作，必须坚持以人为本。既要坚持教育人、引导人、鼓舞人、鞭策人,又要做到尊重人、理解人、关心人、帮助人。"2004年中共中央《关于进一步加强和改进大学生思想政治教育的意见》再次强调,加强和改进大学生思想政治教育就是"以大学生全面发展为目标,解放思想、实事求是、与时俱进,坚持以人为本,贴近实际、贴近生活、贴近学生,努力提高思想政治教育的针对性、实效性和吸引力、感染力。"思想政治教育作为一门以人为对象,研究人的思想、行为的科学,以人为本是其基础和落脚点。

《国家中长期教育改革和发展规划纲要(2010—2020年)》提出,要以学生为主体,以教师为主导,充分发挥学生的主动性,把促进学生健康成长作为学校一切工作的出发点和落脚点。关心每个学生,促进每个学生主动地、生动活泼地发展,尊重教育规律和学生身心发展规律,为每个学生提供适合的教育。努力培养造就数以亿计的高素质劳动者、数以千万计的专门人才和一大批拔尖创新人才。[①]

在思想政治教育立体化模式构建中以充分发挥大学生的主体性为根本导向。大学生思想政治教育既是教育者施教的过程,也是大学生接受教育和进行自我教育的过程,教育者教育作用的发挥,与大学生自身的主观努力是分不开的。所以,教育者选择和运用思想政治教育方法时,要把大学生的因素考虑进去,把其当作思想政治教育的主体因素对待,而不把其视为单纯的被动接受客体。首先,要认同和尊重大学生的主体地位。这要求教育者在选用思想政治教育方法时,应根据大学生的实际情况有针对性地选取合适的方法,立足大学生实际情况决定所采用的方法。此外在方法运用过程中,还应根据大学生的情况随时进行必要的调整调节。其次,要对大学生的主体意识予以重视并善于激发。主体意识是人对自身主体的地位、能力和价值的认识。实践活动中人的主体意识越强,越容易自觉地发挥能动性。践行大学生思想政治教育以人为本的方法理念,就应该在方法的运用过程中创设良好的情境和条件,促使大学生主体意识充分发挥作用。最后,还要关注和发挥大学生的主体能力。人们认识和改造世界的基础是其具有的主观能动性(即主体能力)的发挥。教育者要充分关注和发挥大学生的主体能力,这也是教育方法取得有效性的重要保障。教育者在教育方法的选择和运用中,要从大学生的实际情况出发,以充分发挥他们的主体性为根本导向,尊重他们的主体地位,有针对性地立足其实际情况决定所采用的方法。此外在方法运用过程中,还应根据大学生的情况随时进行必要的调整调节,并努力创设良好的情境和条件,促使大学生的主体意识充分发挥作用,这是当前大学生思想政治教育践行以人为本方法理念的基本要求之一。

以促进大学生的自由全面发展为归宿。人是教育的基础,也是教育的根本,教育的本质就是育人,人既是教育的出发点也是教育的归宿。思想政治教育贯穿于人的自由而全面发展整个过程的始终,而人的自由全面发展是其必然的归宿和终极目的。因此,思想政治教育成为促进大学生全面发展的重要途径。促进大学生的自由全面发展是思想政治教育的最高目的,而作为有目的地培养大学生思想道德素质的社会活动,在其教育方法的制定、选择和运用的过程中,应当立足实际,以学生为本、培养全面发展的人,关注时代对人才的需要,以广大学生的成长成才作为出发点和归宿,以实现大学生的全面发展为目标。在价值取向上实现思想政治教育的社会价值和个体价值的统一,使思想政

---

① 国家中长期教育改革和发展规划纲要(2010—2020年).光明日报[N],2010—7—29.

治教育方法更能贴近大学生学习和生活的实际。具体落实到大学生的自由全面发展主要表现在两个方面：一是大学生有实现或满足自身自由发展的需要。由于每个大学生各自的具体状况不同，就决定了各自的个体需要都会不尽相同，只有充分肯定大学生个体需要的多样性，并在教育中不断地对其加以满足，才能促进大学生的全面发展。二是自由全面发展体现为大学生的各方面能力都能得到自由的拓展。大学生自身的能力是需要不断教育和培养的，大学生在校期间努力实现全面发展的一项重要内容就是其能力的不断开拓和发展。因此，从教育本质和时代特征方面出发，大学生思想政治教育对其教育方法提出的根本要求，就是关注、培养和实现大学生的全面发展。

此外，大学生思想政治教育方法要遵循人性化原则，凸显人文色彩。这主要是指在思想政治教育过程中，通过将大学生的自然属性和社会属性、共性和个性、理性和非理性的因素辩证统一的理解来实现和体现人文关怀。大学生既是教育的对象，也是教育者工作应该关怀的对象，教育者既需要对大学生从思想、政治、道德等方面加以提高，也需要从现实需要、物质利益、心理需求等方面充分关怀，突出大学生自然属性和社会属性的统一，体现人文关怀。尽管大学生思想政治教育的目标和要求在教育实践中是一致的，但由于每个人的个性特征不尽相同，因此在教育方法的选择上就要充分考虑每个人丰富的个性特征，要根据不同的个性特征选择不同的教育方法，做到共性和个性的统一。大学生思想政治教育作为有目的、有计划的教育活动，往往会注意利用大学生的理性因素达到教育目的，积极发掘并利用非理性因素如大学生的情绪、情感因素等，也会取得意想不到的效果，这就是理性和非理性的统一。运用思想政治教育方法突出人文色彩，本质就是要通过关注大学生的精神生活，采用贴近生活和实际的教育方式方法开展教育，赋予大学生思想政治教育以人文关怀。

（二）实践性原则

思想政治教育立体化教学模式突出的特点就是实践性。所谓实践性，它主要区别于课堂理论教学，是利用课堂以外的时空组织的教学活动，教学方式、教学手段与课堂理论教学相比，主要采取参观、实地调研、现场参与、共同研讨等形式。内容形式上更加丰富、具体、感性，不再是强硬死板的概念、判断、推理等逻辑形式，而是活生生的事实、图像、景观和强烈的现场参与感，有利于巩固知识、理论、原理，促使感性认识上升到理性认识；在实践教学过程中，教学双方地位和角色关系较课堂教学更具有平等性、民主性、互动性，学生不再是处在被动的地位和角色，而是主动积极地参与教学活动，有利于激活学生的主体性，加快学生知与行的统一。

高校思想政治理论课作为高校教学体系中的一门基础学科，是高校马克思主义理论教育的主渠道、主阵地，其教学效果的好坏直接影响着当代大学生的世界观、人生观和价值观。根据 2004 年中共中央 16 号文件《关于加强和改进大学生思想政治教育的意见》的精神，只有将社会实践真正纳入学校的教学总体规划体系中，并制定相应的教学大纲与实施机制，才能充分利用实践教学实现大学生了解社会、增长才干、培养品质、奉献社会的教学目标。文件既明确了社会实践活动在我国高等学校教育中的重要地位，也突出了实践教学在思想政治理论课教育教学中的重要地位。为更好地促进高校思想政治理论课实践教学的实施，我们把思想政治理论课实践教学的内涵定义为：思想政治理论课实践教学是依据思想政治理论课教学目标,在理论教学的基础上,在教师的指导下组织和引导大学生亲身参与各种社会活动与调查研究,以在活动中获得思想道德方面的直接体验,深化理论认识,提高自身综合素质能力为目标的各种教学方式或环节的总和。对思想政治理论课实践教学的理解需要把握以下几点:第一,思想政治理论课实践教学的目标是让学生将所学理论知识运用于日常生活,培养和提高其认识世界、改造世界、解决实际问题的能力,它与其他教学课程一样需要系统的规划。第二,思想政治理论课实践教学的形式应该丰富多样,既可以在课堂上进行,也可以在课堂外进行,亦可在虚拟网络上进行,但必须与课程内容有关,丰富多样的教学形式的最终目的都是为了培养和提高学生的思想道德水平和动手创新能力。第三,思想政治理论课实践教学必须由教师主导,离开了教师的组织与指导则不能称之为思想政治理论课实践教学。第四,思想政治理论课实践教学必须体现学生的主体性,即通过学生的主动参与使其主观能动性得到充分发挥。高校思想政治理论课实践教学包括以下几种基本类型。

思想政治理论课校园实践教学就是在高校思想政治理论课教育教学目标的指导和规范下,以校园环境为载体,以课外时间为活动时间,以学生的兴趣为纽带,由学生自主设计、策划、组织和开展的,在长期互动中形成的旨在促进学生社会化和全面发展的一系列活动和过程的总和。它是思想政治理论课实践教学体系的重要组成部分,是连接课堂实践教学与社会实践教学的重要纽带,能在较为广泛的空间层面上实现思想政治理论课教育教学相关理论和观点的具体展开。这种实践活动具有校园化、生活化、趣味化的主要特征。通过这些校园实践活动,大学生们既可以弥补课程学习过程中的不足,又可以在这些活动中培养互助、合作、协调、管理等良好的思想品德和作风,还为他们迈入社会、适应社会做好了准备。

思想政治理论课社会实践教学,就是以教学目标为依据,在教师的指导下,学生根据自身的知识结构、动手能力、兴趣程度确定自己关心和研究的主题,借助社会活动的方式走出校门,走进群众,在实践活动中提高认识、展现才能、寻求答案的教学方式。[①]思想政治理论课社会实践活动是高校思想政治理论课课堂实践教学和校园实践教学的有效延伸形式,其主要目的是让大学生将所学理论知识与社会实际相结合,深入基层,通过自己亲身体验认识社会、锻炼能力、增长才干,从而树立正确的思想观念,提高自身的思想觉悟,增强服务与责任意识,培养创新精神和实践能力。它主要通过学生实地考察、参观访问、实证调查、志愿者服务等形式来实现。

思想政治理论课虚拟实践教学是高校思想政治教育工作者运用计算机网络技术、虚拟现实技术等手段在计算机网络空间中有目的地创建仿真或虚拟的社会实践情景和条件,并引导大学生进行自主探索、自主体验、相互交流、自我教育的新型实践教学形式。它主要包括网上论坛、网络游戏等内容。虚拟实践教学是网络信息技术与社会实践紧密结合的产物,是高等教育教学方式的新拓展。当前,这种新型的活动形式已越来越多地渗入当代大学生的日常生活、学习和工作之中,并深受大学生喜爱,在极大程度上提升了高校思想政治理论课教育教学的效果,它也必将在高校思想政治理论课实践教学体系中

---

① 郭建民,田小泉.创新实践教学方法 提高思想政治理论课实效[J].山西大学学报(哲学社会科学版),2006(6).

发挥更加重要的作用。借助网络技术开展的实践教学活动,与其他社会实践教学方式相互补充、相映成趣、相互作用,共同构成了立体多维的思想政治理论课实践教学体系。

把高校思想政治理论课实践教学具体划分为校园实践教学、社会实践教学以及虚拟实践教学,是基于大学生为同一实践主体,承担着受教育、长才干、做贡献的同一教学目标,以实践活动的场所、载体和环境为区分依据而进行的分类。这种分类能够大大拓展高校思想政治理论课实践教学的时间与空间范围,有利于高校教职员工更好地履行教育职责,有利于大学生全员全时、就近就便、可持续的参与社会实践,以便捷的方式争取社会各界对高校思想政治理论课实践教学的关心和支持,也更容易为高校学生思想政治工作者和大学生所理解、把握、操作和实施。

二、高校思想政治教育立体化模式构建的条件分析

(一)现代信息技术的发展成果

现代信息技术的发展成果不仅使现代思想政治教育可以利用高科技成果营造浓厚的教育氛围,以含科技文化成果为载体进行思想政治教育,而且更突出地体现在可以通过高科技产品提供先进的教育手段和运用良好的教育方法进行思想政治教育。例如,我们可以利用信息技术和计算机网络技术与设备建立全社会或某一系统的思想政治教育与管理模型。这样既可以促进思想政治教育的规范化与科学化,又便于从事思想政治教育的领导和管理部门及时了解情况,为决策提供依据。

随着信息时代的到来,特别是网络技术的迅猛发展,整个社会已逐渐走进信息社会的新时代,人们的生产、生活和思维方式在新时代下自觉或不自觉地变化着。思想政治教育作为理论性和实践性兼具的认知活动和实践活动,信息时代下信息技术的发展尤其是多媒体技术的发展,给思想政治教育领域带来了巨大变革,用颠覆性形容这种变革也不为过。它一方面需要思想政治教育与时俱进,转变教育方法、充实教育内容,另一方面媒体的发展拓宽了人类生活空间和交往范围,提供了新的教育手段和技术,从而改变着人们的学习方式,为思想政治教育的发展提供新手段。尽管多媒体技术的发展带给人类的影响也有消极方面的,但现代人已经不能离开多媒体技术而存在,其带给人积极的影响是主要方面,在思想政治教育领域也不例外。

20世纪90年代以来,网络在中国以快速发展的趋势普及开来,网络领域信息、知识的极度丰富和迅速更新为思想政治教育提供广阔平台,这主要表现在:第一,新媒体依托计算机网络技术、数字技术和移动通信设备技术等形成了便于传播和交流的工具,教育者可以最大限度利用这一传播优势,主动地、大规模地、长期地向教育对象宣传和教育,即使起不到及时的作用,教育对象也能在经常的"被灌输"中不自觉地接受"鼓动"。

第二,教育对象能够通过媒体这一媒介和教育者进行平等沟通,减少双方之间因地位的"不平等"而产生的隔阂,以加强教育双方之间的有效交流,这是传统教育活动中师生严格界限和地位等级森严下无法实现的。

第三,鉴于多媒体的灵活性,教育教学活动不再仅限于教室、讲台、粉笔和一张嘴,

而是能够更多地利用微博、微信、论坛等新兴手段通过形象生动的语言、文字、图片来实现，增加了教育的趣味性和时代感，而且时间、地点不再被限制，可以在不同时空进行互动，将传统教育中限制双方交流的条件降到最低，较大程度上提高了思想政治教育的效率。在思想政治教育实践尤其是思想政治教育理论课中引用多媒体辅助技术，按照人们的多媒体学习特点、规律与技术来组织多媒体教育的方法与技术，可与讲授等传统语言教育教学方式一样通过词语和画面"两种通道"呈现同类材料，加强思想道德的教学与学习。[①]

（二）现代思想政治教育学及相关学科的理论智慧

思想政治教育方法理论有广泛丰富的实践基础和浓厚坚实的理论渊源，是以马克思主义为理论基础，探索、揭示思想政治教育领域特有规律而形成的科学体系。它是一门综合性、应用性、时代性很强的学科。其学科理论体系必然要随着思想政治教育实践的发展和基本范畴内容的精确、丰富而不断完善。随着思想政治教育学范畴的不断充实更新，其体系不仅能充分反映科学发展的新成果和思想政治教育的新理念，而且具有适应时代发展、能够容纳今后科学发展和思想政治教育新理念的开放性构架。

在理论上，现代思想政治教育学通过加强学科理论体系和分支学科的研究，对各领域的历史成果和新成果进一步提炼，从而不断丰富、充实和完善其范畴体系。与此同时，与思想政治教育学相关的学科和交叉学科的发展，也促进了思想政治教育学的发展；从人学、社会学、文化学等学科视角开展思想政治教育研究，也取得了可喜的成果，展现了勃勃生机。现代思想政治教育学在学科体系上的完善与发展，与相关学科的交叉融合，不仅在理论上为思想政治教育方法的发展提供了理论支持，而且在研究方法和工作方法上也为思想政治教育方法的创新提供了借鉴。

任何学科都不是孤立的，总是或多或少与相关学科联系或交叉，需要及时借鉴和吸收其他学科的成果，思想政治教育作为一门研究"人"的学科，是一门与多个相关学科联系密切的综合性学科，借鉴、吸收其他学科理论与方法、研究成果是丰富和完善思想政治教育方法的重要途径，从而带动其方法论的更新，例如在系统论中，以系统为研究对象，在其基本方法中，要求从整体出发，多层面、多角度思考问题，这对我们从思想政治教育系统与外部环境、思想政治教育系统内部各要素相互关系中，去揭示和研究整个系统的运行状况，实现教育最佳效果，提供了方法论基础。现代思想政治教育学在其学科体系上的完善与发展加上与其他学科的交叉融合，不仅在理论上为高校主导性思想政治教育方法的发展优化提供理论支持，而且在具体方式方法运用上提供创新和优化的思路。高校主导性思想政治教育方法受到思想政治教育方法理论发展的影响。借鉴相关学科的方法谋求大学生思想政治教育方法创新具有重要意义，它不仅符合一般学科发展的共识，同时也是历史维度的证实、学科特性的要求和现实层面的呼唤。

在多元文化背景下，大学生思想政治教育的复杂性逐渐提高，迫使思想政治教育不能再局限于两三门学科之间，而是需要更多的交叉学科参与进来。大学生思想政治教育方法要想有所改进和创新，不仅要坚持马克思主义基本理论，也要借鉴吸取其他相关学

[①] 万美容. 思想政治教育方法发展研究 [M]. 北京：中国社会科学出版社，2007：200.

科的知识和方法，因为通过借鉴其他学科的方法，可以找出它们之间的共同点和不同点，力求找出好的方法为"我"所用，这对于大学生思想政治教育方法创新具有重要的现实意义与理论价值。借鉴相关交叉学科的方法推动大学生思想政治教育方法的创新，一般而言就是通过观察、分析和比较，来汲取相关学科中的好方法和新方法，使传统的单一的、古板的灌输式思想政治教育方法逐渐转变为立体动态的教育方法，以此来不断丰富大学生思想政治教育方法体系。因此，大学生思想政治教育工作者应积极研究和借鉴多学科理论和方法，把交叉学科中新的研究视角、新的研究成果、解决问题的手段和新的研究方法有机地整合在一起，拓展大学生思想政治教育方法创新的研究视野。

第三节 高校思想政治教育立体化模式构建的途径

一、基于问题的思想政治教育学习模式

具有问题意识，关注和解答思想政治教育面临的问题，实现"思想掌握群众"是思想政治教育理论研究的生命活力所在。但在思想政治教育"学科化""体系化"建设卓有成效的同时，思想政治教育理论研究却因问题意识日趋淡薄而陷入"解题低效"的困境，要摆脱这一困境，需要我们在思想政治教育理论研究中不断强化问题意识，深入研究实践提出的理论和现实问题。

（一）思想政治教育的问题意识和学科体系意识之间的关系

思想政治教育理论研究的最终目的是为了指导实践，推动实践的发展。但多年来，随着思想政治教育"学科化""体系化"建设进程的加快，思想政治教育理论研究却"在助益于思想政治教育实践发展方面、在解答思想政治教育面临的重大理论和现实问题方面，客观地表现出一定程度上的乏力"，甚至在一些方面明显落后于生动发展的思想政治教育实践，以致引来不少批评甚至非议。虽然有些声音确实是基于对思想政治教育学科和理论研究成果的不了解，甚至是偏见，但思想政治教育理论研究中，问题意识日趋淡薄的事实却不得不引起我们的重视。

在思想政治教育理论研究中，与问题意识相对应的是学科体系意识。学科体系意识遵循的是演绎逻辑，注重从学理的角度考虑学科的需要，以学科体系的起始概念为研究起点，由这些概念再演绎出其他的概念，以概念与概念、范畴与范畴之间的逻辑关系来构思理论研究。问题意识则遵循的是归纳的逻辑，注重从实践的角度考虑学科的需要，以发现和提出实践中的问题为研究起点，讨论本学科应予以关注和解决的问题，以发现问题和解决问题来展开理论研究。前者以学科为本位，强调学科的规范性，重视理论体系的整体性和严密性，后者则以问题为本位，强调具体问题的解决，关注理论对实践的价值和意义。本来，二者对于思想政治教育理论研究和学科建设的作用都是不可替代的，但在近年来的科研实践中，不少研究者过于强调学科体系意识，无视鲜活的实践，片面、

固执地从概念、范畴以及它们的逻辑关系中去构思学科体系,并乐此不疲。客观地看,在思想政治教育学科化建设阶段起步之初,对本学科从概念与基本理论分析框架的反复审视是必需的,更是必要的,对促进思想政治教育学科成为一个单独的研究领域,具有十分重要的意义。可若长此以往地自我羁绊甚至形成一种研究风格,"将使思想政治教育理论研究面临着日趋僵硬的危机,其重要表现便是当前思想政治教育理论研究中复杂概念的不断增多、论证的日趋烦琐、成果的日趋深奥以及内容的重复。"① 对某些概念和结论本身加以强调和重复,提不出有现实意义的问题,就不容易有所深入和突破,无论是对于推动理论发展,还是对于引领实践发展都是有损无益的。

思想政治教育是一门现实性、实践性很强的学科,思想政治教育理论教学和研究断不能游离于实践之外,失去对思想政治教育实践独特矛盾的感知、理解和把握。上述所强调理论研究中所暴露的问题,应引起我们足够的重视并尽快扭转。研究成果空洞无物、晦涩难懂,即便出版或发表,要么只是本领域内的"流通品",要么只能束之高阁、装点门面,甚或是研究者本人独自欣赏的私货,基本与发展变化的思想政治教育实践无缘。现实是,部分研究者固守学科体系意识,使得研究成果"不出问题、止步于形式而将思想政治教育学实质上演化为修辞写作之学,回避社会现实、躲进概念而将思想政治教育实质上演化为空洞玄学"②,从而也彻底远离了实践对理论研究的期待,无法发挥研究在思想政治教育实践中的引导和服务功能。

从根本上讲,构建理论体系和研究实践问题是相辅相成的,对实践问题的研究有利于理论体系的不断完善、理论体系的完整构建有助于对实践问题的深入认识、理解和解决。剖析片面坚持学科体系意识而导致思想政治教育理论研究存在缺陷,并不是要指责在探索思想政治教育学科体系构建过程中的种种尝试和努力,而是旨在强调对思想政治教育这门新兴的应用型学科来说,问题意识是理论研究持续取得发展的突破口和着力点,在新的历史条件下,要进一步强化问题意识,通过问题研究、问题探索和问题破解,不断推进思想政治教育学科体系的完善。

(二) 思想政治教育的问题意识和理论研究之间的关系

强调问题意识,目的是以思想政治教育实践发展为研究指向,引导理论研究获得与时俱进的提升,思想政治教育理论研究的问题意识应以特有的品性来进行思考,既要对既有成果进行批判审视,又要对理论自身进行前瞻追问,更为重要的是要对现实生活中的新情况、新问题进行深层反思。

1. 批判地审视思想政治教育理论研究

所谓批判地审视,是指要求研究者批判地检讨理论研究中的问题,反思理论研究与实践脱节、疏离的不良倾向,以追求理论研究的理想境界。批判精神是形成问题意识的关键,没有怀疑、质疑很难有问题的产生。对前人的研究成果包括权威人士构造的理论体系或原理方法,要敢于质疑,善于以实践为标准进行新的检验和论证,不合时宜的论断应该予以抛弃、有错误或有缺憾之处应及时予以纠正和弥补,这样才能不断在对问题

---

① 沈壮海. 论思想政治教育理论研究的新范式与新形态 [J]. 思想理论教育导刊, 2007 (2).
② 同上。

的聚焦和关注中，推动理论研究的创新发展。

在理论研究中，不少研究者感慨没有恰当的议题可论，甚至无题可选，好像思想政治教育领域需要研究的课题都已经被人悉数涉及、诸多问题都已被充分探讨，再无研究的必要和可拓展的问题空间。这正是缺少批判精神的表现。在思想政治教育理论研究中具备批判精神，问题自然就不难发现，甚至可以说信手拈来，即便是在别人习以为常之处，仍能发现和提出有价值、有意义的问题。在批判中发现问题，在批判中拓展问题，离开了研究者的批判精神，就谈不上思想政治教育理论研究的问题意识。

2. 现实地思考思想政治教育研究

问题"在任何时候都只能是被意识到了的存在，而人们的存在就是他们的实际生活过程"①。"问题就是公开的、无畏的、左右一切个人的时代声音。问题就是时代的口号，是它表现自己精神状态的最实际的呼声"②。任何一个开放的发展的社会科学理论，都是源于对人类实际生活过程中不断产生的时代问题的创造性的能动反映，在空前的社会变革中，问题层出不穷，谁能积极主动地发现问题、提出问题、解答问题，谁就站在理论探索的前沿，创造最新理论成果，问题意识源于现实，在现实生活中，错综复杂的问题常常集合在一起，形成一个个问题群，现实无疑是思想政治教育中的源头活水，囿于书斋的皓首穷经或者回避社会现实的冥思苦想是断不能发现和提出问题的。问题意识不但源于现实，更受制于现实，问题的提出及其破解总是受着现实的制约。无论研究者如何长篇大论，也只是提出人们实际生活过程中的问题，问题的破解也只能是在现实和时代条件所允许的范围内。凭空想象、任意捏造的没有任何现实依据的问题是没有研究价值的，其问题的破解之法也必然是毫无意义的。

"理论创立的真正动力来自历史条件本身，来自每个时代所特有的尖锐矛盾，这种矛盾在理论形态上表现为问题及时代要求。"③ 立足于现实、关注现实、回应现实，无疑是强化思想政治教育教学实践和理论研究中问题意识的关键与灵魂。理论研究只有回应实际生活过程的深层次需要，号准时代脉搏，才有实践价值。判断理论教学和研究成果的价值，最主要的是看其对现实需要的关切程度。

3. 前瞻性地推进思想政治教育理论研究

思想政治教育理论研究固然要立足于当下的历史方位，关注现实、紧扣现实，以解决实践存在的问题为出发点和落脚点，但作为以推动实践发展为己任的理论教学和研究，应当现实地思考问题，但又不能拘泥于现实和实践，关注现实但决不能止步于现实。也就是说，思想政治教育理论研究既要提出和解决现实问题，又要具有超前性和先导作用。理论是行动的先导，所谓前瞻地推进理论研究就是基于思想政治教育实践发展的需要，进行符合规律的预测、推断和指导，消除思想政治教育实践的盲动，避免不必要的挫折和失败，这既是理论研究的基本特征，也是理论研究的魅力所在。

真正的问题意识是前瞻性的，在对现实实践的考察中，彰显、蕴含着思想政治教育理论教学和研究的实践导向和价值追求。思想政治教育理论的发展，正是在对现实问题

---

① 马克思，恩格斯. 马克思恩格斯全集 第3卷 [M]. 北京：人民出版社，1960：29.
② 马克思，恩格斯. 马克思恩格斯全集 第40卷 [M]. 北京：人民出版社，1982：289—290.
③ 陈先达. 走向历史的深处 [M]. 上海：上海人民出版社，1987：16.

的不断超越中开辟境界的。前瞻地解决问题，要求在解决问题的同时，使受教育者的思想认识超越现有水平。这自然要求具有前瞻性的理论来指导，从而洞见和昭示更为久远的未来，使思想政治教育实践更具预见性、科学性。思想政治教育理论研究应当通过螺旋式的发问和应答去反复追问带有普遍性、根本性的问题，应当在对现实问题的深刻思考中昭示未来。

（三）在思想政治教育活动中转换思维方式

长期以来，在传统主客二分思维方式的作用下，人们在思想政治教育的实际活动中普遍采取的是如下一种思路：它一般不是遵循"从教育对象本身需要"出发去发现问题、实施教育，而是习惯按照"社会主体的要求，把教育对象单纯视作教育客体"这种思维方式去看待问题，开展教育。在这里，作为思想政治教育实践活动出发点的思维，通常并不来自于教育对象本身，而是在教育活动开展之前就大多已经设定好了，也就是说，已经形成了一定的"思维定式"，它们一般主要来自四个方面：一是长期以来在我国意识形态领域内占主导地位的传统马克思主义哲学观使人们在头脑中形成的思维认知（如人类社会发展的自然历史过程决定论、人的本质的社会唯一规定性等等）；二是贯彻执行国家制定的重大方针、政策和导向的思维观念；三是落实上级下达的目标、指示与任务的思维程序；四是遵从本单位或上级单位以往的传统经验及做法的思维导向。

当然，这里绝不是要否认在思想政治教育活动中突出社会化需要的必要性和合理性。事实上，鉴于思想政治教育作为一种特殊的教育形式，在现实社会生活中具有担负社会教化、规范导向和激励示范等功能的重要影响，以及持续发展它在宏观社会政治建构中的生命力、感召力和说服力的必要，从一定的社会需要和政治背景出发，是思想政治教育自身价值内涵中所不可或缺的题中应有之义。它在以往历史发展中表现出来的巨大的促进作用即是有力的证明。然而，这种施教方式不应被无限制扩展下去，即是说，对于专业的思想政治教育研究者，特别是专门从事思想政治教育活动的工作者来说，不应仅仅是从社会化需要这种思维角度去发现问题、提出问题和解决问题，甚至使之成为思想政治教育活动中的唯一方式。实际上，随着时代的发展和人的自我意识的提高，它的局限性与它的合理性一样是很明显的。长期以来对于思想政治教育的理解由于过于强调它对社会需要的关照，已经出现了人们所说的，思想政治教育不能"深入人心、触及灵魂、引起共鸣"等等现实问题。追本溯源，这种情况与这种施教方式不无关系，直接影响到了思想政治教育有效性的发挥。

为了不断加强和改进思想政治教育，需要在教育活动中转换思维方式采取另一种思路，即教育者开展思想政治教育活动要以教育对象为本位，从现实的个人出发，先对其社会阶层来源、个人成长经历、家庭生活背景、知识文化水平、道德价值取向、心理承受能力、工作学习环境以及最新思想动态等多个方面一一进行详细了解、梳理、分析与考察，并在此基础上，以马克思的哲学、人学思维方式为指导，根据当今国家方针政策与导向，结合上级下达的目标、指示与任务以及在关注当前人们生存与发展需要的基础上，传承我党优良传统与经验做法，有针对性地制定教育目标、选择教育内容、采取教育手段、开展教育活动，从而凸显并体现出思想政治教育的社会价值与人文关怀功能。这样一种教育思路的形成，正是基于对传统思想政治教育的主客二分的思维方式的根本性变革，树立主体间性的思维方式。因此，我们说，在思想政治教育中树立问题意识，根本的就是要变革传统的主客二分的思维方式为主体间性的思维方式。

胡锦涛同志曾提出"坚持以人为本，树立全面、协调、可持续的发展观，促进经济社会和人的全面发展"。"人"的重要性已经引起了越来越多的关注，而对"人"的研究也已获得越来越多的重视。从时代的新视角多方面地消解思想政治教育中传统主客二分的思维方式，必然会使问题意识成为实现思想政治教育创新发展的新思路。

二、社会服务学习模式

（一）高校思想政治教育服务学习模式

高校思想政治教育活动的开展主要有两种方法，分别是在第一课堂进行授课和在第二课堂的日常思想政治教育工作中开展课外活动。在高校思想政治教育中引入服务学习的模式是将服务学习分别与两种通道形式相融合。

1. 思想政治教育课堂教学与志愿服务相融合

高校思想政治教育主要采取授课方式，融服务学习于第一课堂的思想政治教育中，要求学生根据课程学习内容，参与一定社会实践服务，实现理论的内化与外化，通过课程学习与社会服务的整合实现思想政治教育的有效性。值得注意的是，思想政治教育服务学习应着重与高校思想政治教育理论课相结合，改变以往高校思想政治教育理论课单纯说教的形式，使学生学会将理论应用于实践中，学会思考与反思，达到教书育人的目的。

2. 志愿服务活动和有组织的思想政治学习活动相融合

高校思想政治教育也广泛开展于第二课堂的日常思想政治教育工作中，高校有计划、有组织地将志愿服务活动与思想政治学习相结合，即在学校有关政策和规范的指导下，由相关部门或学生自己对服务活动进行设计、策划与组织实施。区别于一般的实践活动，服务学习活动必须有学校配备或学生邀请的指导教师对学生进行培训与监督，并引导学生反思，给予学生评价。

（二）高校思想政治教育服务学习模式开展的具体要求

1. 推动服务学习的环境建设，为思想政治教育创造良好的环境

为了高校思想政治教育服务学习模式的顺利发展，我们必须克服现实中存在的诸多困难，创造优良的外部环境。优化高校思想政治教育的外部环境需要多方资源注入和支持，离不开政府的重视和社会的支持，离不开学校教育观念的更新，更离不开三方共同协调和努力。

2. 理清服务学习的发展规划，为思想政治教育提供正确的目标

指导服务学习模式的开展是一个长期艰巨的过程，所以我们应对高校思想政治教育服务学习活动进行科学的规划。高校思想政治教育在加强服务学习理论研究奠定发展基础后，要整合各方力量，努力创造具有自己特色的高校思想政治教育服务课程。逐步实现高校思想政治教育的目标。

3. 明确服务学习的前进方向，为思想政治教育提供正确的发展方向

伴随着高校思想政治教育服务学习环境的改善和规范的合理化，高校的思想政治教育服务学习模式应该努力适应各方面的需求，向组织合理化、制度规范化、活动广泛化的总趋势发展。当前，高校思想政治教育服务学习模式才刚刚起步，缺少合理的规章制度，许多问题都需要规范化的制度来解决。在合理的规范指导下，高校应进行科学化的组织，实现高校思想政治教育服务学习活动的社会化。

(三) 高校思想政治教育开展服务学习的程序

在思想政治教育服务学习中，要发挥社会大环境的积极影响作用，学生主动掌握学习，培养集体价值观，最终完成教学和学习目标。依托具体的思想政治教育课程，开展服务学习，是服务学习的一种形式之一。具体步骤如下：

1. 建立大学生思想政治教育教学与管理督导团队

可由课程专业教师、课程助教、学生辅导员经过服务学习专门训练担任。由教学与管理督导团队和学生一起根据学习的需要和现实状况，制定思想政治教育目标和课程，评估服务机构的需求和资源，对服务机构需要学生解决什么问题，学生能为机构解决的问题等方面进行洽谈，了解服务机构的整体概况，写出相应的活动方案。

2. 组建服务团队

团队成员为参加课程的学生，目前大学生思想政治教育课一般由几个班的学生组成，人员组成较为复杂，但也提供跨学科互动的机会。在课程上导入服务学习，展示服务项目，由学生自行组队，选择服务项目，并制定团队契约，以确保学生能如实自觉完成服务项目，运用团队动力杜绝"搭便车"现象。

3. 制定初步计划

学生在选定服务项目与服务机构后，根据课程学习要求与服务机构要求，制定详细的活动计划。例如，社区需要救助人员的思想政治教育项目计划、关爱留守儿童项目计划等。

4. 寻求必要的资金和资源

如果学校、思想政治教育课题组或服务机构能提供专项资金则更好，但也可以鼓励学生自行申请相关课题经费或者寻求相关部门的资金与资源支持，比如社区总工会的支持、相关社区与行政部门的支持。

5. 实施和调整活动方案

学生具体执行服务学习项目方案，根据服务对象不同时期的特点进行调整，一般要求服务学习持续时间至少为一个学期，学生遇到困难，团队先自行讨论解决，后寻求督导、服务机构工作人员的支持。

6. 组织反思活动

以课程上课频率为单位，每次上课，教师预留一段时间给每个组上台展示他们的服务内容、体验与成果，并对服务学习进行反思，在班级里讨论。学生可以设疑答疑。每次活动后每组提交一份服务学习反思总结。

7. 评估和评价服务计划

思想政治教育服务学习后，学生要组织服务学习成果展。可在课堂上采取多媒体展

示的形式，也可以制作成录像影评或图片展，最终由教师对学生学习进行过程性评价和总结性评价，而不再单纯是考察条条框框的记忆力，采用多重的评价标准与360度评价方式。

当前，大学生思想道德失范引起了社会各界的巨大关注，产生此现象的一个重要原因就是目前思想政治教育与生活缺少联系。服务学习的开展使整个社会正在变成一个"正在建构中的教室"，学习实现空间的跨越，不再局限于教室与学校，社会为学生提供了丰富的学习资料。学生们在参与服务性活动的过程中一方面内化道德理念与行为规范；另一方面服务社会。这对提高学生的社会责任感和公民意识以及促进社会和谐将起到巨大的作用。这也正与中国提出的"提高公民素质""构建和谐社会"的口号相一致。大学生思想政治教育内容和形式要紧跟时代发展，与社会保持对话，才能适应社会的发展。大学生思想政治教育课程开展服务学生，学生不仅能习得课程知识、提高实践能力，而且能建构与自身相适应的知识与能力体系。这一过程的实现需要一个有效的服务平台。所以要积极开发、利用与整合社会教育资源，了解课堂子系统与外部世界的关系，也丰富和发展马克思主义的辩证法和认识论。

首先，加强思想政治教育服务学习的管理体制建设是整合资源的保障。在建设教学服务督导团队上，应争取学校领导的支持，保证团队成员接受系统的服务学习督导的培训，选拔有责任感的专业督导人员，最好配备一名社会工作或心理学背景的教师作为团队的成员，以便能够及时发现和了解学生在课程服务学习中遇到的困难，协助学生应对新问题时产生的畏难情绪，在组织学生反思上更能与服务学习的宣传理念相契合。其次，强化校园文化建设，加大对服务学习的宣传力度。校园活动是学生接受思想政治教育有效的第二课堂，可以联合学生社团总会，开展一系列的宣传活动，让学生了解服务学习，创建合作的服务的氛围，可以采取的形式如海报、展板、情景剧等。最后，重视校企合作，寻求相关部门的资金、场地等支持，建立相应的实践基地是服务学习能够长效发展的支撑。服务学习的教学程序就是把服务过程导向的服务行动与模块化课程模式学科体系结合，在与课程相关的服务行动领域中导出学习领域课程。思想政治教育课程的学习最终要回归到学生自身成长和服务社会的实践中，通过校外实践平台，加强学校与社会相联结，实现教学与现实的有机结合，开创大学生思想政治教育服务学习专业化、社会化的新局面。

第四节　构建高校思想政治教育立体化模式的保障

一、构建组织与领导保障机制

（一）创新领导理念

转变领导作风。党的领导是做好一切工作的核心和保障，在高校这个组织体系里也不例外。大学生思想政治教育的主要平台是高校,所以我们要不断加强和优化高校组织与领导机制的建设。高校党委组织的领导作用主要体现在它主要负责制定高校思想政治教育的整体规划、做出思想政治教育重大决策的任务等。依照现如今的发展态势,高校的各级领导务必要创新领导理念,切实转变领导作风。一是深入教育教学第一线,认真开展调查研究,寻求切实可行的办法为师生解决生活工作中的具体问题。二是要弘扬求真务实精神,改变那种讲排场、树典型、走形式的办事作风,踏踏实实地开展有针对性的工作。三是树立和提倡仁爱宽容精神,在制定管理制度中,既要严肃制度,又要使制度执行有充分回旋的弹性,做到严谨有余,宽容有度。四是树立服务师生的观念,坚决克服官本位的不良作风,消除形式主义、官僚主义等不良风气的影响,以服务于学生的态度做好大学生的思想教育工作,真正做到育人成才的理念和要求。

(二) 建立和完善高校思想政治教育行政系统

高校思想政治教育行政系统是负责思想政治教育规划、决策执行与实施的组织系统,是在校长负责下组成的行政体系。为了促进大学生的成长成才,我们需要建立校长负责制的大学生思想政治教育,要把思想政治教育与教学、管理有机统一起来,共同部署、检查和评估,真正建立和完善党委统一领导、党政齐抓共管的领导体制。与此同时,高校行政部门在思想教育、政治宣传等工作中的作用也越来越突出,具体体现在它是思想政治教育规划、任务、活动的主要实施者,我们必须要建立完善高校思想政治教育行政运行系统,将高校思想工作与行政工作相结合,要着重突出高校行政部门的思想、政治和道德教育的职能。其一,高校行政管理部门的领导干部在做好行政工作的同时也要密切关注高校师生的思想动态,做好管理工作的同时也要做好思想政治教育工作;其二,行政管理部门的领导干部要起到示范、表率作用,牢固树立教育者的意识,努力将大学生思想政治教育融入管理活动中去,争取做大学生思想行为的榜样;其三,建立长效工作机制,为大学生政治教育创造充足的资源保障和良好的教育环境,努力创造教书育人、管理育人、服务育人的工作氛围。

(三) 努力构建高校思想政治教育的合力机制

高校思想政治教育合力机制指的是党委统一领导、党政齐抓共管的前提下高校的教育职能机构、各种教育力量相互关联、密切协作而形成合力的作用方式和调节方式的总和。一方面,思想政治教育的管理机构之间要形成合力,主要是党委组织、行政部门、团委、学生处和院系各部门之间的通力合作,各有分工却又相互配合;另一方面,思想政治工作者之间要形成合力,通过高校党政干部、共青团干部、"两课"教师、班主任、辅导员等不同教育力量的密切合作,形成一股强大的教育凝聚力。虽然各教育力量实施教育的路径和方法不同,但是他们目标是一致的,都是为了努力做好大学生思想政治教育工作,因此,这几股教育力量之间必须做好积极的沟通与交流,才能够高效省力地完成彼此的教育任务。总之,大学生思想政治教育是一项由人来组织完成的实践活动,我们需要各部门、各组织、各教育力量之间的密切沟通与良好合作形成合力机制,才能够实现思想政治教育整体效能的提高。

二、监督与实施制度机制

高校大学生思想政治教育监督和实施机制，是指在完成思想政治教育活动方案的选择以后，根据思想政治教育活动要达到的目的，全面监督、考察思想政治教育活动的实施效果的规章制度和工作机制。制度方案制定出来后，高校思想政治教育者是否按照制度规定去贯彻执行，必然涉及监督和实施的问题。高校大学生思想政治教育监督和实施，就是指在高校大学生思想政治教育活动的开展中，对教育活动所进行的规范化监督过程。高校大学生思想政治教育监督主要包括：自下而上、平级和自上而下监督体系机制。它是高校大学生思想政治教育体系运行中的关键环节。

（一）监督制度机制

高校大学生思想政治教育监督机制，就是指对思想政治教育活动进行严格的要求、严格的监督和严格的管理。所谓严格要求，是指在高校大学生思想政治教育实施过程中，严格按照思想政治教育目标和制度规范的要求，不允许偏离思想政治教育目标的行为、不允许存在制度规定以外的言行，对任何人都做到严格要求；严格监督，是指在思想政治教育活动实施的全过程中，严格依照制度要求，不以人废制，将主观因素的消极影响最小化；严格管理，是指在思想政治教育活动的实施过程中，所涉及的各个环节，如调查、反馈、评估等，都应该做到有章可循、有制度可依且严格按照制度办事。坚持做到"三严格"，需要建立一整套监督机制，包括自下而上的监督、平行监督和自上而下的监督三层监督制度。因此，高校大学生思想政治教育者应积极发挥个人和集体的聪明才智，利用现有的物质基础和技术手段，创新和完善监督手段和监督机制，以便于高校思想政治教育顺利展开。

1. 建立自下而上的监督制度机制

对于高校大学生思想政治教育的实际情况的了解，大学生本人和一线工作者如辅导员和思想政治教育类的任课教师，最有发言权。因此，首先要加强教育、引导和提高学生、教职工对思想政治教育的监督意识，然后将他们纳入监督体系，建立自下而上的监督制度。一方面，要积极主动地向高校大学生和教师、辅导员等做实地调查与访问，以获得准确的第一手资料；另一方面，要建立信访制度，对大学生和教师开设专门的信访渠道，为其反馈思想政治教育监督信息提供便利条件。要充分发挥学生团体、优秀学生个人对高校思想政治教育活动开展的团体监督和个体监督。如，将党委、团委领导下的学生群众组织——学生会和学生社团作为推进高校思想政治教育发展的重要组织力量。不断发挥大学生日常思想政治教育集体教育优势，让大学生在学生社团中学会做人、学会做事，全面提高自身素质，提高高校大学生思想政治教育的实效。

2. 建立平级舆论监督制度机制

舆论监督是指"公众在了解情况的基础上，通过一定的组织形式和传播媒介，行使法律赋予的监督权利，反映舆论，影响有关权力组织或决策人物的一种社会现象"。它具有公开性、及时性和社会性等特点，这决定了它在监督体系中有着不可替代的重要作用。高校要建立由党委宣传部门牵头，校报、广播电台、电视台及网络中心等部门参加的舆论宣传工作例会制度,加强纪律和管理,统筹协调全校宣传舆论工作。高校可以采用"走出去,请进来"的方式来强化家庭、社会各界对高校思想政治教育的关注、了解、监督与认可。如,建立学校与家庭定期联系制度,加强与校友会等组织的联系,及时将家长和社会的意见反馈给学校,开展群体监督;也可以定期召集专家、家长共同参加高校思想政治教育活动,对教育效果进行现场体验与监督等。

3. 建立自上而下的监督制度机制

高校大学生思想政治教育凡是受到领导高度关注和重视的高校,其思想政治教育活动的开展就比较好,思想政治教育效果也比较明显;反之,凡是高校领导不给予足够重视的高校,大学生思想政治教育一般比较糟糕。为了保障高校思想政治教育不因个别领导调动而影响其正常发展,就应建立高校领导定期汇报制度和上级主管部门定期和不定期检查制度。如,每年高校领导可向教育部或思想政治教育相关部门汇报该校大学生思想政治教育活动的开展情况,在总结本年度思想政治教育经验、教训的基础上,提出下一年的思想政治教育计划。又如,建立定期检查和不定期抽查制度。上级教育主管部门可以根据高校领导的汇报情况,有选择地抽取一部分高校,实行定期与不定期相结合的高校思想政治工作绩效抽查或突击检查,奖惩并公布各高校思想政治工作情况的排名,以此来强化高校思想政治教育的重视程度和实施效果。

目前,我国很多高校建立的思想政治教育制度都未涉及排名制度,这确实是一种遗憾。相比之下,各个高校都建立较为完备的业务工作竞争机制,这使许多教师忙于钻研业务,提高业务水平,学校也都把业务竞争作为与其他高校竞争的重要指标,这在很大程度上改变了高校业务发展滞后的局面。借鉴这一有益做法,可以大胆建立高校大学生思想政治教育的竞争制度。上级主管部门应该建立思想政治教育评比排名制度并定期公布,树立一种导向作用。让各个高校不仅重视业务工作,同时也重视思想政治教育工作。

此外,监督制度一定要与赏罚制度结合起来。要建立明确而详细的赏罚制度,监督的结果要与相应的赏罚细则挂钩。认真开展高校大学生思想政治教育并取得良好效果的高校,不仅给予精神上的奖励而且给予物质上的奖励,并且这种奖励是由制度加以规定的,用科学的制度来保证奖励的公正性与切实性。而对于不开展或不认真开展思想政治教育工作、教育效果极差的,则要给予精神与物质上的双重惩罚,这种惩罚是具有权威性的,必对相关人员与单位起到威慑的作用而迫使其加以改正。只有建立了赏罚分明的奖惩制度,才能真正确保高校大学生思想政治教育的切实开展,并激励教育者对教育方法、内容进行积极地探索创新,不断提高教育实效。如,武汉工程大学党委在每年年底考核各学院时,首先要全方位检查各学院思想政治教育的贯彻和落实情况具体到每年开展多少次、相关的主题教育活动以及成效、思想政治教育进网络的情况等等;在考评先进思想政治教育者时,对参评人员全方位地考察,包括思想、品德、行为等内容。具体包括学院班级的民主测评,学院各班主任评议以及个人自我评价等多种形式。高校大学生思想政治教育实效被纳入奖惩的制度范围,必将极大地激励高校思想政治教育者,这有助于形成高校大学生思想政治教育者和教育对象的良性互动。

(二) 实施制度机制

制度的实施也就是制度的运行,是制度发挥作用的关键,要确保制度得到有效实施,就需要建立一套制度运行机制。全面贯彻落实高校思想政治教育活动最优方案，需要全面整合高校思想政治教育资源，以规范化的实施机制来推进高校大学生思想政治教育活动的运行。可见，实施机制是保证高校思想政治教育活动顺利开展的重要条件。因此，现阶段高校思想政治教育建设的重要任务之一，就是进一步建设和完善高校思想政治教育实施机制。

1. 规范的制度运行程序

制度的运行离不开程序性制度的指导，程序性制度是对大学生思想政治教育制度如何运作作出规定的制度，它规范的主体是大学生思想政治教育制度本身。要使高校大学生思想政治教育制度得到明确的执行，首先要对教育制度执行主体的基本权力以及各自的职责做出明确的规定，以免出现越俎代庖或者无人负责或者推卸责任的情况。每个人都有自己承担的责任与工作，用制度的形式规定下来，就可以使得每个人都各负其责、各司其职。

在以往的高校大学生思想政治教育过程中，教育主体由于分工不明确或者基本权力不清晰，问题出现之后，不乏出现各部门之间相互推卸责任的情况。因为缺少制度的明确规定，也无法找出具体是谁的责任，所以导致很多好的高校大学生思想政治教育制度无法得到有效的实施。高校大学生思想政治教育程序性制度建设将会有效解决这一矛盾。在建立高校大学生思想政治教育制度的程序性制度时应注意以下两个问题。首先，需要明确地规定制度执行主体的基本权力和责任。其次，要完善制度运行的手段和方法。制度的实施要靠一定的方式、方法来发挥作用，保障制度的权威性。

2. 完善的评估指标

完善评估指标涉及计划的评估指标、组织实施的评估指标和协调性的评估指标。对于任何高校大学生思想政治教育活动的实施都应该从这三个方面对其实施的全过程进行评估。在实施完善评估的过程中，各个评估的指标都不尽相同，需要高校大学生思想政治教育者予以重视。

（1）计划的评估指标

高校大学生思想政治教育计划的评估指标涉及高校大学生思想政治教育的目的目标、方案、预算、实施办法。计划的规范化要求做到层次清晰、目标明确、具有可持续性以及可操作性。高校大学生思想政治教育作为一个系统工程，校、院、系在指导思想和实施目标上要保持一致性，具体的计划评估指标包括：计划权责是否明确，是否具体到部门和个人，计划制定是否进行过仔细调研，是否契合学校、学院和学生的实际；计划方案是否科学和合理；计划预算能否保证对资源最大化利用；学校和各学院工作程序上的各个步骤和各个环节之间的衔接是否合理；计划落实中采用的方法是否行之有效，具有不可替代性；等等。

（2）组织实施的评估指标

组织实施是对高校大学生思想政治教育计划的贯彻和落实。具体的组织评估指标包括：高校中承担大学生思想政治教育职责的相关组织和机构的设置；对高校政工干部选聘、培训以及考核，尤其是辅导员职业化和专业化建设；实施过程中有形资源和无形资源是否已得到充分利用；教育活动开展的频度和效度问题；激励措施以及监督是否恰当与合适；有无及时的信息反馈等等。

(3) 协调性的评估指标

高校大学生思想政治教育作为一项复杂的系统工程，涉及教育活动的方方面面，为保证教育活动目标的顺利实现，需要协调好涉及高校大学生思想政治教育的各个部门和每个成员。它贯穿于高校大学生思想政治教育的全过程。它包括对教育目标的及时校正；人员、场地、其他设备以及时间的协调；校院、学院之间工作的沟通和衔接；教育目标中，短期目标、中期目标以及长远目标的一致性等等。

(4) 动力激发

高校大学生思想政治教育的科学决策，如果不能在实施中得到强有力的执行再具体的教育活动也没有任何指导意义。这时就必须重视作为高校大学生思想政治教育的第一位要素——教育者，特别是高校的辅导员和思想政治理论课教师，而人作为一种情感动物，必然受到其情感等因素影响，而这势必影响到思想政治教育的顺利进行。为使教育者的动力得以被激发并在较长时间内维持在一定的热度，可以通过制度建设进行激发和维持。高校大学生思想政治教育者的动力来源包括内在驱动力和外在推动力两类。内驱力实际上作为献身教育事业的人而言一般都有较高的存在度，当然它也会消减，因此也需要予以强化。外在推动力主要包括给予高校大学生思想政治教育者相应的奖励和惩罚措施。这两大动力源存在相关联系、相互影响的关系，单纯强化某一动力源都不足以长期维持且越到后期，激发的成本或者代价越大。

此外，大学生群体对自我道德发展和道德完善的追求，对于和谐的人际关系以及美好生活的向往，都是推动高校大学生思想政治教育的强大动力。因此，高校大学生思想政治教育过程中需要针对不同的对象，制定相应的教育制度并使之进入一种良性循环，毫无疑问，通过加强这一机制是最为有效、最为持久且成本最低的。

第四章
高校思想政治教育和谐模式的构建探究

高等学校作为培养、造就德智体美全面发展的社会主义事业建设者和接班人的摇篮，是构建社会主义和谐社会的重要阵地。因此，构建高校学生思想政治教育模式应以和谐为理念。本章主要论述了思想政治教育和谐模式理论基础、思想政治教育师生和谐模式的构建策略、思想政治教育家校和谐模式的构建、社会舆论与思想政治教育和谐模式的构建等内容。

第一节 思想政治教育和谐模式理论基础

思想政治教育和谐模式构建研究是落实科学发展观的必然要求。加强和改进大学生思想政治教育是一项实践性很强的系统工程，这就要求把社会各方面的力量动员起来，把社会各方面的资源整合起来，使它们充分发挥作用、密切配合，形成加强和改进大学生思想政治教育的合力；要求各高校切实担负起加强和改进大学生思想政治教育工作的责任，建立健全党委统一领导、党政群团齐抓共管、全体教职员工全员育人、全方位育人、全过程育人的和谐模式。大学生良好思想品德的养成，需要通过学校、家庭、社会等不同层面的具体方式以及不同内容的互相结合、渗透、补充，达到"润物细无声"的境界，达到化人于无形的效果。

一、系统理论

(一) 自然科学理论基础——系统论

任何科学研究的起点都是选择、把握问题。问题是研究的切入点，没有问题，何谈研究，一切科学研究都源于对问题的发现和分析。正如许多名人所言"古往今来，一切探索都起源于对现实的惊异"（亚里士多德语），"科学产生于怀疑"（笛卡尔语），综观我国大学生思想政治教育，一直存在的突出问题是对大学生思想政治教育科学内涵体系的割裂、系统各个要素的割裂和脱节，分离、低效、功能弱、无合力是许多系统的总体运作方面的突出表现，大学生思想政治教育存在的有些问题是全方位的、整体性的，因而我们研究和解决这些问题的思路和方法也必须是全方位的、整体性的，而不应头疼医头、脚疼医脚。系统科学作为研究事物整体联系和运动发展规律的科学，因而，把系统科学的思想方法作为开展大学生思想政治教育合力研究的方法论基础，具有重要的理论意义和实践价值。同时，系统科学的研究成果，揭示了事物普遍联系的深刻性和具体性，为马克思主义唯物辩证法的丰富和发展起了补充和深化作用；系统科学的思想方法是唯物辩证法普遍联系原理的具体化和深化，因此，运用系统科学理论开展大学生思想政治教育合力研究，从根本上说，是以马克思主义哲学关于普遍联系原理为理论基础的。

系统论成为教育和谐研究的理论基础，首先应明确系统论的主要内容、观点和方法，其次应明确系统理论何以能成为和谐研究的理论基础，再次还应明确系统科学如何指导和谐问题的研究，围绕以上几个方面阐述如下：

(二) 系统论的基本观点和教育合力系统观

人们对自然界、社会和人的系统化的整体性认识由来已久。中华民族更是一个富有系统思维的伟大民族。从《周易》《老子》《孙子兵法》《黄帝内经》等传统文化圣典，到现代的毛泽东思想和邓小平理论，都强调用整体的、有机联系的、协调有序的、动态的观点去观察和处理问题，而且在我国历史上的许多实践领域中都有运用系统方法进行思辨和实践的例证。但总的来说，古人的认识还是直觉的、笼统的。真正重视并运用系统的思想观点去研究解决问题，并使之成为一门科学学科，是20世纪40年代以来相继诞生的一般系统论、信息论、控制论、耗散结构论、协同学和超循环理论等新兴学科的研究成果。如今，由许多学科综合构成的系统科学已经发展成为一门研究事物共同属性或普遍联系的具有方法论意义的横向学科。系统是系统分析最基础的概念。系统是处于一定的相互关系并与环境发生关系的各个组成部分（要素）的总体（集）。因此，我们可以一般地将系统界定为是由若干处于相互联系并与环境发生相互作用的要素或部分所构成的整体。世界上的一切事物都是作为系统而存在的，是若干要素按一定的结构和层次组成的，并且具有特定的功能。系统普遍存在于自然界和人类社会之中。它是由要素所构成的整体，离开要素就无所谓系统，因而要素是系统存在的基础；系统的性质一般是由要素所决定的，但系统又具有各要素所没有的新功能；各种要素在构成系统时，具有一定的结构与层次，没有结构层次的要素的胡乱堆积构不成系统；系统的性质取决于要素的结构，而在一个动态结构的系统中，结构的好坏直接是由要素间的协调体现出来；系统与环境之间也存在密切的联系，每个系统都是在一定的环境中存在与发展的，它与环境发生物质、能量和信息的交换（这是开放系统的一个基本特点）。系统的各要素之间，要素与整体之间，整体与环境之间存在着一定的有机联系，从而在系统内外形成一定的结构与秩序，使得系统呈现出整体性、有机关联性、结构层次性、环境适应性（开放性）和有序性等特征。系统论认为，整体性、联系性、层次结构性、动态平衡性、时序性等是所有系统的共同的基本特征。系统论的基本思想方法，就是把所研究和处理的对象当作一个系统，分析系统的结构和功能，研究系统、要素、环境三者的相互关系和变动的规律性，并以优化系统观点看问题。系统论的任务，不仅在于认识系统的特点和规律，更重要的还在于利用这些特点和规律去控制、改造或创造系统，使它的存在与发展合乎人的目的需要。也就是说，研究系统的目的在于调整系统结构和各要素关系，使系统达到优化目的。系统科学的思想和方法主要体现在整体性、有序性、动态性、开放性和最优化等几个方面。

总之，系统科学研究方法始终立足于从要素、结构、功能与环境的相互联系和制约的关系中，分析系统中各要素的结构功能，有意识、有目的地使系统内各要素达到最佳建构和配置，以求系统形成结构最优和功能最优的整体效应。系统观，亦即观系统，即把研究的对象当成一个有机体系形成的认识和观点。大学生思想政治教育和谐的系统观，是指把大学生思想政治教育当成一个有机的体系而形成的认识和观点的总和。

对大学生思想政治教育而言，我们要把它当成一个开放的复杂的巨系统，借助现代科学方法和手段，通过对整体性、动态性、层次性和最佳化等方面的分析，将大学生思想政治教育系统中的要素有机结合起来，形成全方位、开放的多层次的培养模式的过程。

系统思维方式综合了古代思维的整体性和近代思维的精确性，把人类思考问题的重点放到事物和现象之间的整体性关系上，这种思维方式着重考察事物和现象之间客观存在的相互关系，包括实体之间的关系和属性之间的关系以及这些关系在量和质等方面的规定性。它把所研究和处理的对象当作一个系统，分析系统的结构和功能，研究系统、要素、环境三者的相互关系和变动的规律性，并用优化系统观点看问题，现代系统思想方法的出现，使人类思维方式发生了深刻的变化，思维方式逐渐由线性方式发展到立体的、全方位的和系统的方式。坚决反对用教条主义、实用主义的观点对待系统科学的理论。要真正把系统理论的科学方法运用到大学生思想政治教育的和谐研究中去。系统思想只有与生动活泼的具体研究实践相结合才能发挥其蕴含的力量，也就是说系统思想主要在方法论层次上发挥作用。实践证明，系统思想不仅为现代科学的发展提供了理论和方法，而且也为解决现代社会中的政治、经济、军事、科学、文化等等方面的各种复杂问题提供了方法论的基础，系统的观念和方法正渗透到每个领域。因此，系统论是思想政治教育和谐模式构建的理论基础。

二、合力理论

（一）马克思的"合力论"

马克思主义合力论是马克思主义理论的重要组成部分。马克思主义经典作家在不同的历史时期都十分重视合力问题，从不同角度和方面对合力问题进行过深入的研究，形成了许多重要的理论。探讨大学生思想政治教育合力问题，首先就要全面深入地研究、把握马克思主义的合力理论，把马克思主义关于合力理论系统化，为推动和深化大学生思想政治教育合力问题研究提供科学的理论依据和重要的方法指导，这是思想政治教育研究坚持马克思主义指导的必然要求，也是正确开展思想政治教育科学研究的根本保证。

马克思生产合力思想是马克思在论述物质生产及其发展规律的过程中，多次谈及生产过程中的合力现象及规律，其蕴含的合力思想是极其丰富而又深刻的。马克思指出："单个工人的力量的机械总和，与许多人同时共同完成同一不可分割的操作（抬重物等等）时所发挥的机械力，在质上是不同的。协作直接创造了一种生产力，这种生产力实质上是集体力。"① 马克思还进一步论述到:"一个骑兵连的进攻力量或一个步兵团的抵抗力量,与单个骑兵分散展开的进攻力量的总和或单个步兵分散展开的抵抗力量的总和有本质的差别,同样,单个劳动者的力量的机械总和,与许多人手同时共同完成同一不可分割的操作所发挥的社会力量有本质的差别。在这里,结合劳动的效果要么是个人劳动根本不可能达到的,要么只能在长得多的时间内,或者只能在很小的规模上达到。这里的问题不仅是通过协作提高了个人生产力,而且是创造了一种生产力,这种生产力本身必然是集体力。且不说由于许多力量融合为一个总的力量而产生的新力量。在大多数生产劳动中,单是社会接触就会引起竞争心和特有的精力振奋,从而提高每个人的个人工作效率。"② 从马克思关于集体力的以上论述中,我们至少可以得到如下结论:集体力区别于个体力的质的特性在于劳动生产的社会性,集体力又可称为"劳动的社会生产力"而绝非"劳动的自然生产力或其相加之和"。协作使得劳动产品变成了总产品,个体劳动变成了社会总劳动,从而个体力变成了集体力,这种集体力是总劳动在生产结果上的表现。所谓协作是指:"许多人在同一生产过程中,或在不同的但互相联系的生产过程中,有计划地一起协同劳动,这种劳动形式叫作协作"。③ "我们把协作看作是一种社会劳动的自然力,因为单个工人的劳动通过协作能达到他作为孤立的个人所不能达到的生产率。……协作的结果是,通过协作所生产出来的东西,比之同样多的人在同样的时间内分散劳动所生产出来的东西要多,或者说通过协作所生产的使用价值,在另一种情况下是根本不可能生产的"。④ 马克思不仅指出生产合力源于协作,而且指出了协作的几种类型与对应的合力效果。协作可分为简单协作和复杂协作。"在简单协作中起作用的只是人力的总和"。⑤ "简单的协作是完成同一工作的许多工人的联合劳动,简单协作的实质始终是行动的同时性,这种行动的同时性所取得的结果,是独自行动的单个工人按时间依次进行他的劳动所根本不可能达到的。"⑥ "例如,捕鱼就是这样。在狩猎、建筑铁路、开凿运河等等时,也是许多人同时行动才能取得结果。这种协作是埃及人和亚洲人在进行公共工程时产生的。"⑦ "在复杂的劳动过程中,协作能把各个过程加以分配,使之同时进行,这样便缩短了生产整个产品的劳动时间"。⑧ 从一定意义上讲,生产劳动协作是属于交往方式中的一种,它在各种社会形态中都存在,劳动协作形式还可分为技术协作形式和社会协作形式。技术协作形式、单独协作形式、平行协作形式、综合协作形式等,是由劳动的技术性质决定的劳动者之间直接交际或间接交际的形式。社会协作形式,在劳动过程中,劳动成员互相帮助的程度、不同阶级、阶层、职业团体完成工作时相互影响的方式,领导者与被领导者之间关系的处理方式、组织劳动的方式等,它是由社会关系所决定的人们之间的社会协作方式。"但同时协作本身又是一种与它更发展的、更具有专业划分的

---

① 马克思,恩格斯. 马克思恩格斯全集 第16卷 [M]. 北京:人民出版社,1995:308—309.
② 马克思,恩格斯. 马克思恩格斯全集 第23卷 [M]. 北京:人民出版社,1995:362—363.
③ 马克思,恩格斯. 马克思恩格斯全集 第23卷 [M]. 北京:人民出版社,1995:362—363.
④ 马克思,恩格斯. 马克思恩格斯全集 第47卷 [M]. 北京:人民出版社,1995:293—294.
⑤ 马克思,恩格斯. 马克思恩格斯全集 第47卷 [M]. 北京:人民出版社,1995:295.
⑥ 马克思,恩格斯. 马克思恩格斯全集 第47卷 [M]. 北京:人民出版社,1995:306.
⑦ 马克思,恩格斯. 马克思恩格斯全集 第47卷 [M]. 北京:人民出版社,1995:291.
⑧ 马克思,恩格斯. 马克思恩格斯全集 第47卷 [M]. 北京:人民出版社,1995:308.

形式并存的特殊形式。"① "生产力、在较短的劳动时间内完成同样的工作,从而缩短再生产劳动能力所必需的劳动时间和延长剩余劳动时间的有力手段。"②

一个民族的生产力发展水平,最明显地表现在分工的发展程度上;分工发展了新的社会的劳动生产力,从而劳动产品的任何个人性质都消失了。总之,马克思关于生产合力思想的丰富内涵远不只这些,而且,他关于合力性质的观点、关于合力产生于分工与协作的观点、关于分工与协作关系的观点等,至今仍具有方法论的指导意义,特别是从现代系统和管理理论的视角考虑,其指导意义更加重大。

(二)恩格斯的"合力论"

恩格斯社会历史合力思想。对人类社会历史发展的动力的探索一直是各个时代思想家们需要研究解决的共同课题,马克思以前,人们对社会发展动力的认识有各种学说,如:自然动力说、神学动力说、人性动力说、理性动力说、竞争动力说、民本动力说等。直到19世纪,马克思创立了历史唯物主义,这个问题才有了比较圆满的答案。马克思认为:人类历史是有其自身发展规律的,社会经济形态的发展是一个自然历史过程。恩格斯坚持和发扬了这一思想,1886年恩格斯在《路德维希费尔巴哈和德国古典哲学的终结》中再次强调:"历史进程是受内在的一般规律支配的。"③ 恩格斯晚年在一系列的通信中,批判了巴尔特等人对唯物史观的攻击和歪曲,抨击了"青年派"对唯物史观的庸俗化,捍卫和发展了唯物史观。也正是在这样的历史背景下,恩格斯全面、深刻地考察了社会发展的动力和原因,明确提出了著名的历史合力论的思想。恩格斯晚年的思想历程表明,大约从19世纪80年代中期开始,社会历史合力思想就已成为他的理论研究的重要内容。1886年在《路德维希费尔巴哈和德国古典哲学的终结》中,他就已经表述了历史合力的思想,只不过他当时没有使用"合力"一词。恩格斯指出:"旧唯物主义在历史领域内自己背叛了自己,因为他认为在历史领域中起作用的精神的动力是最终原因,而不去研究隐藏在这些动力后面的是什么,这些动力的动力是什么。不彻底的地方并不在于承认精神的动力,而在于不从这些动力进一步追溯到的动因"④,即政治的、经济的意识形态等方面是重要的动因,但归根到底是经济因素决定的(不是唯一的)。正如他所言:"在现代历史中至少已经证明:任何政治斗争都是阶级斗争,而任何争取解放的阶级斗争,尽管它必然地具有政治的形式,归根到底都是围绕着经济解放进行的。因此,至少在这里,国家、政治制度是从属的东西,而市民社会、经济关系的领域是决定性的因素"。⑤ 1890年,恩格斯在致约布洛赫的信中,系统明确地提出了历史合力思想。他首先强调的是"我们自己创造着我们的历史,但是第一,我们是在十分确定的前提和条件下进行创造的。其中经济的前提和条件归根到底是决定性的。但政治等等的前提和条件,甚至那些萦回于人们头脑中的传统,也起着一定的作用,虽然不是决定性的作用……"⑥ 在这之

---

① 马克思,恩格斯. 马克思恩格斯全集 第47卷 [M]. 北京:人民出版社,1995:290.
② 马克思,恩格斯. 马克思恩格斯全集 第47卷 [M]. 北京:人民出版社,1995:301.
③ 马克思,恩格斯. 马克思恩格斯选集 第4卷 [M]. 北京:人民出版社,1995:243.
④ 马克思,恩格斯. 马克思恩格斯选集 第4卷 [M]. 北京:人民出版社,1995:244.
⑤ 马克思,恩格斯. 马克思恩格斯选集 第4卷 [M]. 北京:人民出版社,1995:247.
⑥ 马克思,恩格斯. 马克思恩格斯选集 第4卷 [M]. 北京:人民出版社,1995:477.

后，恩格斯明确系统地提出了历史合力思想，即"历史是这样创造的：最终的结果……这样就有无数互相交错的力量，有无数个力的平行四边形，而由此就产生出一个总的结果，即历史事变，这个结果又可以看作一个作为整体的、不自觉地和不自主地起着作用的力量的产物。……而是融合为一个总的平均数，一个总的合力，然而从这一事实中决不应做出结论说，这些意志等于零。相反地，每个意志都对合力有所贡献，因而是包括在这个合力里面的。"①

以上关于说明历史进程的原因、结构、实现机制及其与历史主体的创造活动、个体意志之间相互关系的理论，人们把它称之为恩格斯历史合力论。社会历史的发展是主体与主体、主体与客体、客体与客体相互作用的结果。"交互作用"是恩格斯历史合力论的核心范畴，它既指历史客体因素之间的交错和综合，又指历史主体各种不同意志和行为之间的相互作用，还包括历史主客体之间的相互作用。1894年，恩格斯在致瓦·博尔吉乌斯的信中，又一次重申了合力的思想。恩格斯晚年在长达近10年的时间里多次论述历史合力问题，可见其对这个问题的重视。

今天看来，历史合力思想仍具有非常重大的理论和现实意义。尤其对我们研究大学生思想政治教育合力问题更是具有方法论方面的指导意义。如恩格斯自己指出的那样："马克思的整个世界观不是教义，而是方法。它提供的不是现成的教条，而是进一步研究的出发点和供这种研究使用的方法"②。因此，坚持用马克思主义的态度和方法对待历史合力理论，既要完整、准确、全面地把握恩格斯的合力论思想，又要在现实的社会研究和实践中正确地坚持和运用好合力论思想所蕴含的立场、观念和方法。恩格斯晚年提出的合力论，是对唯物史观的理论认识的进一步深化和发展，它进一步丰富和发展了马克思主义唯物史观，因而具有普遍的方法论意义和重大的现实指导意义。

三、和谐理论

关于"和"与"谐"的思想，在人类思想史上可谓源远流长，中国先秦和西方古希腊文化中就有了丰富的和谐思想，到今天，又有了长足的发展。《说文解字》："和，相膺也"。"膺"同"应"。在运用中，则有和顺、谐和、调和、和一、和衷、和气、和平、和合、和恰、和睦、和协、和辑、和乐、和谐、亲和、平和、中和等多种相异又相近的含义③。在众多相近的词语中，"和"与"和谐"是通用的。在中国，和谐一词之两字为同义。"和，谐也。"④ 在古代，就有很多学者对和谐的概念作了一定程度的探索，现代的学者们也对和谐的内涵进行了有益的解析。探索和谐的真正内涵，不妨先对其特征作一番探讨。

(一)"和谐"思想渊源

1. 中国古代和谐思想

据考证，在甲骨文和金文中都有"和"字。在中国古代典籍中，"和"被广泛运用到

---

① 马克思，恩格斯. 马克思恩格斯选集 第4卷 [M]. 北京：人民出版社，1995：478.
② 马克思，恩格斯. 马克思恩格斯全集 第39卷 [M]. 北京：人民出版社，1995：406.
③ 田光清. 和谐论——儒家文明与当代社会 [M]. 北京：中国华侨出版社，1998：47.
④ 《广雅·释诂三》。

家庭、国家、等方面，用以描述内部治理良好、上下协调一致的状态。

中国古代思想史中有关"和"的提法比比皆是。在儒学的理论体系中，"和"有六种指谓和意义，即事物生成转化的本因和依据、宇宙万物的本然状态和最佳状态、人际关系的良好氛围、良好的思想素质和健康的身心状况、理想的社会秩序和政治局面以及审美的价值标准。①儒学理论体系中的"和"思想对之后的和谐研究有重大的启示和引导作用。但是，这一界定内容比较宽泛，缺乏严谨，过于松散，有揭示和谐内在本质的，但更多的是对和谐在不同领域的应用，而且其意也有所重复，最重要的是和谐主体不清晰。根据和谐的特征，可以把和谐的概念界定为：和谐是指在由人参与的事物中无势均力敌的对抗性矛盾的良好对立统一状态，是事物稳定性和协调性的状态表征，是人的主观能动性正确作用的结果。

2. 西方和谐思想

西方的和谐思想源远流长。随着资本主义生产方式的产生和发展，社会弊端日益暴露，反对资本主义、向往理想社会的空想社会主义应运而生。空想社会主义的和谐社会构想内容丰富，空想家们也是各持己见，并采取不同的方式表达自己的理想愿望。有的论证建立和谐社会的重要性，有的精心设计和谐社会的具体方案，还有的进行建立和谐社会的实验。法国的空想社会主义者圣西门和傅立叶把他们设计的理想制度称为"和谐制度"。傅立叶在1803年写的《全世界和谐》一书中指出，现存资本主义制度是不合理不公正的，将被新的"和谐社会"所代替。英国的欧文对"和谐制度"进行了长期的实验，试图建立一种人与自然、工作与生活真正和谐的社会。他把自己在美洲的共产主义实验称作"新和谐公社"。魏特林在1842年写了一本《和谐与自由的保证》，曾受到马克思的称赞。魏特林把资本主义称为"病态社会"，预言社会主义是"和谐与自由"的社会。空想社会主义者的和谐社会思想是基于抽象的伦理道德和理性原则设想出来的，脱离了现实的经济基础，所以，设想得越是周到就越成为空中楼阁，必然付诸东流，以失败而告终。空想社会主义学说是马克思主义的三大理论来源之一。马克思恩格斯继承了空想社会主义的合理因素，认为"提倡社会和谐"是"它们关于未来社会的积极的主张"。在《共产党宣言》中明确提出："代替那存在着阶级和阶级对立的资产阶级旧社会的，将是这样一个联合体，在那里，每个人的自由发展是一切人的自由发展的条件。"②按照马克思恩格斯的设想，未来的社会将在打碎旧的国家机器、消灭私有制的基础上，消除阶级之间、城乡之间、脑力劳动和体力劳动之间的对立和差别，极大地调动全体劳动者的积极性，使社会物质财富极大丰富、人民精神境界极大提高，实行各尽所能、各取其需，实现每个人自由而全面的发展，在人与人之间、人与自然之间都形成和谐的关系。概括而言，主要包括四个观点：第一，实现和谐社会是人类历史发展的必然趋势；第二，生产力的高度发展是实现和谐社会的前提条件；第三，未来和谐社会表现为生产力与生产关系、经济基础与上层建筑相适应，其矛盾通过自身的调整来解决；第四，"自由人联合体"是和谐社会的最高境界。

---

① 田光清. 和谐论——儒家文明与当代社会 [M]. 北京：中国华侨出版社，1998：47.
② 马克思，恩格斯. 马克思恩格斯选集 第1卷 [M]. 北京：人民出版社，1995：294.

(二) 和谐的特征

和谐是一种状态表征，即存在一定差距、矛盾、冲突的事物处于一种协调、有序的状态中。"和而不同"，即处于和谐状态下的各要素存在差别，但是这种差别是合理的，而非对抗性矛盾。"和谐"作为事物存在的一种状态，含义是多方面的。为了把这个问题说清楚，我们需要先从矛盾的斗争性与同一性说起。斗争性与同一性是矛盾的两种基本属性，矛盾的斗争性指的是矛盾双方互相对立、互相排斥、互相否定、互相分离的倾向；矛盾的同一性指的是矛盾双方在一定条件下的互相联结、互相依存、互相渗透、互相贯通的趋势。斗争性和同一性同时存在于一个矛盾之中，斗争性不能离开同一性而存在，同一性也不能离开斗争性而存在。矛盾着的双方既同一又斗争，力量此消彼长，不断变化，也就使得矛盾统一体相应发生一定的变化，从而推动着事物的不断发展变化。可见，斗争性与同一性是矛盾的两个基本属性，而当它们在矛盾运动中表现出来的时候，就表现为矛盾双方的"斗争"的状态或者是"和谐"的状态。把斗争性与同一性和"斗争"与"和谐"这两对范畴混为一谈，这是不对的。事实上，斗争性、同一性与"斗争""和谐"是两对不同层次的范畴。斗争性与同一性是矛盾的两种基本属性，而"斗争"与"和谐"是事物矛盾运动的两种状态，属于矛盾运动的表现形式。这两对范畴之间存在着密切的关系，内在属性决定外在表现，斗争性与同一性的相互作用决定事物矛盾运动究竟表现为"斗争"的形式还是"和谐"的形式。关于斗争、和谐与事物矛盾运动发展阶段的关系，毛卫平教授指出："分别而言，在事物的质变阶段，旧统一体的破裂、矛盾的转化，是事物发展的要求，而斗争性是实现这种转化的条件。强调斗争性是这一阶段的特点，用'斗争哲学'来形容这一阶段的特点，是合适的。而在事物的量变阶段，对立面的统一、统一体的保持，是事物发展的要求。在这一阶段，仍然存在着斗争，但斗争的目的是为了更好地保持对立面的统一，而不是这种统一的破裂。从这个意义上讲，这一阶段是以保持事物的相对稳定为目的的，因而可以称作'和谐哲学'。"[①] 和谐具有协调性、辩证性。

马克思把这一价值理想奠基于客观历史规律基础之上，把它包含在对共产主义的说明之中，使之成为一个科学的价值理念。在马克思那里，共产主义既是一种制度，也是一种价值观，是我们追求的价值目标。它是消除了阶级对立和脑体差别，在保证社会劳动生产力高度发展的同时又保证每个人全面自由发展的社会，是人的自由、全面、和谐发展与社会发展的和谐一致。"它是人和自然界之间、人和人之间的矛盾的真正解决"[②]。和谐社会包含着价值观的和谐。社会不是实体性存在，而是关系性存在。马克思说："社会不是由个人构成，而是表示这些个人彼此发生的那些联系和关系的总和。"[③] 这些关系包括经济关系、政治关系、文化关系（思想关系、价值伦理关系等等）。这些关系按特定的方式组织起来，形成一定的关系结构，表现出一定的秩序，从而构成一个有机联系的

---

① 毛卫平. 从革命党的哲学到执政党的哲学——兼论"合二而一"与"一分为二"的哲学争论 [J]. 江西师范大学学报（哲学社会科学版），2005（5）.
② 马克思. 1844年经济学哲学手稿 [M]. 北京：人民出版社，1979：73.
③ 马克思，恩格斯. 马克思恩格斯全集 第46卷 [M]. 北京：人民出版社，1979：220.

社会体系。

(三) 和谐的辨析

准确理解和谐思想，同时还有必要对和谐与其相关概念进行辨析，主要是"和"与"同""和谐"与"平衡"的辨析。在儒学思想中，就提出了"和"乃事物生成转化的本因和依据的思想端倪。

总之，尽管万物千姿百态，品貌各异，但从本质上说都是依和而生，据和而长。没有不同要素和事物的和合演化，物则无所生；已生之物失去和谐的条件，就会走向衰败。很显然，这里强调的是"和"与"同"的不同作用。那么，到底"和"与"同"有什么不同呢？"同"的基本含义是某一方面的一致，无差别，即"一"；和，指有差别有矛盾但非对抗性矛盾的事物与事物处于一种平和状态中，即"多中趋一""异中求同"。绝对同一是不可取的，"和"不是绝对的相同、绝对的公平与公正，而是承认一定限度的差别、承认一定程度的矛盾的和谐。平衡又称均衡，是指矛盾的暂时的相对的统一或协调，是事物发展稳定性和有序性的标志之一。① 平衡是事物内部各要素之间在运动变化过程中的相互关系或状态表征，它是事物即系统的结构比例关系上的协调和适度。平衡与和谐是一组既相互联系又相互区别的概念。平衡有更宽的外延，它既包括和谐，也包括无差别的同一；而和谐是不同事物之间、事物的不同方面处于一种协调状态，而非无差别的同一。与"和合"的含义也有所区别对待。和合是中国传统文化中的被普遍认同和接受的一种思想，它贯穿整个中国思想文化发展的全过程，积淀于各个时代的各家各派思想文化之中，是一具有中国特色的文化概念。

"和合"与"中""中庸"。和合思想与尚中观念又紧密相连。"中"与"中庸"是中国传统文化中十分重要的范畴，"中"是"和"的本体，而"和"是"中"的呈现。何为中庸？庸，有常的意思，中庸，即恒常符合中的准则，不偏不倚。中庸之道是孔子毕生所倡导的人生理想和价值准则，是一种如何使人的言行合乎"道"的原则的实践理性和实践哲学。由于孔子推崇周礼，希望重建一个君臣父子、尊卑有序、等级森严的和谐社会，他的中庸之道的目的在于使统治者和被统治者都能修炼成自觉按照"礼"的要求行事的仁人君子。不独儒家重视"中"的思想，其他各家，比如道家也十分重视"中"的思想。只不过道家侧重人与自然之和，强调顺应天道，无为而为。

第二节 思想政治教育师生和谐模式的构建策略

现代人本教育思想认为，教育的过程就是人与人交流的过程，是生命与生命对话的过程。现代教育倡导以"学生发展为本"的新理念，这就要求改变传统的师生关系，实现从以知识传授为主向以"学生发展为本"的转变。为此，教育工作者就必须走出旧的师生关系，遵循教育的最基本原则——尊重每一个学生，新的教育理念也告诉我们，教

---

① 刘光. 论和谐概念 [J]. 东岳论丛, 2002 (4).

育是为鲜活的生命奠基，而生命需要尊重，需要交流，需要互动。教育的目的是一切为了人，其出发点是人，归宿还是人。教师要树立"以人为本"的思想，教育学生做自己生命的主人，做社会的主人，而不仅仅做知识主人。因此就必须建立新型的师生观念："为了一切学生、一切为了学生、为了学生的一切"的和谐的师生关系。

也许并不是人人都有机会当老师，但是每个人都当过学生。其实，在我们的求学路上，老师总是占据着最重要的位置，在简单地教与被教的关系背后，我们有更多的渴求。在这个快节奏发展的社会，也不乏大量的学生毕业后，仍旧和老师保持联系，并且有的不时会回到母校拜访自己的老师。我们应该有理由相信，其实无论在老师心中还是在学生心中，都很渴望能建立一种良好的师生关系。

一、构建交互主体间性的和谐师生关系

现代哲学是主体间性的哲学，构建的是"主体（教育者）—客体（人类社会）—主体（受教育者）"的模式，即"主—客—主"三级框架。在这个框架中，主体与主体间的客体是被劳动实践人化了的客体，是通过劳动实践所创造的人化自然，即劳动产品。它作为商品纳入人与人社会交往实践的过程中，成为人与人社会交往实践的客体。这个客体是客体尺度与主体尺度在实践基础上相统一的为人而存在的客体，它具有"唯我"的属性，由它作为联系纽带使商品市场经济时代人与人的关系成为主体间关系。这个客体使每个人都成为利益主体，它既要为别人生产，也要为自己生产。首先为别人生产才能换取自己所需要的东西，这个客体使每个人都要投入社会交往实践活动，这个交往是世界历史性的交往活动，交往客体（商品）就是交换与他人的劳动活动，占有客体（商品）就是占有人类整体的智慧和能力。所以，由于这一客体的联结作用，使每个人都成为世界历史性的存在，使每个人都以它为客体或联结纽带形成主体际关系。商品经济时代，思想政治教育与教育者之间的关系，也是社会交往实践的关系，是一种主体（教育者）—客体（被符号化了的对象性人类世界）—主体（受教育者）的模式。这里的客体是被语言符号化的对象性人类世界，包括被符号化的对现存世界的意识和被建构起来的为人而存在的对象性人类世界的自我意识。教育者与受教育者都要相互交流、解释、理解这两种意识及其关系，只有两者都充分发挥了主体性作用，才能达到传承历史文化，培养创新型人才的作用。

在知识市场中，经济主体之间存在三种学习方式：供给者与需求者之间的学习、供给者与供给者之间的学习、需求者与需求者之间的学习。供给者与需求者之间的学习是最基础的学习，也是知识创新的动力。出于竞争的压力和对超额剩余价值的追求，供给者之间的学习是知识扩散的主要动力。在需求者之间，出于更好地利用商品的使用价值，且因为不存在原材料使用方面的竞争关系，相互学习和知识共享就更为容易。

当两个或者多个主体发生联系时候，他们都以自己的主观能动性对其他主体施加影响，同时对其他主体的对象活动做出自己的主观反应，主体之间存在着理解与沟通，也存在着矛盾，这就是交互主体性。在师生关系中，首先，知识供给与需求是相互联系在一起的一对矛盾统一体，没有学生的知识需求，教师的知识供给也不存在，师生之间是一种互为主体的关系。其次，由于信息爆炸，进入市场交易的知识类型繁多，不存在绝

对的供给主体，也不存在绝对的需求主体，各种知识类型都具有一定的市场。在现代高校师生关系中，作为知识供给方的教师其实只能够供给知识市场中的小部分知识，而且教师本身也存在着强大的知识需求。因此从更宏观的市场视角来看，师生关系是知识市场关系中的一部分，表现为一种交互主体性。

将主体间性理论引入思想政治教育，正是由于教育者与受教育者同为思想政治教育的主体，它们之间是相互影响、相互作用和相互渗透的。主体间性思想政治教育指出了两种关系的统一：一是教育者与受教育者都作为思想政治教育的主体，二者构成了"主体—主体"的关系；二是教育者与受教育者两个主体都把人类社会（社会环境）作为共同客体，与人类社会构成"主体—客体"的关系，这样的思想政治教育就是主体间性思想政治教育。研究表明主体间性有其如下特点：第一，主体间性是主体之间的平等合作关系；第二，主体间性是在交往的基础上形成的一种相互理解融洽的关系；第三，主体间性是在理解融洽的基础上通过互识达成共识。

主体间性思想政治教育不是对主体性思想政治教育的否定，而是在继承的基础上对主体性思想政治教育进行现代修正，是重新确立和超越，即由单极主体性走向交互主体性。没有主体性思想政治教育，主体间性思想政治教育便没有基础；没有主体间性思想政治教育，主体性思想政治教育的正确发展方向就会受到影响。从严格意义上讲，主体间性思想政治教育从属于主体性思想政治教育，是主体性思想政治教育的一种理想追求，是更高境界的主体性思想政治教育。主体间性思想政治教育是全面的、真实的、双向的主体性思想政治教育，不是主客二分，单一式的主体性思想政治教育。

在主体间性中，每一主体作为对方的对象性存在，具有一定程度的客观性。无论是从知识论还是从实践论上，他人不只是客体，但也不是纯粹的主体，而是主体与客体有机的统一体。在人与人之间，每个人作为现实的存在既是主体又是客体，具有主客体的二重结构。在这个意义上，在"主体—主体"关系中包含更微观的"主体—客体"关系；在这种"主体—客体"关系中，教育者与受教育者之间仍是"主体—主体"关系。此外，人类社会也不是一种纯粹的客体，在它的背后还有一个潜伏的主体，即人类社会的创造者和设计者。换句话说，这种"主体—主体"关系是更宏观的"主体—客体"关系的一部分。

在主体间性思想政治教育中教育者与受教育者是共在的主体间的存在方式。传统的单一式的主体性思想政治教育把思想政治教育看作是主体对客体的改造、塑造和征服，是主体与客体间的活动，这样就把受教育者客体化、物化、非人化了，这在现代化社会中是行不通的。在主体间性思想政治教育中受教育者不再是驯服的工具，而是活生生的有独立思维和自我创造能力的人，其不再被视为"待开化"客体，而是与主体一样有思想、有灵魂、有要求的另一个主体。主体性思想政治教育把受教育者思想品德的完善作为目标，是一种单赢式的思想教育。它没有包括教育者本身的思想品德的升华，更没有受教育者主体性的发挥和品德的自主构建，其结果受教育者品德完善的目标也是不可能完全达到的。主体间性思想政治教育把教育者和受教育者思想品德的共进作为其目标，是一种双赢式的思想政治教育，体现了时代的特征，反映了时代的要求。思想政治教育是一种生存方式，即主体间的生存方式，这种方式把受教育者当人，体现了以人为本和对他人的尊重。此外，主体间性思想政治教育是教育者与受教育者主体间的交往活动，而不是教育者的单向活动。单一式的主体性思想政治教育确立了教育者的主体地位，常常忽视了两者的共同经验和可交流性，往往是教育者的单向灌输。主体间性思想政治教育强调教育者与受教育者都是思想政治教育的主体，育者不再是孤立的主体，而是与他人共在的自我，并与他人进行着平等的交流和沟通。商品经济是"天生的平等派"，因为它的前提就是交换当事人都具有独立自由的主体地位。主体间性思想政治教育要求教育者与受教育者之间相互理解，彼此通过设身处地地将心比心，换位思考的方法来实现教育者与受教育者的思想品德的共同提高，而不是只通过教育者"填鸭式"的主体性思想政治教育来实现。这种对另一方主体地位的提升鲜明地体现了它的人性特征。

社会科技的迅速发展，使网络得到广泛普及，网络时代更呼唤主体间的思想政治教育。现代人们的网络交往方式已经超越了地理、时间、对象等局限，它是人们的一种新的生存交往方式。由于网络交往更多的隐姓埋名，人们在交往中更加自由开放，没有地位、年龄、性别等障碍，双方互相承认主体，那种"以我为中心"方式不再受人欢迎，交往完全是在平等的前提下进行的。在信息的共享方面，一方主体发出信息，通过网络（中介主体）被另一方多主体共享，对每个人来说，其信息不因他人的分享而减少。恰恰相反，在与别人共享的过程中双方受益。这种信息共享正体现了人与人之间的平等交往。所以，主体间性思想政治教育在网络时代也更有应用价值，更容易收到好的效果。

二、新型和谐师生关系需要适应知识质量市场监督的基本原则

教育的投资、学校的发展需要通过学校及班级的规模化来实现经济与社会效益，而教育的理想总是在倡导教育实现人性化，个性化和个别化。经济理论与教育理论，教育理想与教育现实之间在发生着冲突与对抗，教育的个性化与教育的规模化之间是否可以协调？两者之间是否可以和谐共处？

一个众所周知的自由市场学派的政治经济学理论家们反复论述过的基本原理是：关于资源有效配置的信息在人群中分布越是离散，有效的资源配置方式越是要求自由竞争。换句话说，竞争就是"少花钱，多办事"的最佳途径。一个不太为人所知的自由市场学派的看法是："自由竞争可以最大限度地激发人的主动精神，从而实现每一个人的健康发展。"这是诺贝尔经济学奖得主贝克尔的看法，也是康德的看法。以竞争的方式提供教育服务，要求教育机构具有营利性质。言利的好处在于通过"斤斤计较"而寻找最适合个性发展的规模教育的途径言利，"义"也在其中，在非正常的市场条件下，竞争的方式可以导致比计划方式效率更低的资源配置效率。

知识市场背景下，高等教育不仅要向消费者提供各种知识消费，而且要担负起培养高端人才与普通劳动者的双重任务。因此，学生由被动的接受者变为主动的对话者、知识的建构者。学生接受教育的目的是在社会实践中发挥出专业知识的功效，满足市场化对知识主体的创造性的需求。教师具有知识创新能力以及促进学生知识创新能力的提高是构建良好师生关系的重要前提，强迫学生尊重知识质量低劣的教师是不合逻辑的。教师作为学生的引路人，其内涵主要包括两个方面：一是教师是学生掌握知识的引路人。我们正处在科技迅猛发展的时代，随着现代信息技术的发展，学生获取知识、信息的渠道变得多样化，教师作为学生唯一的知识源的时代已经一去不复返了。教师的职责不再

是只传授现成的书本上的知识，更重要的是引导学生进行"发现式"的学习，指导学生懂得如何获取知识的方法。教学的重心不再是学生掌握了多少知识，而是在如何促进学生"学"上。二是教师是学生健康人格的引路人。学生在学校受教育的过程也是学生人格完善的过程，在这个过程中，教师对学生的影响是很大的。教师的职务是用自己的榜样作用教育学生。在学校里，教师是学生最亲近、最尊敬的人，学生具有天然的"向师性"，对教师特有的期望和依赖使他们通过模仿教师来形成自己的人格。另外，教师除了用自己的人格魅力去影响学生外，更重要的是教育学生如何做人。新型师生关系需要适应知识质量市场监督的基本原则，高等教育不仅要向消费者提供各种知识消费，而且要担负起培养高端人才与普通劳动者的双重任务。高校思想政治教育就应力争使学生由被动的接受者变为主动的对话者、知识的建构者。教师不仅是学生的导师，也是学生的合作者和欣赏者，教师具有知识创新以及促进学生道德水平提高的能力，是构建良好师生关系的重要前提。

默性知识是教师构建权威的重要源泉。由于知识生产模式的转变，大学作为知识生产与传播的权威地位受到了挑战。高校教师已不是知识的唯一源泉，教师的知识权威受到了一定的消解，在大学生的求知过程中，教师仅仅是作为学习者团体中的一个平等的成员。在高校教师权威受到了消解的过程中，是否就不存在"师道尊严"了呢？一些批判者把"师道尊严"的人际关系性质及其作用方式当作其内容本身加以批判，没有分清逻辑层次。因为，真正消解了的师道尊严，是教师传授信息和编程知识的权威，取而代之的是从默性知识的传授、培养方面来塑造权威；培养对世界的兴趣；发现学生的潜能；培养认识世界的独特眼光；鼓励和促进创新。

三、人文关怀是构建和谐师生关系的重要途径

我国古代农业时代等级制的师生关系在封建社会中，"学而优则仕"的应试教育功利目的严重，缺乏人文关怀。由于知识生产、传播、交流的渠道狭小，教师是知识的唯一源泉，也是落实"仕途经济"规则的渠道。师生关系是控制与服从、支配与从属、主导与跟从的关系，非对称和非平等是师生关系最主要的表现。基本上不存在学生"主体性"的问题考虑，而教师在精神上和知识上都受到封建统治者制定的标准所桎梏，同样缺少自我和全面的人的发展。

高校师生关系具有丰富性，教学活动之外，还存在生活活动，例如师生在道德、审美、情感、社会的知识信息等交流，而且师生关系的主观性、情绪性、随机性、偶然性、直觉和信仰等非理性因素深刻地影响师生的思维、对话和行为。师生之间的情感约定关系是一个激发生命活力、提升精神境界、充溢情感温柔、感受美好生活的空间。对教师来说，工作是一种专业知识成长的过程，对学生来说，学习就是成长，师生共同以成长为基础，通过对生活和世界的关注，形成共同经历和发展。因此，只有建立在尊重、爱、谦恭、相信他人的基础上，师生之间才能形成健康的情感和平等的人格，提高生命质量，以对人性的关怀和人格的尊重，赢得思想政治教育对象的自主自觉的认同感、归属感。

四、加强礼文化教育是构建和谐师生关系的有效手段

所谓"礼"，原本是人类原始时代的习俗系统。荀子从人的欲望无穷而物资有限的矛

盾分析了礼的起源。在古代，我们还将礼作为人与禽兽的区别，礼作为一种文化模式，不但表现为政治制度、法律规范，而且还深入到人的性情以及道德意识当中，表现为日常生活中普遍通行的伦理规范。它不但从外在制度上维系着社会的整合，而且还以伦理道德的形式对人的思想意识进行指导，从观念上制约人。礼对人的控制是深入的、全面的。在我国古籍中有将礼的内涵区分为"礼之文""礼之貌""礼之容""礼之质""礼之实"等，而在儒家的礼文化中，又将其分为乐、义、仪、制、俗、教六种正义。现代的礼，是人类社会为了维系社会的正常生活秩序，而所需要共同遵循的一种行为规范。在我们现代社会，礼文化的区分大可不必如此烦琐，简单将其区分为礼仪和礼义，一个是礼的外在规范，包括礼俗、礼乐、礼物、礼貌等等方面，一个是礼的内在精神，包括礼的内涵、精神实质及其历史。我国传统礼文化以追求全面和谐为目标，其中就包括人与人的和谐。高校礼文化教育可以塑造教师和学生，调节师生之间的关系。

第三节　思想政治教育家校和谐模式的构建

我们需要整合家庭资源，构建学校教育与家庭教育相促互利的和谐模式。

一、家庭教育资源的范畴

家庭是大学生接受思想政治教育最早的地方，在孩子成长的过程中家庭的任务十分艰巨，担负着构筑人格基础的重要作用。当今社会，父母在孩子人格健全与智力发展方面，比以往的社会投入更多、影响更大。

家庭教育包含十分复杂与丰富的内容。家庭教育是以进行社会规范和价值教育的主体——父母亲，和接受这些知识并将其吸收的客体——子女之间相互作用的形式进行的。他们之间主要通过有意识（显性的）和无意识的（隐性的）教导与学习，通过"教养""模仿""感化"与"熏陶"等形式，教导他们基本的生活技能，形成基本的生活习惯与社会规范，培养道德情操；指导生活目标，形成个人理想与志趣；培养社会角色感和行为，形成个性。

家庭教育资源的范畴。家庭教育中关注的是子女学业成绩的提高与智力的发展。事实上，当前家庭教育问题的发生大多来源于对该问题的认识；家庭在孩子发展中的主要功能在于他们的正常社会化，包括个体的社会化与社会的个性化，因此，家庭教育包含十分复杂与丰富的内容。家庭教育资源指子女在家庭发生的社会化过程中能积极促进他们的身心健康发展的家庭物质与人文资源。家庭教育资源可以把家庭的社会经济地位、家庭背景与家庭的文化传统等作为客观要素，是不同的个体家庭客观存在、家庭成员无法主观选择与刻意控制的部分。那些不同的个体家庭中的潜在课程，即家庭环境中有意或无意习得的知识、规范、价值或态度是家庭教育资源的主观要素，它们是可以调控与改变的。如家长的教育期望、教养方式、家庭的情感气氛、家庭对话的质量等。由于家庭教育能力引发的教育问题，除了家庭的物质资源会在一定程度上影响家庭教育效果，更主要是家庭中对这些主观调控的家庭教育资源部分的配置及其开发的认知水平与社会支持的程度与能力。

二、家庭教育资源对大学生的影响因素分析

在孩子们成长过程中,不同的孩子拥有不同的家庭资源;不同的家庭拥有不同的教育能力。

家庭教育资源不是家庭个人性教育资源的简单相加,而是指作为社会集团的家庭组织内部成员中,个人性教育资源的组合配置所形成的新的家庭教育资源优势,是家庭教育功能的正常发挥。除了个体性与家庭性家庭教育资源,还有社会性的家庭教育资源,它包括亲属、近邻、朋友等社会关系网络,学校、行政或民间团体组织与个体私人等社会服务机构对家庭教育的社会性援助。由于每一个家庭都是不相同的,具有的家庭教育资源更是千差万别。家庭教育能力的不同正是不同的家庭对自己家庭所拥有的教育资源的认知水平的差别。具体讲,这种认知水平是家庭对于自身家庭的教育资源的认知水平及其创造性的加工与开发能力。不同家庭拥有的教育资源不同,所产生的家庭教育问题在内容与程度上也迥异。

由于家庭所拥有的财富、权力以及声望的不同,家庭在社会结构体系中处于不同的地位。处于不同社会地位的家庭,其拥有的自身修养、文化知识、生活技能等方面都存在一定的差异。家庭作为孩子社会化的机构即社会化的场所,其对子女社会化过程所起到的影响和作用是不可替代的,社会分层方面的理论,将家庭的社会地位分解为家庭的财富及收入地位、权力地位以及声望和文化资本地位,处于不同社会地位的家庭与子女早期社会化两者之间存在着较强的相关关系,家庭在社会结构中地位的差异会导致对子女早期社会化教育的差别。无论在教育的目标、教育的理念或是教育的方式方面都有所不同。子女年幼时,先赋的家庭因素无疑对他们早期社会化有强大影响。我们并不否认,随着子女的成长,子女通过自身的后天努力突破了家庭资源不足的限制,使家庭拥有更加优越的财富、权力以及声望和文化资本。因此,在现代社会中家庭地位因素将在子女青年社会化和成年社会化中发挥日益明显的作用。

(一)经济条件的影响分析

经济条件的不同,就决定了家庭所提供的物质支持在起点和基数上的较大差异,而这种差异会直接导致对子女教育目标以及教育方式的不同,因而造成了这种教育起点的不公平。正因为拥有充足的物质条件作为保证,那些财富地位比较高的家庭,父母可以按照他们的意愿来为子女的早期社会化制定理想的教育目标,而不必过多考虑经济上的负担,相反地,经济上的承受能力对于贫困家庭来说却是规划子女教育问题时遇到的最大障碍。经济地位高的家庭更多的是考虑父母对于子女的期望以及子女自身的兴趣和发展特点,同时积极响应社会上的"品牌化"趋势,尽最大的努力来满足子女的需要,并提供最丰厚的经济资源使子女的早期社会化按照父母的理想状态来进行。在教育的过程中,为了实现理想的目标,父母经常性地对子女灌输那种成为社会精英的思想,并随时注意社会上可以用来借鉴的"榜样"对子女进行模仿式教育。同时,随着社会教育"品

牌化"趋势的发展,这些家庭的父母十分注重让子女接受"国际化"的教育,按照社会上流行的观念来完善自己给子女的教育计划,当然,他们拥有这样的经济实力来实现整个教育过程。相比而言,沉重的经济负担使得财富地位较低的家庭的父母在子女早期社会化的教育中显得十分被动。巨大的经济压力迫使他们不得不选择一些更为实际、家庭能够承受得起的教育目标和教育方式。在这种情况下,一部分家庭选择了平民化的教育,对于未来的目标,"有一技之长""能混口饭吃"等便成为这种目标的缩影。教育方式上,这类家庭中的子女缺乏那种成为精英的基本思想,只是按部就班地去做被认为是这一时期应该做的事情,匮乏的经济资源使得他们在社会化的教育获得的机会方面处于相对的劣势之中。

(二) 家庭的权力地位的影响分析

家庭的权力地位是家庭中的父辈在其职业等方面所拥有的权力转化成为家庭的一种资源,供家庭成员享用。权力地位的不同,使子女在早期社会化期间所接受的家庭教育有着明显的差异。权力地位高的家庭,子女在这个时期就能享受到权力资源所带来的优越感、便捷途径以及利益。在这个追求利益最大化的社会之中,权力地位往往是和经济地位相一致的。这样,这类家庭的父辈在大多数情况下是处于权力和财富的双重精英地位。按照帕累托的"精英循环理论",完美的社会流动需要精英不断循环,当父辈的精英地位需要替换时,中国传统的"子继父业"的思想使得这类家庭的父母往往希望自己的子女能够成为新的精英来维持家庭的权力和经济地位。因而,在这种精英教育目标的指引之下,子女在早期社会化期间受到了十分严格而周全的家庭教育方式,并且更多地接触到了那些在权力地位上处于劣势的家庭中的子女所接触不到的权力观念,逐渐培养出一种权力意识。然而,对于权力地位较低的家庭来说,父母不能像权力地位高的家庭中的父母那样,本身就成为子女模仿的"榜样",子女无法从家庭的"榜样"中观察学习到一些精英的素质和行为举止。此外,家庭中权力资源的匮乏使得子女不能在早期社会化中就接触到所谓的权力阶层,对于权力的概念是模糊的,对于权力的意识是淡薄的。

(三) 家庭的声望地位的影响分析

家庭的声望地位往往是和家庭所拥有的文化资本相联系的。声望和文化资本优越的家庭,其成员一般拥有较高的修养、学识以及优雅的生活方式,受人尊敬、文化底蕴丰厚是这类家庭的共有特点。因此,在子女的教育过程中,声望和文化资本地位高的家庭特别注重对子女文化素质的培养,并且认为这是实现子女日后成为社会精英人物这个目标的最佳途径。这种教育下的子女往往能够表现出优秀的文化气息。相比之下,声望和文化资本匮乏的家庭就没有条件和资源为子女进行文化素养的熏陶提供便利的条件。

尽管家庭的地位不同,父母的职业不同,但是都应当以子女为本,坚持适度的原则,顺应子女自身的个性,开发其独特的潜力,形成真正适合于子女发展的教育理念、教育目标以及教育方式。努力建立一种以人文情感取向为基础与权利对等交流的个体支持系统。以往的教育资源的社会性支持过多在于工具性的支持,在于传授实用的技能方法,忽略家庭成员的情感交流与人文关怀。长期以来,把家庭教育问题的家庭作为弱者甚至无能者,把那些家庭结构不完整的家庭主观臆测为问题家庭,在言语与行为交流方面,不太保持他们应有的尊严,如在学校里如果子女学习不良,家长会被请到学校接受教师等的规训,交流的信息流向为单向流动,仅仅从教师流向父母,父母消极期待或希望得到教师正确的建议,在培训中家长只是倾听者。因此,必须重新确立教育资源支持双方的地位转变,放弃话语霸权与"唯我独尊"式真理终结者的姿态,要求从激发家庭的主体能动性,恢复他们的信心与兴趣出发,在双方真正协作的基础上共同发展。尤其是对大学生成长过程中遇到的社会困惑要积极引导他们明辨是非、分清善恶,培养自立、自强的精神和责任意识,要坚决纠正重智轻德的错误倾向。作为家长要放下架子,与孩子平等地交流思想,要不断拓展知识面、提升自身的知识结构,了解大学生群体所关注的热点与兴趣所在。这样,家长才能真正与大学生进行思想沟通,使家庭确实成为大学生思想政治教育不可或缺的第二阵地。

(四)家庭教育中缺陷因素分析

家庭教育中存在着种种缺失和不足之处。根据这些缺失、不足产生的时间和原因,可以将它们分为两种类型:固有性缺陷和后生性缺陷。所谓固有性缺陷,是指由各种社会原因造成的,通过提高父母自身的素养一般不能弥补的缺陷。这种缺陷大部分是在大学生成为该家庭成员时就已经存在的,或者是以后由一些不可抗拒的因素造成的。所谓后生性缺陷,则是指大学生成为该家庭成员后,父母在进行家庭教育的过程中逐渐显现出来的缺陷。父母的素养状况正是造成这种缺陷的原因。固有性缺陷多是指家庭教育的环境中所存在的缺陷,如单亲家庭、隔代家庭等;而教育主体中的某些因素,如教育内容、教育方式的选择等方面的缺陷,则属于后生性缺陷的范畴。固有性缺陷和后生性缺陷的划分虽然在一定情况下存在着界限模糊的情况,但是,对于有针对性地采取措施弥补这些缺陷、改善家庭教育的状况来说,这种划分具有一定的意义。

固有性缺陷的弥补:全社会的共同努力。对于家庭教育中的固有性缺陷,通过提高父母自身的素质是无法进行弥补的。以家庭结构为例,一些变异的家庭结构,如单亲家庭、隔代家庭等,它们的产生有着复杂的社会原因,社会价值观念和生活方式的多元化是单亲家庭尤其是离异家庭增多的重要原因,而农村剩余劳动力向城市的转移则是隔代家庭产生的主要原因。这些原因的产生及其对家庭教育所带来的不良影响,是这些家庭中的父母所无法左右的。固有性缺陷的弥补需要全社会的共同努力。一方面,应当采取措施尽可能地减少这些家庭的产生,如加强家庭道德建设,建立坚实的家庭基础,减少离婚率,以防止离婚对家庭教育带来的负面影响;为农村剩余劳动力在当地创造更多的,就业机会,为进城务工的农民提供更好的条件,尽量使大学生能够与父母共同居住,以方便家庭教育等等。另一方面,对于生活在这些变异家庭中的大学生,社会各界应当提供更多的帮助和关爱,特别是学校和大学生所生活的社区,应当加强对这些大学生生活、学习状况的关注,如果发现大学生有网络行为异常等问题,应及时与有关部门联系,及时解决。

后生性缺陷的弥补:家长教育的引入。对于家庭教育中的后生性缺陷,需要通过提高家长自身的素质来弥补。在大学生网络被害的家庭教育原因中,相当一部分是由于家长自身的素质原因所造成的,如父母文化素质较低,对网络不了解,就无法对子女的网络行为进行有效指导;父母的道德意识不高,自身的行为存在一定偏差,就不能为子女树立良好的榜样；父母的教育方式、方法不对，就不能对子女进行有效网络教育等等。针对这些后生性缺陷，最有效的途径就是引入和发展家长教育。相对于传统的教育形式来说，家长教育是一种较新的形式，长期以来被人们所忽视。传统形式的教育一般都是以大学生为对象的，而家长教育则是以家长为教育对象，通过各种形式的教育活动来提高家长自身的素质，教育家长如何学会做父母，如何更好地进行家庭教育。家长教育的内容是丰富多样的，不仅包括家庭教育方法、技巧的教育，还包括家长自身文化素质、道德素质等方面的内容。通过这些方面的教育来提高父母自身的综合素养，以更好地实施家庭教育。在家长教育实施的过程中，当然也离不开社会各方面的指导，如通过学校、社区组织、群众团体等组织各种类型的家长学校，通过广播、电视等介绍家庭教育的知识等，更为重要的是，家长自身应当认识到加强自身学习的重要性，树立"终身学习"的观念，确实意识到：要成为一名真正合格的家长，就必须进行终身学习，以获取和更新知识，满足孩子身心发展的需要，引导孩子健康成长。同时，自觉地将这种意识转变为行动，积极利用报刊、广播电视、网络等现代传媒工具，不断提高自己的思想道德素养以及包括网络知识在内的知识素养，改进家庭教育的方式和内容，以更好地对大学生子女进行网络方面的教育。

第四节　社会教育与学校教育和谐模式的构建

一、社会舆论与思想政治教育和谐模式的构建

多年来，应该说社会各界为青少年的思想道德建设和健康成长，做了许多有益的事情，如文化市场的扫黄打非长期坚持不懈，营业性文化娱乐活动场所的规范和管理不断加强，互联网上网服务营业场所的管理不断完善等，都从各个不同层面为做好思想政治工作提供了强大的支持。但问题是，社会各界净化成长环境所做出的努力，还缺乏有组织的沟通和协调，相互还没有能够形成强大的合力。为此，十分有必要建立一个领导和协调青年思想道德建设的有权威性的机构，来统一社会各界的力量，发挥很好的力量整合作用。以整合中央精神文明委、教育部、团中央、文化部、广电总局、新闻出版署、最高人民法院等相关部门的力量，极大地来增强当代大学生思想政治教育的社会合力，为构建思想政治教育和谐模式营造良好的社会舆论。

充分发挥舆论导向作用，根据舆情的形成及特点、表达与传播，加强舆情研究，构建思想政治教育的动态管理体系，从而提高思想政治教育的针对性和实效性。

舆情是现代社会处于不同阶层人员的政治态度、思想意识和行为方式等方面的综合表现。舆情的发生和发展直接影响着高校稳定及社会良性运行机制的建立。将舆情研究引入思想政治教育研究范畴，探寻社会舆情发生及表达方式，建立群体舆情汇集及分析机制，对更加有针对性地进行思想政治教育，使思想政治教育研究走向科学化具有重大意义。

通过定期分析群体的政治态度、思想意识、行为反应倾向，特别是网络舆情，抓住苗头，防患于未然，使思想政治教育把宏观视角与微观视角结合起来。前者主要根据党和国家的路线、方针、政策等意识形态要求以及倾向性"思潮"来从整体上开展思想政治教育；后者则需要根据微观对象的情绪、言行来有针对性地开展思想政治工作，从而形成思想政治教育全方位、立体化格局，实现思想政治教育的动态管理。

一般来讲，群体舆情的形成是由社会矛盾产生的各种问题诱发带有倾向性的意见。社会问题会引起不同个体的不同反映，意见领袖可借助论坛、集会等手段扩大他们的见解，引起他人的注意。偶发事件的激发。事件是舆情形成的激发点，直接引起议论向舆论的转变。特别是一些重大的社会事件，涉及许多人的切身利益，直接关系到国家、民族、社会的命运，更容易引起大学生的思考，引起广泛议论，从而形成舆论冲击波。特别是近年来，随着信息技术的广泛运用，人们越来越借助网络表达自己的见解与内心感受，以网络为平台，自主地面向公众发表议论、交换观点的过程中形成的。在发表议论、交流观点和意见的互动过程中，公众对信息进行进一步选择、聚合和重新组织，某种或某个特定的问题可能会引起共鸣或引发争议，从而不断有参与者上帖、跟帖、转贴。由于网络传播的自由性和交互性，使在传统新闻传媒上无法实现的个人表达自由和言论自由得到空前的展现，人们只要进入网络便可畅所欲言，形成了言论的"自由市场"。当这种基于校园网的讨论达到一定程度时便形成了较大的舆论影响，进而成为网络舆情。网络舆情的出现，一般是人们对于社会"热点""焦点"所发表的一种情绪化的意见，由于身份的隐蔽性，这种情绪化的冲动很容易被释放出来。大学生们对社会热点、时政非常关注，校园中众多的研究时政问题的社团往往成为话语代表。调查显示，大学生议论最多的时政话题是腐败、区域发展不平衡、个人收入差距扩大、就业难、"三农"等问题。学生网站论坛中也反映出学生对社会焦点问题的关心。

社会舆论的褒贬对社会公德起着重要作用。社会可以充分利用大众传媒等多种技术和手段大力宣传基本社会公德知识，政府也可以组织诸如城市精神方面的道德大讨论，通过社会示范告诉大学生应倡导什么，反对什么；敦促大学生反省自己的社会公德行为，激发荣辱感，进而强化社会公德意识和社会责任感。近几年，出版行业积极开展的"五个一工程"，通过多出精品来积极配合公德教育，就收到了非常好的效果。那些优秀读物的出版有助于大学生思考人生、价值观，不啻是大学生受到熏陶的良好途径。针对大学生的特点，在社会公德教育中强调艺术审美和精神感受，以富于灵动性和生动活泼的文艺形式进行公德教育，有助于大学生良好社会公德行为的养成。全社会还有必要对更多的新"雷锋式"的平凡的人、平凡的事进行宣传，为大学生们提供更加切合实际的榜样，形成新时期具有时代感的奉献范式，充分发挥典型示范作用。特别是那种能充分表现出真、善、美的职业道德人格，可信、可亲、可爱、可敬，能为大学生提供道德学习范例，激发他们的情感共鸣，产生模仿意愿。许多有成就的专家、学者往往是大学生尊崇的人物就很能说明问题。当然大学生对专家、学者的敬重一般是因为他们的成就、荣誉，而对于他们的敬业精神，从事科学研究的严谨态度了解较少，对此社会应加大对这方面的宣传力度。高校德育在发挥典型、理想职业道德人格的榜样示范与激励作用时，应该充分认识到：能够起到示范与激励作用的理想人格就是各行业中兢兢业业、任劳任怨、忠于职守的普通职业者。因他们现在的职业活动就是大学生未来的事业，可产生"同构易于接受效应"。

二、社会实践与思想政治教育和谐模式的构建

社会实践是大学生正确认知的中心环节，是提高大学生思想政治素质，实现理论与现实有机结合，理论教学与实践教学和谐发展的有效途径。

大学生社会实践是高等学校教学的内在环节和重要的教育形式、教育手段，不能把它仅仅作为一项课外活动。社会实践是大学生提高素质的重要环节，大学生社会实践对高校而言，可以提高学校的知名度，扩大高校在社会上的影响。目前，大学生社会实践活动尚存在着重视不够、投入不足、针对性差、缺乏规范化等问题，高校应从思想认识、组织形式、实践机制、基地建设等方面采取有效措施，推动大学生社会实践活动向纵深方向发展。

三、社会公德养成与思想政治教育和谐模式构建

社会是大学生思想政治教育的大课堂，社会公德属于社会道德体系的基本层次，是人们在公共生活中必须共同遵循的最起码的行为准则。它往往被一些人所忽视和轻视，但它作为个人品质的基础地位却无法替代。大学生是我国青年中接受高等教育的特殊群体，基于对自身成才的良好愿望，加之对某些社会不良现象的困惑和反感，就在他们当中产生了如何认识社会、适应社会的问题，形成对社会公德教育的需求。从某种意义上说，国家的希望和未来就寄托在他们身上，他们社会公德素质的好坏直接关系到二十一世纪中国社会的精神面貌，关系到能否顺利推进我国社会主义现代化建设事业。因此，大学生不仅要在知识和智能上得到发展，而且还要在道德修养方面学以成性，志存高远，敢于为社会承担更多的责任，做出更大的贡献，承担起全面建设小康社会的目标和实现中华民族伟大复兴的使命。因此，学生良好社会公德行为的养成是高校思想道德建设的一项紧迫任务。

社会公德水平的高低，直接影响到社会风气和社会凝聚力。社会风气可通过启迪道德觉悟、激励道德情感、强化道德意志、增强荣辱观念的方式，在内心深处对人起到潜移默化的作用，改变性情，使人们的行动受到公众的支持、弘扬或谴责、批评，形成道德氛围和社会舆论。

大学生不是生活在真空中，而是处于社会大环境之中，社会理应为大学生思想政治教育提供平台与空间。生活是道德的生长点和作用点，是道德的唯一基础。大学生的道德人格是在他们的学习生活中，在解决因社会发展提出的各种新的道德问题、道德困惑过程中形成的，是他们在处理各种社会道德冲突，进行道德判断、选择过程中形成的。当前我国社会变迁对大学生的道德观念和行为产生了不可忽视的影响，使他们在道德观念上出现各种各样的困惑，在道德行为上出现了一定程度的滑坡，集中表现在道德标准混乱，社会责任感淡漠，敬业精神失落。

要充分发挥社会力量，培养大学生的道德情感和道德意志，反对公共生活中的双重人格、两面行为，达到内化、慎独的境界。努力形成主体性道德人格，即特立独行、清醒从容、有所执着、敢于担待、"立于天地之间"的道德人格。使他们真正成为良好社会

公德行为养成的主体和实践者，为思想政治教育和谐模式的构建营造良好的社会氛围。

四、挖掘社会资源，为思想政治教育和谐模式的构建提供力量源泉

（一）弘扬民族精神，构建思想政治教育传统与现代共融的和谐模式

世界多极化、经济全球化的深入发展，引起世界各种思想文化，历史的和现实的，外来的和本土的，进步的和落后的，积极的和颓废的，展开了相互激荡，有吸纳又有排斥，有融合又有斗争，有渗透又有抵制。总体上处于弱势地位的广大发展中国家，不仅在经济发展上面临严峻挑战，在文化发展上也面临严峻挑战。保持和发展本民族文化的优良传统，大力弘扬民族精神，积极汲取世界其他民族的优秀文化成果，实现文化的与时俱进，是关系广大发展中国家前途和命运的重大问题。

（二）挖掘课外活动、志愿者服务活动中的民族精神内涵

高校民族精神教育是一项系统工程，实施这项工程需要学校统筹规划，贯穿于教育教学全过程，渗透到人才培养的各个环节，充分发挥师生员工的积极性、主动性、创造性，形成齐抓共管的良好局面。

除了将思想政治理论课作为民族精神教育的主渠道。调整和更新教学内容，纠正学生的错误思想，澄清模糊认识，引导学生正确认识民族精神的内涵外，要充分利用爱国主义教育基地的丰富资源，增强学生的国家观念、民族文化认同感，促进公民人格的培养。

要开展以弘扬和培育民族精神为目的的各种课外活动。诸如组织开展以弘扬爱国主义、集体主义、社会主义主旋律为内容的演讲会、演唱会、报告会、朗诵会、辩论赛、书画展；开展各种弘扬和培育民族精神的知识竞赛；祭扫革命烈士墓，拜访革命老前辈，观看爱国主义影片，阅读经典书籍，使学生从中受到民族精神的教育和启迪；在民族传统节日和重大纪日，开展以民族精神教育为目的的各种专题讲座或专项教育活动，以增强弘扬和培育民族精神的效果。

要充分挖掘课外活动、志愿者服务活动中的民族精神内涵。社会实践活动要引导学生利用寒暑假和双休日到企业、农村、改革开放的前沿地带去，了解国家建设发展的现实，了解社情民意，领会民族精神的深刻内涵，明确自身的历史使命；志愿者服务活动要引导学生实践奉献社会、服务人民的公民人格，比如到敬老院为老人服务，到孤残儿童福利院，教孩子学习，为贫困地区、灾区、家庭经济困难学生捐款捐物，到边远地区进行慰问演出，利用所学知识为基层群众发展生产、脱贫致富、身心健康、提高素质解难答疑。要善于抓住有利于振奋民族精神的重大活动和重大事件，形成弘扬和培育民族精神的热潮。重大活动多为目的明确、意义重大和影响广泛的活动，它为民族精神教育提供了鲜活载体和良好契机。当然，一些重大事件本身具有突发性和意外性，对一个国家和民族可能造成一定消极影响，但只要善于掌握和利用，也可转化为民族精神教育的契机。

要宣传和学习先进人物和模范群体的事迹、精神。先进人物和模范群体的行为实践

着人类对于真、善、美的追求,闪耀着高尚的民族精神之光,体现着时代精神,对大学生具有强烈的感染力和感召力。宣传和学习先进人物和模范群体的事迹、精神,使民族精神的教育由抽象变为具体,使大学生在现实生活中可真切感受到民族精神的伟大力量,民族精神教育就能收到很好的效果。

针对不同年级大学生的特点和教育要求,统筹规划,有重点、分层次地组织学生参观、考察各类教育基地,重点应放在参观博物馆、纪念馆、展览馆,增强教育的针对性和实效性。要建设体现民族精神教育内容的教学基地,加强对大学生课外实践活动的组织与管理。在课外实践活动中不断丰富民族精神的内涵,提高活动的质量和效果,使大学生从中受教育、长才干、做贡献,增强社会责任感。

第五章
高校思想政治教育公众参与模式的构建探究

研究高校思想政治教育公众参与问题，既是思想政治教育理论研究领域的全新领域，也是提高思想政治教育实效性的关键着力点，对思想政治教育理论以及学科发展等具有重要的意义和价值。本章首先分析了高校思想政治教育公众参与的相关基础知识，接着进一步分析了高校思想政治教育公众参与的构成要素及运行机制，最后分析了高校思想政治教育公众参与的构建路径。

第一节 高校思想政治教育公众参与概述

一、高校思想政治教育公众参与的概念

（一）公众的定义

公众作为一个常用概念在不同的语境下有不同的含义，故需对其做一般意义上的阐释，在此基础上对思想政治教育公众参与中的公众概念做出准确定位。

1. 公众的一般性理解

一般意义上的公众是指"社会上大多数的人、大众"[1] 或指大众；与某一特定组织机构相联系，具有共同问题、目的、利益、兴趣和文化心理等"合群意识"的社会群体。公众可以是单位、部门、团体，也可以是个人。[2] 人们使用公众一词的场合和时间不同，公众所代表的含义也不尽相同，因而公众一词的内涵和外延都具有不确定性。有时公众一词代表的是一个国家或社会中的普通成员，是由他们所构成的社会群体，而不包括知识分子和政治家等社会精英；有时作为与政府相对应的概念，是独立于政府之外的、接受政府决策和管理的对象化人群；有时，公众一词则被视同于不带有意识形态色彩的人民群众。从质上讲，公众与私人相对而言；从量上讲，公众仅与个体相对而言，是大众而非小众，是人群而非孤家寡人。通常公众与大众、公民、群众混同使用，但其实有适

---

[1] 中国社会科学院语言研究所词典编辑室. 现代汉语词典（修订本）[M]. 北京：商务印书馆，1996：437.
[2] 刘文义. 现代汉语新词典 [M]. 北京：中国妇女出版社，1992：300.

度的区分。

第一,公众与大众。大众社会理论的形成使"大众"成为传播学中的一个特定概念。在大众社会理论的观念中,人类自19世纪末20世纪初开始进入了大众社会。在这一历史时期,世界资产阶级革命相继爆发、工业革命迅猛发展、大众传播也迅速兴起,使得传统的社会结构、等级制度和统一的价值认同被打破。社会成员没有了标准划一的行为参照系,变得分散和孤立,"大众"就由此产生了,他们是一种均质的、子式的。因而大众与公众不同,公众虽然规模大而且分布范围广,但这个概念一般指的是社会上围绕共同关心的公共事务或问题,通过公开、合理的讨论而形成的能动的社会群体,他们是社会公共利益的维护者。而大众则呈现规模巨大性、分散性和异质性、匿名性、流动性、无组织性等特点。

第二,公众与公民。公民虽然与公众概念很接近,但仍有许多不同。公民是一个法学概念,指具有某国国籍,依照该国宪法和法律享有权利、承担义务,并受该国法律约束和保护的自然人。我国宪法也规定了凡具有中华人民共和国国籍的人都是中华人民共和国公民。在民法上,公民是一类独立的民事主体,平等地具有民事权利能力,依法享有民事权利,承担民事义务;依法具有相应的民事行为能力,在法律允许的范围内独立地参与民事活动。而公众则不一定是公民,因为公众可能是具有某国的国籍但并没有居住在其本国,当然,在一个国家领土范围内,公民是公众的重要组成部分。另外,公民只能是自然人,而公众则可能既是自然人,也是法人,还可以是其他社会组织。

第三,公众与群众。"群众"有三层含义,一是指人民大众或居民的大多数,即与"人民"一词同义;二是指未加入共产党、共青团组织的人,表示"党员"和"群众"的区别;三是指不担任领导职务的人,表示"干部"与"群众"的区别[①]。由此可见,在我国群众的概念带有一定程度的政治色彩,而公众是一个中性的概念。

尽管"公众"一词并不是一个具有明确内涵和外延的科学概念,但社会政治和生活的发展变迁促使对整个社会生活领域具有普遍影响的公共事务迅猛增长,处于一定区域内的全体成员,在一些关系到他们共同利益的问题上,公众往往被当作一个确定的群体来看待。他们因为共同关心某一事件而结合起来,迫使政府或相应权威不得不听取他们的意见,接受他们的监督。因而,我们发现,公众与社会生活中的各种问题紧密相连,有多少就问题相应地就存在多少个公众群体。而且在环境立法领域中,越来越多的条文和文件开始使用公众概念。法律条文历来措辞严谨,在其中使用公众概念,表明该立法关注的问题范围和目标只有用公众一词才能进行合理准确地表述。

2. 公众的具体定义

综上对公众概念的一般性解读,其内涵具有不确定性,为了行文规范和明确,有必要对其进行严格的界定。公众等同于一般的群众、全民。具体而言,公众是与思想政治教育的设计者、发动者、实施者相对的概念,是指作为思想政治教育对象的个人或群体,公众可以是个人形式,也可以是群体的形式。

---

① 中国社会科学院语言研究所词典编辑室. 现代汉语词典(修订本)[M]. 北京:商务印书馆,1996:953.

(二) 参与的解读

参与,即"参预"。《汉书·齐悼惠王刘肥传》:"终古使所爱奴与八子及诸御婢奸,终古或参与被席。"《现代汉语词典》对参与的解释是"参加(事物计划)的讨论、处理。"在西方,"参与"一词有多种表述方法,如"participation、involvement、consultation",但基本上都是指加入、参加、咨询,是一种由外向内的渗入、介入。

在思想政治教育领域中,对参与的理解存在不同的维度和视角。首先,从思想政治教育发展的角度来看,参与是一种现代思想政治教育理念,是教育民主理念在思想政治教育领域中的具体演绎和体现,强调思想政治教育者和受教者之间的平等、协商、交流、互动关系,注重受教育者的主体意识和主体能力的发挥,使其在一定的自为性活动的基础上获得主体性的发展。以参与为理念指导,思想政治教育将实现单一主体的自我中心模式向多维双向互动的参与型模式的转换。其次,从思想政治教育者的角度来看,参与是一种策略与方法。社会和人的发展必然要求参与意识的培养和形成,通过平等、民主协商,以满足参与者的归属及自我实现的需要。参与意识及行为的属性与特征为思想政治教育的开展提供了有效途径和方法,对受教育者的参与引导成为思想政治教育的重要方法。再次,从思想政治教育过程的角度来看,参与反映了思想政治教育过程的本质。"思想政治教育过程是教育者和受教育者共同参与、相互作用的过程"[①]。由此可见,无论是教育者还是受教育者对于教育过程都是不可或缺的,否则,教育过程就不能成为一个完整的过程,它必须把教育者的组织、引导、教育,与受教育者的能动认识、体验和践行相结合、相统一。最后,从受教育者的角度来看,参与是一种行为,是在教育者的引导下,受教育者自觉自愿地进入思想政治教育活动,实现自我认知、自我改造和自我发展的一种倾向性表现行为。

综上对参与的一般性理解和多维度分析,"参与"即主体参加到里面并进行活动,它是表现参与者投入状态的一种行为。这种投入状态包括个体在活动中的认知和情感投入、个体与个体之间的互动、个体与群体之间相互影响的方式和程度等。参与过程涉及对问题的分析,对参与者的思想和情感的冲击,促使参与者改变自己的态度和行为。

(三) 思想政治教育公众参与的定义

思想政治教育公众参与是指社会群体或个人作为主体外显或内隐地参加思想政治教育活动,并有各种能量的投入,以实现其思想品德和政治素养的建构与发展的行为。具体来看,思想政治教育公众参与的内涵应包括参与主体、参与客体、参与形式和参与目的四个方面:

1. 思想政治教育公众参与是一种主体性的行为

在思想政治教育公众参与中,参与的主体是广大公众,可以是社会群体形式,也可以是个人形式。作为参与主体,他们具有能动性、主动性和创造性等特点,根据自己的需要和判断,有选择、有鉴别地接受教育内容;共同承担教育活动;关心和支持教育者的工作;主动配合教育者实施教育计划并提出相应反馈意见等,通过自我教育,自觉地

[①] 张耀灿,郑永廷,吴潜涛、骆郁廷,等.现代思想政治教育学 [M].北京:人民出版社,2006:325.

把自己的思想转变为相应的行为和行为习惯。同时，参与意味着介入、投入、卷入、浸入、在诸多状态之中，必须体现为各种能量的投入，比如行动的投入、认知的投入、情感的投入等。在思想政治教育公众参与过程中，这种主体性的发挥是层层递进的，参与首先意味着参加或卷入思想政治教育活动之中，有行为能量的投入。其次参与主体对思想政治教育内容产生认知，形成概念、判断或想象等，并从中获取知识。最终上升为一种情感体验，是行为参与、认知参与、情感参与的有机结合。

2. 思想政治教育公众参与是一种以活动为客体的多维互动行为

思想政治教育活动是思想政治教育公众参与的客体，这里的思想政治教育活动是广义的一切蕴含思想政治教育内容的形式，包括知识理论形式、情境氛围形式或者是各种具体的思想政治教育活动形式。以活动为基点而展开互动，这种互动关系不仅是作为参与主体的社会群体或个人与教育者之间的双向互动，还包括公众之间的多向互动性，在互动中实现公众思想与行为的交换与分享，促成相互合作和自我发展，这种互动本质上是思想的互动，是知识的分享、情感的交流。

3. 思想政治教育公众参与的形式可以是外显性的也可以是内隐性的

在思想政治教育公众参与中，公众可以直接参加到思想政治教育活动中，表现为行动，是以行为呈现的外显性参与；也可能是间接的介入或卷入到思想政治教育活动中，表现为心智参与、情感参与这样的内隐性参与。

4. 思想政治教育公众参与是目的性很强的行为

思想政治教育公众参与具有明确的目的指向或价值取向，参与并不仅是为了参与而参与，而是通过参与，公众对一定的思想意识、道德观念和行为规范等产生直观的感受和认识，从认知、情感等诸层面进行自我选择、自主建构，通过逐渐吸收和内化，最终形成符合一定阶级和社会需求的思想品德和政治素养。

二、高校思想政治教育公众参与的特征

思想政治教育公众参与是一种特殊的参与形式，与其他参与活动相比，在参与目的、内容、方式等诸方面都有显著的不同，呈现自身独特性，具体如下：

（一）工具性和目的性的统一

思想政治教育公众参与过程中，参与既是手段又是目的，体现了目的性和工具性相统一的特征。思想政治教育公众参与的终极目的是实现公众思想认识的提高，形成符合社会发展要求的思想品德和政治素养，并实现自我完善和自我发展。为实现这一目标，参与是必要的手段。只有通过公众参与，他才能在思想政治教育活动中受到教育、感染和熏陶，直观的感知和认识思想政治教育内容，才有可能经过理性分析和选择，内化为公众自身的认识，进而外化为一种行为习惯。由此可知，参与是实现思想政治教育目标的重要环节和手段，具有显著的工具性的特征。然而，应该明确的是，在思想政治教育公众参与中，参与本身即是一种目的。只有把参与作为一种重要目标来实现，才会在实际操作过程中，更多地考虑公众自身特点、参与需求、参与动机；才会以公众兴趣为基点全面地设计活动内容和形式；才会把着力点运用于如何吸引公众积极参与到思想政治

教育活动中来，如何避免被动和形式参与，等等。如果只强调参与工具性的一面，而忽略了参与的目的性的一面，会导致对公众主体性认识不足的缺陷，且易导致由于目标过于宏大而有效性难以实现的后果。反之，如果只强调参与目的性的一面，而忽略了工具性的一面，则会使参与流于表面，失去方向性。因而，参与是手段和目的的统一，体现思想政治教育公众参与工具指向性和目的指向性相结合的特征。

（二）主体性和主导性的统一

主体性与主导性的统一，体现了思想政治教育公众参与过程中公众主体诉求的实现和教育者主导作用的结合。思想政治教育公众参与注重凸显公众的主体性，作为思想政治教育活动参与的主体具有自主性、能动性和创造性。公众无论是从参与还是非参与的选择，参与过程中与教育者及他人的互动、对教育内容的认知与吸纳、自我思想意识的检视等，都需要自主性的充分发挥，都带有明显的能动性。通过公众能动性的发挥，积极主动配合教育者完成活动计划，关心思想政治教育活动的展开与实施效果，真实地把自己的认识、要求、情感、需要等反馈给思想政治教育者。同时以自身世界观和价值观为准则，有选择、有鉴别地理解和接受教育者施加的影响，从而能动地把自己的思想转化为行为。由此可见，整个思想政治教育公众参与过程就是公众发挥主体性的过程，主体性是其显著特性，公众主体性能否得到充分发挥直接制约着其参与的态度和程度。

然而，思想政治教育的意识形态性决定了思想政治教育公众参与较强的目的性和任务性，尽管公众是参与主体，首先重要的是要发挥公众主体性，但思想政治教育活动的发起者、策划者、组织者和执行者是教育者，在思想政治教育公众参与中起着重要的主导作用，掌握着教育活动的目的和方向。这种主导性表现为制定思想政治教育内容、精心策划思想政治教育活动、采取各种方法调动公众参与积极性、随时组织和调控公众参与过程、了解公众参与需求与状态、及时掌握公众参与信息反馈等等。离开教育者的调控和引导，思想政治教育公众参与会偏离方向。综合看来，思想政治教育公众参与是发挥公众主体性和教育者主导性相统一的过程，实现二者的结合才能确保参与的效度。

（三）阶段性与持续性的统一

思想政治教育公众参与是阶段性和持续性的统一，因为人的思想发展过程是连续的又是分阶段的。一方面具有阶段性，按照公众在各个阶段发展的特点，有重点、分步骤、循序渐进地组织参与；另一方面具有持续性。思想政治教育公众参与的持续性是指参与不是断断续续、时有时无的，而是一个连续不断的过程，它包括参与行为的持续性和参与影响的持续性两个方面。参与行为的持续性要求公众不仅仅参加有组织的思想政治教育活动，而是将参与化作一种自觉，积极关注并采取多种形式参与。参与影响的持续性是参与行为产生影响的时间效应，参与对公众的思想品德、政治素养等产生的影响时间越长，则思想政治教育公众参与取得的效果越好。

三、高校思想政治教育公众参与的类型

由于公众对象世界所具有的复杂性、公众主体需要的层次性及思想政治教育活动的

多种性，决定了思想政治教育公众参与必然是丰富多样、具有不同层次的。因而，根据不同的层次把它划分为不同的类型，并对不同类型的思想政治教育公众参与进行深入分析，有助于对其进行全方位、多角度的把握。

(一) 从参与主体维度进行划分

第一，从参与主体态度的角度来划分，分为负参与、被动参与、积极参与。负参与指在表面上参与思想政治教育活动，但内心抵制这一活动，处于离心状态，使思想政治教育目标不仅难以实现，而且还产生消极抵制或厌倦反感等负面影响，甚至这种影响会波及他人。被动参与指公众根据要求、指令、劝说或鼓动等而加入思想政治教育活动，努力完成任务，但缺乏自主性。积极参与指公众自主加入思想政治教育的活动，关心支持并主动配合教育者的工作，通过沟通、交流、互动获得自我认识、自我满足和自我提高，自觉践行思想政治教育目标要求等。

第二，从参与主体数量来划分，可分为个人参与和群体参与。

(二) 从参与结构维度进行划分

第一，从参与目的的角度来划分，可分为应付性参与、从众性参与、兴趣性参与、认知性参与、表现性参与、发展性参与等。由于公众需求的多样性和层次性，必然带来思想政治教育公众参与的目的迥异，任何一种划分都难以穷尽丰富的参与目的，在此仅就一些典型特征做粗略的划分，以期深入了解公众参与的需求和目的。就某一项具体的思想政治教育活动而言，公众参与的目的有些是因为响应上级或单位的号召，服从组织的安排等，这属于应付性参与；有些是因为从众心理，受周围的人或所属群体参与的影响，自己也参与，这属于从众性参与；有些是基于对活动感兴趣的参与，属于兴趣性参与；有些可能主要是为了满足他们的对某方面知识和认识追求的需要，这属于认知性参与；有些只是为了通过参与思想政治教育活动而达到展示自己的目的，属于表现性参与；而有些是为了实现自我提高、自我发展和自我完善，属于发展性参与等。

第二，从参与过程的角度来划分，可分为实质性参与和形式性参与、全面参与和局部参与、全体参与和部分参与。公众可能与思想政治教育者共同成为思想政治教育活动的承担者，有心理、思维、情感的全方位投入，形成情感沟通、思想互动，公众思想认识得到提高和完善，亦可能只在表面上介入，实质上心不在焉，前者属于实质性参与，后者则属于形式性参与。根据思想政治教育活动中参与的面来说，可以有全面参与和局部参与之分，从参与过程中的实际参与人数来说，有全体公众的参与和部分公众的参与之分。

第三，从参与结果的角度来划分，因为思想政治教育公众参与所产生的影响可能是正面的，亦可能是负面的，据此可以把其划分为正面参与和负面参与。正面参与是指对公众的思想行为产生积极的、建设性影响的参与，负面参与是指对公众的思想行为产生消极甚至破坏性影响的参与。同样，参与的效度也存在着一定的差别，有些参与效果显著，有些效果一般，还有些甚至没有效果，因而还可以划分为高效参与、低效参与和无效参与等。

（三）从参与层次维度进行分析

依据参与状态的深入程度的高低，可以把思想政治教育公众参与分为若干个层次，如：行为参与、认知参与、情感参与或感性参与、理性参与等。

行为参与体现在公众外显的动作上、身体上的加入，如眼、鼻、耳、口、手等的活动和投入；认知参与是通过概念、知觉、判断或想象等心理因素获取思想政治教育信息的参与；情感参与是指公众对思想政治教育形成一种态度体验、价值评价等感情。感性参与主要指公众通过肉体感官获得对思想政治教育的感受的参与，而理性参与是概念、判断、推理等的综合运用的参与。

必须明确的是，思想政治教育公众参与的多种类型划分是全面理解其内涵、过程之需，在实践中，这些类型大多没有明确的界限，可以独立存在，又可交叉，在思想政治教育过程中多种参与类型互相融合、综合运用。

第二节 高校思想政治教育公众参与的构成要素及运行机制

一、高校思想政治教育公众参与的构成要素

正确认识某事物的过程，首先要分析这一事物过程的组成要素，才能从事物过程各要素入手去寻求由这些要素所组成的事物本身。思想政治教育公众参与过程是一个由一系列相互关联的要素构成的系统，主体、客体和媒介是其基本构成要素，其中主体是思想政治教育公众参与过程中能动性、自主性的因素，客体是主体活动所指向的对象，即参与对象和内容，而媒介则是主客体相互作用得以实现的中介性因素。

（一）参与主体

思想政治教育公众参与过程的主体即公众。思想政治教育公众参与过程的展开，首先依赖于公众作为行为主体的存在。思想政治教育公众参与过程是发挥公众主体性的过程，是为公众提供适宜的条件，运用其现有主体性，把可能的主体性向现实的主体性转化的过程。思想政治教育公众参与过程中公众可以是个人的形式，也可以表现为群体的形式。

1. 公众个体

个人是思想政治教育公众参与的主体，但这里的个人不是抽象的、感性的个人，而是现实的个人，是具有自然性、社会性和阶级性的人。具有个体主体性，是本体的主体性、价值的主体性和实践的主体性三个方面整合的统一体。其一，本体的主体性。主要由人的意向性结构和认知性所构成：意向性结构是由人的愿望、情感、意志等要素构成；认知性结构由主体的知识、智慧、能力和技能构成。人要成为主体是以具有人的属性为前提的，除此以外，还必须意识到自己是主体，具备成为主体所需的知识、智慧和能力，

具有争取获得主体地位的需要、热情、愿望以及毅力和意志。主体的本体结构是由人的知、情、意构成的。其一，价值的主体性。由主体求真、求善、求美和求自由的倾向性和态度构成。人的主体性有价值规定，须有真、善、美、自由等价值追求，任何作为主体的现实的人，不仅有生存的需要，而且需要实现其有价值的生存，这种有价值的生活就是自由的生活和真、善、美。其三，实践的主体性。由有效性、积极性、自主性、创造性等特性构成。在社会实践中，人的主体性得以生成、呈现和发展。人的本体主体性和价值主体性统一于实践活动，呈现出现实性、有效性、积极性、自主性和创造性等特性。

2. 公众群体

群体是个体的有机组合，是公众活动的重要组织形式，它是由某种社会关系联结的、具有独立特征的、与其他人群及个体相区别的人群集合体。相对于个体来说，群体具有其显著的特征，必须由两个或两个以上的个体组成，同时，群体中个体成员的意识和行为相互作用、相互影响，并且群体成员具有共同的行为目标、一定的组织结构、有调节行为的规范、具有共同生活心理特点和较高的社会心理相容度。作为参与主体的群体，除了具备上述一般特征外，还有一个突出的特点即主体性，具体表现为自主性和能动性。群体的自主性表现在思想政治教育公众参与过程中，群体会根据自己的群体目标和成员的内在需要来自主地组织群体成员进行学习、判断和选择，自主地通过群体讨论，形成群体舆论，进行价值判断和道德选择。而群体的能动性是由于各种群体逐步形成了自己的文化传统、价值观念、心态习俗和群体氛围，因而会从群体的传统文化视野，对思想政治信息产生能动的过滤和选择。需要指出的是，与个体主体性相比，群体主体性的不同之处在于它首先是一种整体的主体性，是群体中众多个人主体性以力的平行四边形法则相互作用形成的合力，群体中众多个人主体性的指向越是大体一致，或者能够协调，整个群体的主体性就越强；反之，群体中众多个人主体性的指向越是相互冲突，越是难以协调，整个群体的主体性就越弱。因而要发挥群体主体性效能，就要注重群体合力的整合、协调。

公众群体可以从不同的角度划分不同的类型，作为思想政治教育公众参与过程的主体其结构基本上由正式群体和非正式群体共同构成。正式群体是由目标、任务的需要，通过上级组织或职能部门决定成立并组建的群体，具有群体存在的目的以及工作程序的一系列组织规则。内部存在着正式的组织分工，具有固定的信息传递渠道，比如政府机关、学校、工商企业等群体。非正式群体则是自然或自发形成的，没有确定权利、义务的群体。这些群体是从共同利益、兴趣爱好、情感需要出发的，如联谊会、车友会、同乡会等，按群体的成因，可分为利益型、信仰型、兴趣型、情感型、亲缘型等。

（二）参与客体

思想政治教育公众参与的客体是相对主体而言的，是指在思想政治教育过程中，凡是进入公众认识和实践领域，为公众所认识和改造的对象，即回答公众究竟参与什么的问题。思想政治教育公众参与过程的客体包括知识性客体、情境性客体及各种具体的思想政治教育活动。他们作为客体对象分别具有可知、可感和可实践性，其中，知识以抽象的形式表现思想政治教育要求，但可以通过思维及认知感知、把握；情境以具体的、生动的场景表现出来，使公众可以通过感官予以体会；具体的活动可以通过亲身实践融入其中。

第一，知识。即思想政治教育中意欲传递给教育对象的思想观念、政治观点、道德规范等的理论化、知识化形态。这种知识形态的客体具有层次性，第一个层次是理论体系层次，在我国，主要是指马克思主义理论及中国特色社会主义理论体系。具有科学性、抽象性、真理性、逻辑性等特点，且具有相对稳定性。第二个层次是由理论体系加工而成的教育信息体系。即对抽象的理论进行科学转换、加工重组后形成的，适于宣传教育、便于接受理解的知识信息。根据世情、国情以及对象的特点进行调整、更新，因而具有变动性和多样性的特征。

第二，情境。情境即情景、境地，是具体场合的情形和人们生活学习中的实际境遇。思想政治教育情境是为思想政治教育活动的开展而创设的具体情境。作为思想政治教育公众参与的客体要素之一，为公众的参与活动提供具体场合，是对公众发生作用的精神氛围和物质条件的统一体，是一种文化的、精神的、心理的、内在的、主体的体验，渗透、体现着思想政治教育的目的与内容。思想政治教育情境可以包括以下情境的创设：其一，集体学习情境。集体学习是各个教育主体之间在一个共同的环境内互动式的学习。集体学习的主要情境包括直接与人的兴趣爱好联系的情趣环境、各个主体在平等的对话过程中生成意义的对话情境。其二，认知情境。包括思想政治教育理论课教学过程中的认知情境、日常生活中的认知情境和大众传媒中的认知情境等三个方面。其三，人文感化情境。即运用人文价值在潜移默化中影响人的思想变化的环境。包括人文学科教育和心理关怀情境。

第三，具体活动。各种具体的思想政治教育活动是公众参与的重要对象，这是由于活动具有独特的意义：首先，从哲学的角度看，马克思主义从哲学的高度考察活动，指出活动是个体存在和发展的基本方式，表现为活动的现实客观性、社会历史性和自觉能动性。其次，从教育学的角度看，教育是人类生存发展的一项基本活动，也是主体间交往、互动以及知、情、意、行综合作用的复合型活动。再次，从心理学角度看，自觉自由的活动是个体主体性品质生成、发展的基础和源泉。而思想政治教育是促进人的思想品德自主建构的活动，是为一种特殊的社会实践活动，通过创设一定的具体教育活动引发教育者与教育对象之间的对象化活动，以培养教育对象的思想道德素质，因而要引导公众积极投身于思想政治教育活动中。具体活动可分为学习活动、实践活动、管理活动、文化活动等。

（三）参与媒介

思想政治教育参与过程的媒介指连接公众和参与客体，使之相互影响和相互作用，以实现参与目的的中间介体。参与媒介介于参与主体和参与客体之间，一方面呈现了参与过程的细致性和复杂性，另一方面使得公众参与行为成为可能。可以分为人际或组织媒介和大众传播媒介。

第一，人际或组织媒介。它指思想政治教育者个人或思想政治教育组织机构，以直接的方式或经由大众传播媒介把公众和参与客体连接起来。一方面，教育者个人或组织机构是公众特点的认识者和把握者，在整个思想政治教育公众参与过程中是公众行为的引导者、调控者,另一方面,是把思想政治教育理论体系转化为具体的教育知识信息的转化者,还是教育情境的创设者,同时也是具体教育活动的设计者、组织者。因此,他是连接思想政治教育公众参与主体和客体的中介要素。

第二,大众传播媒介。它指用以向广大的公众传递思想政治教育信息的各种技术手段,主要包括报纸、杂志、书籍、广播、电视、手机和互联网等。大众传播媒介是最重要、受众最广、影响最大的传播媒介,其承载信息的海量化和时间与空间限制的突破,使思想政治教育信息能够影响更大范围的公众,公众能通过大众传播媒介扩大需求的影响力,扩大了公众信息选择的领域,也影响到了公众对思想政治教育信息的接纳和理解。

二、高校思想政治教育公众参与的运行机制

机制,原指有机体各部分的构造、功能、特性及其相互联系、相互作用等。后被引入社会学、经济学、政治学、哲学、伦理学等多学科领域,用来表明有关事务结构、组成部分的相互关系以及期间发生的各种变化过程的运动性质和相互关系。思想政治教育公众参与过程的机制是其各构成要素按一定的组合方式而形成的机理和运行方式。探索思想政治教育公众参与过程的机制,能够阐明其运转、发展的一般状态。

(一) 内在动力机制

思想政治教育公众参与过程是一个复杂的、处于不断变化之中的动态系统,整个过程的发生、发展有其心理层面的运作机理,需要动力性环节来保证整个过程的启动和维持。在黑格尔的观点中,需要、热情、兴趣等是"一切行动的唯一源泉"。[①] 这表明人们是为了满足自己的需要而参加各种活动的,需要是人的一切实践活动的力量源泉和动力系统。同时,影响人的活动的诸多心理因素都与需要相关,如动机是"能引起、维持一个人的活动,并将该活动导向某一目标,以满足个体某种需要的念头、愿望、理想等";兴趣是"力求认识、探究某种事物的心理倾向,由获得这方面的知识在情绪体验上得到满足而产生,它和需要相联系";态度"与个体的立场、需要有关,它是在日常生活中由具体的情景性的强烈刺激或刺激多次强化所形成";爱好是"从事某种确定活动的倾向,是在需要的基础上形成的"[②]。由此可知,公众参与的层次性需要是内在机制的动力性环节。

1. 公众参与的层次性需要

国内外众多学者对需要层次性划分的研究是分析公众参与思想政治教育需要的理论依据。其中马斯洛的需要层次理论是需要理论中被引用最广泛的理论,他把人的需要划分为由低到高的五个层次,即生理需要、安全需要、社交需要、尊重需要和自我实现需要。在他的思想中,如果较低层次的需要未得到满足时,人们优先考虑较低层次的需要。劳勒与萨特尔(Lawler & Sartre)提出人的需要可以简化为两个层次:第一层次的需要仅包括生理需要,第二层次的需要包括其他的四个需要。奥尔德弗(Alderfer)提出了只有三种类型的需要理论:生存(基本的生存需要)、关系(包括社会交往、来自他人的尊重

---

① [德]黑格尔. 历史哲学 [M]. 王造时, 译. 北京: 新知三联书店, 1956: 58—59.
② 朱智贤. 心理学大词典 [M]. 北京: 北京师范大学出版社, 1989: 119, 792, 658, 6.

和认可)、成长(自我实现、自主性和成功),并坚信人的需要可能被同时触发,如果一个人更高层次的需要没有得到满足,他会转而去追求较低层次的需要。这些具有代表性的需要理论表明人的需要是具有层次性的。在思想政治教育公众参与过程中,公众的参与需要也可以从不同的层次维度来分析:

(1) 从公众个体的角度分析

其一,功利性需要。指达到某种功利性目的而产生的需求,比如得到上级部门或领导者的认可,满足一时的好奇、新奇,融入群体、与大家保持一致的归属、从众需要等。其二,求知解惑性需要。指为了消除头脑中的各种疑惑或是以获取政治、道德等理论知识为目的的需求。例如,人们想要理解和汲取某些政治理论观点、方针政策、法律知识或者道德伦理规范等方面的知识,去参加各种学习活动,包括听报告、参加专题讲座、思想品德课或政治理论课程等等。在现实生活中,处于交往学习中的人们总会遇到各种各样的疑惑与问题,例如,人的自我价值的实现与社会价值的关系、传统伦理道德遭遇市场经济的碰撞、理论与现实之间存在的反差、个人主义还是正当利益的争取等,这些问题往往是公众自身难以解决的。因而,公众为了追寻这些问题的答案,主动地参与思想政治教育活动。其三,自我发展性需要。这是公众融入社会政治生活、获得精神满足、实现道德提升、人格完善的需求。随着社会的发展和人类的文明进步,个体获得更多的主体发展与个性自由,人们渴望和注重精神上的满足与享受,他们追求人性的升华和道德情操的提升,希望通过各种道德追求、情操陶冶活动,体验和享受精神愉悦,获得自我完善和自我肯定的满足感。如积极参加各种公益活动或志愿者活动,实现自我精神的净化、慰藉与满足的需求。同时,为了自身发展,公众具有参与社会政治生活、实现政治社会化的需求。通过自觉学习政治文化,从中获得并形成对社会政治的认识、价值取向,逐渐拥有和具备政治人格和独立参与政治活动的行为能力,明确自己的社会政治角色,成为社会政治关系的承担者和政治活动的实践者。因而公众期望通过参与思想政治教育活动,获得政治社会化的途径,从而在政治生活中影响政治体系,从中获取相应的利益和自我发展。

上述公众参与需要从稳定性和持久性上呈现出上升的层次性。功利性需要和求知解惑性需要属于表层需要。在功利性需要驱动下的参与,公众不一定真正从思想上接受和认同并体现在行动上,或虽能在实践中落实,但常常只停留在表面。因而其需求动力稳定性较差、持续时间较短;在求知解惑性需要的推动下,公众参与思想政治教育活动,接受世界观、人生观、价值观、政治观、道德观、法制观教育,但需求的动力作用时间可能较短,很可能仅仅是为了获得有关知识或针对某一特定的疑问,一旦获得了知识或疑问消除,他的需求就得到了满足,相应的参与热情会减退甚至消失。因而,对于这些理论知识或观点的科学性与价值性,未必会做出理性思考,更毋庸说从思想和情感上真正接纳,并对这些理论主张产生的信仰;自我发展性需要是深层需要,在自我发展性需要的推动下,公众主动、自觉地参与思想政治教育活动,并在此过程中体验愉悦和幸福,获得由自身完善与发展带来的满足与快乐。而这又相应地使公众参与更加积极主动。个体的思想修养和道德水平越高,越需要在精神上追求自我完善和自我实现,而这种需求越大,其推动动力越强。同时,人的政治社会化是一个伴随终生的过程。因而,这种需求动力发挥作用持久,比较稳定,不会随着某一特定需求的满足而减弱甚至消退。

(2) 从公众群体的角度分析

群体作为连接个人和社会的纽带，除了个体需求外，还具有其特殊的参与需求。在思想政治公众参与领域，群体参与的需要具有两个可能的方向，即上行和下行。上行性需要是和上一级群体或社会取得联系、统一步调、获得信任、服从命令的需要。下行性需要是管辖其成员的行为、保障成员利益及团结成员以实现群体目标的需要。具体群体性需要主要有：第一，利益性需要。群体要进行活动，必须有一定的物质基础，这就是利益性需要的起源。为了争取群体的物质利益，群体必须融入社会尤其是融入国家政治生活体系，为满足群体物质利益取得更高的政治地位或与主流政治主导的认同。因而，群体有通过参与思想政治教育，学习接受主导思想观念、政策、方针等的需要。第二，整合性需要。群体要从心理上形成凝聚力，就必须统一成员认识、情感及意志，形成统一的思想认识。第三，协调性需要。协调群体内部以及群体之间的人际关系，尤其是利益关系的需要。群体内部各成员作为不同的利益主体，其思想观念、理想诉求、奋斗目标可能迥异，不同群体之间也存在着利益追求的差异。由此，为了保障群体利益，需要协调群体成员之间以及群体与群体之间的利益矛盾，这最终需要从解决人们思想与行为上的矛盾冲突人手。而思想政治教育发挥了调节利益实践活动的独特作用，因而，群体产生了借助思想政治教育活动协调利益关系的需要。

2. 需要的动力功能发挥原理

从公众参与需要与参与活动之间的关系来看，参与需要是构成公众参与活动发生的动力，其动力功能从启动与推动两个方面来体现。

(1) 参与需要是公众参与活动的启动器

需要是有机体活动的源泉，呈现出有机体内部的一种包括生理和心理的不平衡状态。需要作为有机体成为内外部条件和环境的一种持续要求，内在地孕育着行动的可能性。人们行为活动的产生寓于需要之中，因而，可以说需要是人们行为活动的初始动因。同理，在思想政治教育公众参与过程中，参与需要是人的参与活动的启动器。一个人有了某种参与需要内部会出现一种不平衡状态，往往觉得精神不满足，总觉得缺点什么，使其焦虑。而这种焦虑状态达到一定程度就会激发其参与动机，促使他的参与行动，以弥补自身的不平衡感，获得满足。因而，有了参与需要才会产生参与动机，并由动机推动和引发参与活动。相反，如果没有参与需要，就不可能产生参与动机，也不会有自觉的参与行动。

(2) 参与需要是公众参与活动持续进行的推动力

人的需要并不是固定不变、总停留在同一水平线的，而是在给人的行为活动提供动力的过程中不断产生新的发展，因而它会推动人们持续地从事活动。在思想政治教育公众参与过程中亦如此。比如功利性需要与求知解惑性需要有助于公众参与思想政治教育活动，促使他们遵循某种道德规范和政治要求，在内部需要和外部激发的共同作用下，不断产生新的需求，或向更高层次的需要发展和转化。因而，由参与需要激发参与动机，参与动机推动参与活动，在活动中又引发新的参与需要，进而激发新的参与动机，最后又推动新的参与活动，这样循环往复，使公众政治素质、思想道德水平不断提升。

(二) 外部调控机制

思想政治教育公众参与过程是公众发挥自主性、能动性的过程，为了达到有效的参与效果，其运行既需要内部动力机制的推动，又需要外部调控机制的保障。调控机制就是对思想政治教育公众参与过程进行监控与调节的机制，实现随时关注参与过程的进展、实施实时监控的功能，以便及时发现问题以补弊救偏，保障参与过程沿着预定的目标和正确轨道顺利运行。这一外部机制主要是思想政治教育者对公众参与动机的激发诱导、过程的规范控制、结果的反馈调节。在思想政治教育公众参与过程中，公众在接受调控的同时对参与过程进行控制和自控，因而思想政治教育者实施的调控是在控制与自我控制、控制与反控制中进行的，是他控通过自控实现的。

1. 动机的激发诱导

动机是以需要为基础的，当需要促使人们朝向一定的目标采取某种行动时，需要就成为动机。但人的行为不仅由内部需要推动，而且还会由外部刺激拉动，人的内心紧张程度受需要和刺激的共同作用，同时影响着人们的行为。实验表明：中等强度的需要和高强度的刺激结合会产生较强的内驱力；高强度的需要和低强度的刺激结合会产生中等强度的内驱力。同样，在思想政治教育公众参与领域，由公众的参与需要激发参与动机从而推动参与行为的过程，不是简单的、线性的，而是一个曲折复杂的过程。当具有某种参与需要的公众处于具体的思想政治教育情境中时，往往是从业已形成的参与需要和价值判断等出发去理解这种情境，从而确定自己的参与需要与这种教育情境之间的关系。如果所面临的教育情境与自己业已形成的参与需要相吻合并进一步刺激、诱发了这种需要，公众就会产生焦虑不安或紧张的情绪体验，从而激发其参与动机，它才会引起和推动公众的参与活动。反之，则会产生消极的情绪体验，减弱需要的内驱力强度。因而，在思想政治教育公众参与过程中，公众参与动机的产生需要思想政治教育者的外部诱导，教育者通过创设有效情境、提供多种参与形式、优化参与内容等等手段，对公众形成高强度的刺激，从而引发较高参与动机，从而形成公众自觉的参与行为。

2. 进程的规范控制

在系统论的观念中，控制是"按照给定的条件和预定的目标，对一个过程或一系列事件施加影响的一种活动"①，这里的进程"控制"就是在系统论的意义上使用的。思想政治教育公众参与过程是一个不断变化、发展的动态过程，受内外部多种因素的干扰，需要控制、调节和规范其进程，否则很可能会偏离预定目标。思想政治教育者对参与进程的规范控制作用主要体现在程序控制、定向调节和随机调控三个方面。程序控制就是根据预先制定的思想政治教育活动程序，对参与过程进行调控，以保证参与过程的连续性；定向调节就是纠正德育过程中发生的偏差，使参与过程向着预定的目标方向发展；随机调控就是根据参与过程中发生的实际情况采取相应的策略和方法的调控。

思想政治教育者对参与过程实施调控应具备以下条件：第一，拟定调控标准。即依据参与目标拟定评价标准，这一标准要切实可行、定性定量结合考量。调控标准是实施调控的根据，是调控的出发点和归宿，标准不明将降低调控的实效，迟滞参与过程的运

---

① 李金松. 系统论、信息论、控制论与教育改革 [M]. 武汉：湖北教育出版社，1989：106.

行。第二，明确调控对象。调控对象包括公众参与状态、思想政治教育内容及内容的呈现方式、教育环境、教育活动、参与时机、参与过程的速度、环节以及参与过程各构成要素的关系。在调控对象的诸多方面各有其内在的运行系统，因为它们之间易发生矛盾甚至冲突，对进程的调控就是要协调这几个系统的关系，使它们相互配合，沿着正确的轨道运行，把握它们的方向，控制其运行速度，优化功能配置。如果任何一个系统的运行速率与其他系统不协调，则会影响整个过程的运转。因而，要保证思想政治教育参与过程的良性运行，教育者需要对照调控标准对进程随时进行评价，及时对公众参与范围、参与程度、参与心理状态、公众之间的关系等进行调整、协调，使公众心理及行为活动与思想政治教育活动的性质、方向、进度，环节等相适应、相吻合；根据思想政治教育目标和公众参与需求及特点，调整规范各相关要素，使公众选取恰当的时机去参与，使活动速度适宜，活动形式丰富多样、具有感染力，所采用的方法灵活有效，环境适宜。第三，选取调控手段。调控手段是在调控过程中所使用的具体方法，是实现调控目标的保障。有效的调控手段要根据实际情况进行调整，当调控对象与调控目标发生变化时，也应随之做出调整，使的思想政治教育公众参与过程顺利进行。

3. 结果的反馈矫正

反馈就是参照之前的操作状况去调整未来的行为。在思想政治教育公众参与过程中，公众对思想政治教育知识、情境和各种具体活动等产生反应，教育者收集到这些反映的信息，做出相应的评价和判断，据此重新调控思想政治教育过程。这样，及时发现问题并纠偏，使公众的参与行为与思想政治教育目标相一致，保障其良性运行。

思想政治教育公众参与过程是一个复杂的过程，受到环境、主客体、媒介等诸多方面的制约和影响，因而会产生不同的参与形态，对参与过程进行反馈调控首先要对公众参与状态做出正确的评估。从参与效果来看，公众参与状态可以分为正向参与、参与中断和负向参与三种。正向参与是公众参与的理想状态，主要表现为公众参与热情高，对参与过程的各个环节和内容都做出积极的认同和回应，活动进程按照预想的计划顺利实施，并且思想政治教育者与公众之间进行了良好的思想互动和交流，公众趋向对教育内容的认同和内化等等；参与中断是指在参与过程中，由于多种原因，公众身体参与但是心游离于外，或者身心都脱离了参与过程的调控，处于半自流或自流状态；负向参与是指在参与过程中，公众不仅脱离了参与过程的调控，而且还产生了与参与目标相悖的思想认识。因而，教育者要及时了解和掌握公众参与状态，发现问题、查找原因，并采取积极措施，使参与中断转为正向参与，并且果断中断负向参与，总结教训，使其逐步转变为正向参与。

第三节　高校思想政治教育公众参与的构建路径

一、公众细分基础上的分层参与

由于公众具有选择性注意的特点，人的注意力集中的过程反映了他对各种信息的选择与取舍。要吸引公众参与思想政治教育中首先要使思想政治信息吸引公众的注意，这成为该信息进入公众感官从而对其产生影响的必备条件。美国学者卡特赖特（Cartwright）认为："要影响人们，你的'讯息'（情报、事实等）必须进入他们的感官。"[1] 公众作为普通人，具有非同质性的特点，而且在新阶段这种差异性呈现出多样性。公众具有不同的背景、兴趣、利益甚至认知方式，而这些都需要不同种类的方式才能吸引公众注意。由此可见，公众细分并进行分层定位与引导是实现思想政治教育公众有效参与的合理选择，即根据不同的标准把公众划分成具有类似需要、特征、价值观念和行为方式的群体，并为不同群体设计不同的内容、设定不同层次的思想政治教育参与目标、选取不同的方式，以期达到最有效的参与效果。

（一）细分的主要依据

实现公众细分既有历史经验为依据，又具有现实需要和理论支持。

1. 历史经验

思想政治教育根据不同公众对象安排不同内容、采取不同方法，这是中国共产党思想政治教育的历史经验。这在标志中国共产党思想政治教育理论形成的古田会议决议、党的思想政治教育理论成熟的谭政报告中都有重要论述；抗日战争时期党中央要求领导干部读马列原著，同时大力推广大众哲学、编写通俗读物；把思想政治教育的内容与对象区分为党内的、阶级的、人民的、民族的教育四个层次等，取得了有效的参与结果，为思想政治教育公众参与的细分引导提供了历史借鉴。

2. 现实需要

随着我国社会的转型发展与社会分化，社会阶层分化加剧，个体性、差异性明显增强。加之传播技术的革命，公众被分散到电子、报纸、网络等不同形态的传播媒体中，每一种媒体的内部也出现了多种分流，作为思想政治教育传播对象的公众呈碎片化分化趋势，核心群体逐渐淡化。尽管如此，但公众的群体性特征仍然会通过社会阶层、教育程度、宗教信仰、文化、政治、家庭环境、居住地区或地点等方面呈现出来，并具有鲜明而稳定的社会特征，有时表现出相当强的同质性。这为思想政治教育中公众细分提供了必要性和可能性。

3. 理论视野

公众细分并不是自然而然产生的，它是理论模型和分析技术的产物，既可以是根据人的自然属性如地域、年龄、民族等进行分类，也可以根据社会属性如职业、所属群体等做出分类，更加应当吸取统计、营销技术，充分应用人口普查、统计、营销信息服务公司等的统计数据，对公众消费习惯、兴趣爱好、价值取向等更加充分的信息掌握基础上，进行公众细分，制定思想政治教育公众参与策略。从理论角度而言，公众细分程度是无止境的，但在现实中是有大量限制的，与信息掌握的充足度相关，只有掌握了充足的信息，才能可靠地对公众进行细致的分类。

---

[1] [美] 威尔伯·施拉姆，威廉·波特. 传播学概论 [M]. 陈亮，等，译. 北京：新华出版社，1984：222.

（二）细分的探索过程

公众的具体细分可以从以下几方面进行探索：

1. 综合细分

传统的思想政治教育公众参与中，更多的是单一的单位制分割方法，如把公众纳入学校、党政机关、企事业单位、街道或社区等做的细分。在当前公众分化加剧的条件下，应变单一变数细分为综合、系列变数细分，应以单位、地理区域为基本变数划分后，再综合年龄结构、生活方式、兴趣爱好、心理特征、价值观念、思想特点等特征做进一步细分，比如仅就高等院校学生内部就可以依据院系、班级、专业、所参加社团等分为若干类别。而且在这些以单位为核心的正式群体中，还存在着许多非正式群体，如企业中的钓鱼族、联谊会，学校中的老乡会、兴趣小组、各种社团，游离于单位体制之外的社会中广泛存在的网友、棋友、牌友、票友、球迷、驴友、车友等。要注重非正式群体对公众细分的意义，因为非正式群体内部成员间总是具有类似需要、特征和行为方式，因而可以结合非正式群体公众参与热情高、有共同的兴趣、爱好和利益追求等特点，有针对性的调动公众参与思想政治教育。

2. 大众传媒受众细分

运用大众传媒的影响力吸引公众参与思想政治教育是被历史与实践证明行之有效的方式，因而可以把公众细分纳入大众传媒的受众分析来考量。如根据公众不同的传媒习惯和行为，可以划分为报纸受众、书刊受众、电视受众、网络受众等，在此基础上，根据发行订阅数据调查、收视率、点击率、问卷等方式获得对公众传媒接触习惯、栏目喜好、信息需求等的统计数据，进一步细分传媒受众。

3. 社会系统细分

人们可以根据社会阶层划分进行细分：中国社会科学院社会学研究所"当代中国社会结构变迁研究"课题组发表的初期研究报告《当代中国社会阶层研究报告》，划分出当代中国社会的十大阶层，据此细分公众群体，其主要包括经理人员、私营企业主、专业技术人员、办事人员（主要由党政机关中的中低层公务员、各种所有制企事业单位中的基层管理人员和非专业性文职人员等组成）、个体工商户、商业服务业人员、产业工人、农业劳动者、城乡无业失业半失业者阶层（再划分为在校学生和其他无业者）。对于思想政治教育领域来说，阶层的公众细分要结合地理位置的划分才更具有实际操作意义。

（三）分层引导

公众细分的意义在于思想政治教育中打破整齐划一的目标要求、采取适合各个细分群体参与方式、制定适当的内容，才能实现有效参与。将公众细分以后，就要考虑不同公众群体的特征，根据细分公众的兴趣、需求、个性、价值取向，考量思想政治教育目标是否合理，具体内容是否对位，引导方式是否为公众乐于接受，以及公众参与行为发生的社会文化语境和环境等是否适宜。

1. 目标定位

对于广大党员、知识精英、实业精英及社会管理精英等来说，要求达到自主自觉参与的目标；对于单位制内的其他公众来说，要求达到动员参与的目标；而非正式群体等达到引导参与的目标。

2. 内容区分

根据公众细分的类别,在思想政治教育内容设计时要区分不同侧重点,划分哪些公众需要认真领会马克思列宁主义、毛泽东思想、中国特色社会主义理论,哪些公众需要理解党在新时期的路线、方针、政策、法律法规,而哪些公众又需要掌握与工作学习以及自身利益紧密相关的方针政策、法律法规。同时不同公众对于共产主义、社会主义、集体主义、爱国主义教育的具体要求也要具体划分。

3. 方法契合

根据单位体制内外的公众综合细分,一方面单位体制内的公众,要以单位为核心的组织参与模式为中心,不同的细分类型采用不同的方法;另一方面,游离于单位制体制外的公众要以社会组织吸纳、媒体传播带动、文化氛围渲染等方式。

根据大众传媒受众细分,一方面,锁定固定公众。根据不同传播媒体的受众细分状况,了解到不同传媒的受众群体及其栏目喜好等,在这些栏目中渗透适合的思想政治教育内容,比如结合杂志"专"的特征,牢牢锁定特定人群的不同特征,提高思想政治教育内容专供能力。另一方面,凝聚不同公众。新闻综合电视台、广播台、党政报刊、政治专题网络及红色网络等传播思想政治教育信息的传媒主阵地要主动出击,追求精准的满足公众需求的效果,实现思想政治教育内容传播的最大化。

二、探索组织和群体嵌入式参与

正如拉扎斯菲尔德(Lazarsfeld)、卡茨·贝雷尔森(Katz·Berelson)等人认为:"非正式的社会关系的确是影响人们选择和解释媒介内容并对其采取行动的重要中介因素。"[①] 公众作为普通人,具有共生性的人性特征,其个体均生活在不同的群体中,如家庭、学校、社区、机关、企业及其他团体组织等,无论处于哪种群体,在接受思想政治教育信息时,总会受到该群体的影响和制约。因为不同的群体从不同的程度上满足个体的生理、安全、社交、自尊等种种需要,并使其产生一种归属感和认同感。这种归属感和认同感无形中又使成员产生一种服从群体规范的压力。施拉姆(Schramm)认为:"要使一个人的价值观念和行为发生重要的转变,通常就要从改变其珍视的团体的态度着手。"[②] 所以,通常令人满意的公众参与结构会随着相关公众中参与群体数目不同和组织化程度不同而呈现明显差异。如果相关公众处于无组织化状态,对于一群无组织的公众来说不仅没有确定的参与场所,也没有建立起固定的触及其成员间沟通交流的渠道,调动和调控参与就会更加复杂和困难。由此可知,实现有效的思想政治教育公众参与,要注重利用团体、组织的力量调动公众的参与。目前,中国社会急剧变迁、社会组织日益壮大,一方面,中国单位体制被打破、公众分散性、流动性加剧,单位体制的参与模式日渐式微;另一方面,我国的社会组织、网络群体蓬勃发展,公众参与热情和主动性高涨。这种现实背景下,思想政治教育在继续发挥传统的单位制参与优势的同时,要探索新型的组织参与

---

① [美]梅尔文·德弗勒,桑德拉·鲍尔—洛基奇. 大众传播诸论[M]. 杜力平,译. 北京:新华出版社,1990:215.

② [美]威尔伯·施拉姆,威廉·波特. 传播学概论[M]. 陈亮,等,译. 北京:新华出版社,1984:231.

模式。突破科层组织、行政指令式的自上而下、整齐划一安排的思想政治教育参与模式，而是向公众自愿建构具有共同社会认同的群体组织，思想政治教育嵌入这些组织的结构和活动中转变。从而有效运用这些群体公众参与的积极性、自主性和互动性，成为思想政治教育公众参与有效开展的平台，把公众群体组织的参与活动转变为思想政治教育的有效参与。

（一）嵌入社会组织参与模式

我国社会组织的快速发展为公众活动提供了更广阔的空间，同时也为思想政治教育公众参与带来挑战，要求思想政治教育不断扩大覆盖面，延伸到社会组织中。被纳入某个社会组织的公众之间具有某种相同的利益追求、志趣目标、价值取向等，又由于成员属于非营利性、非政府性的聚合，因而社会组织成员对于组织活动的参与具有较强的自觉自主性，成员之间具有很大的认同性。如果把思想政治教育成功的嵌入社会组织中，利用社会组织强大的人际关系网，实现思想政治教育的推动和促进，可以成为思想政治教育公众参与的有效手段，具体的嵌入途径可做如下探索：

1. 规范嵌入

把思想政治教育要求渗透到组织规范、活动准则或组织目标中，使成员的组织活动成为思想道德规范的践行。

2. 人员嵌入

把高素质、有影响力的思想政治教育者输入各个社会组织中，或在社会组织成员中培养思想政治教育志愿者，实现思想政治教育信息在社会组织内的传播与交换。通过同一活动空间下的公众相互接触和人际交往，经过交谈、讨论、解释和评价，思想政治教育信息更容易被理解和接受，形成群体舆论，从而能吸引更多的人参与进来。

3. 活动嵌入

选取与社会组织目标一致、契合组织成员利益和需求的思想政治教育内容，比如政策变化、社会热点、国内国际走势等，结合社会组织活动策划适宜的思想政治教育活动嵌入其中，使组织活动的参与变为一次有效的思想政治教育参与。

（二）嵌入网络社群参与模式

在信息化加速发展的中国，在不断进步的互联网技术的支撑下，社交网站、论坛、博客、微博客等社交类网络应用快速成长。尤其是手机端上网应用快速发展的推动，使得我国的网络社会群体大量涌现，并日趋成为中国社会发展和变迁过程愈益具有影响力的、不可忽视的群体。网络社会群体是在网络社区中具有共同兴趣爱好和需求的人们由于共同旨趣在线聚合而成的，根据其组织化程度大致可分为网络集合体和网络社团两种类型，网络集合体是网络上松散的聚合的人群，而由松散的群体发展为有一定章程和活动纲领的组织就是网络社团。赵莉在综合众多学者分类方法的基础上，把网络社群分为七类团体：公益型网络团体、学术型网络团体、专业型网络团体、政治倾向型网络团体、休闲型网络团体、联合型社团和弱势互助型网络团体。[①] 思想政治教育要注重借助网络群

---

① 赵莉. 中国网络社群政治参与：政治传播学的视角 [M]. 北京：中国广播电视出版社，2011：110.

体聚合的力量和参与的主动性，适时发展网络群体的参与，拓展思想政治教育公众参与面和变革参与形式，实现网络时代的思想政治教育有效参与。

1. 培养意见领袖，在网络社群中渗透理性的声音

意见领袖是那些在信息传播与人际互动过程中具有较大影响和活动能力的人，他们有广泛的信息来源，知识渊博、视野开阔，享有较高的权威。引导网络社群的思想政治教育参与，也应培养和利用意见领袖，使他们作为社会主流与理性的代言人，增强网络社群中理性的声音，彰显理论的魅力和说服力。尤其是在网络上出现大量虚假信息和极端言论，公众无所适从，他们对于评论权威的依赖会更强烈，需要意见领袖来解疑释惑。因而，思想政治教育要培养论坛等的意见领袖，利用他们来引导网上舆论，带动其他网络公众的参与。借助公众网络社群参与、互动积极性，转变为思想政治教育参与的机会。但在互动参与平等的网络社群世界，意见领袖作用的发挥，更多的要体现众意的集结，才能使舆论引导和公众的诉求点结合，影响力得以产生。同时，党中央也已开始针对网络发展的新形势，注重发现和培养网络评论员队伍，以引导正确的舆论方向。李长春曾强调，"培养一支具有较高思想政治理论水平、较强政治敏锐性、较大网上影响力的网络评论员队伍，使之成为网上舆论引导的一支重要力量。"[①] 在实践中也进行了积极的探索。

2. 开通政治博客，吸引更多的网络公众群体参与

大量的传播事件证明：自上而下的宣传正在效力弱化，自下而上的传递正在赢得力量。思想政治教育者开通博客或微博，特别是负责思想政治教育的领导者、马克思主义理论专家、学者，尤其是具有影响力、号召力的马克思主义专业人才，形成有影响力的马克思主义理论博客圈。在博客中以普通草根的预期阐述政治纲领、进行政策解读等，比刻板的官方语言要更加容易被公众接受。博客是一个集信息制作者、传播发布者、接受者于一体的系统，个性化和人性化的价值需求得到更大的重视和更好满足，基于博客的信息传播中，公众参与的程度和范围都发生了巨大改变，尤其是互动显著加强。通过博客拓展思想政治教育网络参与途径，这种思想政治教育信息的传递由自上而下的灌输传播转变为自下而上的反馈互动传播，其参与过程中的程序化、格式化和行政化色彩被削弱，极大增强了个人化和自组织化特征，使思想政治教育的参与更加有效。

第一，"一对多"的参与形态。在这种形态中，"一"是思想政治教育者，他为博客的主人，就各种思想政治教育理论、话题、观念等发布消息、发表见解或者感想，可以运用文字、图片、声音、影像等多种方式，借由这个开放的媒体平台，低成本、零门槛地实现面向公众的表达。"多"不再是被动接受思想政治教育信息的公众，而是无数独立的个体，每一个个体都对内容拥有相对等的权利。提高这种形式的点击率和参与率，最重要的是博主的个人魅力和博客内容的吸引力。因而，思想政治教育主管机构要注重吸纳在社会中有影响力、号召力的人加入思想政治教育队伍，并且培养有魅力的马克思主义理论教育者、宣传者，充分发挥理论的魅力和说服力，吸引更多的网络公众追捧。

第二，多对多的参与形态。这种形态中，可以是针对某一热点话题、理论困惑、时政方针等相关问题，由多个思想政治教育者或充当思想政治教育者角色的专家、学者等集体共写一个博客，每个人从不同的角度阐述自己的观点、发表自己的独特看法，吸引

---

① 中央文献研究室. 十七大以来重要文献选编（中）[M]. 北京：中央文献出版社，2011：385.

公众的访问和支持，以形成多对多的参与形态。同时，也可以是形成圈博客，围绕同样的思想政治教育主体，形成一个"圈子"，在自己的博客之外，还有一个圈子即共同的日志发表平台，利用越来越多的博客服务商提供的"圈"服务，比如新浪的"博客圈"栏目，形成诸如理论热点圈等。这要求思想政治教育议题要契合公众需求，见解深邃、阐释独到，才能吸引更多的网络公众参与，成为有影响力的网络思想政治教育参与途径。

三、建立参与过程中的信任关系

从思想政治教育公众参与的过程来看，并不是教育者与公众之间关系的简单型构，而是包括公众、大众媒介与思想政治教育知识、情境、活动等多种要素，因而要实现有效的公众参与涉及多重复杂关系。在实践中，对思想政治教育价值的质疑、对教育者的不信任、对理论知识体系的费解与冷漠等比比皆是，这些都成为制约公众有效参与的关键影响因子。如果能够建立思想政治教育者与公众之间、公众内部之间的相互信任关系、提升思想政治教育系统的公信力、增强思想理论知识体系的公众可信度、构筑思想政治教育的社会信任度等，思想政治教育领域中的公众参与才能走向真正有效之路。由此可知，实现思想政治教育的公众有效参与并不是细枝末节的改进能够实现的，而是要全面构建思想政治教育领域中的多重信任关系，才能从根本上提升思想政治教育参与的有效性。

（一）信任释义

信任从始先的道德描述，到后来进入心理学、社会学、伦理学以及哲学等学科的研究视野，成为众多学者关注的前沿课题，这些成果也为我们在思想政治教育领域中探究信任关系提供了基础。从基本语义来看，在《现代汉语词典》里，信任指"相信而敢于托付"，《牛津英语词典》把"trust"定义为"对某人或某事之品质或属性，或对某一陈述之真实性，持有信心或依赖的态度。"① 各学科也从各自的角度给信任做出不同的定义，大致可以归结为：一是信任主体对世界可信性所持的信心；二是信任主体在不确定或不可控的条件下所进行的冒险；三是信任是经理性算计后做出的决定。总之哪种定义都离不开对信任对象的信心。把信任置于思想政治教育领域去解读，思想政治教育公众参与中所探讨的信任是指公众对思想政治教育世界的可信性的肯定性反映。思想政治教育世界包括思想政治教育者与公众等人的因素，以及思想政治教育机构、内容、方式、环境等物的因素。公众这种可信性的肯定性表达既是一种主观信念，又是一种复杂的心理状态，表现出以理性的和非理性的方式去信任。这种信任呈现出不求全责备，更不以存在某种弱点而攻击信任对象的善意、宽容、关心的理解性特点，也呈现出健康与开放的心态、团结与合作的胸襟等情感性特点。

（二）建构多层的信任关系

思想政治教育公众参与过程的中介性因素是思想政治教育者和大众媒介，公众主要

---

① 曹正善，熊川武. 教育信任：减负提质的智慧 [M]. 长春：华东师范大学出版社，2009：7—8.

通过思想政治教育者的引导和大众媒介的传播进入思想政治教育活动，接触思想政治教育内容，因而，构建教育者和大众媒介与公众之间的信任关系是实现有效参与的前提条件。尤其是当前公众对思想政治教育价值存在质疑、态度冷漠、参与无力等状况，已显示在思想政治教育领域中潜伏着信任危机。如果思想政治教育者和大众媒介的公信力不高，公众对于其认知是持怀疑态度的，那么思想政治教育者所传授的教育内容、党和政府通过媒介报道传递各种政策信息，就很难引起公众兴趣和参与，更难起到改变其态度、观念的效果。思想政治教育的公众有效参与，需要思想政治教育者、大众媒介与公众之间信任关系的重构。传统的思想政治教育信任行为中，公众对我们党提出的社会主义理论的信任，对政治权力的敬畏、思想政治教育者形象的权威以及思想政治教育者个人品行和能力、道德楷模的理想化形象的影响等赢得公众的信任。这种革命理想式、权威式的信任模式随着中国社会的深刻变革已经不能满足思想政治教育的需要，需要构筑新型的信任模式。

1. 建立教育者与公众之间的信任关系

在思想政治教育公众参与中起外部调控作用的不仅仅指组织、引导公众参与思想政治教育活动，并直接与公众发生实践和认识活动互动的思想政治教育者，还应包括其"幕后"的政治集团（党和政府），它实质上决定着思想政治教育性质和方向，规定着思想政治教育内容，并享受思想政治教育成果，通过思想政治教育者作为代言人来与公众进行思想政治教育沟通。因而，树立思想政治教育主体的公信力，要综合考量"幕后"的实质力量和"台前"的思想政治教育者。

（1）党和政府公信力

思想政治教育的实质决定者是党和政府，巩固党的执政权威、规范政府行为、提升党和政府公信力，是公众信任其政治主张的根本源泉。对于大多数公众来说，他们对思想政治教育内容的编制者和编制过程、对教育计划、活动的制定者及其制定过程知之甚少，但如果是在构筑了信任关系的基础上，这并不会给公众带来不安。公众是否了解教育内容、教育活动的制定者并不重要，重要的是他们相信其合理性，从而在教育活动中减少了追寻教育内容的设计者等环节，提高了思想政治教育公众参与的效率。当前，党和政府做到依法行政、取信于民、开放透明、廉洁公开，树立公平公正、诚实守信的形象显得尤为重要。保持党的威信和树立良好的政府形象以赢得公众支持和信任，公众才会愿意自动汲取其各种政策主张，保持思想政治教育参与有效性。

（2）对思想政治教育者的信任

思想政治教育的公众有效参与，离不开公众主动性的发挥，使公众乐于接受思想政治教育者的引导进入活动，并愿意倾听其所传授的内容、所传递的信息，向其敞开心扉、与其展开思想观念上的沟通和交流，这需要思想政治教育者与公众之间建立信任关系，赢得公众的信任。思想政治教育者是参与活动的发起者、组织者与实现者，是构筑公众信任的形象代表，公众可能由于教育者的人格魅力、主体亲和力或者其信誉、道德水平及能力等进行理性评判而决定是否给予信任，愿意合作，催化参与，并且可能透过对教育者的信任而产生对教育资源的信任。通常，公众会从思想政治教育者的特质如品格、感情、能力、声誉、社会地位等等作为判断其可信性的基本标准，因而，提升思想政治教育者的公众信任度应从品格信任、能力信任和感情信任入手。对思想政治教育者的信任主要体现在如下几个方面：(1) 品格信任。(2) 能力信任。(3) 感情信任。

2. 注重思想政治教育理论知识体系的可信性

基于不同理论知识的思想政治教育内容给予公众的可信性有所不同，如马克思主义理论具有科学性、整体性和彻底性，法律规范等知识则有规范性，而道德认知、心理健康等知识则具有明显的个体性和多质性。美国教育哲学家谢弗勒（I. Scheffler）把知识的条件分别称为信念条件、证据条件和真理条件[1]，进入思想政治教育领域的理论知识体系也应该符合这三个条件：其一，必须得到人们的信任，即信念条件。其二，是可确证的，即证据条件。其三，必须是真的，即真理条件。思想政治教育的真理魅力，是指思想政治教育工作者所讲的道理的真实性、科学性以及由此而来的吸引力和影响力。思想政治教育要发挥真理的魅力，并吸引公众参与其中，不仅知识理论体系自身真实，还要做到可信，即让公众相信。因而，在这三个条件中，确证是最重要的条件，知识的可信性是以其确证性来刻画的，它表现为：首先，证据的充分性。证据越充分的知识越具有可信性，如果没有相应的证据，最多只能是一种猜测。证据既可以是自己所经历到的具体的事实和经验，也可以是来自他人的经验。随着时间的推移，新的证据甚至相反的证据也会不断呈现，原来看上去是正确的知识，完全有可能转化为不正确。因此，证据的积累既可以使不可信的东西变得可信，也可以使本来可信的东西变得不可信，这也意味着可信与否都不是绝对的。确证具有历史性，在某一历史条件下证明是正确理论，也许在另一历史条件下会被证明是谬误，在不同的历史条件下，理论知识的可信与不可信可以相互转化；其次，标准的有效性。不仅信念有真有假，证据有时也真假难辨。传统知识论把真理作为判断的标准，但是从现象学的角度看，真理不仅仅指对象的真实性，也指作为存在的真实性，这种意义的真理是需要深入理解的，道德教育知识的真理正是人存在的意义，在本质上是美的感受、善的追求，可见，真、善、美都可以成为确证的标准，确证带有很强的价值性和社会性；再次，证明的可靠性。仅仅有证据还不够，还需要把这些证据与要证明的东西的关系揭示出来，这就是证明过程。逻辑是证明的重要工具，证明或以演绎的方式从一个具有自明性的前提出发进行推论，或把各种表现证据的命题结合起来形成没有矛盾的整体，前者是基础主义的证明方式，后者则是一致主义的证明方式。除此以外，实践（包括实验）证明是古往今来最有说服力的最可靠的证明方式，它可以把人的主观认识与客观事实联系起来。

---

[1] 瞿葆奎. 教育学文集 智育 [M]. 北京：人民教育出版社, 1993: 181.

第六章
高校思想政治教育"三全六结合"模式的构建探究

"三全六结合"模式不仅体现在理论上,更重要的是落实在实践中。当前,各高校都根据"三全六结合"模式理论,在实践上展开了对"三全六结合"模式的探索。本章围绕"三全六结合"教育模式体系的构建展开了系统的阐述。

第一节 "三全"育人教育模式的构建

"三全"即全员育人、全方位育人、全过程育人,居于模式的核心地位,统领模式的运行与实践。它包括全员育人体系构建、全方位育人体系构建和全过程育人体系构建。

一、全员育人模式构建

全员育人,就是指学校的教师、干部、职工等所有人员为了实现育人的目标,在从事自己本职工作的过程中,以一定的形式对学生进行直接或间接的教育。一个学校办学水平的高低,取决于学生的综合素质,而学生综合素质的提高则需要学生在校期间接受全面的良好的教育,而这项教育的主要教育者之一便是学校全体教职工。

(一)树立全员育人意识

学校牢牢抓住育人这个中心,树立育人为本,德育为先的思想观念,强化全员育人意识。要统一领导的认识,各级领导克服德育教育中的困难,排除各方面干扰,以对国家前途和命运高度负责的使命感,认真对待和重视对大学生思想道德素质的培养,而不能急功近利,片面地强调学生的专业能力,忽视道德品质的培养,要共同为学生的成长创造各种有利的条件。

(二)建立健全导师制,落实教书育人职责

各学院要把导师工作作为学生工作和教学工作的内容纳入学科考核范围。学生从大一入校并逐渐适应大学生的学习、工作环境后即安排一位思想素质好、学术水平高的教师担任导师，全程指导大学四年的学习、工作和实践活动。推行本科生全程导师制是当前各大学培养高素质创新型人才的重要举措之一。

在教育过程中，教师的主导作用和学生的主体地位在本科导师制下得以充分发挥。本科生全程导师制的实施，通过导师与学生一起开展学业规划、职业生涯设计、学习指导等工作，加强导师对学生创新精神和创新能力的培养。导师与学生相互接触与交流，让导师在思想和技能等多方面给予学生具体的指导，使其明确学习目的，提高学习兴趣，增强奋发学习的自觉性，并能根据自身的特点，正确选择发展方向，更好地发挥自己的潜能，为今后的发展打下坚实的基础。导师制有利于贯彻因材施教的原则强化学生的个性发展，引导学生全面而健康的成长。

（三）加强思想政治教育专业课教师队伍建设

1. 提高专业课教师的思想政治素质

经常组织专业课教师加强马克思主义理论的学习，要求专业课教师务必言传身教，以自己优良的道德品质、治学态度和工作作风，为学生做出表率。

2. 考评任课教师的教书育人情况

完善规章制度，每年定期对任课教师的教书育人情况进行考评，并将考评结果作为职务聘任、年度考核等的重要依据。

3. 加强思想政治课教师和专业课教师的交流

各学院利用各种形式加强本学院专业课教师同思想政治课教的交流和沟通。吸引和鼓励与思想政治理论教育相关的专业课教师承担一定的思想政治课教学任务。

4. 建立和完善辅导员培训体系

通过举办辅导员培训班、外出培训、专业培训等多形式、分层次、分类别的辅导员培训与培养，扎实推进辅导员向职业化发展，逐步实现辅导员持证上岗。

5. 加强理论研究

鼓励、支持辅导员从事理论研究，提高辅导员的科研能力业务素质和工作水平。

6. 加强班主任队伍建设

制定"班主任工作条例"，鼓励和支持专业教师担任班主任，发挥专业教师在学生培养中的作用。学校每年评选优秀班主任，开展优秀班主任事迹宣传活动。形成全员育人、全过程育人、全方位育人的合力。

（四）开展家访贫困生活动

在大学生思想政治教育家访贫困生活动中，学校深深认识到，贫困生的家访仅仅靠辅导员和班主任的力量是有限的，需要全员的参与、全方位的关爱、全过程的关心，而其最终目的是使学生成为全面发展的人，有针对性地推进大学生思想政治教育，提高思想政治教育的实效性。

1. 积极推进全员参与，努力形成育人新格局

学校领导、机关处级干部、学院领导、班主任、思想政治理论课教师和学生骨干参与家访，为贫困生送去慰问品和慰问金，为学生家长介绍国家和学校的资助政策，反馈学生在校的日常表现和学习生活状况。学校各级学生组织也要建立学生小分队，采取就

近就便的形式，深入当地乡镇贫困生家中走访。对不能集中走访的贫困生，要求辅导员、班主任要充分利用网络、信件、电话等途径与学生家长取得联系，加强学校与家长之间的沟通交流。

2. 广泛挖掘社会资源，力求对贫困生形成长效帮扶机制

通过各种渠道争取当地政府及有关部门的支持，联手对学校当地生源的贫困生及其家庭进行帮扶。同时，重视加强与企业的联系，积极建立新的就业创业基地，并走访长期为学校提供就业岗位的就业创业基地，争取为贫困生提供更多的就业岗位，为扩大对贫困生的帮扶面，让关心和关爱惠及每一个贫困生。安排民政局、教育局、资助中心、团委等部门与学校对接，深入村庄一一落实贫困生情况并给予资助。

3. 加强校内宣传和教育，努力营造优良的校风和学风

通过典型示范教育、成果展示、媒体宣传等形式，广造声势，营造氛围，培养学生坚忍不拔、吃苦耐劳、团结互助的精神，激励和鞭策学生学会感恩、刻苦学习、励志成才，教育引导广大学生努力做社会主义合格建设者和可靠接班人。家访活动由单纯的访贫问苦发展到联系地方政府和部门，联系就业基地，开展结对帮扶。

二、全方位育人模式构建

（一）合理调整教学内容

课程教学是大学生了解和认知思想政治教育内容的主渠道，因此，学校要重视课程教学改革，通过课程教学改革达到育人目的。思想政治理论课是对大学生进行思想政治教育的主渠道和主阵地，是帮助大学生树立正确世界观、人生观、价值观的重要途径，体现了社会主义大学的本质要求，在大学生思想政治教育中发挥着主导作用。因此，教书育人必须以思想政治理论课为主导。专业课是培养学生专业知识、提高学生专业技能的必修课，因此，教书育人必须以专业课教学为主体。通识教育可以增加学生知识的广度和深度，开阔学生视野，因此，教书育人还必须以通识课教学改革为辅助。

（二）改革教学方法

开展思想政治理论课进宿舍活动。以教研部为单位，集体商讨、确定每位教师进宿舍时要讨论的主题；每位教师联系1~2个学生宿舍，带着研讨的题目走入学生宿舍，组织、指导学生研讨。每位教师至少组织此活动1次。通过开展思想政治课进宿舍活动，使学生与教师面对面地交流，真正实现帮助学生成长、增强思想政治理论课育人效果的目的。

（三）全方位育人模式的管理育人

通过科学规范学生管理工作，使之日趋人性化、精益化、科学化和规范化。健全和完善学生管理制度。贯彻落实科学发展观，扎实推进长效机制建设。

加强日常管理和养成教育。学校召开专门的学风建设会议，细化和理顺学生日常事务管理程序。扎实做好学生日常行为的检查督导工作，及时发现、纠正不文明现象。加

强考风考纪教育，努力营造良好的考风。规范学生违纪处理的流程，教育引导违纪学生积极改正错误，教育和警示广大学生遵规守纪，争做合格大学生。开展"五个一"（即"读一本科学发展观著作、看一部优秀影片、听一场专题报告、写一篇心得体会、参加一次知识竞赛"）读书学习活动，倡导良好的学习风气。建立和完善突发事件处理机制，维护学校安全稳定，为学风建设保驾护航，学生学习的积极性、主动性不断增强，学习风气日趋浓厚。

（四）全方位育人模式的服务育人

一般而言，健全和完善学生服务体系，使服务质量和服务水平不断提升需要做到以下几点。

1. 建立完善学生资助体系

学校以学生为本，树立"让更多的学生受益，让学生受更多的益"的资助工作服务育人理念，坚持"公开、公正、公平"及"流程科学规范、服务专业优质"的原则，规范、高效开展学生资助管理工作。建立起以生源地信用助学贷款为主体的"奖、贷、勤、助、补、绿色通道、辅导员家访、社会资助、校地共建"多方位立体奖助体系，创建"科学化、信息化、规范化"资助工作运行机制。一是建立和完善以生源地信用助学贷款为主体，新老贷款机制为补充的学生贷款资助体系，为所有需要帮助的学生提供国家贷款；二是建立起以国家奖学金、国家励志奖学金、国家助学金、省政府奖学金、宋健奖学金为主体，以社会奖学金为补充的学生奖励资助体系；三是建立特殊困难补助体系，按照政策要求和有关规定及时发放家庭经济困难学生伙食补贴、新疆少数民族补贴、毕业生求职补贴、对灾区学生资助等各类特殊困难补助，为因有特殊困难需要帮助的学生给予资助；四是积极拓展渠道，为学生提供校内外勤工助学岗位；五是建立绿色通道，在新生入学时，在报到现场设立绿色通道，为学生提供贷款登记、缓缴学费等全方位服务，避免学生因经济困难而辍学。

2. 建设"一二三四五"心理阳光工程

建设以"一项重点工作、两个教育平台、三级预警体系、四支队伍、五种咨询"为内容的"一二三四五"心理阳光工程，促进学生健康成长。一是开展以普及心理健康知识为重点的宣传教育活动。举办大学生心理健康宣传活动月和"三个一"（听一堂心理健康知识专题报告、撰写一篇心理感悟、参加一项心理健康教育活动）新生心理健康知识普及教育活动，广泛开展适合大学生身心发展特点的心理健康教育活动，使学生在活动中了解掌握心理健康知识，提高心理健康意识，掌握技巧，健康成长。二是搭建教育服务平台。设立大学生职业测评系统，免费为学生提供测试咨询，建立教学实习基地，协助心理指导中心为学生提供心理咨询和辅导，以提高咨询的专业化水平。三是完善三级大学生心理健康预警与干预体系。进一步完善以学校心理指导中心、学院心理辅导员（室）、班级心灵使者（大学生心理协会）为主体的三级大学生心理健康预警与干预体系，及时了解掌握全校学生心理健康状况，及时预警、干预危机事件。四是开展五种心理咨询。建立以个体咨询、普查测试为主体，以电话咨询、网上咨询、团体咨询为补充的五种心理咨询方式，全方位地为学生提供免费的咨询、辅导和服务。

3. 全面建设就业工作体系

坚持"以学生为本，以育人为核心，全年关注、全员参与、全过程指导"的就业工作理念，积极推进就业工作，形成全员关心就业、全校齐抓共管的长效工作机制。一是建立了职业生涯规划与就业指导有机结合的基础链接。组织开设《大学生职业指导》通选课和就业形势宣讲课，举办就业形势政策讲座、职业生涯规划和求职简历大赛，开辟网络职前教育学堂，为学生提供多层面生涯规划与就业指导，帮助学生树立正确的择业观。二是构建以校园招聘活动为主体，以就业基地建设为依托，以网络招聘为拓展，以导师推介为补充的毕业生就业工作的主链接。建设用人单位信息库，实现毕业生与就业市场的有效对接。三是积极引导毕业生参加基层项目，到基层就业。加强对"三支一扶计划"等基层就业项目的宣传和引导，促进毕业生基层就业政策"进网络、进课堂、进社区"。四是突出学生个性化发展，推进学生自主创业，实现大学生就业的发展链接。发挥学科、专业优势，突出学生个性化发展，支持学生从事创业实践活动。

三、全过程育人模式构建

"全过程"育人，就是从学生大学入学到毕业就业，充分发挥教育资源在不同阶段的功能，实现思想政治教育在时间上的连续性。构建全过程育人体系主要从以下三个方面入手。

（一）抓好入学教育

入学教育既是学生进入大学的第一堂课，也是"三全六结合"高校思想政治教育模式的开端。对大学新生开展行之有效的入学教育工作，帮助他们尽早实现从中学生到大学生的角色转换，快速适应高校的生活、学习与管理方面的要求，对于贯彻落实党的教育方针，培养合格的社会主义建设者具有重要作用。因此，入学教育工作应当成为各大学党委和学生工作处的工作重点。

1. 入学教育的内容不断完善

入学教育的内容设置是提高入学教育实效性的根本，也是思想政治教育模式创新的关键环节之一。入学教育内容只有反映社会的变化和学生情况的变化，才能使入学教育获得理想效果。为此，学校可以根据每一届学生的来源和特点，结合社会形势的发展变化和要求，对入学教育规定完善的内容体系。

2. 完善大学理念教育

大学理念是人们对大学的理性审视、理想追求及所持有的教育观念或哲学观点。大学理念不仅引导着大学的航向，影响着学校领导者的管理，也决定着学校教师与学生的地位与作用。因此，入学教育通过对"大学"与"大学理念"概念的讲解，让新生对大学有一种理性认识，明确"大学是什么""大学应当做什么""大学应当怎样做"，从而帮助学生树立长远的人生奋斗目标，定位将来的发展方向。

3. 进行学生生活适应教育

生活适应教育就是让新生入学要学会独立、自立、自理，学会交友、学会理财、学会集体生活，促进良好的生活习惯和文明行为的养成，使他们能够很好地融入大学的集体生活。

4. 学习引导教育

大学阶段与高中阶段明显区别之一，就是教学模式由以"教"为中心变成了以"学"为中心，学生作为学习主体需要积极参与教学过程，主动去发现、去探索学问。因此，学生的学习方法对新生的学习成绩和学习能力就变得至关重要。在入学的学习教育中，首先帮助学生明确学习目的，要求学生珍惜学习机会，努力把自己培养成合格的有用之才。其次帮助学生掌握科学的学习方法，学会自学，培养自己不断更新知识的能力。最后教育学生转变角色，由过去的"要我学"转变为"我要学"，变被动学习为主动学习，掌握学习的主动权。

5. 专业教育

专业教育指的是培养各级各类专业人才的教育，这一教育的根本在于，它要求执业人员具有从业必备的专业学习背景。而了解和熟悉所在学校及所学专业的办学条件、课程设计、专业特点、教学过程、教学要求就成为顺利完成专业教育的前提。因此，让学生在正式上课之前就对所学专业有所了解，帮助学生稳定专业思想。

6. 思想政治教育

"三全六结合"思想政治教育模式实施的开端在于入学教育对于大学生思想政治教育而言，好的开始不仅为思想政治教育的全面展开奠定坚实的基础，而且也为把学生培养成有理想、有道德、有文化、有纪律的社会主义建设者起到重要的启蒙作用。

7. 安全教育

随着实践性教学的实施，大学生参与社会实践活动越来越多。由于他们一般都缺少社会经验，自我保护能力差，因此，加强学生的安全意识，提高其防范能力，也成为大学教育中的一项重要内容。学校主要通过专题安全讲座、安全知识竞赛、图片展览等途径，对新生进行防火、防盗、防骗、防食物中毒、防意外伤害等人身和财产安全教育，指导他们提高自己的安全意识和自我保护能力，防止不安全事件的发生。同时，教育学生在公共场所要自觉保护环境、遵守秩序，为营造一个安全和谐的学习环境做出自己的努力。

8. 心理健康教育

塑造学生健康的心理状态，是当今思想政治教育的一个重要目标和任务。新生正处于身心成长的关键时期，面对大学里紧张的学习和复杂的人际关系，会产生许多压力、烦恼、困惑，甚至是焦虑和不安。因此，学校在新生中普遍开展心理健康教育，对学生施行科学的心理咨询活动，及时发现问题及时解决，从而不断地增强学生心理自我调适能力和应对心理危机的能力。

（二）入学教育的组织日益科学

一是建立强有力的入学教育领导小组。为了提高入学教育的效果，确保"三全六结合"思想政治教育模式有一个良好的开端，各学院成立以院党委副书记、学办主任、团委书记和辅导员等人参加的领导小组。学校领导小组根据每一年新生的入学情况，制定出全校新生入学教育总体实施方案，对新生入学教育进行统一策划、组织和协调，组织学校层面的教育活动。二是实行科学的入学教育安排。新生入学教育活动的时间一般为整个学年，活动分为军训和学习两部分。军训以班级为单位，集中进行。军训期间穿插进行学习活动，分为集中学习与分散学习的方式，时间不少于20学时。

1. 建立分阶段、模块化的课程教学体系

为建立和完善教学质量保障的长效机制，学校可以根据教学工作实际和学校发展的战略目标，适时启动"教学质量与教学改革工程"的建设工作。按照质量工程的要求，对新生实施按大类招生和"1+2+1"人才培养模式改革，通过改革进步调整通识教育、专业教育和生涯教育三者之间的关系，突出学校"三实一强"的人才培养特色，强化生涯教育在整个人才培养过程中的作用，全面提高学生的社会适应性。

2. 建立分阶段、模块化的思想政治教育体系

建立以一年级开展新生入学教育、二年级开展职业生涯规划教育、三年级开展形势与政策教育、四年级开展毕业生教育为主体的分阶段、模块化的教育体系。新生入学教育科学合理，学生参与的积极性高，新生适应快，思想稳定。形势与政策课和职业生涯指导，贴近学生、贴近实际、贴近生活，学生受益大。富有亲情、恩情和友爱的毕业生寄情母校教育活动，健全完善的毕业典礼和学位授予仪式，缩短师生之间的心灵距离，增强师生之间的感情，激发和唤起毕业生热爱、感恩母校的激情和内动力。

第二节　基于信息技术支持下的"三全六结合"教育平台的构建

一、以网络为中心开展思想政治教育

为进一步改革和创新信息网络时代背景下引领青年学生思想的方式方法，逐步健全全方位、立体化的"学校—家庭"沟通平台。通过该平台定时向学生家长公布学院动态，反映学生情况，了解学生家庭状况，增强家庭与学校、家长与老师、家长与学生的沟通交流，及时解决学生问题，促使学校教育、家庭教育互相渗透，有机结合，真正实现无时差、无盲点、全方位、立体性的学生日常管理体系，使每一位青年学生都能健康成长、全面发展。

二、"学工在线"拉近师生的距离

"学工在线"是在学校学工处的指导下，由学生自主设计、运行和管理的大型学生网站，是服务学生的重要窗口，主要栏目有学生工作、心理咨询、职业生涯咨询、辅导员博客等。学工在线既是服务学生的重要窗口，也是对学生进行思想政治教育的重要阵地。

作为思想政治教育的新平台，致力于充分挖掘大学生思想政治教育工作新题材，报道大学生思想政治教育工作新动向，服务大学生思想政治教育工作。

(一) 加强与学生心理沟通

"学工在线"充分发挥学校辅导员和教育心理科学学院教师的作用，加强对学生的心

理疏导，排解学生心理压力。加强学生心理健康教育是全面推进素质教育的重要内容，是培养高素质人才的重要环节，是加强和改进学生思想政治教育的重要任务。学校心理咨询工作要本着"尊重、真诚、理解保密"的服务原则，通过开展心理健康知识宣传和心理咨询工作，努力为同学们排解心理问题和心理障碍，全心全意为学生服务。

（二）实行辅导员实名博客

辅导员实名博客是对大学生颇具吸引力的思想教育阵地。辅导员博客力求通过"零壁垒"的博客技术，以文字、多媒体等多种方式打造一个"学生喜欢"的交流平台。学生可以从这里了解学校的学生管理措施，进而发表自己的见解与想法，在浏览与交流的过程中潜移默化地接受教育和熏陶。辅导员在博客上可以与十几名学生进行实时在线交流。博客在减轻辅导员工作量的同时也扩大了教育群体的范围。

（三）利用微博、微信等形式及时与学生沟通交流

微信群是师生交流的直通车，学生很多困惑的话题都愿意通过微信与老师交流。大家往往在微信群里，参与群体讨论，如关于考研、就业等热门话题，同学们都能集体讨论、各抒己见。辅导员老师也会适时加入进来，利用这个平台，引导学生，帮助学生。各学院团委要同步开通共青团官方微博，保证共青团工作信息传递的"零时差"，实现育人功能的倍增效应。

三、网上课程资源共享平台

思想政治理论课是对学生进行思想政治教育的主阵地，同时专业课、通识课等也渗透着对学生的思想政治教育，每位教师都担负着教书育人的职责，每门课程也渗透着思想政治教育的内容。建立课程资源共享平台，不仅方便学生对多学科知识进行浏览和学习，也能通过网络课堂潜移默化地影响学生。应用现代信息技术，通过 CD-ROM，网上教材的方式，提供形式生动活泼、内容丰富、信息量大、具有交互功能的学习资源，能够让学生从各种信息中获取学习材料，拓宽思维，培养学生自主学习的能力。可以建立课程信息平台。课程信息平台是集课程建设、课程学习、课程展示、教学互动为一体的网络教学平台，也是学生进行自主学习的平台。所有授课教师的课程信息、课件等都可以传到课程信息平台上，所有教师、学生都可以看到上面的资源。学生通过网络学习，突破了时空的限制，学生可以随时学习，学生还可以通过课程信息的个人博客，与教师进行互动交流。这种交流不仅是师生之间知识、学术之间的交流，也是思想的交流，因为教师工作不仅是教学，更重要的是育人。

（一）课程资源共享平台可以拓展学生的知识面，有利于学生成才

一个人的成长不仅需要高精的专业知识，而且也需要广博的基础知识。在大学学习期间，学习活动虽然具有专业化和定向性的特点，但它并不是片面要求大学生只需要掌握专业理论，而无须学习各个学科广博的知识。现代科学技术发展的一个重要特点就是整体化的趋势越来越占主导地位，自然科学、技术科学、社会科学各个领域内部不同学

科间的相互交叉、相互渗透、日趋紧密，边缘学科和交叉学科不断涌现。

20世纪60年代以来，世界上许多国家的大学正在积极实践"通才"教育，文科专业广泛开设了各种自然和工程技术的课程，理工科学生也要学习经济学、历史学、社会学、法律学以及哲学等课程。特别是近十几年来，国外一些大学已把培养目标从培养"适用式专家"转化为培养"高瞻式专家"。目前，我国社会与经济的发展更是迫切需要综合型人才，尤其需要懂得管理的工程技术人才和熟悉工程技术的管理人才。为适应现代科学技术发展的趋势和我国社会发展与经济建设的需要，当代大学生不仅要全面掌握本专业规定的基本知识，还应认真学习相关学科的知识，努力扩大自己的知识面，尽最大可能做到知识的"既专又博""专博兼顾"、博而不滥、专而不僵、相互促进，从而建立起现代人才所必需的合理的知识结构。课程资源共享平台可以为大学生提供这样一个平台，有利于拓展学生的知识面，促进大学生的全面成长。

（二）教师博客可以加强教师与学生及教师之间的沟通和交流

教师和学生可以就学生关心的社会问题进行交流，如就当今社会现象、时事新闻、家庭、婚姻等社会问题进行交谈。这样可以激起同学们的兴趣，还可以加深师生之间的情感，也有利于教师教学活动的顺利进行。因为在教学活动中教师是主导，但教师的主导作用要顺利发挥，还要得到学生的认可，而和谐的师生关系是得到学生认可的前提。

四、建立网络服务平台

网络服务平台主要提供网上报修、火车票订购、企业人才需求信息、人才库、主页空间、邮件、网络日志、作品集、兴趣俱乐部、网络益智游戏等内容，同时包括校园GIS、数字化超市、心理咨询等系统。建立网络服务平台，不仅方便了学生，也帮助实现了服务育人的目标。

（一）通过电子商务平台为学生提供优质服务

网络服务平台是服务育人的途径，它是伴随着信息网络技术诞生的。网上购物平台是后勤与产业管理处积极探索实体经营服务在网络上的新应用。网上购物平台主要经营校园文化用品，网上购物平台分为精品推荐、办公用品、进口礼品、定制礼品、高档工艺品等专营区域，基本可以满足大学广大师生的不同需求。同时，网上购物平台还可以提供打印机维修及相关服务。师生可以通过网上申请注册进行网上登录，选择自己所需要的用品及服务。具体购物方式有两种：第一种是通过网上购物车选购自己需要的物品，用户将所选商品放入购物车内，然后进入结算中心进行结算，等信息确认之后，客服与客户联系，确认订单无误后，交易就完成了。具体流程如下所示：进入商城挑选商品→网上订购→购物车→结算中心→确认信息→客服与您联系确认订单。第二种方法是用户可以直接拨打电话订购自己所选择的物品。此外，网上购物平台还设有导购服务，投诉与建议平台等，师生对网上平台有什么意见或建议，可以通过登录平台的方式发表言论。

（二）建立网上银行收费系统方便学生

为方便学生缴费，提升服务质量，对学生的缴费方式进行优化，实现"网银缴费"。

学生可不用再到计财处刷卡或现金缴费。

在校学生充分利用网络资源和先进的网银结算平台，通过"银行批扣"和"网银缴费"两种方式实现各种费用的缴纳，特别是"网银缴费"，校园网和外网用户均可使用，使缴费更加自主、方便、快捷。

（三）无线网络覆盖宿舍，门禁系统保驾护航

无线网络覆盖学生宿舍楼与教学楼，门禁系统时刻保护着学生的安全。学生宿舍无线网络建设与营运项目为学生宿舍室内外无线网络（包括TD、WAN信号）覆盖的设计、安装、调试和技术培训及基于上述网络开展的宽带上网、3G等相关业务合作。

门禁系统的建设与改造包括学生宿舍与图书馆无障碍通道机的设计、安装、调试。学生养成刷卡出入的习惯，该系统对外来人员出入公寓自动声光报警，实现学生的住宿信息查询、归寝查询、基础文明建设等管理服务工作。此外，学生还可以通过手机刷卡进出。借助该系统，各学院可以在网上随时查询学生情况。

第三节 "三全六结合"教育模式带给我们的启示

"三全六结合"思想政治教育模式在广大高校中产生了积极的效果，受到了学生、家长和社会的认可。学校的主要经验是坚持以育人为根本，以整体教育观为理念，以实效性为检验标准，不断改革创新，坚持理论与实践并重，培育政治与业务都合格的社会主义建设者和接班人。

一、创新是高校思想政治教育的源泉

创新既是一种创造性的实践活动，也是一个民族兴旺发达的不竭源泉。高校作为培养与输送高等人才的重要基地，理应成为知识创新的高地、培养创新人才的摇篮。在当今国内外环境已发生许多新变化的形势下，作为高校重要一环的思想政治教育只有大胆改革，不断创新，才能增强思想政治教育的有效性，开创思想政治教育的新局面。中共中央、国务院在《关于进一步加强和改进大学生思想政治教育的意见》中早就指出：大学生思想政治教育工作存在着不少薄弱环节，应该"在继承党的思想政治工作优良传统的基础上，积极探索新形势下大学生思想政治教育的新途径、新方法，努力体现时代性，把握规律性，富于创造性，增强实效性"。各高校为了体现"育人为本"的基本精神，都在积极探索思想政治教育的新模式。为适应新形势和新任务的要求，坚持求真务实，锐意创新，从传统教育模式转向全新教育模式——"三全六结合"高校思想政治教育模式。这一转变主要从四个方面实现创新。

（一）理论创新，为高校思想政治教育提供理论支撑

思想政治教育理论是带有全局性、根本性的教育问题，是高校思想政治教育过程的

理论依据和实践指南。传统思想政治教育理论指导下建构的教育模式，一般都是以"任务"的完成为中心而展开的，而忽视了人的个性、思想感情、发展和价值的实现，其结果往往事倍功半。而"三全六结合"思想政治教育模式坚持以学生为中心，注重学生的全面发展、个性发展和自我发展。在实施以学生为中心的教育模式中，首先用马克思列宁主义、毛泽东思想、邓小平理论和"三个代表"重要思想充实学生头脑，建构学生的精神支柱；其次是注重学生的个体差异，发挥学生的个性优势，形成学生的独立品质；最后是密切联系学生的生活实际，积极改善办学条件，为学生学习、生活提供各种便利条件。

（二）内容创新，为高校思想政治教育增进时代气息

高校思想政治教育在复杂多变的社会转型环境中，必须不断充实思想政治教育内容，才能增进其时代气息以吸引住学生。对于思想政治教育内容的创新，在继续做好"三进"工作的同时，适当增加人文教育。因为"人文教育是通过人文知识的传授来培养人文精神的教育活动，其实质是一种人性化教育"。这种教育的目标在于启迪人的生存智慧、深化人生价值的反省，整合一个自由而全面发展的人之知、情、意、行。

（三）方式方法创新，为高校思想政治教育增强影响力

由于教育对象的个性化表现和社会对人才素质的多面性要求，使得思想政治教育方式方法必然走向多样化。思想政治教育方式方法上的创新主要表现为：由传统的纯粹知识传授转向知识传授与能力培养的相互结合；由传统的显性教育转向显性教育与隐性教育的相互结合；由传统单向灌输式转向双向交流式；由传统的课堂单一渠道转向课堂课外的多种渠道；由传统的公开式教育转向渗透式教育。上述方式方法创新使受教者在一种轻松、自然的状态下，愉快地接受教育。

（四）管理方式创新，为高校思想政治教育提高重要保障

在体制创新上，着重加强思想政治教育队伍的建设，培养一支精干高效的思想政治教育队伍；同时建立党委统一领导、行政系统组织实施的思想政治教育管理体制。

二、育人是高校思想政治教育的根本

"育人"即对人的世界观、人生观和价值观等思想领域进行培育、耕耘和塑造，以此促进人的全面发展，推进社会的整体进步。育人不仅是当今教育发展的本质要求，而且成为当今教育的生命，它要求教育既关注人的当前发展，也关注人的长远发展，更关注人的全面发展。正因为如此，"三全六结合"思想政治教育模式的核心原则确立为以育人为本。紧紧围绕育人这一根本任务，把学生思想政治工作贯穿于教育教学全过程，努力开创学生思想政治工作的新局面。

（一）按照"三全六结合"育人格局的总体设想将工作落实到位

从学校领导、行政部门、学生部门到每一位教师都应树立育人意识，制订规划，健

全机制，把思想政治教育寓于具体的教学过程、管理工作之中，使育人做到有目的、有计划、有组织。

（二）全面加强思想政治教育队伍的建设

学校严格把好从事辅导员工作的入口，引进高学历、高层次"思政课"教师，并对其制订了中长期培养规划，有计划、有步骤地安排思政课教师参加各种形式的教育培训，提高其政治理论素养和教学水平。

（三）加大经费投入

学校为马克思主义学院设立专项教学基金，使学生思想政治教育和"思政课"建设经费得到充分保证。

三、理论是高校思想政治教育的根基

理论是指"概念原理的体系，是系统了的理性认识"。在思想政治教育过程中，科学的理论是思想政治教育实践的指路明灯，起方法论作用，因此，"三全六结合"思想政治教育模式的理论构建与实践运行是以科学的教育理论为依据，建立在一定的教育理论基础之上的。

（一）坚持马克思主义理论的指导地位，确保思想政治教育的人才目标

马克思主义理论在高校思想政治教育中具有重要的理论和实践指导作用，马克思主义理论决定着高校思想政治教育的性质和方向。改革开放以来，我们党坚持马克思主义基本原理，坚持用马克思主义中国化的最新理论成果指导中国的建设事业在探索和回答什么是社会主义、怎样建设社会主义，建设什么样的党、怎样建设党，实现什么样的发展、怎样发展等重大理论和实际问题中，形成了中国特色社会主义理论体系。这一理论体系是马克思主义中国化的最新理论成果，既是党的指导思想，也是思想政治教育的指导理论。因此，"三全六结合"思想政治教育模式只有坚持以马克思主义理论为指导，坚持把社会主义核心价值体系贯穿于高校思想政治教育的全过程，才能真正培养出有正确世界观和政治观的社会主义事业建设者和接班人，确保思想政治教育人才目标的实现。从这一点来说，马克思主义理论在思想政治教育理论体系中处于最基础的地位，对其他教育理论具有根本的指导作用。

（二）运用以人为本的教育理论，形成思想政治教育的结构体系

任何一种思想政治教育模式的提出与实践都是以一定的教育理论为核心或建立在一定的教育理念基础之上的。"三全六结合"思想政治教育模式就是建立在以人为本的教育理念基础之上的，构建了以大学生为核心的思想政治教育结构体系。"以人为本"的教育理论是时代发展的产物，它主张把学生放在第一位，以学生作为教育教学的出发点，尊重学生的成长，顺应学生的禀赋，提升学生的潜能，全面而健康地促进学生的发展。据此，"三全六结合"高校思想政治教育模式充分尊重大学生的个性成长，推进思想政治理

论课课程和教学方法的改革，大幅度提升专业课和通识教育课的思想政治教育功能，极大地调动了学生的主观能动性。同时，加强校园环境建设，既让学生接受来自"物质"的规律法则教育，也让学生接受来自"人文"的精神道德教育。正是从以人为本的教育理论出发，"三全六结合"思想政治教育模式形成了从入学教育到评价体系这样一个完整而有效的思想政治教育结构系统。

（一）借鉴国内外先进教育理论，实现思想政治教育的科学运行

思想政治教育是一个复杂的系统工程，再高明的理论也不可能解决思想政治教育的全部问题。因此，要想保证思想政治教育的科学运行，必须抛弃单纯依靠某种思想政治教育理论的思想，放开眼界，借鉴和吸收国内外一切先进教育理论成果。"三全六结合"高校思想政治教育模式除了坚持以马克思主义理论为指导思想，坚持把"以人为本"作为思想政治教育的核心理念之外，还借鉴了国内外一些先进的教育理论。

例如，在思想政治教育模式构建中，借鉴建构主义理论，注重大学生在接受思想政治教育中的主动性和建构性，创设各种情景教育方式，提高思想政治教育的效果。再如，借鉴陶行知的生活教育理论，在大学生思想政治教育实践中积极探索"生活即教育""社会即学校"教育新模式，实现大学生思想政治教育的全方位和立体化。

四、实践是高校思想政治教育的关键

近几年来，高校思想政治教育改革的进程不断推进，取得了些可喜的成绩，但这些成绩主要体现在思想政治理论课的教学改革上。从大思想政治教育的视野看，单纯的思想政治理论课教学改革并没有从根本上解决高校思想政治教育问题，思想政治教育的脱离实际和缺乏有效性仍是较为普遍的现象。思想政治教育不可能脱离实际生活，凌驾于生活之上，实践是用来标示思想政治教育的最好的"东西"。

因此，"三全六结合"思想政治教育模式是以实践为主要实现方式的高校思想政治教育模式，实践在思想政治教育过程中处于极其关键的地位。从实践经验来看，高校思想政治教育实践可以大体分为课程教学实践、社团组织实践和社会生活实践，它们居于不同的层次，表现出不尽相同的作用，但又相互联系、相互作用。

（一）课程教学实践是高校思想政治教育的理论认知关键

课程教学实践是理论教学的延伸与拓展，是教学理论联系实际的具体体现。只有通过理论联系实际，才能强化学生对理论的认识，才能达到思想政治教育的目的。"三全六结合"思想政治教育模式的课程教学实践包括思想政治理论课实践教学、专业课程的实践教学和其他辅助课程的实践教学三大部分，它们共同构成了高校思想政治教育课程教学实践的有机系统。"三全六结合"思想政治教育模式在构建与发展中，以思想政治理论课实践教学改革为核心，以专业课程的实践教学为重点，以其他课程的实践教学为补充，紧密地把理论教育与实践教育结合起来，切实把学生带入种真实的情景体验中，加深学生对所学理论的认识和理解。因此，课程教学实践是高校思想政治教育的一个关键起点，是大学生调整自我、主动接受思想教育的关键环节，在各种实践教育中处于基础地位。

（二）社团组织实践是高校思想政治教育的价值观养成关键

大学阶段是价值观养成的重要时期，但是要使大学生养成正确的价值观，单纯的"照本宣科"式的理论说教是无法从根本上解决问题的。社团组织是大学生进行校内实践的最主要形式，对提高大学生的政治素质、提高各种知识和技能、培养健康人格，特别是对大学生形成正确的世界观与价值观具有关键性作用。"三全六结合"思想政治教育模式充分发挥社团组织在思想政治教育中的功能，把社团组织实践纳入模式体系中，进一步健全和规范了社团组织的发展及其活动，提高了社团组织实践活动的思想政治教育内涵。实践经验说明，社团组织实践是高校思想政治实践教育的一个重要内容，与课程教学实践和社会生活实践相比，它对大学生价值观的养成尤为关键。

（三）社会生活实践是高校思想政治教育的思想认同关键

高校思想政治教育的最终目标是把大学生培养成为中国特色社会主义事业的建设者和接班人，并以此为基础实现个人的全面发展。为此，受教育者就必须在价值、文化、知识认知等方面与社会主义的价值观、文化观和知识观等相融合，形成思想认同，否则个人的价值将无法实现，更谈不上个人的全面发展。社会生活实践作为大学生实践活动的一种延展和深入，是大学生认识社会，检验其价值观的最有效的平台。

因此，社会生活实践是大学生从理论到实践再到理论升华的重要途径，是大学生达到思想认同的关键环节。"三全六结合"思想政治教育模式始终把社会生活实践作为实施思想政治教育的重要手段，积极开展包括社会实践调查、志愿者服务、社区心理咨询、寒假家访活动等一系列的社会生活实践，切实提升大学生对社会主义世界观、价值观的认同程度，提高思想政治教育的效果。

五、实效是高校思想政治教育的主题

注重实效性是高校思想政治教育的根本要求。当今，高校思想政治教育亟待解决的重要问题就是实效性问题。因此，"三全六结合"思想政治教育模式建构的主题就是要提高实效性。高校思想政治教育是一个系统工程，履行其功能需依靠众多组织和个人，实现其功能也需依赖多种教育方法与手段。高校要始终把提高实效放在第一位，教学上不断改革，实践上不断探索，管理上不断创新，在增强高校思想政治教育实效性方面进行探索和实践。

一是加大课堂教学方法改革力度，营造宽松、愉快、和谐的课堂环境，增强课堂教学实效性。针对绝大多数学生反感教师满堂灌的教学模式，我们采取丰富多彩的教学方法，如案例式教学、座谈式教学、探讨式教学、互动式教学、辩论式教学、演讲式教学、对话式教学等，以发挥学生的主体性，调动学生的主动性、积极性和创造性，不断提高教学实效。

二是探索思想政治教育与社会实践相结合的管理体制，建构完善的学生实践教学模式。针对学生知行分离的现实，拓展多种途径，充分利用课程实践、专业实习、社团活动、寒暑假社会服务等形式开展实践活动，并制定了实践教学大纲，将所有社会实践活动都纳入学校常态教学管理体系之中，规定相应的学时、学分，统一考核标准。同时，为了加强对实践教学的组织和管理，学校可以成立由教务、团委、学工、宣传、思想政治理论课教学部门、学院等组成的领导机构，统一组织和实施各类实践教学工作，完善实践教学的保障机制。

六、合力是高校思想政治教育的保障

所谓教育合力，就是在一定的时间内和一定的条件下，实施综合教育所产生的综合作用。在当代日益严峻的社会条件下，加强和改进高校思想政治教育已成为全党全社会共同的重大任务，这就需要我们协调社会各种力量，综合各种教育，形成高校思想政治教育的强大合力。因此，有目的地研究、寻求思想政治教育合力，既是推进人的全面发展的需要，更是当今社会发展的时代性诉求。

（一）教学与实践的合力机制

在课堂教学上，深入挖掘专业课程的思想教育资源，尤其重视发挥哲学社会科学课程的育人功能，把思想政治教育融入专业学习的各个环节；广泛开设通识课程，规定文、理科学生要跨学科选修一定学分，全面提高各科学生的人文素养和科学素养；加强思想政治理论课的教学与改革，学校定期组织思想政治理论课的研讨，指导思想政治理论课教学，全面实施思想政治理论课课程新方案。在课外实践中，学校始终坚持实践育人思想，增加思想政治理论课的实践教学环节，并列入教学计划，纳入学分管理，初步形成思想政治教育的课内与课外结合互动教育格局，实现了理论与实践的相互结合。

（二）教学与环境的合力机制

通过开展丰富多彩的校园文化活动，把学生思想政治教育有机融入其中，寓教育于文化环境的建设中。以学术讲座为载体，增强学生的人文科学素养。围绕庆祝重大节日节点，依托学生组织及社团，广泛开展校园文化活动，营造浓厚校园文化氛围。以"思想政治教育进公寓"为抓手，扩大教育覆盖面和影响力。教师走进公寓，选择学生感兴趣的话题进行交流，倾听他们的心声，了解他们的困惑，帮助他们用科学的世界观和方法论分析和解决现实问题，大力推进了公寓健康文化的发展。

（三）学校与家庭、社会的合力机制

高校是进行思想政治教育的主阵地，但当今的思想政治教育效果受社会环境、家庭环境的影响越来越大，高校学生的思想政治教育需要社会各界与家庭的通力合作。各大学校重视社会教育资源的挖掘，积极谋求社会各方支持，形成学校与社会的互动机制，深入推进学生结合本专业开展服务计划，使学生在服务中寻找个人价值；积极开发校友资源，共同培育学生成才。学校通过组织校友会，邀请知名校友回母校介绍创业经验，为学生提供了生动活泼的思想政治教育材料；通过寒假家访形式实现学校与家庭的互动。

第七章
高校思想政治文化教育模式的构建探究

中国优秀传统文化不仅是先祖智慧的结晶,更是先祖留给后人的宝贵精神财富。传统文化中蕴含了深厚的道德规范、人文思想,这些内容对于高等院校的思想政治教育具有十分重要的意义。将中华传统文化融入思想政治教育中,能让学生充分领会传统文化的精髓,从而推动提高学生思想政治素质的提高。

第一节 传统文化概述

一、中国优秀传统文化的内涵

"中国优秀传统文化"属于"中国传统文化"的范畴,是"中国文化"的重要内容。但是,究竟何谓"中国优秀传统文化",人们往往没有一个确切、明晰的概念界定。从20世纪80年代以来这么多年的中国传统文化研究过程中,问世的论著可谓汗牛充栋,但对于"中国优秀传统文化"的内涵却缺少充分的揭示。[1]

张岱年先生认为:"中国文化的优秀传统有丰富的内容,其中最主要的是两个基本思想观点:一是人际和谐,二是天人协调。""这类优秀传统文化在今天应该得到进一步的阐扬。"[2] 古代唯物主义与无神论传统、辩证思想、人本思想、坚持民族独立的爱国传统,都是"中国文化中的优良传统"[3]。"中国文化的优秀传统的核心是关于人生意义、人生价值、人生理想的基本观点,可以称为人本观点。"[4] 天人合一、知行合一、以和为贵等,也是中国文化优秀传统中的精湛思想,但最重要的是关于人们道德自觉性的思想,"这确实是传统文化的精华"[5]。

李宗桂认为,优秀文化传统应当具备的特征是:反映中国文化健康的精神方向;能

---

[1] 李宗桂. 试论中国优秀传统文化的内涵 [J]. 学术研究, 2013 (11).
[2] 张岱年. 传统文化的发展与转变 [J]. 光明日报, 1996 (05).
[3] 张岱年. 中国古典哲学中的优良传统 [J]. 高校理论战线, 1993 (01).
[4] 张岱年. 中国文化优秀传统的生命力 [J]. 中国文化研究创刊号, 1993 (02).
[5] 张岱年. 传统文化的精华 张岱年全集 (第7卷) [M]. 石家庄:河北人民出版社, 1996:26.

够鼓舞人们前进，无论在历史上还是在当代中国文化的建设中，都具有激发民族自信心和自豪感的作用；具有民族文化认同功能；具有历史继承性和稳定性；是中华文化的活精神，在今天仍然具有强大的生命力。优秀文化传统及其在当代的主要表现是自强不息的奋斗精神，和谐统一的博大胸襟，崇德重义的高尚情怀，整体向上的价值取向。[①] 同时，中华民族精神"是中华文化优秀传统的集中体现"，其主要内容是爱国主义的民族情怀、团结统一的价值取向、贵和尚中的思维模式、勤劳勇敢的优良品质、自强不息的进取意识、厚德载物的博大胸襟、崇德重义的高尚情怀、科学民主的现代精神。[②] 李宗桂认为，中国优秀传统文化，是指中国传统文化的精华所在、精神所在、气魄所在，是体现民族精神的价值内涵。它在中华民族发展历程中，在中国思想文化发展历史上，曾经起过积极的作用，迄今仍有合理的价值，能够为中华文化的现代传承和创新发展起到积极作用，能够促进社会进步和民族发展，主要体现于思想文化的层面。所谓中国优秀传统文化，就是中华民族长期发展过程中形成的、有着积极的历史作用、至今具有重要价值的思想文化，即把优秀传统文化纳入思想文化的范畴，或者说从思想文化的层面发掘传统文化的现代价值。

实际上我们所要传承弘扬并创新发展的优秀传统文化，主要是无形的方面，正所谓"形而上者谓之道"也。以爱国主义为核心的中华民族精神，天下为公的崇高理想，己所不欲勿施于人的忠恕之道，贵和尚中的和谐思想等，都是无形的精神财富，是生生不息、代代传承的中华民族价值观的正能量。

今天我们所要弘扬的中华优秀传统文化，要建设的中华优秀文化传承体系，正是从精神内涵的层面切入，以思想文化为主导的那些内容和范围。[③] 同时，中国优秀传统文化，应当既包括传统文化，也包括文化传统。如果狭义地说传统文化就是指中华民族在历史上创造的思想文化，那么，文化传统则是指中华民族历史上创造的文化中具有稳定性、连续性和传承性的某种价值观念、行为方式、风俗习惯。传统文化包蕴着文化传统，文化传统是传统文化在精神领域的集中体现。传统文化和文化传统都是历史，都可能具有社会作用的两重性，都可能具有生命力，都可能传承到当代。既关注文化传统，同时也要重视传统文化，对于我们把握中国优秀传统文化的内涵将大有助益。

二、中国传统文化的特点

中国传统文化丰富多样，居中心地位的是以儒家伦理道德为核心的，一种以扬善抑恶、以真善美相统一，以文化教化为目的的伦理政治型文化。它是一种德智统一、以德摄政的文化，是带有一种民族的、独特的、重伦理价值取向的特色。中国传统文化具有以下特点。

（一）典型的伦理型特征

与世界各国不同，中国是在血缘纽带解体不充分的情况下步入阶级社会的。与之相

---

① 李宗桂. 优秀文化传统与民族凝聚力 [J]. 哲学研究, 1992 (03).
② 李宗桂. 中国文化精神与中华民族精神的若干问题 [J]. 社会科学战线, 2006 (01).
③ 李宗桂. 试论中国优秀传统文化的内涵 [J] 学术研究, 2013 (11).

联系，血亲意识构成了社会意识的轴心，即所谓"六亲"（父子、兄弟、夫妇）"九族"（父族四、母族三、妻族二）等观念深入人心。血缘观念成为人们心理沟通和感情认同的基础。这种血亲宗法意识在社会上弥漫开来，孕育了一整套特别强调"忠""孝"的行为规范。"正心、诚意、修身、齐家、治国、平天下"，家国同构，重视人伦，传统文化充满人文精神。

（二）具有顽强的生命力和发展创新性

中国传统文化是世界上唯一绵延不绝发展至今的文化类型，是在发展中一脉相承又汇入我国各民族智慧形成具大生命力的文化体系，犹如万里长江汇集无数涓涓细流一直向前直到大海。

中国是世界文明发达最早的国家之一，在世界四大文明古国中，中华文明是唯一延续时间最长、未曾中断的文化系统。它不像埃及、巴比伦、印度等文化那样无以后继，更不像古希腊、罗马文化那样中经蹂躏以至荒芜。中华民族自夏代进入文明社会，历经各朝代，传统文化代代相传，经久不衰，这都展现了它所具有的顽强生命力和应变能力，这正是中国传统文化的一个重要特征。中国传统文化不仅在漫长而曲折的过程中顽强的传承下来，而且经历了无数后人继承前人又发展前人，虚心学习前人又丰富前人，依据时代需求又超越前人，这样一个周而复始、连续不断的接力运动，在历史的长河中不断得到充实、丰富、发展和创新。而这些都付出了数十代人坚持不懈地刻苦努力和巨大心血，才逐步形成、不断补充、不断完善成熟起来的，来之不易。

（三）具有较强的融合性和凝聚性

中国的传统文化是多元化的。传统中国社会，儒、道、佛等多种派系并存，这就决定了中国传统文化有着汇集百川优势、兼容八方智慧的显著特点。中国地域辽阔，民族众多，各民族在生活方式和文化理念上存在很大的差异。自秦建立了统一的中央集权的封建政权以来，各民族之间融合的步伐大大加快，出现了几次大规模的民族融合。中国文化历经艰辛，在数千年的发展中经历了多民族、各地域文化的融合发展，以汉民族文化为主体、以中原文化为核心的中国传统文化，逐渐融合其他少数民族文化和周围地域文化，形成了同一性与多样性相结合的发展态势。同时，中国传统文化对于外来文化有着宽厚的包容性和强大的同化力。比如，西方的佛教、基督教、伊斯兰教，各国的天文、地理、建筑、艺术、舞蹈、绘画等。还有西方自然科学的大量涌入，都被中国所接纳，融入中国传统文化之中，并使之中国化。比如，佛教在中国的传播就是典型的例证。在两汉之际，佛教作为一种异质文化传入中国后，经过长时期的排斥、磨合、同化，最后在中国扎下根，为广大中国人所普遍接受，成为中国传统文化的一个重要组成部分。中国传统文化在经过融合、包容其他文化后形成的新文化，并不是分散的、凌乱的，而是凝聚成了中华民族特有的精神文化，一股强大的民族凝聚力。尤其表现在"爱国主义""自强不息""天下为公"等精神上。正是中国文化以其海纳百川的胸怀与气魄，接受来此世界各地的先进文明，形成中国特色的文化，形成强大的民族凝聚力，才会生生不息，延续至今。

(四) 传统文化具有两面性

中国传统文化维系了伟大中华民族延续数千年而不衰，我们应该充分肯定其中精华部分，中国优秀的传统文化具有独特的东方内质与形态，是经过千百年的浸润、融合、撞击超越了时代局限性而沉淀下来的珍品，但它不是博物馆里的古董，而是有着鲜活生命的东西。

我们要善于把弘扬优秀传统文化和发展现实文化有机统一起来，紧密结合起来，在继承中发展，在发展中继承。但同时，也要看到它的历史局限性，明确其中的糟粕。封建性和等级性正是传统文化的缺陷和不足之处。

中国传统文化的核心是儒学。儒学因与皇权结合而政治化，成为为封建统治服务的工具。它的主要表现是封建专制主义思想和封建宗法等级制度，以君权、父权、夫权为核心的等级制度和人身依附关系，官本位思想和重男轻女观念，这都严重影响和禁锢了中国人的头脑。

因此，真正做到"取其精华，去其糟粕"，这对继承和发扬传统文化具有至关重要的作用。我们应该熟悉民族的传统文化，研究民族的传统文化，尊重民族的传统文化，真正做到取其精华，去其糟粕，继往开来，综合创新，使中华文明在新的千年放射出新的光彩，走在人类文明的前列。

第二节 传统文化在思想政治教育中的价值分析

一、有利于提升高校思想政治教育的育人功能

当代大学生思想问题的解决需要注入传统文化的因素。当前世界和中国都发生了剧烈的变革，时代的开放性、多元性和市场化对大学生的思想认知产生了强烈影响。当代大学生由于家庭传统教育的缺失、高校传统文化教育的局限、自身学术视野的短浅、受社会不良风气影响和国外文化的冲击等原因，存在道德水平不高、诚信意识淡薄、人生观价值观扭曲、社会责任感较弱、学术风气不良和缺乏主流文化认同感等问题。

我国高度重视文化因素对思想政治教育的重大作用，曾多次指出中国优秀传统文化是改变大学生思想道德现状需要借助的道德力量。弘扬中国优秀传统文化、继承传统美德是当代大学生思想政治教育的基本内容。[①] 要以现代教育手段结合中国优秀传统文化，通过社会实践活动，发扬中国优秀传统文化中国优秀传统文化有着深厚的历史内容，对大学生的思想情感具有强烈的渗透性、持久性，能提升大学生的道德素质，塑造其优秀的人格，使其形成正确的人生观，合理解决人际关系问题以及拓展大学生的学术视野。

[①] 高为民. 手机媒体时代下高校传统文化教育的应用价值研究 [J]. 信息记录材料, 2017, 18 (06).

(一) 有助于大学生道德素质的提升

优秀传统文化能够对大学生产生积极、全面的影响。实施大学生思想政治教育的主要目的是形成文化素质、道德素质和健康素质全面发展的综合型人才。大学生的人文素养与思想观念、专业技能以及知识结构等都受到思想政治教育的影响,将优秀传统文化中的哲学思想运用到普通知识的学习中,既能优化知识结构,又能提高大学生的综合素养。由于当前大学生的意识形态发生了变化,高校的思想政治工作难度也随之增加。大学时期是价值观、人生观形成的重要时期,高校应结合优秀的传统文化对大学生进行正确适时的引导,促进大学生形成正确的思想观念。

高等教育就是科学精神和人文道德精神的结合。现今社会,功利主义与实用主义日益膨胀,大学生不能全部追随社会流行,而要遵守学术道德和社会道德。高校思想政治教育不仅要以其独特的精神品质引领社会的道德方向,还要以主人翁的姿态主动去改造社会、重塑人们的道德行为,成为社会伦理道德的捍卫者与提升者。

中国优秀传统文化注重对人的道德熏陶与培养,涵盖了儒释道三家的义理精髓,儒家忠君爱民的思想、佛家因果轮回的学说、道家的天地自然之法对中国人的传统道德影响深刻。中国优秀传统文化中哲学的内涵,民族气节,诚信、博爱、勤俭、慎独、拼搏精神等,是古人留给我们的一大笔财富。《论语》《易经》《孟子》《周易》《古文观止》等都是人文资本的积累,体现了中国优秀传统文化中丰富的人文道德精神。高校思想政治教育需要大力挖掘中国优秀传统文化中所蕴含的思想道德精神,并运用它培养出综合型的高素质人才。

(二) 有助于大学生塑造优秀的人格

塑造大学生健全的人格就是要培养大学生正确处理人与人、人与社会人与自然的关系,以及达成个人的自我完善。健全的人格需要情感、意志、智识三者有机统一与和谐发展,重视情绪与意志的培养。"士不可以不弘毅,任重而道远""己欲立而立人,己欲达而达人",反映的是人格的健全以及处理人与人之间关系的准则。

中国儒家文化追求理想人格、注重个体修养,对于大学生人格完善具有指导价值。"顺之以天理,应之以自然""天地与我并生,而万物与我为一"的思想是人与自然和谐相处的哲学依据;"先天下之忧而忧,后天下之乐而乐"传达的是人与社会的关系。因此,中国优秀传统文化有助于当代大学生培养出健全的人格,有助于其正确处理人与人、人与自然、人与社会、人与自我的关系问题。

(三) 有助于大学生形成正确的人生观

中国优秀传统文化为大学生树立正确的人生观、价值观提供了方向指导。在市场经济蓬勃发展和传统计划经济形态向新的市场经济形态转型的情况下,当代的大学生在人生态度和价值判断方面难免会有偏差,急功近利拜金主义、个人主义、反文化的现象在大学生中不同程度地存在。为了指导大学生形成正确的人生观,寻找正确的人生价值和意义,需要引入中国优秀传统文化。

我国目前仍处于社会主义初级阶段,各种分配体制不健全,贫富差距较大,大学生容易出现对个人利益和集体利益取舍的困惑。他们虽然有正确的价值取向，心中坚持集体主义，但在周围环境的影响下，有时会违背自己的坚持，表现出意识与行为的不一致。

中国优秀传统文化博大精深，蕴涵着大道理、大智慧，重视培养德才兼备、具有"圣人""君子"品格的人。例如，儒家文化倡导的积极向上的人生观，对为人之道提出了标准——忠恕；己所不欲，勿施于人。中国优秀传统文化倡导的爱国、顽强奋斗、自强不息，"天行健，君子以自强不息""路漫漫其修远兮，吾将上下而求索"等精神内涵，"精卫填海""夸父逐日""愚公移山"等故事，鼓励大学生培养坚韧不拔的毅力，在个人利益与集体利益发生冲突时，要牺牲个人的一些利益。高校作为教育主体要增强中华优秀传统文化教育，汲取有益因子，弘扬传统文化，要以国际视角，为国家的发展、中华民族的伟大复兴献计献策。

（四）有益于大学生合理处理人际关系

中国优秀传统文化包含着中华民族的传统美德，儒家重视"内省"以及"为己""忠恕"等。这些都是为人处事的方法，能够指导大学生在交往过程中，注重人际关系的培养，对人待之以诚，以宽容的态度来处理人际关系。大学生要谦虚谨慎、自检、慎独、负责、忍让、换位思考，发生冲突时要做到"君子和而不同，小人同而不和"。发扬中华民族的传统美德，有助于高校学生完善自身的弱点，从而实现自我和谐与他人和谐的共处模式，促进心理健康发展。

（五）有利于拓展大学生学术视野

高校这个神圣的天地为各类文化知识和思想理论敞开了大门。大学生对精神食粮的需求极高，具有最强烈的求知欲，他们期望快速成长，渴望学到新的知识来扩充自己的头脑。高校需要适时准确地抓住时机，对大学生实行强有力的系统化的思想意识教育，阻挡形形色色的易引发高校甚至整个社会不稳定的思潮乘虚而入。

对中国优秀传统文化系统地研究和学习，能够丰富大学生的思路，使当代大学生不再局限于当下的思想，立足实际，联想古今，不断进取并进行求实创新。中国优秀传统文化益于开阔大学生的眼界胸怀，提升他们的精神境界。

（六）有利于促进大学生和社会衔接

当今的中国正在发生着翻天覆地的变化，这种变化不仅是经济的腾飞，还有价值观、文化观念的变化。种种的变化必定对大学生产生重大影响，大学生的文化认同感每况愈下。社会风气使得大学生的价值取向产生了消极的变化，主要表现在责任感不强，爱国热情下降，个人主义和功利主义的泛滥，很多学生只在乎自己的个人发展，对于社会、民族、国家没有责任感，对社会的需要置之不理。

在新形势下，对大学生进行思想政治教育，融入中国优秀传统文化的元素，对培养大学生的爱国情怀，增加对社会的历史责任感都有着重要的作用。中国优秀传统文化中首先就是要培养一个人的爱国情操，使臣民能够忠君爱国。而在当代，我们就是需要借助中国优秀传统文化这个媒介，培养一个有爱国热情、有责任感的大学生，这种责任感则表现在对家庭成员负责，关心民族命运、国家前途，让学生勇于承担责任和义务。"天下兴亡，匹夫有责""鞠躬尽瘁，死而后已""先天下之忧而忧，后天下之乐而乐"都是古代知识分子社会责任感的体现。将中国优秀传统文化运用到当代大学生思想政治教育中，有助于大学生强化历史使命感和社会责任感，将自身的发展彻底地放到我们国家的前进与发展中，也能够更好地让大学生和社会衔接。

中国传统的教育注重道德情操的培养和人格的完善。《大学》开篇就说"大学之道，在明明德，在亲民，在止于至善"。其现实的目的就是要在培养道德情操，完善人格的同时要我们努力拼搏，积极向上，只有这样我们才能够达到更高的境界。将中国优秀传统文化的内容融入思想政治教育中来，对于大学生思想的养成和道德情操的培养是至关重要的。

在华夏五千年文明史中，诚信的品质一直是历代文人墨客的必备道德，"言必信，行必果"正是写照。"诚者，天下之道也；诚之者，人之道也"这是在《中庸》中对诚信的论述，而在《论语》同样有对诚信的论述："人而无信，不知其也"。但是在当代大学生中出现了诚信危机，大学生诚信缺失的现象越来越普遍。这也就要求我们在思想政治教育过程中，要将诚信作为重中之重。只有一当代大学生具备了最基本的道德品质，他们才能够被社会所认可，使我们的高等教育和社会无缝衔接。

二、有利于中国优秀传统文化的传承和弘扬

（一）有利于传承中国优秀传统文化的精髓

加强中国优秀传统文化教育，能够促进高校大学生多角度、多层次地认识、认同以及吸收中华民族的优秀传统文化的精髓和历史传统。中国优秀传统文化蕴含的"仁义礼智信"的价值观念，"国家兴亡，匹夫有责"的爱国情怀，"修身齐家治国平天下"的人生理想，"民为邦本、民贵君轻"的民本精神，"海纳百川"的广阔胸襟，"有容乃大"的宏伟气魄，"刚健有为、自强不息"的拼搏精神，这些中国优秀的文化精髓在历史的浪潮中被一代代华夏儿女所传承。

1. 有利于传承刚健有为、自强不息的拼搏精神

《周易》曰："天行健，君子以自强不息。"中国优秀传统文化提倡自强不息的精神，"弃而舍之，朽木不折；锲而不舍，金石可镂"。这就要求做人要刚健有为，不停地奋斗进取，奋发图强，不能迷失志向，要培养独立的意志、良好的人格品质，学会为人处事的原则。

志向是人们自强不息的思想基础，刚健有为、自强不息的精神引导我们在学习、生活和工作中遇到困难时不要轻言放弃，而要持之以恒，以自强不息的拼搏精神，完善自身并自发地去传承中华民族璀璨的历史文明。

2. 有利于传承以和为贵、和而不同的和谐思想

中国是四大文明古国之一，有着漫长的历史积淀，在五千年的历史进程当中形成了独具特色的中国传统文化。在博大精深的中国传统文化当中，"和"的思想占有重要的位置，可以说"和"是中国历史文化的特征向量，古代和谐思想极为丰富，如大同理想、保家卫国、持中贵和、统筹全局等。

早在数千年以前，我们的先辈就主张人与自然和谐共生，而今社会中各种文明的和谐共存，正是中华文明高度发展的表现，显现出中华历史文明的强大。和谐思想影响着当代中国的发展理念，是现代人思想上与行动上的先导。将中国优秀传统文化与高校思想政治教育相结合，能够影响高校大学生的思想行为，有利于提高大学生的民族凝聚力。高校学生是社会未来发展的重要力量[①]，将传统文化融入大学生思想政治教育中，促其产生与和谐思想的共鸣，对和谐思想的传承有重要的促进作用。

3. 有利于传承"国家兴亡，匹夫有责"的爱国情怀

我国博大精深的优秀传统文化中蕴涵了许多积极向上的爱国主义精神，"国家兴亡，匹夫有责"，是中华民族历经坎坷仍巍然屹立于当今世界的重要原因。爱国主义是一个民族发展的力量支撑，是各民族团结一致的思想来源，正是这种爱国主义思想维护了中华民族的团结，哺养了一大批爱国民族英雄，促成了中华民族几千年的昌盛。这种爱国主义情怀正是中华儿女应该学习和需要具备的品格，给爱国主义赋予新的时代内涵和活力，可以影响新时代下大学生思想政治的发展，能够深远地促进爱国情怀的传承。

4. 有利于传承天人合一的共生思想

中华传统文化重视人与自然的统一。"天人合一，民胞物与"，是由宋代著名哲学家张载提出的，强调人与自然的融合与统一。"天道""人道"的和谐统一是"天人合一"的内涵所在，主要提倡人与自然的统一和以"仁爱"为思想基础的人际关系的统一。这与我们倡导的人与自然和谐发展的科学发展观不谋而合，将"天人合一"的共生思想与高校思想政治教育相结合有助于大学生树立环保思想和集体主义思想，在发展大学生思想的同时使其潜移默化地传承传统的共生思想。

(二) 有利于中国优秀传统文化的弘扬

弘扬中国优秀传统文化是推动具有社会主义鲜明特色的文化发展的必然之路。[②] 我们党政工作的思想来源就是我国优秀的传统文化，继承和弘扬中国优秀传统文化，能够实现社会主义文化的大发展大繁荣。

毛泽东同志在新民主主义革命时期，大力倡导中国优秀传统文化，坚持中国优秀传统文化中的实事求是、群众路线和独立自主的思想体系。将中国优秀的传统文化与高校思想政治教育相结合，对继承和弘扬中国优秀传统文化具有深刻的当代价值。发扬我国优秀的传统文化是推动社会主义又好、又快发展的必然要求。在我们党革命和建设发展的不同历史时期，我们继承、发扬并丰富、发展了中国优秀传统文化，推动了党和国家各项事业的发展。在教育事业中，我们以优秀的传统文化为切入点，与高校思想政治教育相结合，培育出适应时代发展的高素质大学生。高校大学生作为社会主义建设的重要后备军，肩负着推动社会发展的重要使命，通过对优秀传统文化的学习，他们更能准确了解历史的辉煌，明确自身的责任。

---

① 王玥. 以人为本理念下高校基层团委工作分析 [J]. 文化创新比较研究，2018 (26).
② 云杉. 文化自觉文化自信文化自强——对繁荣发展中国特色社会主义文化的思考（中）[J]. 红旗文稿，2010 (16).

三、发展社会主义核心价值观的必然要求

(一) 促进社会主义和谐社会的构建

社会主义核心价值观充分反映了当前我国发展的战略，即围绕社会主义的共同理想，以马克思主义为指导，体现时代精神的发展战略。高校思想政治教育工作，要紧紧围绕这一发展战略，依托当代高校完整的教育体系，通过主流文化传播的方式，并在原有的基础上改革创新。首先，要在高校的教育中体现马克思主义的引导性地位，让学生充分理解马克思主义，并将之作为学习和生活中的行为准则。其次，应该在高校教育中开拓创新。创新是一个民族进步的灵魂，是一个国家兴旺发达的不竭动力[①]，青年学者的创新就是这个民族复兴的希望与灵魂。高校的思想政治教育应该着眼于培养学生的创新精神，使其敢于尝试新鲜事物，敢于打破固有模式的枷锁，锐意创新，积极进取，承担起民族复兴的责任。这样才能充分体现社会主义核心价值观的核心思想。同时，创新也是发展社会主义核心价值观的必然要求。

(二) 有利于加快中华民族复兴之路的步伐

我国丰富的优秀传统文化覆盖面广，集文学、思想、道德、历史、艺术于一体，影响范围大。中国优秀传统文化富含浓厚的生命力，能够丰富高校的思想政治教育，使高校思想政治教育重生，达到质的飞跃。弘扬和传播传统文化要紧密联系现实生活，每一个人都是弘扬传播文化的主体传统只有在生活中才能发展，把中华优秀传统文化的研究跟培育理想道德、引领文化提升、整合社会力量、凝聚社会共识紧密结合，形成高校学生对中华优秀传统文化的正确认识，促进社会主义核心价值观的践行。在新形势下，传承优秀的历史文化要去粗取精，以高校为意识形态阵地，全面开展教育工作，奠定广大的群众基础，进而影响全民价值观，让中华优秀传统文化成为中华民族凝聚力的来源，鼓舞中华儿女共同推进社会主义，这是具有伟大的历史意义的活动，是适应新形势，符合新时代要求的创新性发展。将中国优秀传统文化结合新的时代特征去创新发展，与高校思想政治教育相结合，目的就是在中国共产党的领导下，加速实现中华民族伟大复兴的中国梦。

四、中国优秀传统文化在大学生思想政治教育中的时代价值

中国优秀传统文化作为中华民族数千年思想和智慧的结晶，已深深地融入人们的思想意识和行为规范中，渗透到生活中的方方面面，成为中华民族强有力的精神支柱。我们要在新时代的视野下，结合思想政治教育出现的新形势、新特点，重新解释和批判地继承中国优秀传统文化的优秀内核，明确中国传统文化融入大学生思想政治教育的时代价值。

[①] 岳川夫. 政治理论 [M]. 上海：华东理工大学出版社，2006：292.

(一) 整体主义国家观，有利于大学生爱国主义精神的培育

中国传统文化的整体主义精神多以爱国的形式表现出来。翻阅历史，我们可以看到，在数千年的中国历史长河中，为了民族大义、国家大利而牺牲、奉献的民族英雄比比皆是，如屈原、文天祥、苏武、林则徐、谭嗣同等，虽然这些民族英雄本身所处的年代不同，所归属的朝代不同，但在他们的身上都体现出了中华民族最可贵的民族精神——民族利益高于个人存亡。这种精神感染着一代又一代的中国人，也正是在这种精神的鼓舞下，中国出现了一个又一个为国为民抛头颅、洒热血的英雄，我们称他们为民族的脊梁。爱国精神是支撑着中国崛起的力量，更是我们每一个中国人应该传承下来的宝贵财富。在当下，大学生生活在和平富足的年代，虽没有战火的威胁，没有流血牺牲的需要，但思想政治教育工作者更应注重挖掘中国优秀传统文化中各类守志爱国的民族英雄事迹，注重培养学生的爱国主义情怀，因为，大学生是中国未来的建设者，未来世界各国的竞争是没有硝烟的战场，只有坚定自己的爱国意志，才能抵制各类腐朽思想、诱惑的侵蚀，为中国之崛起而奉献自己的力量。

(二) 诚信正义的道德取向，有利于大学生思想政治教育内容的丰富

诚实守信、崇尚正义是中国传统文化基本的道德准则之一，是中华民族的优良传统。老子曾说"一信不足焉，有不信焉"，历史典籍中也有诸如"言不信者，行不果""民无信不立"等相关论述。在中国传统文化看来，诚信、重义轻利是"君子"与"小人"的重要区分，更是人之为人所应遵循的道德准则。如果一个人没有了信用、正义感，则无法在这个社会立足；同理，如果社会缺少了诚信、正义，则不会兴旺发达；如果国家不能够取信于民，不能够守住公平正义的底线，则不会富强。也正是在此基础上，习近平总书记指出"守诚信、崇正义"是中国传统文化中最具时代价值的精神。

在高校思想政治教育工作中不断加强德育建设，强化诚信、正义品质的宣传教育是时代摆在我们面前的现实任务。在此背景下，中国优秀传统文化中关于"仁爱""诚信""义利之辨""舍生取义"等方面的价值理念，极大丰富了大学生思想政治教育的德育内容，既为思想政治教育的德育建设提供了丰富的道德资源，同时也有助于缓解市场经济对大学生思想的侵蚀和冲击，促使高校大学生形成健全、完善的独立人格。

(三) 自强不息的进取精神，有利于大学生人格品质的塑造

古人认为，任何一个有德性的人，都应该如天一般刚强劲健，即使遇到挫折困苦，也仍能奋发图强，不折不挠。"自强不息"是我们中华民族自古以来强调的美德，它始终作为一种精神力量激励着人们奋发图强。① 近些年，中国经历了一系列灾难的侵袭，但是在灾难面前，中华民族表现出了强大的毅力和顽强的斗志，用不屈不挠的顽强意志克服困难，重建家园。缺乏"自强不息"的进取精神正是当代大学生群体所面临的问题，将中国传统文化中自强不息的精神引入思想政治教育中，教育大学生如何正确面对挫折，如何在困境中依然保持坚忍不拔、不屈不挠的顽强意志，是我们开展大学生思想政治教

---

① 孔易人. 主体统一论 [M]. 北京：华夏出版社，2000：222.

育工作最重要的环节。

(四) 天人合一的自然观,有利于大学生和谐观念的培养

中国古人崇尚"天人合一""民胞物与""道法自然"的自然观念,作为中国文化主干的儒道两家都主张这一观念。儒家把天看作是人性的源头,是道德上的绝对权威,认为人的一切活动都应该和天道相符合。道家则认为天是自然,人作为自然发展的产物,要顺应并效法自然,即"人法地,地法天,天法道,道法自然"。虽然儒道两家对"天"的理解不同,但在讨论人和自然和谐共处的观点上是一致的。

这种观念,在当代仍具有重要意义。当前,越来越多的生态危机出现在人类面前,有我们很早就了解的全球变暖、酸雨、土地荒漠化、物种灭绝、水资源污染,还有近些年肆虐全球的"雾霾"。柴静的《穹顶之下》更让我们近距离地了解到,"雾霾"这个新兴的自然灾害会给我们人类带来怎样巨大的危害。而这一切产生的根源,都是因为我们在发展的过程中,只一味地索取,忽视了和谐的重要性。大学生群体作为社会主义未来的建设者,更应该加强生态道德的教育,让他们从中国优秀传统文化中学会敬畏自然,学会如何与自然和谐相处。

(五) 追求大同的社会理想,有利于大学生"中国梦"远大理想的树立

"大同社会"是儒家所倡导的最高的社会理想。在儒家看来,所谓的大同社会,就要天下为公,人人都能"老吾老以及人之老,幼吾幼以及人之幼",能够"使老有所终,壮有所用,幼有所长,鳏寡孤独废疾者,皆有所养",社会和谐一体,无处不均匀,无人不饱暖,同时社会成员又有着高度的道德责任感,能够"货恶其弃于地也,不必藏于己"。大同社会描绘了一幅令人憧憬的美好蓝图,其作为一种最高的社会政治理想,自古以来激励着仁人志士不断追求,奋斗不息。大同社会的理想,是"中国梦"的文化根基,习近平总书记曾说:"实现中华民族伟大复兴的中国梦,就是要实现国家富强、民族振兴、人民幸福,既深深体现了今天中国人的理想,也深深反映了中国人自古以来不懈追求进步的光荣传统"[①]。因而,在高校弘扬"求大同"的中国优秀传统文化,对于增强大学生对"中国梦"历史意义的认同具有十分重要的作用。

同时,高校在开展大学生思想政治教育时必须明确,强调社会大同并不是以空洞、虚无的说教把全体学生引向无法实现的"乌托邦",而是通过大同社会的内涵教育,让高校学生切实认识到大同社会的现实性与可行性,以及自身为构建大同社会、实现社会主义中国梦所应做出的积极行动,进而把这种外在的宣传教化内化为大学生自身的行为规范和道德指引。

---

① 习近平. 论坚持推动构建人类命运共同体 [M]. 北京:中央文献出版社,2018:82.

第三节　传统文化在思想政治教育中的应用现状

一、传统文化融入思想政治教育面临的问题

（一）相关学科与人才建设有待加强

中国传统文化与思想政治教育的研究方向要求研究者在中国传统文化和思想政治教育领域均有一定的学术功底，然而根据对相关研究者的学术背景的分析发现，目前中国传统文化与思想政治教育的相关研究人员大多学科背景复杂，专业知识结构单一，大多数相关方向的研究者无法满足上述要求，他们在专业知识结构上要么偏重思想政治教育理论或马克思主义理论，要么偏重中国传统文化，在两者的交叉渗透研究方面往往只能泛泛而论，这也影响了他们学术研究成果的质量。近年来，虽然这一研究方向日益受到重视，已有一些高校已经开展了相关方向的教学与研究，并有部分高校对其展开了更加专业和深入的研究，开设了相关方向的硕士与博士研究生教育，但范围还很小，在学界的影响力仍然不够；随着这研究方向在学界的不断开展，目前已有若干相关的硕士论文和博士论文，并不断有新的研究力量加入，相关专著也在不断问世，但相关的专著数量仍然较少。此外，国家相关部门、教育机构对相关学科的建设与人才培养的政策支持与经费投入都相对不够，对中国传统文化与思想政治教育研究的课题资助也相对薄弱。

（二）大学生对传统文化认知程度不高

传统文化是历史上出现过的，积淀、保存、延续下来的，具有生命力和重要价值的文化。传统文化是稳定的，因为它有相对的不变性，能够超越时代的限制而延续不断。[1]

文化的传承需要物质的载体，而传统的节日、文学名著、音乐、戏剧，是传承文化的重要而且有效的途径。了解这些灿烂辉煌的传统文化，能够培养大学生的民族自豪感和自信心。但是通过调查可以看出，大学生对传统文化的认知程度不是很令人满意，很多学生都没有阅读过四大名著。

除了文学名著外，大学生对经史子集的冷漠，更令人担忧。大多数学生对孟子、荀子、墨子、王充、董仲舒、朱熹、王阳明等古人的生平事迹和主要思想不太了解。而且，即使表示自己了解某些古人和古典名著的学生中，细究其了解程度的水分也有不少，可见当代青年大学生传统文化知识的贫乏程度。当然，对传统文化的认知程度，各校并不一致，各高校学生的认识情况也不尽相同。总体上说，当代大学生对中国传统文化的认识依然不够，特别是在以工科为主的院校。

改革开放促进社会生产力发展和经济增长的同时，导致了实用主义和功利主义的盛

---

[1] 陈亚红，何艳. 传统文化与思想政治教育[M]. 北京：中国轻工业出版社，2017：73.

行。在大学生看来，传统文化与一些应用性强的知识（如电脑、外语、驾照等）相比，一般难以直接创造经济价值，看似无用。目前现在的大学毕业生计算机、外语、数学等业务基础理论和能力并不差，但社会责任感和工作责任感却不够。用人单位对他们的评价是文化水平不低而素质却不高。

人文素质是指由知识、能力、观念、情感、意志等多种因素综合而成的一个人的内在的品质，表现为一个人的人格、气质和修养。① 而传统文化是提高大学生个人修养的重要途径，可以陶冶人的情操，提高人的素养，使其内化为相对稳定的气质、修养和人格，是无用之大用，也是人文无用之大用。

（三）高校思想政治教育专业教师的传统文化功底欠缺

中国传统文化与思想政治教育这一研究方向要求高校思想政治教育专业教师必须在中国传统文化和思想政治教育这两个领域均有一定的学术功底，并且具有这两种甚至多种学科交叉渗透综合研究能力。然而遗憾的是，我国大部分的高校思想政治教育专业教师均无法满足这一要求，他们的专业知识结构相对单一，学科的综合交叉渗透研究能力相对薄弱。目前，我国高校思想政治教育师资队伍的主体是马克思主义理论专业的教师，尤其是从事思想政治理论课教学工作的教师，这些教师大多是专门从事马克思主义理论与思想政治教育理论的教学与研究工作，他们大多对中国传统文化兴趣不足、重视程度不够，其专业知识结构相对单一，偏重于马克思主义理论和思想政治教育理论，中国传统文化底蕴不足，学术功底相对薄弱，无法有效地运用中国传统文化中优秀的思想政治教育资源并将其有效地传输给学生。

而其中少数中国传统文化功底比较深厚的教师，则主要是专门从事中国传统文化研究的学者与专家，其思想政治教育理论与马克思主义理论学术功底又相对薄弱，在中国传统文化与思想政治教育如何有机融合方面也缺乏相应的综合研究能力。因此可以说，目前我国高校思想政治教育中严重缺乏相关方向的具有较高专业综合素质并能有效地将其传授给学生的教师，直接导致这一方向的教学与科研任务难以很好地完成，严重制约了思想政治教育的实效性与创新发展。

（四）"说教式"传递方法导致优秀传统文化教育效果不佳

优秀传统文化是在历史过程中逐步积淀下来的，它产生、形成于一定的历史和社会环境中，对其传承需要考虑不同的"时空场域"和"教育方式"。② 但在今天的大学生思想政治教育过程中，一些教育者依然扮演着生硬的"中介人"的角色，过于注重传统知识的灌输与情感说教，将优秀传统文化的有关内容原封不动地"递"给受教育者（大学生）。同时，优秀传统文化融入大学生思想政治教育过程中还存在"走形式、摆样子、争荣誉"状况，这种只注重"说教"而忽视"探究、启发"的教育模式难以调动大学生学习的积极性和主动性，也就不能得到他们的认同和共鸣，从而使其在内心产生抵触心态。更为关键的是，这种"说教式"传递方法难以让大学生受到传统文化精神的熏陶和浸润，

---

① 李文山，等. 科学发展观与大学生思想政治教育创新研究 [M]. 开封：河南大学出版社，2009：171.
② 谢丹. 传统文化视域下的高校思想政治教育 [M]. 北京：九州出版社，2018：161.

无法真正地"入心入脑"。正因如此,当前优秀传统文化融入大学生思想政治教育才备受责难,致使优秀传统文化本身失去应有的吸引力。之所以如此,一个重要原因就是"灌输式"教育方式让大学生产生了"厌烦"心理。

(五)"融入"过程脱离大学生的生活实际

优秀传统文化有效融入大学生思想政治教育需要结合大学生生活实际,在可感触的实践中提升大学生基本素养。不过,从"融入"过程来看,当前存在的种种错误的看法和做法造成优秀传统文化与大学生生活世界的分离,从而使"融入效果"大打折扣。也就是说,优秀传统文化还只是大学生思想政治教育过程中的"点缀",而没有有效融入大学生日常生活过程。主要表现为:其一,重"课上",轻"课下"。即侧重于课堂上给大学生传授优秀传统文化理论知识,但没有在大学生课下的生活领域继续通过各种方式进行教育这造成"课上"教育与"课下"教育的分离,出现"课上讲得头头是道,课下基本忘掉"的尴尬现象。实际上,应该在大学生"课下"生活中进行持续性的传统文化熏陶,这样才能使"融入"效果更具实效性。其二,重"理论",轻"实践"。在优秀传统文化融入大学生思想政治教育过程中,一些教育者还多停留在讲授优秀传统文化的思想理论之中,但对大学生社会实践层面的教育渗透不够关注,没有更好地发挥实践育人作用。

二、传统文化融入思想政治教育存在问题的原因分析

(一)思想观念的变化与大学生优秀传统文化教育边缘化

中国优秀传统文化教育一直十分注重教育的外部环境。当前,中国正处于一个急速变革的时代,人们的思想观念也产生的较大的变化,价值观越来越偏重于实用化,判断价值的标准以是否能够立刻带来经济利益为出发点和归宿,这导致了整个社会都缺失艰苦奋斗精神,同时也弱化了理想信念,淡化了人的社会责任感和诚信意识,原本的中国优秀传统文化教育的根基在大学生中也产生了动摇。

"人的思想是以社会存在为反映对象,以人的社会实践为基础,而历史地发生发展着的具有内在结构的系统。"[①] 在高校的大学生教育方面,过于功利化的教育理念也在影响着大学生的思想行为,教育教学中的实用化趋势严重功利主义在高校教育教学中逐渐居于主导地位,这严重地偏离了我们的教育目标,也不符合社会主义大学生思想政治的教育要求。

在我国高校中普遍存在重理、工、经、管,轻视文、史、哲的现象,学生专业教育方面并未对其人文素养和政治品德的教化给予较高程度的重视。部分高校自身对优秀传统文化的教育功能和人文精髓缺乏深刻认识,缺乏明确的有力的指导,这在很大程度上导致了优秀传统文化教育的边缘化,使中国优秀传统文化教育出现了附属化的畸形发展趋势。

---

① 冷浩然,唐志龙,罗剑明. 思想政治工作中的哲学问题 [M]. 上海:上海人民出版社,1997:131.

在社会整体观念的影响下，高校思想政治教育中大学生优秀传统文化教育边缘化的问题日益凸显，大学生的思想教育中出现的价值观、人生观存在不同程度的偏差，虽然部分学者已经认识到问题的严重性，但由于各种主客观因素的制约，中国优秀传统文化教育却始终得不到相应程度的重视，能够保障中国优秀传统文化教育顺利开展的制度也没有建立，这样的现状给大学生思想政治教育带来了不小冲击。

(二) 西方文化对文化使命的严重冲击

随着全球化时代的到来，文化全球化的进程也越来越快，不同民族文化开始相互影响。西方国家凭借在经济上的优势，使自身的文化在世界上也具有强大的影响力。他们试图把其他国家的文化殖民化，把自己的文化植根到其他民族文化中，这实际上和文化侵略没有实质的区别。在这种形势下，大学生的行为方式和价值选择受到了极大的挑战，极大地阻碍了传统文化在大学生群体中的传承和发扬。虽然今天是和平的时代，但是霸权主义和强权政治并没有消失。西方国家在分化中国失效的情况下，又把文化入侵作为重要手段。功利主义、拜金主义、享乐主义、利己主义等错误思潮通过文化入侵传入我国，一些大学生辨别是非能力差，致使其对西方文化盲目崇拜，而对中国传统文化熟视无睹，使文化的传承中断。相反，这些大学生却热衷西方文化，并把它作为自己行为的指导思想。为此，必须在思想政治教育过程中，引导大学生正确看待中华传统文化，其中虽有糟粕，但也有进步的思想，要学会一分为二看待问题。在日常思想政治教育和课堂教育上，积极灌输优秀的传统文化思想，使大学生认可并作为自己行为的指导思想，这样思想政治教育才能取得实效。

中国的传统文化源远流长，文化资源十分丰厚，对世界其他国家的文化都产生了很大的影响。当今世界强国都以它们以前的传统文化引以为豪。思想政治教育是做人的思想工作的，因此和文化联系密切。思想政治教育通过教育来规范人们的行为，进而提升自身的素质，最大限度上追求自身的完善。相比其他的教育领域，思想政治教育更能体现各个时代的文化精神，更能促进传统文化的继承和发展，当然这也是目前大学生思想政治教育的主要任务。目前的大学生思想政治教育遇到很多问题，其中核心的问题就是大学生对于传统文化的认同和践行。因此，新的时代条件下，大学生思想政治教育要取得发展，就必须从文化的视角进行深刻的思考。

(三) 学校对传统文化课程的重视不够

目前高校传统文化教育中存在着诸多的问题，而造成这些问题原因之一是高校对传统文化教育没有做到应有的重视，对传统文化教育在政策和资源上的投入力度明显不足，使传统文化教育在高校中陷入孤立无援的窘态。原因有一是高校对传统文化在高校思想政治教育和大学生思想教育中的作用和意义估计不足，没有认清传统文化对于大学生思想道德教育方面的重要价值，更没有认清传统文化对于高校思想政治教育的巨大意义，只将其简单地看作一门普通的课程，并未给予更多额外的关注。二是高校受到急功近利思想的影响，在培养学生方面更多地注重出成果快、效果显著的学科。学校的好坏直接和学生的就业率挂钩，导致学校花大力气去开设更容易就业的专业，而忽视了对学生思想素质方面这种不能量化、对就业率短期内帮助不大学科的扶持和帮助。三是部分理工类院校存在着重理轻文的倾向。理工类院校将重点放在了能够培养技术型人才的学科建设上，程度不同地忽视了人文社科类学科的建设。但这是一个长期发展积累的结果，难以在短期内改变，有些院校试图扭转这种局面，而效果尚不明显。

（四）大学生对优秀传统文化价值认识不足

大学生对传统文化的价值缺少基本的了解。在当代大学生当中，只有很少一部分认为学习传统文化对自身有用。此外，当代大学生已经将西方的圣诞节、情人节等西方传统节日视为和中秋节、端午节等传统佳节同等重要。出现这样的现象主要是由于市场经济的影响，社会更加关注物质生活方面，一个人是否成功的标准也是取决于其在事业上是否有成，是否有足够的资产，这就导致学生在进行学习、选择专业和课程的时候，更愿意选择易于就业且毕业后能拥有不错薪水的专业进行学习。学生学习的功利性和目的性越来越强，是否选修一门课程要看这门课程是否可以收获社会认可度高的执业证书，要看是否可以为就业增加筹码，而不会去考虑这门课程是否可以提高自身修养，完善自身品格。甚至连兴趣的选择都要与是否可以增加就业机会，提高自己的人脉相挂钩。这样的价值导向使学生忽略了传统文化学习对自身发展、对今后立足社会的重要性的认知。传统文化可以培养学生拥有良好的道德素养、健康的价值观念和永不言败的生活态度，这些优秀的品质是一个人在学习和工作中取得成功的关键。但是，由于学习传统文化是一个逐渐积累的过程，这些优秀品质的养成也不可能一蹴而就，这也使学生无法在短时间内认清传统文化的真正价值，长此以往，学生便会失去了学习传统文化的主动性和积极性，从而严重影响高校传统文化教育的效果。

（五）互联网利用的缺失与大学生优秀传统文化教育软环境的不足

中国已经走进"互联网+"时代，网络的应用与兴起在对社会的经济发展起到巨大推动作用的同时，也给高校大学生的教育和培养方式带来了机遇和挑战。[①] 众所周知，互联网具有交互性、平等性、匿名性等诸多特点，这与大学生的心理特点相互契合，所以很多学生热衷于利用互联网开展学习与交流。互联网的发展把大学生带入了一个全新的文化环境，但是由于网络自身不具有文化辨别性，在传播优质文化和提供便利的同时，也带来了与社会文明进步相违背的异质文化，这对大学生思想和身心的发展起到了负面的影响。互联网上，非主流文化大行其道，大肆宣传低俗文化，互联网被"异化"为控制部分大学生的工具，很多学生沉湎于网络虚幻世界，在虚幻的网络世界中寻找存在感，不仅耽误了学业，而且失去了社会交往能力。

如果中国优秀传统文化的宣传能够借助网络力量，通过中国优秀传统文化来建设良好的网络软环境，改变部分大学生对中国优秀传统文化的现代社会价值和意义存在质疑和担忧的现状。在高校传统文化教育软环境的建设中也要注意对网络的利用，校园网络净化工程、中国优秀传统文化宣传 APP 的推广等应该尽快开展，这将会在大学生传统文化教育上起到十分重要的作用。

---

① 樊林. 互联网时代背景下的大学生优秀传统文化教育 [J]. 中小企业管理与科技，2019（04）.

第四节　高校思想政治文化教育模式的构建策略

一、加强优秀传统文化课程建设

（一）加强与中小学优秀传统文化教育的衔接

大学生的传统文化教育一般应该是从小学开始的，对传统文化内容和精神的学习是在小学、中学的语文、历史等课程中逐步展开的。在大学阶段，高校继续对大学生进行传统文化教育，想要取得理想效果的一个前提就是先去研究大学生在小学、中学阶段都接受了哪些传统文化教育，了解学生在小学和中学阶段学习了传统文化的哪些内容，这样我们就可以在教材和教学内容上与中小学传统文化教育做到有效的衔接，避免高校传统文化教育与小学和中学的传统文化教育相脱节。例如，中学讲《论语》的内容，讲《孟子》的内容，我们在大学传统文化教育中就可以将这一部分的内容进行延伸和扩展，可以做个关于《论语》的专题学习或讲座，大家对孟子的了解明显不如孔子，那就可以将孟子的主要思想和生平事迹补充到教学内容中来；中学的时候学习文天祥的作品，在大学阶段我们可以继续学习文天祥，学习他的《正气歌》，以培养大学生的健康人格。这样在讲课内容上使学生不陌生，有亲切感，有利于激发学生学习的兴趣和积极性。

（二）优化完善中国传统文化课程体系建设

1. 中国传统文化课程的开展

作为高等受教育者获取优秀传统文化知识的主要途径与阵地，高校课程起着举足轻重的作用。然而，我们从许多高校目前的课程设置情况来看，我国传统文化的教育处在进退维谷之境况。原因在于国内的众多经典著作还没有经过详细的整理，所以对于一般的普通大众来说是艰涩难懂的，更别提趣味性了。因此，学校一定要将语文课这一学习古典文化平台巧妙利用起来，通过对大学生传统文化的输入与教导，辅以某些教育方面的选修课程，同时使之更加规范与制度化，从而使我国传统文化渐入规范发展之轨道。大学生经过优秀的文化传统习得，可以更好地知晓其重要思想与辩证思维，进而极大提升自己的思想素养与思辨能力。

2. 将儒家思想内涵渗透至课程体系建设之中

大学生品德教育的主要内容与儒家思想内涵相辅相成，为此学校在传扬我国道德文化传统时，应不单单局限于某个角度与途径，而应进行全方位的资源整合，将儒家文化与思想融会贯通，达到育人的目的。第一，把儒家思想教育课程纳入高校公共理论之中。目前，大多数高校都开设了《中国文化概论》课程，这对于我国传统儒家思想理论传播极为重要。但在具体教学课程实践中讲授儒家思想较少。所以，我国传统儒家思想融入大学生生活中，全面利用其中文化资源的教育作用是十分必要的。教育者们在进行课堂教学时，完全可通过对经典名著中的某些故事与哲理的剖析与讲解来引导学生更好地吸收儒家经典的精髓，可以把这些精髓与现实生活结合在一起，从而让学生可以更好地知晓儒家思想，这样一来，不但可以让学生更好地了解与吸收其精华所在，还能帮助他们形成正确的价值观、世界观，真正实现其潜移默化的教育作用。第二，学校对学生进行思想政治方面的教育离不开思想政治课的课堂教学。事实上，我们在进行思想政治时，也可以将其与国内传统的儒家思想融合在一起。如此一来，不但对高校思想政治理论课教学思路的开拓大有裨益，并且可以凭借儒家思想来帮助大学生塑造正确的世界观、人生观与价值观。所以，把我国优秀传统文化中的教育与思想政治课程相结合，可以极大地丰富目前的思想政治课。

3. 基于媒体平台的基础，完成中国传统文化和多媒体的结合

随着科学技术的高速发展，网络技术正以迅雷不及掩耳之势悄然改变着大众的生活与工作方式，进而也促进了道德教育新方式与渠道的形成。目前，是否可以行之有效地开发与使用网络教育，对中国传统文化能否发挥其独特性的这一教育优势起着决定性作用。当前，网络使用群体中最为庞大的队伍就是大学生，所以，我们在进行传统文化教育资源的开发和使用时，一定要清醒地意识到有效发挥网络载体的现实意义与重要性。

第一，教师可把网络载体当作大学生思想政治教育的重要阵地开展各项教使用互联网时也能吸收很多新知识，从而获取中国传统文化传统精髓，体会其深远意蕴。特别需要注意的是，我们在通过网站这一形式进行思想政治教育时，一定要尤其关注在这种形式下予以思想政治教育时要采用怎样的语言形式使之达到"以礼育人，以情动人"的效果，达到润物细无声的目标。

第二，采用微博、微信这类形式来起到类似效果。人们之所以越来越青睐新媒体，与其方便性、通用性不无关系。这种新兴媒体给大学生带来了全新的沟通形式，符合他们目前即时信息传递与主动求知的心理特征。比如说，通过微信微博等软件给大学生提供一些关于我国中国传统文化的公众订阅号，按时为他们提供一些与之相应的讯息，为他们在零碎时间内获取知识提供帮助。另外，教育者还能通过微信微博这类平台，及时解决目前大学生普遍反馈的道德滑坡问题，进而为高校思想政治理论教育活动开拓出一片新天地。

第三，借助图书馆这个资源宝库进行中国传统文化宣扬。比如，引导大学生积极运用图书馆的各种文献资料以及通过阅览室下载与我国中国传统文化相关的电子文档与视频等影像资料，让大学生可以更好知晓与了解一些经典名著与人物传记，进而有效吸收其中教育精华方面的内容与思想，提升自身的思想道德素质，实现全面发展。

（三）传统文化进教材，增添民族色彩

高校思想政治教育教材是对大学生进行科学世界观、价值观、人生观教育的基本途径，对于提升大学生政治素质、思想品德素质、法律素质等，起着知识载体的作用。因此，各个高校可以让传统文化走进教案教材，从本校思想政治教育现状出发，依托地方传统文化的优势资源，取其精华，编写出具有地方特色的、能让学生切实感觉到传统文化气息的校本教材，作为当前思想政治教育教材的有力补充。同时，思想政治教育教材贯穿着马克思主义中国化这条主线，马克思主义中国化理所当然地包含马克思主义与中

国传统文化的有机结合。因此，在校本教案教材的建设中，应致力于马克思主义中国化过程中中国传统文化与马克思主义在哪些方面是贯通的，要善于用中国传统文化的思想精华来丰富马克思主义理论，这样既升华了中国传统文化的优秀思想成果，又发展了马克思主义。

二、全面提升高校思想政治教育工作者的传统文化素养

传统文化通过几千年的积淀已经成为民族心理的一部分，对它缺乏一定的理解和认识，就很难有较高的思想境界和宽广胸襟。传统文化融入高校思想政治教育，必须提高思想政治教育者的传统文化素养。

（一）传承传统文化，教师先学先行

教育者必先受教育。推动传统文化融入高校思想政治教育，要积极开展传统文化的"三进"工程，即优秀传统文化要"进教材""进课堂""进大学生头脑"，"三进"工程的有效开展，必须基于思想政治教育工作者扎实的传统文化基础和素养。因此，传承传统文化，教师要先学先行，入脑入心。高校思想政治教育教育者要学全、学透、学深、学活，真正成为传统文化融入高校思想政治教育的先知先觉先行者。促进传统文化融入高校思想政治教育，是提高教师思想政治觉悟、锻炼处理复杂问题能力、做好立德树人工作的千秋伟业。从大学教师的政治高度，全局观念和战略视野出发，必须认真学习传统文化，用传统文化武装高校教师头脑，用传统文化充实高校教师知识，用传统文化提升高校教师水平，并把传统文化作为一种自觉追求和政治责任。学透是融入的基础。高校教师是我们党推进中华民族伟大复兴的重要力量，要坚持把传统文化传承融入中华民族伟大复兴的历史全过程，用创新的态度、科学的方法来验证与实践传统文化，深刻理解，全面领会，重点把握，灵活应用，从而很好地利用马克思主义的立场，观点和方法，准确地解答学生疑难中的重大理论和实践问题，通过分析传统文化的精华价值，明事理，聚魂气，扬正气。学活是关键。只要活学活用，把传统文化灵活多样地融入高校思想政治教育，理论联系实际就会发挥出巨大的威力。

（二）教师互帮互学，倡导集体备课

教师积极性的发挥是教师提高教学水平的内在动力。传统文化融入高校思想政治教育是一项新事业，也是一项重要的奠基性事业。而一些从事多年教学的教师，不愿意放弃原来的课程而讲授传统文化，一些新教师又不能够满足教学需要。因此，学校应该利用考核、晋职、奖励等多种精神鼓励和物质刺激的手段，充分调动教师的积极性和创造性，使他们乐于讲授传统文化，严于要求自己，不断提高自身素质。为了确保思想政治理论课教学一个声音，防止自由主义，不论是专职教师还是兼职教师，不论是新教师还是老教师，一律实行集体备课，备教材，备学生，备理论，联系实际的内容，统一对教学重点、难点疑点的认识，从而使全校思想政治理论课教学保持了高度一致性。同时，通过集体备课，达到互相交流、互相启发、互相学习的目的，提高教师尤其是青年教师的传统文化教学水平，对提高教育教学质量起到积极作用。应大力倡导团队攻关精神，发

挥集体作战优势，强化教师的教研室意识和教师意识，努力营造科研氛围，提高教师教学科研水平。

三、增加校园文化建设中优秀传统文化元素

（一）将优秀传统文化元素融入校园基础设施建设

环境对人的影响是潜移默化的，校园文化作为学生在大学期间接触最多的环境，对大学生的教育意义不言而喻。校园文化是高校思想政治教育的重要载体，也是和谐校园的重要表现①，在高校传统文化教育的过程中发挥着重要的作用。加强高校校园文化建设，将传统文化融入校园文化中去是高校传统文化教育取得成功的重要保证校园基础设施建设属于校园物质文化范畴，即校园的建筑风格、布局式样等，是最能直观体现校园文化的部分。高校可以将传统文化的元素融入学校建筑和校园景观中去，让校园在建筑风格中拥有传统文化元素。首先，在学校教学楼、寝室等校园主体建筑中加入与传统文化有关的元素，如可以选取一两个教学楼，将其建成中式风格，作为传统文化教育基地，使学生可以从中国传统的建筑风格中来感受传统文化所具有的创造力和想象力。可以将寝室的内部结构装修成中国传统风格，提供给对传统文化感兴趣的同学。其次，可以在校园的景观环境建设中通过对建筑、人文、植物三方面的合理布局，来体现出中国传统文化"天人合一"的和谐自然观。可以在校园中树立一些中国古代历史人物的塑像，如伟大的教育家孔子、爱国将领岳飞等。还可以建造一些具有传统文化气息的景观，如亭子、长廊等，在这些建筑的内部，用中国传统文化的内容作为装饰，使之成为校园中学习和交流传统文化的场所。最后，在教学楼或寝室楼楼道的墙上或是校园的宣传栏中都可以添加传统文化的名人事迹或名人名言。将传统文化的元素融入校园的每一个角落。

（二）开展与优秀传统文化相关的各项学生活动

校园活动可以丰富学生的生活，提供给学生一个展示自我风采和结交更多新朋友的机会，非常受学生的欢迎。学生在活动中可以学习到各种知识，可以培养自己的团队协作能力、沟通和交流能力，磨炼自己的意志。高校思想政治教育在这方面已经取得了突出的进步。例如，兰州大学学生利用课余时间动手制作"核心价值观24字手绘画册"，生动形象地宣传社会主义核心价值观。郑州大学组织编写《共产党员理想信念论》《共话中国梦》等专著，举办社会主义核心价值观系列理论研讨会，开展核心价值观教学竞赛、辩论、演讲、知识竞赛活动。

高校传统文化教育同样应该加强对校园活动这种教育方式的利用，调动和激发起大家学习传统文化的动力。一方面，中国有许多节日都是从传统文化中形成的，学校可以以传统文化节日作为切入点，开展传统文化的纪念活动，使学生了解各个传统佳节的由来，学习其中的传统文化知识，从而加深对节日的理解。还可以开设国学系列讲座，邀请传统文化研究方面的专家和学者来到学校为学生和老师进行传统文化内容的讲解，与

---

① 朱玉泉. 构建和谐校园与高校领导创新 [M]. 武汉：华中科技大学出版社，2008：22.

学生近距离的接触和交流。举办传统文化演讲比赛、知识竞赛等活动,使学生在活动中感受传统文化,学习传统文化。另一方面,学校可以举办各种文艺演出,排演传统文化内容的话剧、歌舞剧等。同时,还应该不定期地带领学生走出校园,参观历史博物馆、文化古迹,实际感受传统文化的无穷魅力。

(三)在其他学科中渗透中国优秀传统文化思想

方法论渗透在各个学科中,它不仅仅是属于哲学,它是我们思考问题解决问题的钥匙。社会的发展,要求大学培养的人才既要有高素质,还要具有高水平的专业技术,这一市场作用力作用于高校,让大学不得不进行改革。这种复合型人才的培养既要对专业知识专攻,夯实基础,也要求对其他的学科触类旁通。人文教育的训练并不是为了特定的或是偶然的实用目的,也不是为了明确的商贸或是职业目的,或是为了学业和科研的目的。知识人是为了人文教育本身,为了接受人文教育而进入大学,为的就是人文教育这一最高理念。我们不能把思想政治教育的任务完全强加于思想教育课本身,它需要我们各个学科来协同工作,以思想政治教育课为主导,多个学科辅助,真正地将思想政治教育融入我们的学习和生活中的各个方面。

四、营造良好的社会环境

个人是社会的个人,每个人只有在社会中可以找到自己的方向。人来自大自然,但是又独立于大自然,这种独立性就造成了良好的环境会改变一个人的想法。周边的社会环境有着极强的引导性,加上大学生思想的可塑性,社会环境对于大学生的影响是不言而喻。良好的社会环境能够对大学生中国优秀传统文化教育和其个人的顺利成长起到潜移默化的熏陶作用,而同时形成的完善的人格会影响周边的环境。[①] 这样的相互作用使大学生的思想政治教育状况飞速改观。社会环境的极速变化,对当代大学生的思想政治教育状况有着积极的影响,同时也带来了消极的影响。

传承中国优秀传统文化,需要营造一个良好的文化氛围。随着我国改革开放,现在的高等教育以由原来的封闭型向着开放型转变,大学与社会的界限正在逐渐模糊,学校和社会的联系日程趋紧密。越来越多的思想涌入高校,带来的是各种思潮对于中国传统文化的冲击,怎么传承我们的优秀的中国传统文化,成了当代相当热门的话题。为了更好地让大学生吸收众家之所长,以完备自己的人格,传承中国优秀传统文化,形成一个良好的文化氛围至关重要。科技的发展为我们提供了多种多样的传播手段,我们可以借助现在的多媒体,诸如网络教学、电视广播等高科技手段对中国优秀传统文化进行再传播,以期达到更好的接收效果。充分利用媒体的舆论引导功能,为大学生传承中国优秀传统文化做正确的引导创造条件。

五、完善管理制度,加强重视和引导

中国传统文化的传承,必须要有政府机构的积极扶持与管理。政府部门要制定具有

---

① 郑炜. 中华优秀传统文化融入高校思想政治教育的路径探讨 [J]. 教育观察,2020 (02).

权威性的中国传统文化管理规定，要持续加强管理，要有高效的组织和强有力的领导，切实抓好各项工作的贯彻落实，真正履行责任，彰显中国传统文化建设的效能。各单位要将此项工作列入平常工作当中，强化组织协调，强化宣传力度，建立促进中国传统文化事业的法规和规定健全政策导向制度。同时，要做好责任划分，确定责任，必须要保证各项工作真正得到贯彻落实。此外，要开展好监察、督促和预警工作，增强奖惩举措和力度，要时刻掌握中国传统文化各种工作的落实情况，层层分解，层层检查，健全奖励和惩罚办法，健全工作考评制度，将中国传统文化各项工作列入各单位年度考评系统当中，并将其当作评价领导人员有关成绩的核心指标。充分带动广大干部群众的积极性，一起投入到中国传统文化建设工作中去。尽最大努力来完成党中央关于建设和宣扬中国传统文化的各项要求和目标，积极宣扬文化事业中出现的先进人物的事例，形成全党全社会一同促进中国传统文化大跨越大进步的浓厚氛围。

六、切实加大投入力度和法律政策扶持力度

中国传统文化建设这一工作具有系统性，必须要持续投入资金予以支持，假如资金不足，这一工作将难以开展，我们应当基于长远，增大相关的资本投入，科学地计划资金的利用支出，健全有关财政与制度保障体制，将资本投入到中国传统文化事业和领域中来，大力拓展资本来源途径，提升文化工作的财政预算比例。增大对相关产业在投入等方面的支持力度，成立专项资金，科学制定每年的预算规划，确保相关工作的顺利开展。同时，增强对私营公司即其他社会团体参与到宣扬中华传统文化建设中去的激励与帮扶力度，想尽办法筹集资金来支持中国传统文化建设，增强相关政策的制定和革新，大力开拓体系建设。

增大有关法律制度建设，特别是健全知识产权法来保证相关体系构建。中国传统文化工作的开展必须要有健全的法律系统和良好的法律秩序来支持保证，否则就将难以开展、无以为继。加强这方面的法律制度建设，利用强调奖励和惩罚指引文化领域市场主体的活动，推动他们在进行中国传统文化的开展有关活动时的科学性和合法性，建立健康有序的规范秩序，化解中国传统文化行业内部或同外界的矛盾、纠纷乃至对立冲突，防范不良竞争，规范市场活动，最后做到中国传统文化方面资源的科学分配。

当然，中国在这方面的法律还具有许多缺点和不足，如我国中国传统文化层面的法律还不健全、层次较低并且还存在一定的滞后，这些都关系到中国优秀传统文化的科学发展与宣扬，亟待破解。

第八章
高校思想政治心理教育机制的构建探究

当今时代,思想观念、价值取向的"多元化"正以前所未有的力量和形式冲击着这个社会。与此同时,大学生的思想和心理问题也日益引起全社会的关注与反思。为应对高校思想政治教育工作所面临的新情况、新挑战,高校应立足于自身的现实情况,从思想政治教育和心理教育的实际出发,研究高校思想政治心理教育机制,探索高校思想政治心理教育工作的新途径、新方法,从而创新高校思想政治心理教育工作的理论与实践。

第一节 心理教育概述

学校心理教育,是我国素质教育的重要组成部分,是学校教育本身固有的基本理念之一。近年来,学校心理教育在全国各地的发展势头迅猛无比,各级各类学校及广大教师开展心理教育的热情空前高涨。由于我国学校心理教育起步较晚,随着这项工作日渐深入的发展,理论与实践方面出现的问题、失误越来越多,所面临的困难、困惑也越来越突出。作为心理教育工作者,我们有必要追问:我国学校心理教育是如何发展起来的?现实状况如何?我们有必要思量:我国学校心理教育该往哪里去?又该如何去?我们更有责任理性分析学校心理教育的现状与存在问题,科学把握学校心理教育的发展道路,积极建构适应 21 世纪需要的我国学校心理教育的新体系。

一、心理教育概念解读

在心理教育的起步阶段,由于实践与研究视角的差异,对心理教育的提法也有较大的出入。比如,从"五育"的角度理解心理教育,把心理教育与德、智、体、美、劳相提并论,称之为"心育";从素质教育的角度理解心理教育,称之为"心理素质教育";参考我国台湾和香港地区的提法,使用"心理辅导"的名称;从心理卫生与心理疾病预防的视角,使用"心理教育"的提法;从心理技术的视角提出"心理咨询""心理治疗""心理训练"等。这些概念及用法的不同实际上反映了人们对概念内涵的不同理解和所从事的实践领域的差异,心育、心理辅导、心理咨询等提法的背后有着不同的实践领域,如果加以精心提炼,则可以抽取相同的内涵,即这些活动都以人的心理为指向,人的心理是有共同的、共通的领域，而对人的心理的指导、咨询、训练等归根结底是属于"教"与"育"的范畴。因此用"心理教育"这一概念是可取的。

在心理教育概念的界定方面，有的学者把与心理教育有关的概念区分为四大类的概念：第一类是属于综合性宏观的心理教育，即与心理教育具有相同或相近内涵和外延的概念，主要包括心育、心理素质教育、心理品质教育、心理教育、个性教育、人格教育、心理辅导、心理卫生等。第二类是属于方法、技术类的概念，主要包括心理训练、心理测验、心理咨询、心理治疗等。第三类是属于某种心理教育模式的概念，主要包括愉快教育、希望教育、和谐教育、成功教育、挫折教育、磨难教育、生存教育、创造教育、创新教育等。第四类是属于某一领域或某一方面的专项心理教育，主要包括兴趣教育、情感教育、性格教育、思维训练、能力培养、生活技能训练、意志锻炼、社会适应性培养等。

本书认为，心理教育是以发展人的心理素质为宗旨的一种教育，即包括知情意的转化、开发心理潜能、提高心理机能、防治心理疾患，从而增进人格的整体提升。我们从三个方面展开研究，一是从心理教育中的素质教育的角度出发，研究心理教育的"教"与"育"对思想政治教育的影响，具体来说，即探讨教育、发展、调整、分配作用在思想政治教育中的应用；二是从心理教育中防治的视角出发，以心理技术为基础，研究心理教育的技术"如何在思想政治教育中具体实施；三是从心理教育评价方面讨论心理教育的评价对思想政治教育实施的借鉴意义。心理教育从不同角度理解具有不同的意义。

由此可知，在社会生活中心理教育具有广泛的实践领域，我们所要探究的心理教育只限于学校教育领域，主要是以高校大学生为研究对象。心理教育按性质划分为两个方面，即发展性心理教育和矫正性心理教育。发展性心理教育实质是培养心理素质，促进人的全面发展；矫正性心理教育主要是防治人的心理疾患，保持心理健康，二者协同构成了心理教育的整体。

二、心理教育的基础理论

在传统的心理学研究领域里有三种基础理论，分别是防御机制理论、强化作用理论和认知—动机—关系理论。

（一）元意识理论

精神分析学派强调无意识在人心理活动中的作用。他们认为无意识中贮藏着许多暂时无法意识到的各种本能活动，且能量巨大。人们许多情感、意向以及早年的不良情绪体验、负性记忆、欲求等都被不自觉压抑到无意识范畴之内，在遇到相同或相似的事件后，这些潜伏在无意识里的能量便会成为动机的来源。研究表明，在自由联想和催眠等技术引导下，患者从无意识中挖掘出过去被压抑的情绪经验和负性记忆，从而促进症状痊愈。

（二）自我理论

自我理论把自我看成是其身心活动的主体，把自己的过去、现在和未来统一起来，把我和非我区分开来。自我概念是自我理论中重要概念之一。

该理论认为，自我概念是他人判断的反映。我们觉得自己好或不好，依赖于我们设想别人如何判断我们。自我概念是一个整体，包括认知成分、情绪成分和评价意志成分。自我概念可区分为现实的我（当前对自己的看法）、理想的我（应当成为的人）、动力的我（力求达到的人）和幻想的我（可能条件下希望成为的人）。

三、学校心理教育发展现状

学校心理教育在我国现阶段是一项开创性的新兴事业。当前，开展心理教育的各级各类学校大幅度增加，心理教育在学校素质教育中的重要地位得到进一步确认，学校心理教育的功能与价值开始得到全社会的普遍重视。关注学生的心理健康、提高当代青少年的心理素质正日益凸显为教育的主导理念，心理教育正在成为学校素质教育新的生长点。我国学校心理教育的现状可归纳为以下几个方面。

（一）组织开展形式多样的心理教育活动

20世纪80年代初以来，许多大中小学校都开展了一系列内容丰富、形式多样、各具特色的心理教育工作和活动，如开设心理健康课程，运用多种媒介如广播、电视、板报、信箱、电话、网络等宣传普及心理健康知识，成立心理教育辅导或咨询中心等工作机构进行心理测验、心理辅导与心理咨询服务，建立学生心理档案，成立学生心理健康协会等组织，举办学生心理健康活动月或活动周，组织开展学用心理知识征文或演讲比赛、校园心理剧或心理小品表演等生动活泼、深受学生欢迎的心理教育活动。

（二）建立健全心理教育学术团体和组织网络

这些年来，全国性的学校心理教育学术组织纷纷成立，其中中国心理学会、中国心理卫生协会、中国社会心理学会、中国教育学会等都有相关的分支组织或专业委员会。北京、上海、江苏、湖南、河北等地都相继成立了地区性的学校心理教育的学术团体或组织。1994年4月，由全国23个单位发起，在湖南省岳阳市召开了全国中小学生心理辅导与教育学术研讨会，成立了一个全国性的心理教育联络组织——全国学校心理辅导与教育研究会，首次实现了国内各地区心理教育组织的联合。这一组织已演变为中国教育学会教育实验研究会学校心理辅导专业委员会。

（三）重视心理教育的理论研究

国家对学校心理教育的科学研究给予了更多的关注。仅在"九五"期间，向全国教育科学规划领导小组申报的有关心理教育方面的课题就多达70余项，属于原国家教委重点课题的心理教育类项目多达10个以上，堪称前所未有。这些研究课题涉及面广，参与研究人员多，持续时间长，各级各类学校和教师参与心理教育课题研究的热情可以说是空前高涨。仅湖南师范大学主持的一项小学心理教育课程教学实验，参加者就有13个省市1 500多所小学的近40万名学生。而由南京师范大学主持的一项心理教育课题研究，参加的大中小学就有100多所。国内许多教育报刊开辟了心理教育专栏或发表了心理教育方面的研究成果，经常组织心理教育的专题讨论。学术团体定期或经常性举办心理教育学术研讨会，基本上形成了全国性的学术交流和研讨气氛。目前，这一领域研究的热潮此起彼伏，持续不断。

（四）关注心理教育师资队伍建设及培训工作

学校心理教育要全面推进、提升水平，师资是关键。许多省市、地区在这方面做了大量的开创性工作：举办心理教育专兼职骨干教师培训班或研究生课程班，编撰教师培训用书，制定中小学专兼职教师资格认定办法和条例等。例如，上海市从1999年起，开始了为期一年的学校心理辅导专职教师上岗培训工作，经考核后由市教委颁发资格证书，并确定心理辅导教师专项职称评聘系列；天津市规定一般中学每校要有1~3名、小学1~2名专职心理辅导教师，凡从事心理辅导与咨询的专职教师要持证上岗；河北省石家庄市则采取了三级培训责任制，即市教委培训心理教育专业教师和骨干教师，各区县培训班主任队伍，而各学校则组织全体教师学习心理教育知识，从而大大改善了心理教育师资队伍的状况。

（五）加强对心理教育工作的组织领导和指导

为了推动学校心理教育工作的深入开展，教育部专门成立了全国中小学心理教育咨询委员会，加强了对全国学校心理教育工作的宏观指导。2001年9月，教育部在贵阳召开专题会议，研讨制定了《国家中小学心理教育指导纲要》。目前，全国大部分省、市、地区都成立了由领导、专家和富有实践经验的一线教师组成的大中小学心理教育领导小组或指导委员会，制定颁布了相应的心理教育规划和指导纲要，负责本地区学校心理教育工作的规划、指导、协调和研究等工作。

（六）涌现了一批有影响力的国家级心理教育专家

在我国学校心理教育的理论研究与实践探索方面，涌现了一批颇有影响的心理教育专家，如北京师范大学教授林崇德、郑日昌，上海师范大学教授燕国材，华中师范大学教授刘华山，湖南师范大学教授郑和钧，清华大学教授樊富珉，浙江大学教授马建青，扬州大学教授陈家麟，华南师范大学教授莫雷、申荷永，安徽师范大学教授张履祥、姚本先等。他们的研究成果代表了国内心理教育理论与实践研究的最高水平，对我国学校心理教育的发展和学科建设发挥了重要作用。

当然，现阶段我国学校心理教育在蓬勃发展的同时，也存在一些亟待解决的问题，如观念陈旧落后，形式主义严重；地区间差异大，整体水平偏低；师资队伍薄弱，专业人才匮乏；理论水平较低，指导实践不力；操作缺乏规范，消极倾向显现。最为突出和不容忽视的问题主要表现在以下几个方面。

1. 基础工作比较薄弱

学校心理教育的师资队伍不稳定，人员素质参差不齐，待遇、职称等问题难以解决，心理教育的经费没有保障，心理教育的教材建设无序，心理教育的评价机制尚未真正建立。

2. 理论建设相对滞后

学校心理教育的理论研究与实践探索相脱节，研究资料短缺，理论体系建设不完善，诸如心理教育的目标、内容方法与途径等问题,目前在学术界还没有比较统一的看法,分歧较大。

3. 发展显得不够平衡

从全国范围来看,学校心理教育的发展表现出地区不平衡,类别不平衡,质量不平衡;从地区来看,南方好于北方,东部好于西部,城市好于乡村;从类别来看,大学好于中小学,普通学校好于职业学校,重点学校好于一般学校;从质量来看,各级各类学校心理教育的成效差异比较大,有的富有特色、成效显著,有的徒有虚名、流于形式。虽然我国学校心理教育走过了几十年的发展历程,已经积累了不少成功经验,但冷静理智地思考,要使学校心理教育今后能持久健康地发展下去,还有不少理论和实践方面的课题有待我们去深入研究。比如,在理论层面上,学校心理教育的定名问题(是心理教育还是心理教育)、定位问题(是相对独立的教育还是从属于德育或广义的道德教育)、定性问题(是以积极性、发展性为主还是以消极性、障碍性为主)、定向问题(是教育学化取向还是心理学化取向或其他取向)等;在实践层面,心理教育操作系统的构建问题,大中小学校心理教育的分工和衔接问题,心理教育的法规化问题,心理教育的师资队伍建设问题等,都要进一步探索解决。如果这些问题不能得到及时解决,就会阻碍我国学校心理教育工作的正常开展,甚至可能把学校心理教育引入歧途。

第二节 心理教育与思想政治教育的关系

一、心理教育与思想政治教育的区别

(一) 起源不同

一般认为,学校心理教育,是在 20 世纪初由三支源流汇合而来:早期职业指导运动、心理测量运动和心理卫生运动。可以认为,学校思想政治教育或德育自有学校之日起便有了,如我国古代学者孟子就说过:"设庠序学校以教之……皆所以明人伦也。"再如,德国教育家赫尔巴特曾指出:"教育的唯一工作与全部工作可以总结在这一概念之中——道德,道德被普遍地认为是人类的最高目的,因此也是教育的最高目的。"[1] 不难看出,在阶级社会中,思想政治教育或德育是阶级斗争的产物,它始终打着教育阶级性的烙印,充斥着为统治阶级服务的内容。

(二) 理论基础不同

心理教育的理论基础主要是心理学、教育学等学科的相关理论,而思想政治教育的理论基础主要是马克思主义的基本原理和伦理学的相关理论。思想政治教育学的理论体

---

[1] 徐洁,胡宏伟. 学校变革智慧 管理创新与学生发展 [M]. 济南:山东人民出版社,2014:130.

系是由本学科特有的概念、范畴和术语以及由它们组织起来的基本理论和研究方法所构成的知识体系。关于思想政治教育学的理论体系，存在一些不同的意见。我们认为，思想政治教育学的理论体系主要由以下三部分组成。

1. 思想政治教育学基本理论

它表现为思想政治教育学特有的一系列基本概念和基本原理，主要包括思想政治教育学理论基础即马克思主义思想政治教育理论研究，思想政治教育学研究对象和基本范畴研究，思想政治教育地位和功能研究，人的思想品德形成发展规律研究，思想政治教育过程及其规律研究，思想政治教育者与教育对象及其关系研究，思想政治教育目的、任务、内容及原则研究，思想政治教育与环境相互作用研究等。而包括上述内容在内的有关方面的理论构成了思想政治教育学的基本理论体系。

2. 思想政治教育史

它是关于思想政治教育起源与发展历史的理论知识。思想政治教育是历史的产物，随着人类社会的发展变化而不断发展。全面认识和把握思想政治教育的历史进程，总结并借鉴其历史经验，对于思想政治教育的理论研究和实际工作都有重要意义，有关思想政治教育历史的理论知识是思想政治教育理论体系不可或缺的组成部分。这一部分内容包括马克思主义诞生前（包括奴隶社会、封建社会、早期资本主义社会）的思想政治教育史、近现代资本主义的思想政治教育史、无产阶级的思想政治教育史等。在这笔丰富的历史遗产中，无产阶级思想政治教育史特别是中国共产党思想政治教育史的历史经验和优良传统应该是研究的重点。在社会主义现代化进程中，尤其应注意总结党的思想政治教育丰富的历史经验，探寻其规律，以建设具有中国特色的思想政治教育学理论体系。

3. 思想政治教育学分支学科

在关于思想政治教育学理论体系的研究中，有些学者将思想政治教育方法论和思想政治教育管理理论分别看作思想政治教育学理论体系的组成部分，我们过去也持这一观点。现在看来，这一看法值得进一步斟酌。随着思想政治教育学理论研究的深入，其研究领域逐渐扩大，分支学科逐渐增多；如果每一分支学科都被看作思想政治教育学理论体系独立的组成部分，那这一理论体系就处于极不稳定的状态之中，也缺乏弹性。因此，我们认为，思想政治教育学理论体系的第三个部分可概括成"思想政治教育学的分支学科"，它包括思想政治教育方法论、思想政治教育管理学、思想政治教育心理学等。思想政治教育学分支学科是运用思想政治教育学基本理论研究思想政治教育某一领域、某方面所形成的学说，既与基本理论有着密切联系，又具有相对独立性；无论是对于思想政治教育学科建设，还是对于思想政治教育实践，分支学科都有十分重要的意义，值得深入研究。

由于思想政治教育学创立时间不久，上述内容的研究有些还不够充分，需要继续努力，对思想政治教育学学科体系的各方面进行深入研究，进而建立完善的具有中国特色的思想政治教育学理论体系。

（三）内容侧重点不同

心理教育的内容主要是对学生的学习、生活、人格、职业等方面的问题进行教育和指导，它主要偏重于使学生认识自我，培养学生良好的自我意识，强化其自知、自尊、自信、自助、自律、自控能力。思想政治教育的内容具有鲜明的时代性，在不同的历史时期强调不同的内容，大致可以分为政治教育、思想教育和品德教育三个方面，它主要偏重于使学生认识、学习社会规则，力图使学生分辨是非、善恶、美丑，追求高尚的思想与品行。大学生心理教育的功能包括三种：一是初级功能。预防和治疗心理疾病，及时发现心理异常者并采取相应措施避免事态扩大或恶性事件发生。二是中级功能。完善学生的心理调节，充分注意学生在学习、工作生活中常常会遇到的一些挫折和困扰以及由此引起的心理变化，帮助他们加强对自我、对他人、对社会的正确认知，增强挫折耐受力和社会适应能力，在任何情况下学会情绪调节，保持乐观向上的心态，从而较好地把握自己。三是高级功能。发展、健全个体和社会帮助学生确立正确的世界观、人生观、价值观，充分认识自身的潜能，正确对待周围因素可能产生的积极或消极影响，自觉克服自身弱点，以良好的心态和行为方式高效地学习与生活，充分地发展和完善自己，形成健全的人格。

（四）方法侧重点不同

思想政治教育重视自上而下的教导与灌输，其目标主要通过外界力量的引导来实现，它通过讲课、报告、学习、讨论、检查评比、参观访问、批评表扬、榜样示范、实践锻炼等方法，强调摆事实、讲道理，注重以理说服与言传身教；而心理教育主要通过会谈、放松、心理测试、角色扮演行为矫正、心理训练、价值澄清等方法，注重情绪宣泄与思想疏导。

二、心理教育与思想政治教育的联系

（一）心理教育与思想政治教育的总体目标和任务是一致的

从属性上看，两者都属意识范畴，解决的都是意识领域的问题。心理教育主要侧重于学生心理品质的塑造，人格的完善，思想政治教育则侧重于学生思想品德的塑造，德行的发展，两者在育人的总任务下有机地结合在一起。

（二）心理教育与思想政治教育在职能上是相互衔接的

心理教育通过改变学生的心理状况，使他们保持一种主动接受教育、积极完善自我的良好精神状态，从而为接受思想政治教育和其他教育创造条件。而思想政治教育通过对学生思想品德的熏陶和塑造，反过来对学生心理状况的稳定和改善进一步发挥其积极影响。

（三）个体品德的形成和心理水平的提高所经历的心理历程是一致的

世界观、人生观和价值观的形成发展过程，其实质是个体知、情、意、行的发展过程。而知、情、意、行的活动过程是许多人格因素（如动机、理想、情感等）参与及协同作用的结果，良好的道德修养和高尚的道德情操的实现，最终要以个体的动机、信念、理想、能力水平等人格完善为基础。人格的养成是以德行为核心，德行的健康发展也必须以健康的人格为基础。因此，无论人格的发展还是思想品德的发展，都是诸种心理要素相互制约、相互协调、相互作用的结果。

（四）教育过程中所遵循的基本规律是相类似的

苏联著名教育学家维果斯基用著名的"最近发展区"理论来解释教育与个体成熟之间的关系。教育要走在个体发展的前面，最佳的教育时机就是在个体即将成熟而尚未成熟之时。同样，无论对心理教育抑或是思想政治教育实施过程中，都必然遵循着这一基本的教育规律。心理教育实施中必须遵循由浅入深、由易到难的认识规律，必须遵循学生不同年龄阶段的认知水平，结合学生的智力、气质、性格等个性心理的发展水平，逐步地实施教育。思想政治教育也不例外，必须要做到因材施教，必须将尊重学生的个人素质和理解不同学生发展的不同特性，同时把学生内在的发展作为教育实施的依据。这两者想要有效进行都必须遵循教育过程的基本规律，只有这样，才能发挥学校、家庭、社会的整体优势，营造一个积极向上的人文环境，使学生的身心能够健康和谐地发展。

三、心理教育价值与思想政治教育关系的几点思考

学生是学习的主体，任何教学方法都必须通过学生而起作用。学生要素对教学过程的影响体现为两个方面：一是学生群体差异，包括年龄、性别和社会文化差异等。以年龄差异为例，年龄差异主要体现为思维水平的差异，其教学过程也表现出相应的不同。二是学生个体差异，包括先前知识基础、学习方式、智力水平、兴趣和需要等。它们是任何学习和教学的重要内在条件。因为学习就是在原有的知识经验的基础上生长出新的知识经验的过程。在日常生活中，在以往的学习中，学生已经获得了大量的经验，在开始某一主题的教学之前，他们就已经对这一主题有了自己的某些了解和看法，教学不是忽略这些经验去另起炉灶，而是要把它们作为新知识的生长点，从这里出发去引导学生获得更恰当、更丰富或更有效的知识经验。如果无视学生的这些个体差异，将会使教学过难或过易，从而影响教学的效果和效率。例如，如果一个学生的阅读能力较差，教师却过度依赖于文字材料来让学生获取某些信息，这样的教学就不太恰当；如果学生早就获得了有关知识，教师还不厌其烦地把教材咀嚼得细而又细，肯定会遭到学生不同形式的抵制。学生的群体差异和个体差异都属于教育心理学研究的主要范畴。

在教育过程中，教师对学生无论从哪个方面上讲都起着极其重要的作用。教师应该是协调学与教过程中各个因素的协调员，类似交响乐团的指挥，在学与教的过程中起着关键的作用。但我们不主张教师的"主导作用"的概念，因为这个概念是20世纪50年代凯洛夫教育学提出的，其实际含义是教师是教学过程中的知识源，有绝对权威。这一思想的影响是很深的。在新的教学模式中，我们强调学生是学习过程的主体，必然要对过去传统的教师"主导作用"的思想有所否定。在新时期，教师的作用并不因为不提倡主导作用而降低。相反，作为学校的教育过程，由于教育改革对教师提出了更高的要求，它要求教师按照特定的教学目标最有效地组织教学，教师除了本身在德才方面要成为学生的榜样之外，还必须熟练地掌握教材了解教材的结构和学生的知识结构，懂得如何根据学生和教材内容的特点进行教学，帮助不同特点的学生进行最有效的学习。不仅如此，

教师也要学会学习，本身就应该是一个好的学习者，同时还要善于反思，善于总结教学中的经验教训，从而不断改进自己的教学实践。在国外教育心理学研究中，教师的教学行为以及教学决策等也是重要的研究内容之一。

心理教育作为现代教育的重要组成部分，尽管与思想政治教育有区别但二者的联系决定了心理教育与思想政治教育共同服务于学生的健康成长和个性的健全发展，在提高学生素质的过程中，心理教育对思想政治教育有很大的促进作用。

(一) 心理教育为有效实施思想政治教育奠定了心理基础

苏联教育家苏霍姆林斯基说："没有心理上的修养，体力的、道德的、审美的修养就不可想象。"[1] 通过心理教育，使学生形成健康的心理状态和良好的心理素质，为其顺利地接受思想政治教育提供了良好的心理条件。心理教育是教育者运用心理学、教育学的原理以及心理咨询理论和技术等对受教育者施加一定的影响，帮助他们化解心理矛盾、减少心理冲突、缓解心理压力、优化心理素质，使受教育者的心理过程得以正常发展，保持良好的心理状态，形成良好的个性和思想品质，促进人格的成熟及人生的全面发展。

高校心理教育关注的不仅是学生心理问题的预防和治疗，更注重学生心理健康因素的培养和协调发展。因此，对心理健康的维护，对个体认识机能、情感机能的发展和完善，个体独立、健全、完善的人格的塑造，对学生潜能的开发，对高水平的心理素质的培育和养成，对个人生活质量的关注和提高，是大学生心理教育的基本内涵。教育部下发的《普通高校大学生心理教育工作实施纲要》指出，进行心理教育的目标是：培养学生坚忍不拔的意志、艰苦奋斗的精神，增强学生适应社会生活的能力，维护和增进学生的心理健康水平，提高学生的心理素质，加强和改进学校德育工作，全面推进素质教育，培养身心健康、具有创新精神和实践能力的高素质人才。

2005年，教育部、卫生部、共青团中央《关于进一步加强和改进大学生心理教育的意见》明确规定大学生心理教育工作的主要任务：

(1) 宣传普及心理健康知识，帮助大学生认识健康心理对成长成才的重要意义。

(2) 介绍增进心理健康的方法和途径，帮助大学生培养良好的心理品质和自尊自爱自律自强的优良品格，有效开发心理潜能，培养创新精神。

(3) 解析心理现象，帮助大学生了解常见心理问题产生的主要原因及其表现，以科学的态度对待心理问题。

(4) 传授心理调适方法，帮助大学生消除心理困惑，增强克服困难、承受挫折的能力，珍爱生命，关爱集体，悦纳自己，善待他人。

(二) 心理教育拓展了思想政治教育的内容

思想政治教育在培养受教育者思想政治素质方面发挥着重要的作用，它反映了社会对受教育的思想、政治、品德和行为规范等方面的要求。心理教育则关注学生如何适应社会生活、如何发挥人的潜能，引导学生认识自我、认识自我与他人和环境的关系，学会应付挫折、调整情绪，学会职业选择、职业设计等。因此，从某种程度上讲，心理教

---

[1] 陈封椿，符成彦. 新时期大学生思想政治教育的探索与实践 [M]. 北京：现代教育出版社，2015：245.

育实际上是思想政治教育目标和内容的合理扩展与延伸，使思想政治教育内容更加贴近生活，更加有利于受教育者的发展和人格完善。

（三）心理教育为思想政治教育提供了新途径

传统的思想政治教育主要运用说服、榜样、评价、锻炼的方法提高受教育者的思想认识和思想素质。这些方法在以往取得过成效，但在具体运用的过程中由于过于强调外在的影响和外部强化，有时难免流于形式，使人感觉单调、枯燥。心理教育提倡尊重人格，注重发掘学生的身心潜能，注重依靠自我的人格力量来促进心理健康。这种教育方法促进和鼓励受教育者提升其自信心，可以促进其积极而有效地内化。因此，思想政治教育可以借鉴和运用心理教育的方法，如疏导法、心理咨询法、心理暗示法、训练法、角色扮演等方法来发掘受教育者心理的潜意识能量，从而使思想政治教育更加有针对性和实效性。

从某种意义上讲，家庭环境决定一个人的性格和品行。这当然不是说家庭环境好，人的思想品德就一定好，因为影响人的思想品德的因素还有很多。但一般来说，良好的家庭环境有利于青少年健康人格的培养，反之则会给青少年的成长造成障碍。

家庭是人出生后的第一所学校，是个人成长的摇篮。家庭环境对家庭成员特别是孩子的成长，对孩子思想品德的形成和发展具有极其重要的作用和深刻的影响，对学校思想政治教育具有重要的助推或制约作用，这种影响具有以下突出特点：

第一，基础性。每个人出生后就生活在家庭环境中，时刻受到家庭环境的熏陶和影响。家庭是儿童最初社会化的基本环境。在儿童社会化过程中，家长的世界观、人生观、价值观、道德观以及为人处世方面的表现，会对子女产生潜移默化的影响，在子女身上打下深深的烙印。这种影响具有基始性，会使人刻骨铭心、终生不忘。从某种意义上讲，人们认识世界、改造世界的知识和技能的习得以及思想品德的形成等，都是从家庭开始的。家庭环境尤其是父母对子女的影响，对子女思想道德素质的形成和发展具有奠基性作用，这是其他任何教育因素或环境因素所不具备的。

第二，普遍性和长久性。一个人生活在一定的家庭中，受到家庭环境的影响是具体的，有限度的。每一个人都生活在家庭中，毫无例外地受到家庭的影响，从这个意义上讲，家庭影响又是普遍的。同时，家庭是一个人在其中生活最早最长久的群体。人一出生就在家庭中生活，一生中的大部分时间都在家庭中度过，人的一生都伴随着家庭，因而家庭对人的影响具有突出的长久性特征。普遍性、长久性特点要求我们充分注意家庭环境的影响，并注意对其进行调控，使家庭影响和学校及社会思想政治教育的影响相一致。

第三，渗透性。家庭环境对家庭成员的影响不仅体现在有意识的家庭教育中，而且也体现在家庭的日常生活中，这就使家庭生活的多方面因素都对人们产生潜移默化的影响。家长的日常言行、家庭成员之间的关系、家庭的氛围、家庭的生活习惯等，都会通过家庭成员的耳濡目染渗透到他们的思想意识中。可见，家庭成员之间的相互影响和相互制约最为直接和深刻，尤其是父母的思想道德素质及其言行举止对子女更有突出影响。这种影响不一定是自觉的，却是潜移默化、实实在在地作用于家庭成员特别是孩子的身上。学校是一个特殊的社会组织，是有目的、有计划、有组织地向受教育者传授文化知识、劳动技能、价值观念、政治观点、社会规范，用来培养合格社会公民的机构。从总的方面看，学校的活动更有利于大学生形成良好的思想品德。但学校又是一个复杂的社会系统，除了有组织的活动之外，还存在一些自发的活动，因而学校环境对大学生思想品德的影响也是复杂的，主要是积极影响，但也存在消极影响。学校环境对学生思想品德的影响，主要是通过教学活动、课外活动、教师榜样、校风等方面进行的，这种影响具有以下特点：

第一，阶级性。学校担负着对大学生进行人格塑造的重要职责，承担着有目的、有计划、有组织培养合格社会成员的重要任务。在阶级社会里任何统治阶级都要利用学校教育来巩固其政治经济制度，进而维护本阶级的统治。因此，学校在系统传授科学文化知识的同时，还十分重视按一定的社会要求对大学生进行世界观、人生观、价值观的教育。这一特点不仅体现在学校有组织的教育活动中，而且也体现在整个学校环境中，阶级性是学校环境区别于家庭环境的重要特点之一。

第二，导向性。学校是遵循教育规律，根据受教育者的特点，向受教育者提供有针对性教育的机构。从总体上讲，学校环境对学生的影响具有明显的导向性，即这种影响从总体上讲与社会发展的要求是一致的，有助于学生避免和减少成长过程中的盲目性和曲折性，有助于促进学生思想品德向社会要求的方向发展。

第三，全面性。学校是社会的一个缩影，复杂的社会生活在学校环境中会有所反映。因此，学校不仅要向大学生传授知识和技能，而且更重要的是要帮助他们形成正确的世界观、人生观、价值观，使其具备在未来扮演各种社会角色、承担建设重任的素质和能力。为此，人们在营造学校环境时，往往是融合政治性、思想性、知识性、娱乐性等因素于一体，从而使学校环境对大学生产生全方位影响，这是学校环境区别于其他环境的一个重要特点。

第四，潜隐性。学校环境对学生成长的重要性，涉及学校环境的一个重要特征——潜隐性。学校环境包括教学活动、课外活动以及教风、学风、校风、人际关系、校园文化等，所有这些课内课外的活动、有形无形的因素构成特殊的学校环境。学生长期生活在这样一个环境氛围中，就会自觉或不自觉地受到这一氛围的影响，使自己的情操受到陶冶，意志得到锻炼，人格得到塑造。学校环境对学生影响的潜隐性特征，要求学校思想政治教育者一定要注意调动各方面的力量，协调各种因素，通过营造良好的学校环境氛围，促进学生优良思想品德的不断发展。

第三节　心理教育在思想政治教育中的作用分析

心理教育和思想政治教育既有区别又有联系，在实际工作中，将心理教育运用到思想政治教育中，对提高大学生思想道德修养有着重要作用，而探讨心理教育在思想政治教育中的作用机制也是高校重要的研究课题。本章主要就心理教育对思想政治教育的作用机制进行补充，并说明学习、情绪以及个性心理在高校思想政治教育中的作用。

一、学习心理在思想政治教育中的作用

思想政治教育是学生学习唯物辩证法、社会主义政治信念、思想价值观念和道德规范，并将其纳入自己的思想观念中的过程。因此，学习心理在这个过程中能够起到积极的促进作用。

布鲁纳认为学习是一个积极主动的过程，学习者在学习过程中的主动性体现在其必须主动让新知识与已有的经验和认知结构发生联系，对新现象进行归类和推理。[1] 因此在对学生进行思想政治教育过程中，激发学生学习兴趣，产生对新观念、新发现的好奇心，增加自信心是关键。同时在思想政治教育中也要重视对学习结果的反馈，进行思想政治教育后，学生接受多少内容、接受的内容是否存在偏差，都是从反馈中体现出来的。

奥苏贝尔强调学习过程是自上而下的同化过程。同化的实质是新知识通过已有认知结构中的知识或观念，建立实质性的非人为联系，进而被同化到已有认知结构中来。其结果一方面使新知识被学习者理解，获得心理意义；另一方面使已有的认知结构发生改变，增加新的内容，建立更广泛的联系。[2] 因此，在对大学生进行思想政治教育过程中，需要对新学习到的知识、理念与学生已有的知识、经验之间的区别和联系等进行分析，最后形成一个适合当代大学生的完整的系统的思想体系。这个体系既有社会适用性，同时又考虑到每位学生的特殊性。只有当大学生将思想政治教育内容同化为自己的思想观念，才能做出与思想观念相一致的行为，减少思维混乱和行为偏差。

二、情绪心理在思想政治教育中的作用

日常生活中，一系列主观认知经验主要表现为情绪。情绪对我们的生活、学习、人际交往等具有重要的影响作用。情绪具有适应功能、动机功能、组织功能、社会功能，可以帮助个体适应社会需求，激励人的活动，提高活动效率。当人处在积极、乐观的情绪状态时，容易注意到事物美好的一面，其行为比较开放，愿意接纳外界的事物；而当人处在消极的情绪状态时，容易失望、悲观，放弃自己的愿望或者产生攻击性行为。同时，情绪也在人际交往中具有传递信息、沟通思想的作用。

当代大学生情感丰富，情绪波动较大，行为更容易受到情绪的影响。当学生处于负面情绪状态时，片面进行思想政治教育并不会取得良好效果，甚至会产生反作用。大学生心理教育中重要的内容便是指导学生学会调节情绪，当面对冲突、困扰、挫折、失落时，进行积极、有效的自我情绪管理。在高校思想政治教育中，要善于运用情绪对大学生的积极影响，在良好的情绪状态下，学生内心更容易接受教师传递的信息，并有效将其内化，从而产生思想观念以及行为习惯上的改变。

三、个性心理在思想政治教育中的作用

个性是构成一个人的思想、情感及行为的独特模式，这个独特模式包含了一个人区

---

[1] 彭聃龄. 普通心理学 [M]. 北京：北京师范大学出版社，2012：85.
[2] 同上.

别于他人的稳定而统一的心理品质。不同心理学流派对个性有不同的分类，总的来说，不同个性类型的人在行为方式、认知风格等方面有差异。比如，有的人急躁，缺乏耐心；有的人不温不火，谨慎小心；还有的人喜欢冒险或孤僻离群。

在高校思想政治教育中，更多的是对大学生进行社会性教育，以适应社会主流价值观念。然而，现实和理想的差距、主客观之间的矛盾，会让当代大学生出现行为偏差或思维混乱。在这种状况下，进行片面的思想政治教育显然效果不理想。在高校思想政治教育中，要了解不同学生的个性特质，选择不同的教育方法和途径，从而取得更好的教育效果。

综上所述，高校心理教育与思想政治教育各有区别但又紧密联系。心理教育能够对思想政治教育起到积极的促进作用，利用学习、情绪、个性心理的作用，让高校思想政治教育、心理教育都得到更好的实施，最终让大学生实现自我发展和人格完善。

第四节 高校心理教育机制的构建研究

高等教育的发展与现代社会息息相关。改革开放后，社会经历着东西方文化的融合和冲突，传统的教育观念与现代教育观念不断渗透和碰撞，每一个青少年经历着个人发展与社会发展的适应与矛盾。成长中的大学生适逢改革发展的年代，不可避免地会表现出无所适从的心理。正是在这样的背景下，高校学生心理教育的开展才得到了社会尤其是高校的广泛认同。从深层上看，大学生心理教育适应现代教育，也就当然能够走进现代高等教育。因为心理教育与现代高等教育有着共同的命运，都是促进青年整体素质更好地发展。随着主体教育观、潜能开发观、终身教育观和个性教育观等现代教育观念的普及和发展高校心理教育的重要性越发地显现了出来，逐步成为高等教育的重要环节。

一、高校心理教育机制的构建的理论分析

（一）高校心理教育模式的学理建构

系统科学的整体性原理表明，心理教育模式是一个有机的整体，模式的性质、特点和功能都是由这个整体决定、体现的。整体的要素具有自己独立存在的特点、功能，同时互相联系、连接，共同构成新的整体，产生新的特点和功能。各要素之间要尽可能接近于整体的关键，就是各要素之间须经过优化选择，并匹配、组合得当。建构心理教育模式，其最基本的条件包括三点：第一，内在的基本要素；第二，具有范型意义的教育活动及其具体类型。第三，探索、形成并筛选出一批具体的操作样式。

心理教育模式的建构过程正是对各种价值观、教育观等进行审视、选择认同、整合并不断体系化的过程。这一过程是把心理教育实施过程当作一个整体性的系统来建构，它强调心理教育的操作策略和全部教育因素的有效组合。一般而言，主要从四对常用范畴（维度）来阐释和把握心理教育模式建构的方法论思想，即整体性与单项性的建构、

结构性与功能性的建构、事实性与价值性的建构、科学性与人文性的建构。

由于模式是实践与理论的中介，介于实践与理论之间，因而心理教育模式的建构大致可以概括为两类方式：一类是从实践中概括形成，这种模式大多来自心理教育一线教师的探索实践，其模式建构的实践基础较好，但随机性较大，理论基础较弱，属于自发形成的实践型心理教育模式；另一类是以理论模型作为起点，结合心理教育实践所形成的理论型心理教育模式，这种模式大多由心理教育理论工作者和实践工作者共同完成，其理论指导性较强。从心理教育理论建设的要求来看，我们更应强调第二类心理教育模式的建构方式，因为只有在科学的心理教育理论指导下，在扎实的心理教育实践基础上形成的心理教育模式才能更好地适应我国心理教育实践和发展的要求。

（二）与心理教育相关的学习理论

学习理论是心理学中最古老、最核心，也是最发达的领域之一。早在心理学尚未分化成一门独立的学科时，就有不少哲学家论及学习。例如，古希腊哲学家柏拉图、亚里士多德和中国伟大教育家孔子的思想中，就有不少论述学习的内容。自心理学在19世纪初期从哲学和生理学中分出来成为一门独立的学科开始，人们对学习的性质、学习的过程、学习的规律、学习的动机、迁移以及学习的方法策略等，都有了大量的研究，从而增强了人们对学习及其本质的理解，形成了系统的学习理论的研究。学习理论的研究试图解释学习是如何发生的，它有哪些规律，它是一个什么样的过程，如何才能进行有效的学习等问题百多年来，心理学家在探讨学习规律的过程中，由于其哲学基础、学科背景的不同，研究手段也不同，自然地形成了对学习的各种不同的观点。这些不同观点构成了不同的学习理论流派，彼此存在着争论和歧见。例如，行为主义学习理论强调学习是因环境而导致的行为的改变；认知派学习理论认为学习是个体头脑中认知结构的改变，是对外部刺激的理解和建构；人本主义学习理论强调人类学习过程的一些情感因素、动机因素、人际关系和沟通的作用；社会文化理论则强调社会文化对学习的影响，学习是个体自我概念的变化等。下面简单介绍学习理论的发展过程。

1. 现代学习理论的发展渊源

心理学作为一门独立的学科是从19世纪晚期冯特（Wundt）建立的第一个心理实验室开始的。冯特对研究人类意识经验有兴趣，试图把意识分析为许多最小的构成要素，像物理学中研究原子、化学中研究元素一样，在心理学中对这些最小的要素进行研究，使之成为一门"真正"的科学。由冯特所领导的第一个心理学派，称之为构造主义学派，像哲学中的联想主义学派一样，他相信心理是由观念的各种结合组成的结构。如果能发现这种结构，分析思维的要素，就能系统地研究人类的意识，那如何来分析思维的要素呢？构造主义者主要是内省（自己反省）或称自我分析。

冯特的构造主义很快遭到了心理学各学派的批评。以威廉·詹姆斯（William James）为创立者的机能主义学派在其《心理学原理》一书中批评道，"意识是不能还原为元素的，相反意识作为一个整体起作用，其目的在于使有机体适应环境"[1]。杜威（Dewey）也是机能主义学派的有影响的人物，他指出孤立地研究一个元素单元纯属浪费时间，因

---

[1] 熊焰. 基于网络环境的高校学生心理教育研究 [M]. 北京：北京工业大学出版社，2019：134.

为忽视了行为的目的。心理学的目标应该去研究行为对适应环境的意义。机能主义心理学对学习理论的主要贡献在于他们不是去研究一种孤立的现象，而是研究意识与环境的关系。他们反对构造主义的内省法，并不是在于它用结构主义研究意识，而是在于它还原为元素的还原主义。他们不反对研究心理过程而是坚持应该研究这些过程与生存的关系。

以韦特海默（Wertheimer）为首的格式塔学派形成于1910年德国的法兰克福大学，他们强调经验的整体性，批评冯特的元素主义，认为他看不到人类经验的真实性，犹如音乐家如果把每个音符分开就永远听不到主旋律一样。"整体不是其各部分的总和"，如果只研究部分或各要素会把研究引入歧途。

以华生（Wahson）为首的行为主义学派批评冯特采用内省法作为科学研究工具。行为主义学派同意研究元素，但他们不同意冯特发现这些元素的途径。华生认为唯一可观察到并可采用科学方法研究的是被试的外显行为。

来自各方的批评使构造主义学派成为"短命"的学派，在冯特等一代人中就结束了。然而对它的批评，反倒促进了心理学自身的发展，特别是行为主义者和格式塔学派对构造主义从不同角度的批评。

2. 行为主义学习理论的发展脉络

机能主义是最初来反对构造主义心理学派的。随后，一些心理学家逐渐认为，似乎根本不必去研究意识，为了使心理学研究完全客观化，它必须以行为作为其唯一的研究对象。华生积极地接受了这种观念，公开打出了行为主义学派的旗号。他认为为了使心理学真正成为一门科学，就必须使其对象能得到可信的测量。该对象就是行为，在行为主义的科学中，对行为的解释是不允许牵涉心理过程的，因为这些过程是不能观察到也是无法测量的。

华生在提倡研究行为、反对内省、反对研究意识的主张时，发现俄国生理学家伊凡·巴甫洛夫（Ivan Pavlov）关于条件反射的研究正是他所需要的，用可观察到的条件反射来代替冯特的观察不到的意识元素。他发现所有的学习皆可用条件反射作解释，也就是以刺激与反应的联系做解释。学习，即一系列刺激与反应联系的积累，就没有必要再去研究顿悟或传统意义上的思维，因为条件作用已足以解释学习的各个方面。在华生看来，心理学是一门纯粹的自然科学的实验性分支其理论目标在于对行为的预言和控制。华生是极端的环境决定论者，在他看来，人类生来具有的仅是极少的一些反射和一些基本的情绪——恐惧、怒和爱。经由条件作用，这些反射与各种各样的刺激结合，才产生了学习。他否认任何心理能力和先天素质的存在。在华生和他的追随者桑代克（Thorndike）和斯金纳（Skinner）等人的影响下，美国心理学界以行为主义观点为主导来研究学习理论，长达半个世纪之久。

3. 认知派学习理论的发展脉络

认知学习理论的先驱是德国的格式塔学派。格式塔学派是最初批评冯特的构造主义、元素主义的派别之一。所谓格式塔，是一个德语词，意为完整，该学派主张思维是整体的有意的知觉，而不是联结起来的表象的聚集。以韦特海默为首，加上后来的苛勒（Kohler）、考夫卡（Koffka），他们认为结构主义把思维还原为他们所谓的基本要素（元素），而行为主义则把行为还原为习惯、条件作用或刺激反应联系，两者都是还原主义。

他们反对任何一种还原主义，主张学习在于构成种完形，是一种顿悟。顿悟的发生首先是有机体面临的一个问题，发生认知不平衡，这种不平衡具有动机性质，使有机体试图去解决，求得心理的平衡，这种问题解决是通过顿悟而实现的。该学派重视创造性，重视理解，这些构成了最初的认知学习论的观点。他们也提出了一系列的学习规律，如学习的组织作用、完形趋向律等。

格式塔学派作为早期认知理论虽已显现出其对学习的许多合理解释，如强调人类学习与动物不同、认知结构、创造性等，这些都为现代认知心理学奠定了基础。然而在遗传环境的作用问题上，他们强调遗传的作用，主张内省法，未能与传统的唯心主义哲学划清界限。这些使格式塔学派在当时缺乏说服力。认知派理论朝两个方向发展，一个方向是认知主义，即信息加工论，将人脑比拟为电脑，探讨人对信息的加工过程，安德森（Andersen）、西蒙（Simon）等是其杰出代表。另一个方向是新结构主义，即建构主义，这种理论倾向认为，人类的学习是经验的重组、认知结构的获得和建构过程。这种思想来源于皮亚杰（Piaget）。皮亚杰的认知结构思想吸取了格式塔学派关于学习的认知和组织的观点，但是他更强调有机体与环境的交互作用，通过同化与顺应的过程取得与环境的平衡，在学习理论上更强调建构的作用。皮亚杰认为学生获得知识和道德价值观都不是从环境中直接将知识内化，而是将新知识与已有知识联系起来，从内部通过创造、协调来建构知识。皮亚杰的理论在20世纪60年代被介绍到美国以后，得到了广泛的响应与研究。在教育心理学领域最有影响的是奥苏贝尔（Ausubel）的有意义接受学习论和布鲁纳（Bruna）的发现学习论。这二者都重视所学内容的结构的重要性。最初的建构主义者受皮亚杰思想的影响，把学习描绘成儿童自身进行探索、发现和建构的过程。20世纪70年代末，西方教育心理学受到苏联心理学家维果斯基的强烈影响，强调知识的发展是通过社会建构而引起的，这种社会性的建构是在两个或两个以上的持续谈话的社会环境中进行的。于是，合作学习和交互作用教学等学习方法应运而生。在与其他人讨论的过程中，帮助学习者学到新东西，扩大其认知结构，更清楚地表达他们自己已有的观念并检验那些与别人相左的观念，加以重新建构。通过此类社会性的建构，使学习者的认知结构得以更健康地发展。

4. 人本主义学习论的发展脉络

20世纪60年代，西方社会特别是美国，由于社会和政治原因所引起的社会动荡不安，人们开始从当时的教育制度和学习理论中去寻找其失误。批评家认为，行为主义的程序教学和行为矫治使用过度，以至于在许多情况下不切实际地忽视生活中的人类特征。人本主义心理学应运而生，他们一方面反对行为主义不重视人类本身特征；另一方面也指出认知心理学虽然重视人类认知结构，但也忽视了人类情感、价值、态度等方面对学习的影响。人本主义心理学的主要代表人物是马斯洛（Maslow）和罗杰斯（Rogers）。马斯洛强调个人的动机倾向是指向自我实现或自我完成，提出需要层级学说，认为低级需要的满足是发展高级需要的条件。罗杰斯则特别强调人类具有天生的学习愿望，当他们理解到学习与他们自身需要的关系时，就特别愿意学习。他还指出教师如果真正体恤学生，表现出对学生的信任和信心，在交流中理解学生，那么教师作为学习促进者角色的作用就可以大大地提高。

此外，受维果斯基的社会文化历史论以及人类文化学研究的影响，学习理论界兴起了社会文化理论思潮。这种思潮特别强调社会文化背景、情境以及学习共同体在人的知识建构过程中的重要作用。

随着心理科学的发展，尤其是近几十年来计算机科学、认知科学、认知神经科学以及学习科学的发展，人们日益认识到简单地评论孰是孰非是无意义的，重要的在于从各个方面去揭示学习的实质和规律，取各家之长，补己之短。这种互相吸取的方式使学习理论的研究得到进一步的发展。

二、高校心理教育机制构建的科学依据

（一）自身的文化性格，较高的理论起点为依据

有学者认为建构教育模式存在三级水平：第一级是低水平，其特点是缺乏理论，照搬模式，盲目实践；第二级是中水平，其特点是了解理论，学习模式，重视经验；第三级是高水平，其特点是研究理论，探索模式，指导实践。毫无疑问心理教育模式的建构应当着眼于第三级的水平。心理教育模式是不断发展变化的，是开放的、发展的、进化的。初级的心理教育模式孕育着高级的心理教育模式，高级的心理教育模式有待于发展到更高级的模式。探寻和建构一个更理想、更合适的心理教育模式，是一个长期的实践过程。在研究和构建心理教育模式时，我们必须考虑到以下三点。第一，要确立科学的心理教育观；第二，要不断提高实际工作者的素质水平；第三，要建立科学的心理教育规划和制度。只有将这几方面的工作与建立健全组织机构有机地结合起来，心理教育模式才能发挥它应有的作用和功能。

心理教育是培养人、引导人的一种社会活动。人的心理的复杂性、教育活动的复杂性以及社会的复杂性，决定了心理教育固有的复杂性。因此，心理教育模式不可能是单一的，必然是多样的。要克服心理教育模式的单一化倾向，就要提倡多种心理教育模式的互补融合。综合应用多种模式，能够发挥心理教育的整体功能，保持心理教育系统的最大活力，最大限度地开发学生的心理潜能，全面提升学生的心理素质，从而实现心理教育过程和效果的最优化。无论是哪一种模式，都有其合理性、科学性和实用性，不能简单地加以否定。但是，每当一个模式固定下来，就会变得僵化，常常又不可避免地走向反面。心理教育的对象不同，目标不同、内容不同、心理教育过程的组织形式就应当有所不同，即心理教育模式应当有所变化、灵活运用。同时，每一种心理教育模式都各有所长、各有所短，把各种心理教育模式整合起来，相互补充相互协调，这对实现心理教育的理想目标是必不可少的。我们要学会建构模式，超越模式，从科学整合的角度去推动心理教育模式的可持续发展。

（二）以心理教育模式的发展历史为依据

在历史上，心理教育的发展经历了五种模式的变化。一是宗教和迷信的模式。人们认为心理异常是魔鬼入侵体内所致，便采用各种方式虐待心理变态者，试图把侵入人体内的"魔鬼"赶走。二是医学模式。随着科学的发达和人道主义的兴起，心理异常被认为是种需要治疗的疾病，人们采用生理学和医学的方法来治疗心理变态者。三是心理模

式。在医学模式继续发展的同时，人们重视心理因素的影响，开始把精神分析和行为主义的理论用于心理治疗。四是社会模式。重视社会文化因素的影响，认为异常和变态是各个不同社会文化的产物，在治疗上强调现实生活环境的改善，重点放在预防上，这一观点对心理教育运动有不可低估的影响。五是生物—心理—社会模式。随着科学的进步和认识的深入，人们认识到人是生物—心理—社会的统一体，对于心理健康的维护，应当整体考虑，从三个不同的方面入手，这一认识已经成为当代心理教育的最重要的指导思想之一。显然，心理教育模式的历史发展过程，是一个不断完善、逐步走向整合的过程理想的心理教育模式应当是多种心理教育模式的整合，形成整体结构，从而才有可能发挥更大的整体功能。心理教育模式的包容原理与系统科学的整体原理是一致的，从系统科学的整体原理可以引申出心理教育模式的包容原理。心理教育整合模式的产生和发展，恰恰是系统论整体性原理的充分展示，是"整体大于部分之和"的体现。

我们要从大教育的视域建构起全方位、立体型的心理教育模式。既把心理教育与学校的教育、教学、管理工作等融合起来，也将心理教育作为专门的教育或活动开展，还要努力营造物质形态和精神形态的心理教育氛围，从而真正形成整合形态的心理教育模式。概括地说，从整合模式的理念来设计，学校心理教育至少要实现六个结合：①各学科教学中心理教育的有机渗透与结合；②课内心理教育与课外心理教育的有机结合；③显性课程的心理教育与隐性（潜在）课程的心理教育相结合；④心理教育与班级管理的有机结合；⑤德育、智育、体育、美育、劳育和心育的有机结合；⑥学校、社会、家庭与自我心理教育的有机结合。一些学校虽然没有明确提出"整合"的心理教育思想，但富有成效的心理教育实践往往与整合模式不谋而合。

（三）要以马克思主义的认识论和现代科学的系统论为理论依据

"整合"是强调一个系统的整体协调，发挥综合优势。其实质就是力求避免用孤立的、片面的、静止的观点来看待心理教育因素，而要用整体的、联系的、动态的观点来认识心理教育过程。心理教育整合模式的主要内涵包括以下几个方面：①理念的整合。以现代心理教育理念为指导树立和建构全心理教育观。（面向全体、全面发展、全过程和全方位的心理教育观）②目标的整合。从人格现代化和个性社会化的要求出发，引导青少年"学会认知""学会做事""学会共处"和"学会生存"，促进青少年心理的和谐发展。③课程的整合。充分重视学科核心课程、心理教育专门课程、活动课程和潜在课程这四类课程的整合，探索学科之间的相互协调、相互渗透。④内容的整合。以青少年学生的心理生活为主线，把人格心理教育、学习心理教育、生活心理教育、职业心理教育等四大板块的内容有机结合起来。⑤学法的整合。把认知领悟式、活动体验式、角色扮演式、内省调适式等基本方法结合起来，从实际出发，灵活加以运用。⑥学段的整合。探索学前、小学、中学、大学四个层次学段之间的连贯性和科学衔接，以利于提高心理教育的实效，真正优化心理教育。⑦资源的整合。要实现家庭、学校、社会和自我这四大场域中心理教育资源的整合，探索和建构心理教育合力的形成机制。⑧视野的整合。把心理学教育学、社会学、医学这四大学科视野对心理教育的研究成果加以整合，形成全方位、多层次、立体式的心理教育结构体系。

心理教育模式系统的结构因素还包括心理教育的队伍、心理教育的评价、心理教育的管理、心理教育的研究、心理教育的硬件设施等。虽然心理教育模式系统的要素复杂多样，但最主要、最活跃，也是最有潜力的要素就是理念目标、课程、内容、方法、过程、资源和视野等。心理教育整合模式的建构，其目的是最大限度地发挥这些要素的积极作用，整体优化心理教育过程，全面实现既定的心理教育目标，提高心理教育的水平和质量。

心理教育模式的整合是建立在丰富多彩、各具特色的心理教育模式基础上的，强调心理教育模式的整合，并不意味着实现教育模式的"大一统"整合论心理教育模式强调各类型、各层次心理教育的有机结合与和谐发展，强调整体协调，彰显重心，创建特色。这并不是一种标新立异的心理教育模式，而是一种常规性的内在教育要求，一种本应具有的现代教育理念。

三、高校心理教育机制的构建原则

（一）将高校思想政治教育融入心理教育

传统的高校大学生心理教育模式就是在高校思想政治教育中展开的，主要是通过教学的方式对学生的思想加以正确的引导。因此，心理教育离不开思想政治教育，两者是相互融合的。虽然两者之间在教育的侧重点上存在着差异，但是中国大学生由于受到传统思想的影响以及外来巨大变化的冲击导致心理承受能力减弱，所以，思想政治教育对于解决学生面对各种新事物和新问题时所产生的困惑具有一定的作用。心理教育不仅仅是解决心理问题，如果能够采用思想政治教育的方式进行引导，并帮助学生确定一个努力的目标，就会使大学生产生积极向上的动力。因此，思想政治教育可以预防心理问题的产生。思想政治教育是一种潜移默化的引导，在大学阶段对大学生开展思想政治教育，不但能提高学生的心理素质，还能够使其树立正确的人生观和价值观，形成健康的心理。

（二）将心理教育定位在成长教育，与自我教育相结合

在高校大学生的心目中，心理教育是针对患有心理疾病的学生实施治疗措施，这就给了心理教育以错误的定位。高校大学生心理教育属于大学生思想政治教育的一部分，贯穿整个高校教育的全过程。从这个意义上来讲，高校大学生心理教育除了要对学生的人格进行塑造之外，鉴于大学生正处于即将成人步入社会的阶段，因此心理教育也是成人教育。那么，要实施大学生心理教育，首先就要在大学生的心目中建立主动的认知，使其能够自觉地接受心理教育。因此，高校心理教育也是一个主动建构的过程，是建立在对实践充分认知的基础之上的。对于高校的心理教育工作者来说，要有的放矢地对学生的个体心理进行调查、了解，以实现高校心理教育与学生的自我心理调节相结合，将心理教育建立在对学生的心理需求充分尊重的基础上，并促进价值选择多元化的实现。只有将学生的内在动力激发出来，充分地调动学生接受心理教育的积极性，才能够实现引导教育的作用，并获得良好的教育效果。

四、高校心理教育机制构建的内容和方式

自20世纪80年代中期以来，建构主义作为一种新的认识论和学习理论在教育研究领

域产生了非常深刻的影响。行为主义学习理论是以客观主义的哲学传统为基础的,即把知识和意义看成是存在于个体之外的东西,是完全由客观事物本身决定的,而学习就是要把外在的、客观的内容转移到学习者身上。认知派的信息加工论把研究的中心放在认知活动的信息流程上,它看到了人对信息的主动选择、编码和存储等。但是,信息加工论假定信息或知识是事先以某种已有的形式存在的,个体必须首先接受它们才能进行认知加工,因此,信息加工的学习理论基本也是与客观主义传统相一致的。

建构主义则是与客观主义相对立的,它强调意义不是独立于人而存在的个体的知识是由人建构起来的,对事物的理解不是由事物本身决定的,人以原有的知识经验为基础来建构的。不同的人由于原有经验的不同,对同一种事物会有不同的理解。而学习是积极主动的意义建构和社会互动过程。从客观主义到建构主义是一个连续体,建构主义的许多观点是针对传统教学的诸多弊端而提出的。传统教学中学生习得的知识存在很多重要缺陷,例如:①不完整,过于空泛,过于脆弱;②惰性,无法在需要的时候进行运用;③不灵活,无法在新的相关情境中迁移应用。如何缩小学校学习与现实生活之间的差距,实现学习广泛而灵活的迁移,这是建构主义者所关注的一个核心问题。另外,随着知识社会的来临,知识创新融入了多数社会行业之中,成了社会发展的基础和动力。这就要求未来的社会成员具有创造性地探究知识和应用知识的能力。

(一)高校心理教育机制构建的内容

高校学生心理教育主要是通过学生的心理咨询、心理健康知识的宣传普及来提高学生心理预防能力和自我发展能力的。高校可以通过心理咨询机构这一载体,利用学生工作部门与学生接触面大、接触机会多、了解学生情况以及德育教研室负责学生德育课程教学等优势把学生心理教学、咨询和科研紧密结合起来,逐步形成以心理健康知识教育为中心、以心理咨询为重点、以心理教育研究为指导的,符合学生需要的心理教育模式。

1. 以大学生心理健康知识教育为中心,增强大学生自我心理调适能力

大学生心理素质的提高需要学生具备一定的心理健康知识,能够对自己的心理状况有一定的了解,形成正确的自我表现意识,掌握心理调适的方法。因此,心理健康知识教育应该是高校正规教育的内容,可通过开设大学生心理卫生、大学生心理学、大学生心理调适等必修或选修课程,并给予相应的考核和学分使其学科化、正规化。心理教育课的教学中,可主要讲授三个方面的内容:一是大学生的心理特点和发展规律,使大学生对自身的心理特点有明确的认识;二是大学生心理健康知识,促进学生对心理健康知识的了解和把握;三是大学生心理调适的常用方法,使学生能够学以致用。应注意的是,心理教育课程教学并非等同于心理学课程教学,其目的不是单纯地传授心理学知识,关键是让学生逐步形成心理健康的观念,并掌握自我心理调适的方法,增强心理调适的能力。同时,应注意发挥学生骨干的作用,根据听课学生的人数成立相应的学生心理互助小组或相应的机构,以增大心理教育的辐射面,延伸和扩大心理教育课程教学的效果和影响。还应注意发挥学生的团体辅导作用,做到教学与咨询相结合。针对目前学生对心理咨询认识不足的实际情况,可通过多种形式的心理测量和集体测试,以开展有针对性的集体辅导。

2. 以心理咨询为重点，提高大学生心理健康水平

心理咨询是大学生心理教育中最具体和最直接的工作，它对解决个别学生的心理问题具有特殊作用，其效果是心理教育课无法替代的。心理咨询作为一门特殊的专业技能，对从事此项工作的人员素质有较高要求熟悉和掌握心理咨询的基本原理和技术至关重要。高校心理教育中，应对低年级学生及时进行心理普测并进行跟踪测试，建立相应的学生心理档案，从整体和个体上把握学生的身心健康状况，有针对性地开展心理教育。心理普查和测试的结果，可及时反馈给学生本人，增强学生的心理卫生保健意识。对学生中带有普遍性的问题，进行集体心理辅导；对少数心理问题突出的学生，应做好深入细致的开导工作，把握好时机，策略性地鼓励他们去咨询和接受辅导；对有心理障碍和心理疾病的学生，可请专家或更高级别的咨询机构帮助他们解决问题。

3. 以科研为指导，提高心理咨询和心理健康教学的水平

科学理论的正确指导，对于卓有成效地开展心理教育有着十分重要的意义。在心理教育过程中，应注意发现的特殊问题和疑难问题，尤其要注意加强心理教育相关问题的分析和研究，可定期举办学生心理教育研讨会或经验交流会。多参加一些学术团体举办的各种心理教育学术研讨会、成果交流会及相关的学术活动对于开阔心理教育工作者的视野、加强心理教育工作者的业务素养有着极其重要的意义。除积极承担或参与一些课题的研究外，还应设立学校专项基金，采取相应的倾斜政策鼓励心理教育教师或热心此项工作的教师开展学生心理教育的研究，开展一系列的小型科研活动，如通过校内立项、独立选题、合作立题、专题研究等形式推动心理教育向着科学化、专业化的方向发展，同时培养和造就一支素质高、业务精的具有较强综合能力的心理教育教师队伍。

4. 积极发挥学生在心理教育中的自我服务和自我教育作用

教师在学生心理教育中的主导作用固然重要，但是广大学生的主动参与和支持配合同样重要。在学校心理教育方面，欧美国家许多高校在发挥学生作用方面所采取的做法为我们提供了许多经验和启示。针对我国的实际情况，各高校可建立如"大学生心理健康自助小组""大学生心理健康研究会"和"大学生心理健康俱乐部"等多种形式的学生心理健康自我教育组织，通过"大学生恳谈会""心灵教室"等多种形式的主题活动开展学生心理教育活动，注意培养学生骨干，努力发挥学生骨干在学生心理教育活动中的特殊作用。学生自己组织开展的心理教育活动，往往会因特殊的场合及学生相互间的交流和启发，而使学生消除或削弱防范和戒备心理，达到共同探讨、相互启迪、互帮互助的目的。尽可能多地把学生吸收到心理教育中来，让学生承担或参加有关的工作，使他们在实践中接受锻炼、积累经验。他们往往能够更具体地提供和反映学生在身心健康方面存在的各种问题，对学校全面掌握学生的身心健康情况、有针对性地实施咨询和辅导具有重要的意义。

5. 针对学生的心理特点，不断创造符合学生心理需要的教育形式

现实生活中，缺乏自信、抑郁、焦虑、人际关系紧张等是大学生存在的共性问题。这时，以学生会成员为主要组织者，以心理辅导教师为理论指导，有共同心理问题的学生参加的活动，如"心理沙龙""心理互助角""心理之声"等，往往会受到学生们的欢迎。高校心理教育过程中，书信咨询、热线电话咨询、专栏咨询等也都是适合学生的咨询形式。同时，心理教育教师应与专兼职工作教师有机地配合起来，把共同设计并策划

的、有利于学生身心健康发展的活动与学生群众组织开展的活动紧密结合起来，开展一些交往能力和自信心个性及耐挫折力等培养的主题活动，使大学生在活动中受到熏陶和锻炼。随着心理教育的普及开展，其模式也应随着高等教育改革的不断深入和发展而不断地丰富，这是一项复杂的系统工程，还有待于广大教育工作者进一步地探索和实践，以创造出适合我国高校特点的学生心理教育模式。

（二）高校心理教育机制构建的方式

从我国心理教育发展趋向看，整合形态的心理教育模式是最有发展潜力、最具代表性的理想教育模式。整合化的心理教育模式体现了全方位、多渠道、立体型的心理教育方略，是适合现代学校教育特点、适合我国国情、易于操作和推进的心理教育模式，必将在心理教育的理论建设与实践建构方面产生积极的影响。

实施高校教育的整合模式，是一个系统工程。它不仅要促进各子系统内的整合，还要促进整个系统的内外整合，牵动着学校方方面面的工作，落实起来难度很大。概括地说，就是以点带面，逐步深化。点，就是开展一系列的实验研究，一个一个地探索各个子模式实施的方法途径；面，就是学校的整体，把点上研究的成果及时地在面上推广，并始终重视整体协调和各子模式之间的联系渗透、结合、衔接等，逐步实现学校教育的整合。一般选学校教育中最薄弱、最急需解决的问题为切入点，开展实验研究。在每项研究中都注意选好渗透点和结合点，掌握好渗透度，并有机地结合教育教学的实际，通过多种途径和多种形式促进整合。

《中共中央关于加强和改进学校德育工作的若干意见》把加强对学生心理教育、健全学生人格作为新时期学校德育工作的重要内容提了出来。心理素质是人的素质的重要组成部分，是其他素质发展的基础和条件。心理教育是学校其他教育的中介，不开展心理教育就不是真正的素质教育。要求学校充分重视心理教育本身的特殊功能，开设心理教育课，并开展心理讲座、心理辅导、心理咨询等活动，让学生掌握必要的心理学知识，正确认识心理现象，培养初步的心理自我调控的能力，促进心理健康，提高心理素质。同时，在整合思想的指导下，把心理教育与德育紧密联系起来，根据《德育大纲》的要求和学生心理发展规律，设计一系列有利于学生身心健康发展的心理教育活动，如"五情四感"系列教育活动。"五情"即亲子情、同学情、师生情、家乡情和祖国情，"四感"即是非感、责任感、友谊感、集体感。在形式上有主题班会、文艺活动、演讲比赛、辩论会，还有远足旅行和参观访问等。这些活动把心理教育与德育融为体，提高了德育和心理教育的针对性、实效性。

学校还应把心理教育与各科教学紧密地结合起来，开展学习心理教育。具体表现为把心理教育融入各学科教学中去，通过学习心理诊断、学习心理辅导，促进师生的相互了解，增强师生之间的爱心、信心和恒心，克服教学中的困难，提高教学质量。把心理教育与体育、青春期生理、心理卫生教育和校园文化建设等紧密结合起来，开展青春期心理教育、人际交往教育、人格培养等。通过这一系列相互渗透、相互融合、相互促进的教育活动，深化了教育改革，促进了"三理"整合，学生的心理品质明显改善，非智力因素显著提高，人际关系、学习热情、情感意志等方面明显改善，教育质量逐年提高，受到社会的广泛好评。

教师的核心工作是进行有效的课堂教学。有效的教学不仅依赖于教师良好的个人素养，而且依赖于一定的教学方法和技能，更依赖于合理的教学计划与适合的教学模式。

1. 有效教学与教学计划

在开始进行教学计划、选用有效的教学模式之前，教学者需要了解有效教学的标准以及教学计划的整体过程。良好的计划是教学成功的一半，教师往往通过教学计划将课程转变成学生的活动、作业和任务。教师的教学计划在许多方面决定了学生学什么。例如，一位教师决定一周用5个小时学习解应用题、用15分钟学习计算时，那么他的学生学习解应用题的时间比学习计算要多出一些。一般来说，多数教师一旦设置好了一个教学计划，就试图把它贯穿在所有的学习材料和活动之中。因此，教师的教学计划对学生的学习效果具有非常重要的影响。

每位教师几乎无时无刻不在做教学计划。学年之初做年度计划，学期之初做学期计划，接着是单元计划、周计划以及每日计划等。这些计划都是相当重要的，并要协调一致。年度计划分摊到每一学期，学期计划分摊到每一单元，单元计划分摊到每一周和每一天。教师的教学经验越丰富，就越容易协调各级水平的教学计划，并使之与课程要求相适应。

（1）设置教学目标

教学目标指预期学生通过教学活动获得的学习结果。在教学中，设置教学目标对学生的学习、课堂行为以及教学评价都具有重要作用。首先，好的教学目标可以提高学生成绩。学生从学习材料和活动本身看不出所学信息的重要性而教学目标能够帮助学生集中注意力，从而提高他们的成绩。其次，教学目标能促进课堂行为和交流。一旦明确教学目标，教师就会选择和创造那些能帮助学生掌握重要目标的活动，努力使自己的行为和交流趋向目标。再次，教学目标有利于评价和测验。一般来说，教学评价往往包含着学习目标。即使某位教师从来没有确定教学目标，学生也能通过测验和作业的评级逐渐意识到这些目标。

（2）学习者分析

学习者分析中最重要的工作是分析学习者的起始状态，包括学习者的态度、起始能力、背景知识和技能。

（3）学习任务分析

教师设置教学目标之后，要对每一个教学目标进行任务分析。任务分析是指将目标化成各级任务，再将各级任务逐级划分成各种技能和子技能的过程。在进行任务分析时，教师要从最终目标出发，逐级按照子目标揭示其先决条件，反复提出这样的问题："学生要达到这一目标，必须预先具备哪些能力？"对这个问题的解答有助于教师确定几种基本的技能。假设教师识别出了五种技能，他就要接着问："学生要成功地具备这五种技能，他们必须能做什么？"对这个问题的解答又能使每种基本技能产生许多子技能。如此反推，教师可以描绘出学生成功达到目标所必须具有的能力。

（4）编制测查工具

有些教师往往将设计和编制测查工具（课堂练习、课堂自测、课后作业等）这一环节放到教学计划的最后一个步骤来进行。事实上，在设置教学目标和分析学习任务之后，就应该开始着手编制测查工具，随后可以根据情况对测查内容做适当的调整。具体编制测查工具方法将在后面有关学习测评的章节中加以介绍。

(5) 选择教学模式

在教学中，由于教学目标、学习任务特点以及所持学习和教学理论取向不同，教师将会以不同方式来组织教学事项的程序结构，并采取相应的教学方法、媒体以及环境来实现这一过程。这一系列的过程是在一定的教学模式的基础上进行的。

(6) 设计教学活动形式

教学活动就是课堂中将教学目标转化成课堂行为的活动。一般来说，基本的课堂教学活动形式有课堂讲演、课堂问答、课堂自习、小组讨论、实验、阅读、写作、模拟和游戏等。

(7) 安排教学媒体和环境

教学媒体是教学信息的载体。一般来说，学校中的教学媒体包括非投影视觉辅助（黑板、实物、模型、图形、表格、图片以及提纲等）、投影视觉辅助（投影器和幻灯机等）、听觉辅助（录音机等）、视听辅助（电影、电视、录像以及远距离传播系统等）以及综合操作媒体（多媒体计算机、多媒体网络等）。各种媒体都有其独特的特点和作用。

2. 教学目标的设定

(1) 建构主义的教学目标观

在传统上，教学计划几乎都是由教师来设定的。建构主义观点认为，教学计划是可分享的、可商议的。教师和学生可以共同决定课堂内容、活动和方法。教师并不将专门的学生行为和技能视为目标，而只是提供宏观上的教学目标。例如，这里所列初中历史课的目标就是建构主义的。首先，历史教师希望学生能够做到如下几点：一是利用主要的原始资料，阐明假设，进行系统研究；二是处理多种论点；三是成为细致的读者和活跃的作者，四是提出问题并解决问题。

可以看出，教师提出的教学目标都是宏观方面的。教师的下一步教学计划是创建一个学习环境，让学生能够依据他们的个人兴趣和能力，将这些宏观的目标细化。教师可以将那些能促进学生有意义理解的、有深度的、多视角的观点、主题或社会问题进一步明确并提供给学生。比如，历史课上有一些"民主与解放""公平"或"奴隶制度"之类的主题；在数学和音乐上，有"范型"之类的主题；文学课中有"人物身份"等主题。可以通过画"主题地图"的形式，使主题能够促进学生的学习和理解。以主题地图作为指南，教师和学生可以共同来确定活动、材料、项目和成绩水平，以促进学生的理解和能力的发展。简而言之，建构主义观点下的教学目标是由教师和学生共同商议制定的。教师花很少的时间来构思特定的表述，而花更多的时间来收集各种资源和推动学生的学习。

(2) 对教学目标的批评

事实上，并非所有的教育工作者都相信表述教学目标是有价值的。在表述教学目标时，以下两方面是值得注意的。第一，教学目标易于使教学关心琐细因素。有些人认为，琐细的短期目标比较容易具体化，相对而言，高水平的更相关的目标不易具体化，因此教学目标似乎与学生真正所要学的东西是不相关的。目标一旦过于精确，课程就可能变得死板起来，教师就会年复一年地禁锢于这些目标，而忽视任何新的与这些目标不相符的发展。而且，如果只是把低水平的能力定为学习的结果，学生的提问和探究等高水平的能力的培养将大受限制。第二，在某些课题中表述教学目标很困难。在数学课上要表述教学目标可能相当容易，但在艺术课上，如何表述一个教学目标呢？有人可能认为，在所有的领域，教师都能对学生的作业进行判断，事实并非如此。

因此，判断的标准可用来决定教学目标。如果教师能判断一张画是好还是坏，那他就能确定画好画坏的标准，然后根据这一标准写出教学目标。这一做法看似合理，但心理学家们指出，鉴别一张好画，也许凭的是直觉，这并不意味着就能成为描述所有好画的评价标准。况且，个人的判断总是带有一定的主观性的。

五、高校心理教育机制的建构需要注意的事项

课堂管理是有效教学的重要组成部分，可以为学生创造出良好的学习环境。高校心理教育课程需要重视对相关课程的管理。课堂管理涉及方方面面的工作，如教学管理、时间管理、环境管理和行为管理等。

课堂管理的基本任务就是获得并维持学生在课堂活动中的合作、秩序，形成和谐的氛围。一个课堂没有学生的合作，就没有建设性的活动。但是，课堂是异常复杂的，涉及不同的人、不同的条件以及不同的工作，在这样特殊的环境中，获得学生合作将是一个巨大的挑战。课堂是一个特殊而复杂的环境，美国学者多勒（Dole）描述了课堂的六大特征。第一，多维性。课堂中的人具有不同目标、不同爱好和不同能力。他们共同利用学习材料，完成不同的任务。不同的学生对教师的教学要求不同。第二，同时性。课堂中同时发生着很多事情。例如，一个教师正在解释一个概念，他必须注意学生是否听懂了他的解释，决定是否忽视还是制止两个正在悄悄说话的学生，确定还有没有足够的时间进行下一个主题，并且还要决定由谁来回答某个学生刚刚提出的问题。第三，即时性。这与课堂生活的快节奏有关。教师一天之内与学生的交流可达成千上万次。第四，不可预测性。即使教师周密细致地做好了计划，一切准备就绪，课堂仍有可能被打断，如投影机的灯坏了，一个学生突然生病了，或教室外面有愤怒的吵闹声。第五，公共性。全班学生都看着且评判着老师如何处理这些意外事件。学生总是在注意着老师是否"公正"或者"违反规则将会发生什么"。第六，历史性。教师或学生做出某一个行动，其意义依赖于以前发生的事情。例如，老师对多次迟到的学生的反应要不同于对第一次迟到的学生的反应。另外，学校最初几周的情况会影响到全年的班级生活。获得学生的合作是一个整体的工作。教师要计划教学活动，准备材料，向学生提出适当的行为和学业要求，给学生提供明确的信号顺利完成过渡，选择和排列活动以维持秩序、建立信任、预见问题并防患于未然以及有效处理不良行为等。但是，不同的活动要求不同的管理技能。一个新的或复杂的活动可能比一个熟悉的或简单的活动对课堂管理更有挑战性。

获得不同年龄学生的合作要有不同的方法。有人根据年龄需要划分了课堂管理的一般阶段。在幼儿园和小学低年级阶段，教师要直接教授规则；小学中年级阶段，教师要花较多的时间监视和维持管理系统，但是某个特别活动中的具体的新规则还必须直接教授；小学毕业和初中阶段，有些学生开始检验和否定权威，教师要建设性地处理这些混乱，激励那些不再关心教师观点、对个人社会生活更感兴趣的学生；高中阶段，多数学生知道什么是老师所期望的，教师要重点管理课程，使教学材料适合于学生的兴趣和能

力，帮助学生更多地管理自己的学习。在每一学期开始的几节课，教师要教给学生如何使用材料和设备、做笔记和作业等。

一般说来，课堂管理具有三个重要目标。

（1）争取更多的学习时间

学生所花的学习时间越多，学习效果越好。但学校对时间是有一定规定的。教师真正用于教学、学生真正用于学习的时间只会少于学校所规定的时间。有人将教学时间划分为四种层次：①分配时间，指教师为某一特定的学科课程设计的时间，由课表决定；②教学时间，指在完成常规管理以及管理任务（如记录考勤、处理课堂行为问题等）之后所剩下的用于教学的时间；③投入时间，也称之为专注于功课的时间，属于教学时间。它是学生实际上积极投入学习或专注于学习的时间；④学业学习时间，属于投入时间，指学生高效地完成学业所花的时间。

学生的学业学习时间直接影响他们的学习效果。课堂管理旨在为学生争取更多的学习时间，让学生投入有价值的学习活动中，从而提高所用时间的效率。

（2）争取更多的学生投入学习

每个课堂活动都有一些参与规则。其中，有些规则教师会明确表述，但有些规则没有明确表述，它属于参与课堂活动的一些潜规则。教师和学生可能没有意识到他们在不同的活动中遵守着不同的潜规则。例如，在有些课上，学生要想回答问题必须先举手，而在有些课上则不必举手，只要看看教师就行。在学校中，有些学生比其他学生的参与性要好，可能是因为他们家庭中参与活动的潜规则与学校一致。为了使所有的学生都顺利投入学习活动，教师一定要确保每个学生都知道如何参与每一项具体的活动、活动的规则是什么、活动中还有哪些未做说明的潜规则等。对于有行为障碍和情感障碍的学生，教师尤其需要直接教授他们活动规则，并让他们有机会练习重要的行为。

（3）帮助学生自我管理

课堂管理的重要目的之一是让学生学会自主管理。课堂管理不能只是要求学生一味地服从，而是要教他们自我管理和自我控制。学生通过自我管理而表现出自主——在没有干扰其他人的权利和需要的情况下实现自己的需要。当然，鼓励学生自我管理可能需要更多的时间，但这是值得的。曾有专家建议通过下列途径来帮助学生实现自我管理。首先，让学生更多地投入课堂规则的制定。其次，用较多的时间要求学生反思需要某些规则的原因以及他们不良行为的原因。再次，应当给学生机会考虑他们将怎么计划、监督和调节自己的行为。最后，要求学生回顾一下课堂规则，提一些必要的修改建议。

第九章
高校思想政治实践育人机制的构建探究

近年来,大学生思想政治教育实践育人的研究方式、手段都在不断地发展,并取得了丰硕的研究成果。很多大学生在思想政治教育实践活动中增长才干、接受教育、做出贡献。但是面临一些新问题,我们仍然需要认真思考思想政治教育与实践育人的关系,从而更好地推进思想政治教育发展。

第一节 实践育人概述

一、实践育人的内涵

(一) 实践的定义

实践是人类生存和发展的必要条件,人类通过实践活动改造自然界,改造自己,不断推动人类社会向前发展。因而,实践一直是社会科学关注的热点问题。

在新华词典中,实践有如下含义:

(1) 动词,用行动使成为事实;履行。

(2) 名词,人类有目的地改造自然、社会和人自身的一切实际活动。其最基本的活动是生产,此外还有政治生活以及科学、教育、管理和艺术等等。

马克思则在批判继承前人基础上认为:"实践是一种'客观的''真正现实的'物质力量,它还是一种'主观的''能动的'感性活动,是主观见之于客观,主客观双向作用的'革命的''批判的'活动。"[1]

(二) 实践育人的含义

实践育人是在"实践"基础上结合高等教育衍生出来的概念,它是指以社会实践和各种活动为主要形式的思想政治教育。与思想政治教育一样,实践育人既是一种实践活

---

[1] 芮火才. 实践育人 [J]. 江苏教育, 2018 (31).

动，也是一种育人理论。实践育人本质上是一种参与体验式教育，是理论教育渠道的一种补充，同时也是一种新的思想政治教育形态。正是由于积极投身和参与实践活动，大学生才能亲身接触和感知社会实践，将所学的知识由感性认识上升为理性认识。

本文将实践育人界定为：实践育人是指高校在一定思想政治教育理论指导下，为完成高校育人目标特别是思想政治教育的目标和任务，积极开展各项实践活动，将实践意识渗透到大学生生活、成长方方面面的活动和过程的总和，以及在此过程中总结归纳形成的一套清晰成熟、具体可操作的育人理念和方法。

二、实践育人的理论基础

（一）认识论

马克思主义中的实践包含两个维度：一是作为真理客观标准的实践，二是作为社会活动的实践。显而易见，我们主要探讨的是后者。马克思主义认为作为社会活动的实践对于人的认识具有十分重要的意义，表现在：实践不仅是认识的来源、认识发展的动力，还是认识的最终目的。[①] 马克思主义基本原理的认识论告诉我们，一个正确的认识，往往需要经过由实践到认识，再由认识到实践这样多次的反复才能完成。没有实践，就产生不了人类的正确认知；没有实践，大学生的思维是狭隘、单薄的，是与社会实际脱轨的。这是实践育人的重要理论根据。

（二）人的全面发展

马克思认为，人的全面发展包括人的能力全面发展、人的个性全面发展、人的社会关系全面发展和人的需要全面发展，社会实践则是实现人的全面发展的基本途径。[②] 实践活动对人的发展的作用，集中体现在它对人的发展作用的全面性。实践是人的存在方式，离开实践，人类就失去了生存的根基。因此，历史证明人类的生存、发展离不开社会实践，人的全面发展，只能在人们改造自然、改造社会的实践中历史地实现。结合当代，高校要完成素质教育为目标，推动大学生的全面发展，就必须大力坚持实践育人。

（三）教育与生产实践相结合

教育与生产实践相结合的思想，是我党重要的教育方针，当代的教育系统也非常重视这一论断。它历来是教育上一个根本性的理论与实践的课题，马克思、列宁以及中国共产党领导人对此有许多精辟的论述。关于这一原理，马克思有两个著名的论点：教育与生产劳动相结合是提高社会生产的一种方法；教育与生产劳动相结合是改造现代社会最强有力的武器。因此，培养高素质人才，推动社会的发展离不开教育与生产劳动的结合，离不开实践育人的作用。

---

① 王鑫. 构建实践育人体系，拓宽实践育人途径 [J]. 中国德育，2018（15）.
② 姚丹. 实践育人理论的应用型高校教学管理体制研究 [J]. 江西电力职业技术学院学报，2019，32（1）.

三、实践育人的分类

(一) 课程实践教育

社会实践类课程,并未普遍实行,因此这里只考察思想政治理论课实践教学部分。思想政治理论课教学作为高校思想政治教育的主渠道,随着时代的发展,教学目标不再是仅仅向学生传授马克思主义基本理论知识,而是要联系社会主义现代化建设的实际以及大学生的思想实际,帮助学生树立正确的世界观、人生观和价值观,同时对大学生进行爱国主义教育、道德规范教育、素质教育。实现这样的目的,只靠大课堂的教化是不够的,因此设置课程实践教学环节十分有必要。

近年来,各高校积极响应党和国家的号召,不断改进思想政治理论课实践教学,在课程设计、经费保障、基地保障、组织方法等方面采取了大量可行措施,取得了可喜的成绩。然而,这些改革和具体措施并未从根本上解决问题,实践教学"走马观花""流于形式"的现状无法短时间内改变,实践教学环节不足等仍是较为普遍的现象。

(二) 校园实践教育

校园实践教育是伴随着校园文化建设兴起,并引起重视的,之前是将其划入笼统的课外实践环节,近两年才有了明确划分。校园实践与校外实践有很大区别,它是指在学校的指导和支持下,主要由各类学生团体自主策划、宣传、组织和开展的,以校园为舞台,以学生的发展需求为导向,在课外时间内进行的,旨在促进学生全面发展的一系列活动和过程的总和。其内容主要包括文体竞赛、社团活动、宿舍文化建设、青年志愿者活动、校内勤工助学等。校园实践教育是课堂实践教育的延伸和补充,极大地增添了实践教育的比重,丰富了大学生的课外生活,为大学生适应社会、成长成才奠定了充分的实践基础。

(三) 校外实践教育

大学生校外实践教育形成时间较早,目前学界对其研究颇丰。它是指高等学校按照高等教育的目标要求,有计划、有组织开展的社会调查、生产劳动、志愿服务、公益活动、校外科技发明、校外竞赛、挂职锻炼、"三下乡"等一系列校外教育活动。改革开放以来,校外实践教育经历了一个由自发、分散、小规模的活动,到有计划、有组织、有政策、有系统的大规模的社会实践。

近年来,大学生校外社会实践得到了中央领导、高校、社会各组织越来越多的有力支持,轰轰烈烈开展起来。部分地区的政府明确规定,当地大中企业要承担协同育人的社会责任和义务,认真接待安排大学生社会实践。还有的高校实行一周五日上课一日实践的教学制度,这些都是落实校外实践教育的良好举措。校外实践教育发展最早,也最为成熟、完善,相关政策、经验、案例积累丰富,是高校实践育人的重要环节。

(四) 虚拟实践教育

虚拟实践活动是实践育人新兴组成部分,是借助网络平台而开发出的一种在虚拟、模态和仿真环境下，有目的地引导大学生进行自主探索体验、相互交流沟通、自我教育管理的新型社会实践活动形式。① 这种新型实践活动，是网络信息技术与高等教育紧密结合的产物，出现时间最晚，是高等教育育人模式的最新拓展，是最能发挥大学生创造力和主动性的实践平台，有着无可比拟的优势——有效改善高校的实践教学环境，扩大高校的实践教学的承载能力。

目前虚拟实践教育正处在蓬勃的探索时期，前景一片大好。虚拟实践教育深受大学生的喜爱，越来越多地渗入到当代大学生的日常生活、学习和工作之中，激发了大学生学习的积极性，扩大了大学生团体活动的参与度，满足了大学生自我表现的成就感。大学生虚拟实践活动与上述三种实践活动相互作用、相互补充，形成了相映成趣的良性系统。

第二节　思想政治教育中的实践育人现状

一、高校思想政治理论课实践教学现状

近年来，各高校积极响应党和国家的号召，不断改进思想政治理论课教学，在课程设置、教学内容、教学方法等方面采取了许多相关措施，取得了可喜的成绩。然而，这些改革和具体措施并未从根本上解决问题。理论课教学"照本宣科"，理论"空对空"，实践教学环节不足等仍是较为普遍的现象。

（一）理论与实践在观念上未达到统一

涂尔干（Emile Durkheim）曾经说，从根本上讲，真正的德性在于以一种适当的方式行事，能够将自己身上某种内在的方面加以外化，而根本上不在于对高尚的图景和动人的品格闷头进行精神构建和个人沉思。② 然而受"理论需要灌输"的认识影响，我国传统思想政治理论课教学，主要是采取班级课堂授课制和"灌输式"教学，靠的是黑板、粉笔和嘴巴，这种情景在当前许多高校仍随处可见，在观念上陷入了重课堂理论教学、轻社会实践教学的误区，学生缺少"行事"的机会。而且高校主导的教学方法是最为传统的讲授法，教学成了教师对学生单向的、片面的灌输，没有充分调动学生的学习主动性，没有立足于培养学生的能力和发展学生的个性。

对于理论课教学来讲，片面灌输的教学模式忽视了学生思想道德素质的开放性发展，忽视学生的自我内化意义，只注重教育信息从师到生的单向流动，学生失去自主、自觉性。这种教学方式相对封闭、强制和单向性的特点，导致学生在理论课学习中出现口服心不服，表从里不从，甚至对学习马克思主义理论产生厌倦心理，直接影响着理论课教学的效果。面对在现代化信息传播时代下成长的新一代大学生，这样的方式显然已很难

---

① 刘晓华，尚妍，刘宏升，王正. 创新人才培养下能源动力类虚拟实践教育平台建设 [J]. 实验室科学，2016（1）.
② 杨国欣，蔡昕. 高校实践育人实现路径探析 [J]. 学校党建与思想教育，2019（4）.

有吸引力和感染力。

(二) 理论与实践在操作上未实现统一

思想政治理论课课堂教学与实践教学的脱节造成学生在学习中理论与实践割裂，其中有教育者在观念上对实践教学的重要性认识不到位的原因，但又不能单单归因于此。

一方面是思想政治理论课教学内容所具有的宏观性，不比其他专业课程教学内容的具体性和可操作性，这给实践教学的目标确定、内容安排和组织实施带来了一系列需要研究解决的问题。众所周知，理工类课程实践教学的课堂在实验室或实习工厂。现在，有一些文科专业也尝试建立了实验实习场所，如文秘专业的办公自动化实验室、财经专业的会计实务实习基地、金融专业的模拟证券市场、法律专业的模拟法庭等。

然而，思想政治理论课的教学内容或者是自然界、人类社会和人的思维的普遍规律，或者是经济社会的一般进程和重大事件，或者是社会生活的基本规范，因此实践教学难以局限在狭小的实验室和实习工厂里进行，而只能在社会这个广阔的大课堂里进行。虽然可以借鉴一些理工类课程和文科专业组织实践教学的成功经验，但因为思想政治理论课内容的因素难以照搬这些课程和专业组织实施教学的基本方法。有些思想政治理论课教师也曾进行了一些实践教学方面的有益尝试，如组织参观考察、开展社会调查等活动，在一定程度上激发了学生学习思考的积极性，增强了思想政治理论课教育教学的效果。但是这些活动又常常因课时安排、经费保障以及一些社会因素等方面的问题而难以坚持。

另一方面，思想政治理论课社会实践教学的探索面临诸多实际困难。一些高校在教育改革中看到了思想政治理论课教学效果不理想、课堂教学时数过多的问题，纷纷把思想政治理论课的总课时划分为"课内学时"和"课外学时"，以适应压缩课堂教学时数、增加实践教学内容的要求。从理论上讲，这样的教学计划可以从课时安排上改变思想政治理论课局限于课堂教学，为实践教学提供了时间上的保障。但实际上，在理论教学学时数减少的情况下，由于实践教学的组织、管理工作跟不上去，实践环节依旧被束之高阁，结果是理论课教学仍然局限于课堂教学。一些高校思想政治理论课"课内学时"与"课外学时"的划分，实际上成了减少思想政治理论课教学总时数的代名词。

二、高校校园实践活动现状

丰富多彩的课外实践活动，能帮助大学生加深对真理的认识，对社会的认识，激发对生活的向往。因此，高校思想政治教育还要充分挖掘校园实践活动的育人价值。当然，因为校园不是封闭的，实践活动的触角也不可能十分局限，这里只是从活动空间的范围上与社会实践活动大体加以区别。尽管多年来高校的校园文化生活不断丰富，可供学生参与和选择的校园实践活动形式越来越多，但在其发展过程，仍存在一些问题。

(一) 高校对校园实践活动的关注与支持较少

首先，校园实践活动场地等硬件条件不佳。就目前的情况来看，高校无论在校园建设规划还是在校园设施的使用安排中，更多考虑的是学校教学活动的需要，而对学生实践活动的场地等硬件建设和设施配备始终处于"边缘化"考虑的境地，虽然许多高校也有"大学生活动中心"等建筑，但是从地点安排及结构类别设计上看并没有充分考虑学生课外活动对场地需要的小型化、多样化、便捷化等特点，导致利用率并不高。大量学生自发的活动只能想尽办法借用各种场地，这给学生活动带来了很大的不便，挫伤了学生参与活动的积极性。

另一方面，高校对实践活动的经费扶持力度不够，用于学生实践活动的经费支出比例与教学支出比例相比明显过低。而且就高校用于支持实践活动的经费的使用方向上来讲，也更多地向校园大型主流活动倾斜，对于学生社团等小型活动的支持力度很小。客观地说，学校的经费、政策等物质保障不足、扶持力度不够致使学生在自主实践活动中由于无力解决经费问题而使许多好的想法和规划不得已被搁浅，学校在经费问题上的支持力度不足在客观上打击了学生活动中的积极性。

(二) 缺乏优秀的指导教师带领学生开展校园实践活动

现在，学生的课外活动主要由团委、学工部门负责组织，承担活动指导任务的主要是专职的思政工作人员，包括辅导员、班导师和少部分热心于学生工作的教师等，从整体上来讲，还缺乏一些高水平的、相关专业的教师参与其中，参与指导的教师也因为对学生课外活动的指导是义务服务，不可能投入全部的精力，使得一些活动在低水平上徘徊。

由于指导教师人数的有限、精力的有限及专业的限制，专职思政工作人员在指导中只能将精力放在关注学生群体的稳定和活动的整体宣传效果以及活动与校、团主流文化的相关程度上，而对学生个体的关注、对活动细节进行专业化指导的力度明显不足，导致许多活动更多地体现为学生自发、自为的过程，活动的整体层次难以提升，通过活动使学生得到更多教育的作用也打了折扣，导致效果非常好的小型活动比例有限，学生对实践活动的整体评价受到影响。

(三) 相应的引导、激励机制不健全

一方面，缺乏有效的引导机制，造成学生对参与校园实践活动的目标、定位等认识不足。目前高校对于学生参与实践活动虽然有总体上的倡导，但对学生个体参与活动缺乏更有效、有力地引导，学生是否参与，如何参与，参与哪些实践活动，没有专门的导师针对每位学生的自身特点进行"因材施教"式的指导。这导致学生参与实践活动仅凭一时兴趣者居多，盲目参与型居多，对参与活动的意义认识不足。

另一方面，对学生参与实践活动还缺乏一些必要的激励机制。长期以来，大学生们所参与的实践活动要么是出于学校、院系的安排，要么是出于个人兴趣自发参与，这也使实践活动有时得不到学生的热情参与，有时缺乏参与持久度。学分制后，一个新的问题出现了：一些学生担心参加实践活动影响学习、影响学分的获得。更可能影响到实践活动的深入开展。为此，有的高校做出规定，对在各项实践活动中做出优异成绩、有突出表现的学生给予增加学分的奖励，以此来调动学生参加校内外实践活动的积极性，为实践育人提供保障，不失为一种好的选择。

三、高校大学生社会实践现状

大学生社会实践是以高校组织为主、学生主动参与、社会提供相应的实践平台，通过社会教育和实践锻炼，促进大学生全面素质发展的教育活动。经过多年来的发展与演进，社会实践活动已成为高校育人的一种重要方式，成为与理论课教学密切联系的另一种育人途径，发挥了"社会灌输、事实疏导、自我教育、自觉服务等德育功能"。① 但是大学生社会实践活动仍存在一定的局限与障碍。

（一）观念上没有完全认同社会实践

高校方面，受制于传统教育理念，好多教育者和高校培养学生的方式还是重智育轻德育，认为社会实践活动不过是课堂教学的一种补充形式，是一种"软"任务，可以根据学校和专业的特点有选择地开展，因而没有引起高度的重视，也没有摆上学校工作的重要日程，更没有真正认识到社会实践的育人作用。他们理解的教学还仅仅停留在"教"的方面，没有注意到教育的目的不仅是为学生的职业生涯做准备，而且要使他们过一种有尊严和意义的生活；不仅是生成新的知识，而且要把知识用来为人类服务；不仅是学习和研究管理，而且要培养能增进社会公益的公民。

而且，在教学管理中调动教师的积极性是中心环节，学生在学习生活工作中被实际对待为抽象对象，师生之间的态度、情感、意志、人格品质乃至精神世界的相互理解、相互作用、相互影响的交互活动被割断，学生成了被动者、依赖者和孤独者。对大学教育特别是大学生社会实践持这种观点的管理者、教育者不是为大学生参加这些活动设置种种的限制和障碍，就是把大学生在知识性学习中的失败归因于他们参与了这些活动。

带来的影响是，造成教学部门与学生工作部门、共青团组织的矛盾，实践活动不能纳入教学计划设置学分，大学生提高自身素质、能力的热情和积极性得不到保护，学生自我教育、自我管理、自我服务、自我发展的独立性、能动性受到压抑，最终限制了大学生的全面发展。其实，在素质教育的视野里，课上与课下没有非此即彼的绝对性，只具有相对意义，凡是有利于学生增进知识、优化知识结构、提高实践能力、培养创新能力和各方面素质发展的工作都是教育，都是实践，活动本身也是一种"课"。

大学生方面，受应试教育的影响，大多数学生平时只顾重视专业理论知识的学习，忽视实践能力的提高以及在实践中锻炼自己的热情，加之没有成绩考核方面的硬性规定，参与社会实践活动的积极性不高。特别是迫于现实的就业压力，部分学生只注重加强适应社会需求的"硬件"发展，成为专业"书虫"或每日为各种证书奔忙，奉行"为用而学"的实用主义政策，忽略了自身修养特别是思想道德修养的提高，没有深刻认识到社会日益对人才提出的综合性要求——既要有实际工作能力，也要有健全的人格和高尚的情操。造成大学生不重视社会实践的另外原因还在于，学生参与社会实践的主体性地位有待确立。

社会方面，由于大学生社会实践是一项涉及面广、投入大、具有较大社会影响的系

---

① 张莉，王江华. 高校实践育人模式的研究与探索［J］. 科技视界，2019（22）.

统工程，没有全社会的支持难以深入持久、有效地开展。尽管社会实践的直接参加者和最大受益者是大学生，但社会有义务为这些未来的社会成员提供实习的舞台，便于他们在进入社会后能迅速地融入社会，为社会创造财富、贡献心智。这样的循环往复就能构成一个良性的社会与大学生互动机制，使大学生和社会都获益，实现双赢。但是现阶段，由于很多管理者和教育者未能深入地认识到开展社会实践活动对青年学生的巨大作用及对社会发展的深远意义，致使社会实践活动停留于口头或书面，流于形式。

（二）操作上面临各个方面的障碍

对于大学生来讲，实践也是一种教育，一种求知，因此每一个大学生都应该公平地享有参与实践活动的机会。然而高校社会实践却普遍存在参与规模精英化，有失教育公平的现象。

社会实践活动规划设计笼统、活动内容单一、实施流于形式，是困扰高校实践活动开展的原因之一。[1] 由于许多高校把组织大学生社会实践活动当作完成上级下达的任务来执行，未能真正意识到社会实践作为一种有效教育载体的意义，因而形成了消极被动的工作方式。

在社会实践的形式上，大多数高校将社会实践分为教学计划内的实践（如生产见习和公益劳动、专业实习、毕业设计、军事训练等形式）和教学计划外的实践（如社会调查和考察、科技文化服务、勤工助学、义务劳动、社区援助等形式），计划内的由教务部门落实，计划外的由共青团组织落实。旨在使学生通过这些活动把课堂和社会联系起来，从实践中验证课本知识，更多地了解社会，并使自己的情智得到提升。

而现实的状况是高校社会实践形式仍然较为单一和局限，并且由于如前所述观念方面的原因不能得到很好落实。有些高校仅仅组织大学生到社区，到基层去散发一点传单资料，举行一两次志愿者活动等。这样的做法是不可能发掘社会实践活动的有效教育功能，不可能真正赋予社会实践活动以凝聚力、吸引力的，更不用说将社会实践活动与思想政治教育紧密结合了。

（三）体制上不具备完善的社会实践制度

当前高校社会实践活动在体制层面仍存在一定欠缺。

1. 组织制度不完善

在对大学生社会实践活动的定位上，有的高校没有将之纳入学校教育管理体系中，没有明确实践时间比例和计划安排，在教学计划中，没有开设社会实践课程并制定出课程大纲，规定学分以及必要的考核手段。在社会实践活动组织方式上，目前大部分高校采取"小集中、大分散"的方式。"小集中"是指把社会实践活动的精力投放在校级、院系、社团等社会实践小分队或某一类实践活动上，"大分散"是指要求学生就近就便自主开展社会实践，而对这类实践活动缺乏具体有效的组织。[2] 一般是团委下个文，通过院系团总支、班团等层层传达到每个学生，至于学生具体怎样参与、效果如何就无暇顾及，

---

[1] 李青，傅青青. 高校实践育人问题研究［J］. 知音励志，2017（2）.
[2] 董广芝，夏艳霞. 高校实践育人共同体建设研究［J］. 黑龙江高教研究，2018（12）.

也缺乏有效的专业指导。

社会实践活动多采用每年 6~9 月抓一抓，然后就放下的"运动模式"，缺乏目标管理机制。在组织管理实施的人员上，站在"主阵地"上的思想政治理论课教师负担过重，且思想政治理论课多为大班课，指导实践实属困难，其他部门更处于学生思想教育的"边缘"，因此可以说除了团委和各院系外，其他部门只是流于形式，缺乏齐抓共管、分工协作的机制，不利于规范化管理。鉴于团委和各院（系）的权限，学生的实践表现很难与其他方面挂钩，在社会实践计划的制定、落实，指导教师工作量计算及有关激励机制，实践经费的筹措等方面都存在诸多问题。

2. 保障机制不健全

主要体现在政策和经费两个方面。在政策上，各级组织（包括高校、社会实践接收单位以及社会各界）对社会实践活动不够重视、不够支持、不能主动积极参与和配合社会实践活动开展，致使影响社会实践教育质量的主要因素之一在于实践资源得不到有效利用。一些规模大、声誉好的单位，却常有不愿接受实践学生的现象或因实践岗位供不应求视接收大学生社会实践为负担；还有一些单位希望大学生能去实践，却由于信息渠道不畅通得不到高校和学生的关注。如何调动和整合社会一切力量和资源，建构高校与社会各界良好互动的平台以及如何提高社会实践资源的利用效率都是待解决的问题。

另外，经费问题制约着大学生社会实践活动的开展。一些高校没有提供专门资金给予支持和保障，往往是组织实践活动之前，临时向学校主管领导和有关部门申请经费，而得到批准的经费有限，结果势必影响到社会实践活动的顺利开展。大学生社会实践活动离不开社会的支持，尤其是离不开政府、企事业单位的大力支持和帮助，这种支持和帮助包括对实践活动提供方便、创造条件，也包括一定资金和人力的投入。

3. 考核和评价体系不规范

对于大学生社会实践，大部分高校采用定性评价方法，凭"社会实践登记表"打分，有单位公章和实践报告、心得体会者即为合格，尽管将大学生社会实践纳入教学计划，设置学分等有着明确的文件要求，但目前许多高校仍将之停留于学生活动的层面。而且就活动的过程和质量等则考量和评价不足。没有设立学分，或建立学生社会实践成绩档案，将其与奖学金的评定，先进个人与先进集体的评选、团员民主评议、推优入党和推荐免试研究生、推荐就业等挂钩。由于单一老套的评价方法缺乏激励性，使社会实践的作用和效果得不到充分展现。

另外对高校教师来讲，现有的高校教师考核模式使他们将工作主要精力放在完成教学课时量和自己的科研工作上。有些教师将主要精力放在拉课题、跑项目上，还有些人行政事务缠身，非业务活动繁多，无暇顾及学生社会实践活动。而对参与和指导实践活动的教师，既没有工作量上的体现，也并未将其表现、能力和成绩作为评选先进、评定职称的依据，很大程度挫伤了带队老师的积极性，以上这些都是制约大学生社会实践活动有效开展的因素。

思想政治教育作为一种比较特殊的教育活动，它不仅进行道德的教育和培养，也包括思想观念、政治观点、法律观点等的教育。[①] 大学不能脱离实践来培养人，思想政治教

---

① 张海. 大学生的思想政治教育 [J]. 科学中国人，2017（14）.

育的任务不能离开学生的实践而完成。在高校思想政治教育的过程中，我国高校相对来说更为看重作为"主渠道""基本环节"的理论课程建设，而活动性教育形式的价值则被边缘化。

实践的目的是培养人，是以教育为根本出发点的。既然是教育，就应该遵循教育规律，符合人的全面发展要求。社会实践在加强和改进大学生思想政治教育工作中是不可或缺的重要环节。因此，应通过建立一种实践育人模式，将实践纳入学校人才培养体系、纳入教学计划和管理之中，建立健全具体的组织管理体系和运行机制，确保师资的健全、时间的合理、人员的广泛、评价的科学、经费的专项，变短期活动为长效教育，变临时考核为规范管理，真正达到育人目的。

第三节 不同主体实践育人机制的构建

一、对应用型本科院校创新创业育人机制的建议

（一）人才培养方向

应用型本科高校的教学目标是为国家培养拥有较强理论能力和实践能力，具有创新意识与创新思维的高素质应用型人才，以满足国家和社会发展的需求。为此，高校应重点培养学生发现问题、解决问题的能力，加强对实践教学的管理监督，全面提高学生的综合素质，同时对学生进行思想教育，引导其树立正确的价值观。在这一过程中，对其创业能力进行培养，需要提升创业教育的效果。通过鼓励学生，帮助其建立创业的信心，开发其合作精神，为其提供理论方面的指导，从而提高学生的创业能力，为其创业打下坚实的基础。

（二）教育模式方面

实践出真知，理论促实践，要达到培养创新型人才的目标，高校必须建立"学生亲自动手，理论实践相辅相成"的新型教育模式。理论知识教育的目的是使学生理解创业的含义，形成创业知识系统，掌握创业管理方法，找到合适的创业途径，从而在与他人竞争时获得先机。教学时，应当使用课上课下相结合的方式。课上，教师要为学生讲解创业理论知识的核心内容，进行教学评价，如考试、调研等，还可以进行创业模拟试验，增添课程的趣味性，以达到更好的教育效果。课外，学生要自己下功夫，如寻找平台宣传自己的创业项目，从网络上获得创业教育的最新动态，说服企业家为自己投资，等等。

实践是将理论付诸实际行动，在实践中检验理论的正确性，弥补理论的不足，再完善自己的知识体系，增强动手能力，提高创业竞争力。通过实践，可以直观地感受到理论与实际的差距，了解自己的长处和短处，及时采取补救措施。因此，高校需要将实践课程的课时延长，既可以通过模拟创业的方式，也可以通过实习的方式，提升学生的创

业实践能力，以达到较好的实践教学效果。

二、校企协同育人机制的构建

随着教育改革的深入，学校的人才培养机制更为多元化和科学化。本文通过创建新型的实践教学平台，来实现培养高尖精人才的目标。这种实践平台是高校与社会共同建立的，集产、学、研为一体。通过建立双师型队伍，使学校育人与社会协同实践育人进行高度融合，创新育人模式，为我国高校人才培养开辟新的发展方向。

（一）将高校与社会力量进行整合，建设实践教学基地

1. 建设校内教学实践基地。目前，高校的教学重点在于对理论知识的传授，忽略了对实践能力的培养。究其原因，一是不重视，二是没平台。比如铸造技术专业的学生，要想进入高科技的铸件厂实习不是轻易就能得到批准的，这是因为高科技企业都有自己的核心技术，是不能外泄的，所以对外界开放工厂这件事，不是那么容易就可以实行的。

为了应对找不到实习企业的尴尬局面，各高校应积极筹集资金，建立自己的校内教学实践基地，并大力宣传自己的尖端学科优势，吸引国家的注意，从而赢得经费，添购配套设施；同时，利用高校的技术研究优势，吸引企业的合作，获得资金.与装备支持，使实践基地的建设进一步完善。作为回报，实践基地要对所有合作方开放，共享科技研究成果，从而引来更多的资金与技术支持，为学生创造良好的实践环境。

2. 建设校外教学实习基地。实践环节要围绕社会的需求展开，所以在工作落实前，需要进行充分、广泛的社会调查。确定符合社会需求的目标后，高校应利用自己的科研优势，吸引政府、企业进行合作，这样可以充分整合优质社会资源，获得更多的发展平台，提高学校的办学能力。

学校通过与企业或政府的合作，可以共同建立校外实习基地或开放性科研实验室，与校内优秀的教学研究资源互补，同时又能保持相对的独立性，将二者的优势发挥到最大限度，实现资源共享、成果共享，以实现生产、教学和研究的有机结合，提高教学质量，有效的培养学生的实践创新能力。

（二）采取多种措施培养双师型队伍

优质的教师队伍是高效实践教学的重要保障，决定着实践教学的质量，对培养学生的实践能力起着无法忽视的作用。可以说，教师的水平直接影响着学生的实践效果。因此，需要建立一支高水平的实践教学团队，才能提高学校实践教育水平。就当前社会的发展状况而言，最能胜任高校实践教学工作的就是双师型队伍，关于如何组建这种队伍的方法如下：

1. 指定教师到企业一线进行生产实践。教师通过定期的生产培训，熟练掌握实际操作技能，积累实践经验，在实践过程中加深对理论知识的理解与认识，弥补自己已有知识体系的不足。

2. 教师与企业进行合作，共同开展科技项目研发工作，在有实际社会价值的研发工作中，教师的实践创新意识和动手工作能力都能得到质的提升。

3. 实行校企合作教学模式，邀请合作企业骨干人员来校进行实践教学指导。企业骨干经过简单的教学培训即可参与实践教学，通过这种合作方式，可以在实践教学中将高校老师的专业理论知识和企业专家丰富的实践经验有效地结合起来，实现优势互补，从本质上解决高校实践教学的资源问题，大大提高教学质量。

三、构建实践教学体系，提高学生的社会实际职业度

目前，由于受过高等教育的人越来越多，大学生似乎正逐渐变得越来越不值钱。很多企业或岗位提高了门槛，最低要求都是本科，导致竞争过于激烈，很多大学生毕业以后找不到工作，形成了大量的人才浪费。在这种情况下，实践教学的作用显得尤为重要。通过实践教学，建立"产学"结合的教育模式，学生可以直观地认识到自己将来所要从事的行业是什么样子，在亲自动手工作中熟悉了理论知识，改变了传统教学模式枯燥无味的特点，同时获得了实践经验，还能获得相关的技能证书，提升未来应聘时的竞争力，减小失业的概率，入职后能够尽快适应工作岗位。因此，高校需要把握以下两个方面：

1. 把理论教学和生产实践统一为一个整体，对二者进行统一规划，达到用理论带生产，用生产促理论的教学目标；

2. 把实验和生产有机地结合起来，用实验中的科研成果简化生产实践过程，在实践生产过程中提出新的问题，并通过新的实验加以验证或解决。

第四节　思想政治教育实践育人评价体系的构建

新时期开展大学生社会实践活动，需要建立一套科学、客观的评价指标体系，依照不同的方法以及不同的途径调查总结大学生参与社会实践的相关信息，并针对这些信息进行定量分析及定性分析，通过分析，对大学生的实践过程以及实践目的做出较为科学的评判，并且在调查总结中及时掌握大学生参与社会实践所存在的问题，针对这些问题提出一定的解决方法，确保大学生社会实践工作的有效开展。

一方面，高校通过对社会实践活动的评价考核，改正部分实践队伍形式主义等不良浮躁思想，提升大学生社会实践工作的真实性，同时对高校开展的大学生社会实践进行一定的监督，当大学生社会实践出现问题的时候，要对实施者以及参与者进行一定的警示；针对高校社会实践活动的开展，应该建立完备的指标考核体系，确保大学生社会实践不是面子工程，而是取得了实际效果，同时针对各项实践活动，学校应该建立统一的档案管理体系，及时追踪学生的社会实践活动，及时查漏补缺，提出改进的方法。另一方面，高校系统性的社会实践评价指标体系，可以在很大限度上对大学生的社会实践工作进行比较宏观的管理，从而更好地发挥社会实践评价指标体系对于大学生的激励作用，同时在学校可以营造一种积极向上的氛围，提升大学生社会实践达到的效果，以此增强大学生参与社会实践的积极性。

一、指标体系构建的指导思想

目前，大学生社会实践活动已成为一种切实有效的培养高素质人才的重要途径。深入研究大学生社会实践活动的实效性及其评价体系，对于提升社会实践的实效性、增强其教育社会化功能具有重要的意义和作用。大学生社会实践活动有明确的指向性和目的性，其指标体系的构建也必然遵循与之对应的指导思想。

（一）以学生为核心，体现大学生的主体地位

大学生在社会实践活动中处于主体地位，高校开展社会实践活动可以有效地提升大学生各个方面的能力，并且能够为大学生的未来发展奠定一定的基础，所以在对社会实践进行评价的过程中，应始终贯穿"以学生为核心"这一思想，充分调动学生的主动性和积极性。评价体系能够促使学生自主地在实践活动中受教育，主体意识不断强化，自觉能动性和创造性得到充分发挥，有利于综合能力的提升。

（二）以实践检验理论，促进大学生知行统一

大学生社会实践是理论与实践的相互结合，应该重点突出知行合一的理念。在大学生社会实践过程中，应该用实践对理论进行检验以促进理论的创新。所以，大学生社会实践活动应该注重实践与理论的统一，同时结合市场的需求对学生进行专业的培养，以此提高学生的社会实践能力。这也是评价体系的一个导向性要求。

（三）鼓励特色创新，考虑个体差异性

不同年龄结构以及不同专业背景的学生之间都或多或少地存在着不同的地方，如果对这些学生一直用同一种评价原则进行长时间地考核，则在很大限度上会产生一定的错误评价结果。在对大学生社会实践进行评价的时候，不仅应该遵循统一的标准规则，还应该尊重每一个个体之间的差异。在考评中根据学生群体特点选择能够反映其个性特色的指标（权重），使评价结果能够客观公正地反映问题。

（四）综合运用各种评价方式，体现严谨性与科学性

对个体不同侧面的评价，都有其适合的评价方式。建立大学生社会实践评价体系，应该运用多种评价方式，使大学生社会实践评价体系具有一定的综合性，达到形成性评价和总结性评价、动态评价和静态评价、定性评价和定量评价、教师评价和自我评价以及相互评价之间多种评价方式的结合。通过这些具有综合性特征的评价，反映大学生社会实践的真实状况。

二、指标体系的构建原则

对大学生社会实践活动进行评价，就是将社会实践的实效性融入规划、实施、总结等各环节，并针对社会实践不同阶段的不同个体或组织制订各有特色的指标。具体将大学生社会实践活动评价细分为五个方面，即总体规划、个人提升、高校配套、社会效益

和总结反馈。对学生社会实践实效性的评价要依据上述五个方面的内容设定指标,科学分析每一环节实效性目标的实现情况,细化对实效性的认识,从而不断提升社会实践的实效性。

(一)全面系统原则

大学生的社会实践活动,不但对自身了解社会、增长才干、培养品格等方面具有重要意义,也对高校和社会在人才培养、创新管理等方面有重要的推进作用。因此,针对大学生社会实践活动进行的实效性评价,要全面、合理、客观,并且要能反映社会实践活动对学生、高校和社会产生的综合实效。同时,这一评价体系要围绕实效性评价的总目标进行分解,形成一个指标数量多、指标层次分明、各指标权重安排得当的评价指标体系。

(二)"硬"指标与"软"指标相结合原则

大学生社会实践活动的特殊性,要求与此相关的评价具有多维性,既要进行定量评价,又要进行定性评价。"硬"指标就是指可量化的指标,"软"指标则是指难以具体量化的指标。在对大学生社会实践活动进行评价的过程中,应逐步强化对活动方案指标、实践基地建设指标等"硬"指标的考核,增加对总体规划指标、社会影响指标等"软"指标的考核。

(三)一致性和导向性原则

一致性原则指评价指标体系的构建,必须与社会实践活动的根本出发点相符合,才能反映出实践活动的最终效果。导向性原则是指通过实效性评价,能够为学校和社会提供有效的评价信息,帮助了解某一项实践活动的现状、成绩和问题,反映大学生社会实践活动的特色,从而不断总结、改进和提升社会实践活动的教育意义与社会效益。一方面,大学生社会实践活动的评价,必须坚持马克思主义的指导,符合我党的方针、政策与路线,符合社会实践活动的目的与要求。通过与我党教育方针保持一致的社会实践活动,大学生的思想观念、政治立场和道德规范等得以塑造,并帮助其树立社会主义核心价值观,将其个人理想统一到社会主义共同理想上来。另一方面,大学生社会实践实效性评价应当以有效实施实践活动,培养符合社会进步要求的人才为目标。社会实践实效性评价体系要围绕这一目标设计各项指标,并且将该目标贯穿评价的全过程,量化各项指标,从而保证体系设计的科学性和合理性。

(四)指标设计要"以人为本",体现人性化的特点

大学生在社会实践活动中具有主体性地位,因此在进行评价的过程中应以提升大学生的各项能力为核心。与社会实践所起到的其他作用相比,大学生个体能力的提高是大学生社会实践实效性的主要体现。无论是在社会实践活动的前期准备阶段、具体实施阶段,还是后期的总结阶段,都需要大学生社会实践能力的发挥,而其各项能力又在此过程中得到锻炼和提升。

三、三级指标体系

针对大学生社会实践进行的评价，可以以实效性为核心，围绕总体规划、个人提升、高校配套、社会效益和总结反馈等5个要素进行指标设计。此处共设计了5个一级评价指标、15个二级评价指标和46个三级评价细项。

（一）总体规划

总体规划在社会实践过程中居于基础性地位，离开统一的指导思想和完备的组织安排，社会实践活动就失去了保障。因此，围绕指导思想和组织安排这两个核心，可确定3个二级指标：实践指导思想、实践队伍安排和前期组织协调。具体内容如下：

一是实践指导思想。实践指导思想的建立对于社会实践活动的有序开展有重要意义。它主要包括2个三级评价细项：是否将社会实践纳入学校党建和教学体系和是否确定明确的人才培养目标。

二是实践队伍安排。该指标主要反映高校对实践队伍进行专业技术保障的综合情况，共涉及实践队伍的规模、实践队员搭配的科学性、带队教师及专业教师的指导是否恰当等3个评价细项。

三是前期组织协调。社会实践活动的顺利进行离不开前期充分的组织安排。因此，前期组织协调工作是实践活动取得实效的重要保障。该指标包括4个三级评价细项：与实践服务单位是否进行充分有效的沟通；实践活动的内容是否丰富、主题是否鲜明；对队员进行实践活动相关知识培训的效果；服务单位对大学生实践活动重要性的认知度。

（二）个人提升

大学生是社会实践的主体，其个人能力的提升永远是社会实践实效性的最根本性的体现。基于对大学生各方面能力提高幅度的检测，引申出3个二级指标：个人预期目标的达成、个人的实践成长、个人的能力提升。具体内容如下：

一是个人预期目标的达成。大学生在参加社会实践活动前，都会对实践活动的效果有一个心理预期，活动完成后其预期目标是否达成，往往是衡量该活动成功与否的一个标志。该指标包括3个三级评价细项：个人参与方式的适切度、个人专业与实践主题的一致度、个人对实践活动的认知度。

二是个人的实践成长。社会实践作为一项团队活动，其队员的团队配合能力尤为重要。该指标主要评测大学生在团队配合方面的表现，共涉及与实践团队的配合程度、在实践团队中发挥的作用、社会实践总结报告的完成情况、实践结束后受到的表彰等4个评价细项。

三是个人能力提升。个人能力的提高是社会实践活动实效性最重要的衡量标尺。该指标主要包括分析创新能力的提高、社会交际能力的提高、突发应变能力的提高等3个三级评价细项。

（三）高校配套

高校配套指标与指导思想指标相辅相成，前者注重在物质保障、教学计划、组织实施等"硬件"方面的准备，后者注重培养目标、师资力量、实践主题等"软件"方面的准备。高校配套指标包含3个二级指标：统筹安排、实践纳入教学计划、组织实施情况。具体内容如下：

第一，统筹安排。该指标注重对保障实践活动顺利进行的物质、安全条件进行评价，共涉及是否有详细的活动计划和方案、是否有可操作的安全预案、实践经费的落实程度等3项三级评价细项。

第二，实践纳入教学计划。将实践纳入教学计划是高校加强社会实践工作的一个重要标志，需要高校在日常教学、学分安排以及实践辅导方面均有相应的配套措施。为此，该指标主要包括3个三级评价细项：社会实践与日常教学、专业实习、生产劳动、志愿服务、公益活动、科技发明等的结合情况；是否有明确的学分规定；能否编写相应的社会实践指导手册，开展相应的社会实践辅导活动。

第三，组织实施情况。高校作为社会实践活动的最初组织者，其方案策划、组织实施、理论研究以及号召宣传的责任日益凸显。该指标细化为3个三级评价细项：是否成立大学生社会实践领导小组，并由团委或其他部门具体负责组织实施；是否开展相应的社会实践理论研究工作；在校内外对社会实践活动进行宣传的程度。

（四）社会效益

除了对大学生个体的锤炼，社会实践可以产生的社会效益是衡量实效性的重要因素。社会实践是社会与高等教育联系最紧密的媒介，其产生的社会效益，也将是教育社会化的一枚推动型因子。这一指标包含3个二级指标：课题价值、与就业创业的结合、社会影响。

一是课题价值。课题的价值决定了实践的质量，此指标通过社会实践课题的重要性，社会实践主题内容是否有针对性及可实施性，社会实践活动所选课题的社会意义这了个三级评价细项进行细化评价。

二是与就业创业的结合。通过社会实践为学生的就业和创业创造有利条件，是一个具有前瞻性的课题。针对此项要求，该指标共设立3个三级评价细项进行导向性评价：是否建立社会实践与专业学习、服务社会、勤工助学、择业就业、创新创业相结合的管理机制；能否通过实践活动获取就业信息、携引就业导向、促进创新创业；是否通过实践活动与服务单位保持联系，并将其发展为相对稳定的大学生社会实践基地。

三是社会影响。能否获得积极的评判（包括服务单位的表扬、媒体的正面报道、有关单位的表彰），永远是评价一项工作的"硬"指标。针对此特点，本指标共涉及实践服务单位的反馈意见，实践活动能否获得有影响力媒体的报道，实践活动能否获得国家有关部委的表彰这3个三级评价细项。

大学生社会实践评价指标体系内容详见表9-1。

表 9-1 大学生社会实践评价指标体系

一级指标	二级指标	评价要点或评价细项	性质
总体规划	实践指导思想	是否将社会实践纳入学校党建和教学体系	定性
		是否确定明确的人才培养目标	定性
	实践队伍安排	实践队伍的规模	定量
		实践队员搭配的科学性	定性
		带队教师及专业教师的指导是否恰当	定性
		与实践服务单位是否进行充分有效的沟通	定性
	前期组织协调	实践活动的内容是否丰富、主题是否鲜明	定性
		对队员进行实践活动相关知识培训的效果	定性
		服务单位对大学生实践活动重要性的认知度	定性
	个人预期目标的达成	个人的参与方式的适切度	定性
		个人专业与实践主题的一致度	定量
		个人对实践活动的认知度	定性
		与实践团队的配合程度	定性
个人提升	个人的实践成长	在实践团队中发挥的作用	定性
		社会实践总结报告的完成情况	定量
		实践结束后受到的表彰	定量
	个人的能力提升	分析创新能力的提高	定性
		社会交际能力的提高	定性
		突发应变能力的提高	定性
	统筹安排	是否有详细的活动计划和方案	定性
		是否有可操作的安全预案	定性
		实践经费的落实程度	定性
高校配套	实践纳入教学计划	社会实践与日常教学、专业实习、生产劳动、志愿服务、公益活动、科技发明等的结合情况	定性
		是否有明确的学分规定	定量
		能否编写相应的社会实践指导手册，开展相应的社会实践辅导活动	定量
	组织实施情况	是否成立大学生社会实践领导小组，并由团委或其他部门具体负责组织实施	定量
		是否开展相应的社会实践理论研究工作	定性

续表

一级指标	二级指标	评价要点或评价细项	性质
社会效益	课题价值	社会实践课题的重要性	定性
		社会实践主题内容是否有针对性及可实施性	定性
		社会实践活动所选课题的社会意义	定性
	与就业创业的结合	是否建立社会实践与专业学习、服务社会、勤工助学、择业就业、创新创业相结合的管理机制	定性
		能否通过实践活动获取就业信息，携引就业导向，促进创新创业	定量
		是否通过实践活动与服务单位保持联系，并将其发展为相对稳定的大学生社会实践基地	定性
	社会影响	实践服务单位的反馈意见	定量
		实践活动能否获得有影响力的媒体的报道	定量
		实践活动能否获得国家有关部委的表彰	定性
总结反馈	实践价值体现	对个人在实践中的综合表现进行评分汇总	定量
		实践团队的工作完成度	定量
		人才培养目标的完成度	定量
		团队形象价值的提升度	定性
	实践总结报告	总结报告的完善性	定性
		总结报告所提建议的可行性	定性
		总结报告遵守学术规范的程度	定性
	对服务单位的反馈	对服务单位进行信息反馈的及时性	定量
		对服务单位进行信息反馈的准确度	定性

四、评价行为过程

针对大学生社会实践活动进行的评价并不是一个单一的行为过程，而是包含确定评价目标、阐明评价任务、构建可量化的评价指标和评价标准、划分评价等级、公布评价结果、运用评价结果等多个环节的综合行为系统，如图9-1所示。在这个行为系统中，确定评价目标、进行任务分析是起点和基础，建立一套能够反映实践活动实效性的指标体系，评价标准和计量方法是核心。

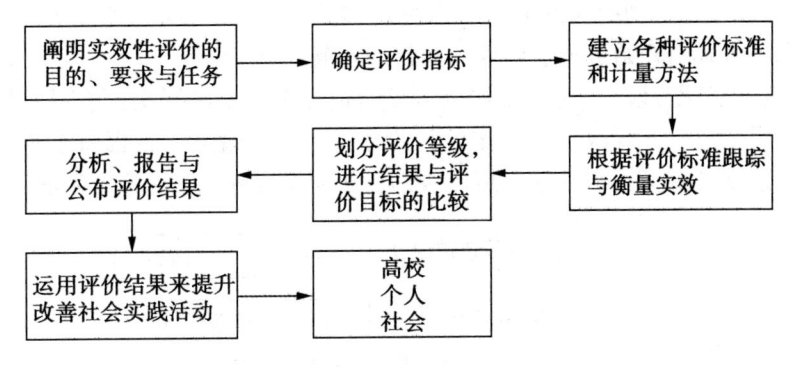

```
阐明实效性评价的        确定评价指标        建立各种评价标准
目的、要求与任务    →                  →   和计量方法
                                              ↓
分析、报告与      ←   划分评价等级，    ←   根据评价标准跟踪
公布评价结果          进行结果与评          与衡量实效
                      价目标的比较
    ↓
运用评价结果来提升       高校
改善社会实践活动    →   个人
                        社会
```

图 9-1 大学生社会实践评价行为过程

五、指标量化方法

大学生社会实践评价工作分为内部评价和外部评价。内部评价是指实践队伍实时将工作完成情况、实践总结报告报给高校评价机构，由高校评价机构对全校社会实践情况进行检查和评估。外部评价是指可以通过实践队伍所服务的单位组织、中介机构等，委托第三方咨询机构对实践队伍的社会实践实效性情况进行评估。通过对随机抽取的社会公众代表等开展满意度调查，采集对实践队伍的评价意见。当具有实效性的指标建立之后，为了保证对大学生社会实践活动有一个比较客观的评价，需要对评价体系中收集到的各个数据进行比对。

（一）针对定性指标的量化方法

这个指标体系一种有 31 个定性评价指标。这些指标主要是对被评价对象自身的属性和被评价对象处在一个什么样的状态中进行表述，在很大限度上并不能达到一定的量化性。对于定性指标的量化方法，目前信息技术领域内采用的是一种成熟度评价方法。

美国卡内基梅隆大学的软件工程师最早研发出了成熟度的模型，这是一种对各个软件供应商的能力进行评估的一个模型，而后在信息管理领域得到了广泛应用。其中，典型应用就是"IT 治理成熟度模型"，其为每一个控制目标设计了 6 个成熟度级别。我们以此为基础，对大学生社会实践的定性评价指标也采用了 6 个成熟度级别，具体内容如下：

0—无序级（不存在阶段）：有关部门没有意识到针对某项指标进行考核的必要性，缺乏相关信息的交流。

1—初始级（特殊阶段）：有关部门已经意识到某项指标考核的必要性，但是针对指标资料的收集、整理和量化还缺少标准化的指导，只运用了一些初级的管理和评价手段，就事论事。

2—可重复级（可重复的但是直觉的阶段）：有关部门对整个实践活动有一个全面的认识，实效性指标正处于开发阶段。但是，实效性评价方法和技术还未被整个组织所采用。

3—已定义级（已定义的过程）：已经开发出实效性评价指标体系，且能将结果措施和实效驱动联系起来。

4—已管理级（已管理的和可测量的阶段）：为了适应针对社会实践活动进行的某项指标评价活动，各部门开始进行适应性的调整和规范。

5—优化级（优化阶段）：对某项评价考核指标存了一个高层次的、更具发展眼光的认识，并且能采取有效方式改进某项定性评价指标的发展现状。根据特定定性指标的状态特征，对照图9-2我们可以找到对应的级别，从而直接将评价得分作为量化结果。

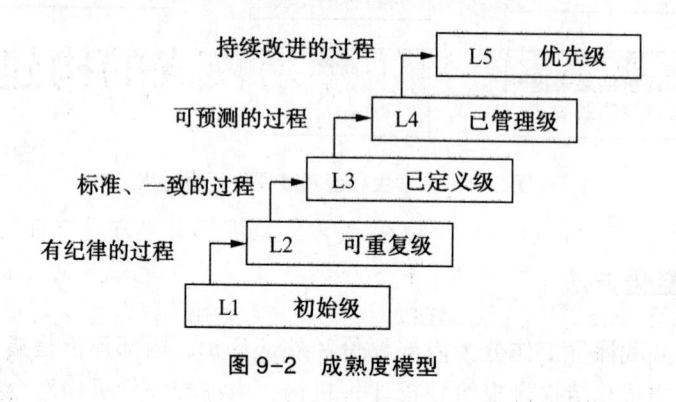

```
持续改进的过程 ──→ L5  优先级
可预测的过程   ──→ L4  已管理级
标准、一致的过程 ──→ L3  已定义级
有纪律的过程   ──→ L2  可重复级
                  L1  初始级
```

图 9-2 成熟度模型

（二）针对定量指标的量化方法

上文提到的指标体系中一共有 15 个定量指标，当我们对定量指标的原始数据进行充分的采集之后，因为每个指标所代表的实际意义存在很大的差异，并且这些指标的表现形式也存在很大的不同，所以不能对这些数据进行一个比较直接的评价。

当我们对这些数据进行分析时，应该采用去量纲化处理，就是对这些指标体系进行打分。为了确保和定性指标之间采用的成熟度模型关于刻度方法的一致性，该体系对定量指标的评分范围设定在 [0，5] 区间。所以，我们选择对模型进行一定的模糊量化，针对这些模型提出正指标、负指标以及适当指标三个量化公式。

第一，对正指标的模糊量化。正指标是其对总目标的贡献率随着评价结果的增大而增大，即数据取值越高，说明整个实效性水平越好。

第二，负指标类模糊量化模型。负指标是指对总目标的贡献率随着评价结果的增大而减小的一类指标，即数据取值越高，说明整体实效性水平越低。

第三，适度指标类模糊量化模型。适度指标是指取值在适中水平下对总目标的贡献率最大的指标，取值过大或过小都会导致整体实效性水平降低。

此外，对于不要求精确度很高的评价项，可以根据大致的区间进行近似打分。具体办法是在指标设定时，根据调研资料或初步分析结果，设定其取值范围，计算出对应 0~5 分的数值范围并编制定量表，在实际评价时则可以直接对号入座。

第十章
高校思想政治自主学习模式的构建探究

自主学习模式是提高高校思想政治课理论实效性的重要方法与有效手段。建立高校思想政治理论课自学模式,不仅要强调大学生主动学习的能力意识,而且需要将自学能力与思想政治教育有机结合。本章主要论述了思想政治教育自主学习概述、网络环境及新媒体环境下的自主学习、自主学习评价体系的构建等内容。

第一节 思想政治教育自主学习概述

一、思想政治自主学习的必要性

(一) 思想政治自主学习符合主体间性的要求

现代教育哲学已经全面论证了在教育教学中运用和体现主体间性原则的必要性,在高校思想政治中探索运用自主学习模式,是在高校思政教育中贯彻落实主体间性的原则要求,是解决现阶段思想政治教育中存在的诸多问题和局限性的必然要求。从整体上来说,现阶段的思想政治教育教学主要以课堂讲授为主,辅以讨论、习题等模式,这种模式最主要的弊端就是呆板、单调,教师在课堂上唱独角戏,搞"一言堂",照本宣科,把教学大纲规定的知识内容单独地灌输给学生,很少或从不关心学生接受得如何,导致学生对思想政治理论课不感兴趣。主体间性思想政治教育是教育者和受教育者都作为思想政治教育的主体,二者构成了"主体—主体"的关系,教育者和受教育者的地位是平等的。加强和改进大学生思想政治教育的基本原则之一就是坚持教育与自我教育相结合,既要充分发挥学校教师的教育引导作用,又要充分调动大学生的积极性和主动性,引导他们自我教育。自主学习的教学模式充分体现了学生的主体地位,在教学过程中,教师和学生是共同的主体,共同探讨、共同学习、共同获益,实现了教育与自我教育的完美结合。共同的参与能够激起学生的兴趣和热情,变"要我学"为"我要学",有利于思想政治教育目的的实现,有助于学生自觉接受、掌握并运用党的先进理论。

(二) 思想政治自主学习契合科学发展观的要求

科学发展观的核心是"以人为本",思想政治教师必须树立以人为本的教学理念,即为以学生的自由、全面发展为本。传统的思想政治理论课教学模式是以教师为本的,教师的知识量、授课水平决定了课程实施的成败。任何教师都不可能掌握所有领域的知识,因此,授之以鱼不如授之以渔,单纯地传授给学生知识不如传授给学生学知识的本领。未来的文盲不再是目不识丁的人,而是那些没有学会自我学习的人。现阶段,面对科学技术的快速发展和知识的爆炸性增长,教师必须注重培养学生的自主学习能力。自主学习模式在高校思想政治教育中的运用,能够使学生积极主动地投入到学习过程之中增强学生的自主学习意识,提高学生的自主学习能力,有利于把学生培养成为自主学习的人,这对于学生学习其他理论知识和专业技能也是十分有利的,而且必将有助于学生的自由、全面发展。

(三) 思想政治自主学习适应大学生身心发展的需要

中学阶段,巨大的升学压力使学生专注于学习和接受知识,往往无暇顾及知识的实际运用,学习知识主要是为了考试。及至进入大学阶段,学生的心智发展趋于成熟,身心发展的各种需要日渐明晰且强烈,不但要求学习知识,还越来越发觉知识应用能力的重要性。在这种情况下,如果教师仍然采取满堂灌的教学方式,使学生大部分时候只能被动听课,很少有机会看,更难得动手,必然导致学生学习兴趣降低、对知识的理解程度低、实际运用知识的能力差,从而难以满足大学生的身心发展需求。自主学习模式在大学生思想政治理论课教学中的运用,创设了学生亲自参与的机会和条件,使学生能够自主地参与到学习之中,培育了他们对理论知识灵活运用及处理问题的能力,符合大学阶段学生个性发展、全面发展的需要,容易被学生接受和喜爱。

(四) 培养学生自主学习能力是学生心理发展的需要

学生时代正处于生理、心理不断成长并逐渐走向成熟的阶段,学生的思维在不断地成熟与完善,而学生的表达欲望也逐渐增强。同时,他们学习的独立性和能动性也在逐渐地增强。但千百年来已经形成了传统课堂教学的一种惯性,课堂由教师主宰,学生只能正襟危坐,洗耳恭听,不敢越雷池一步,否则就是"放肆"。当下,虽然"政策"略有"放宽",教师提问,学生举手获准后方可发言。学生依然循规蹈矩,教师叫动就动,叫静就静,整齐划一。评课细则上也堂而皇之地规定:课堂秩序良好。如有学生不经允许就插话,会被讥讽为"麻雀嘴",并被视为破坏课堂纪律。如果课堂上出现多人插嘴或议论,则此堂课就会被评价为"课堂纪律混乱"。这种传统的教学模式极大地限制了学生主体地位的发挥,不利于建立和谐的师生关系,压抑了学生渴望独立,期盼对问题发表自己的见解。

部分学生的心智还未完全成熟,具有动荡性的心理特点——可塑性和放任性。同时,还具有比较大的社会性、政治性和有目的地选择未来道路的现实性,教师应该充分认识和利用学生这一生理和心理特点,加强引导,随时掌握学生的学习情况和学生心理的细微变化,及时解决学生在自学过程中遇到的困惑,并进行针对性的指导,做到因材施教,培养与学生心理发展相适应的自主学习能力，提高学生学习的积极性。

（五）自主学习是新时期思想政治教育发展趋势的客观要求

在相当长的一段时期内，我国高校思想政治理论教育长期受到社会本位主义的影响，过于强调思想政治理论教育的社会价值，忽视甚至否定个人的社会和自我价值，导致思想政治教育难以发挥并激发人的内在积极性和潜能。在思想政治教学中，学生学习的内容仍是以定论的形式直接由教师表现出来，学生的任务就是被动地接受知识。传统的思想政治教学只重视知识的灌输和能力的培养，这已远远不能满足现阶段思想政治教育目标的要求。

我们建设有中国特色社会主义的各项事业，我们进行的一切工作，既要着眼于人民现实的物质文化生活需要，同时又要着眼于促进人民素质的提高，也就是要着力推动人的全面发展。这是马克思主义关于建设社会主义新社会的本质要求。人的全面发展是建设社会主义和发展教育事业的根本要求。现代教育的目标越来越倾向于人的能力的提高和全面素质的增强。素质教育把教学的最终目标定义为：使学生掌握必需的学习技能，使他们在结束学业后能够独立地管理并控制自己的学习活动，使终身学习成为可能。它的理论前提是人本主义的教育观。人本主义强调教育对人的潜能发展的作用，将教育过程规定为人"自我实现"的过程。思想政治理论课教学作为整个思想政治教育过程的一部分，也必须致力于这更广泛的教育目标。思想政治教育是做学生的思想工作，其最终目的是培养符合社会发展需要的人才，也即从人的发展角度出发的学科，这与现代教育的最终目标完全一致。换言之，思想政治理论的教与学也应促进自主性的发展，培养终身制学习所需的自主学习能力。自主学习方法在这样的背景下应用于教学，必将为思想政治教学改革注入一股强劲的发展动力。

思想政治理论课自主学习教学方法的运用，符合新时期社会发展对人才的客观要求，代表着现代教育发展的方向，是思想政治理论课教学改革的需要。思想政治理论课是一门通过马克思主义基本理论知识和其他社会科学知识的教学，达到对学生进行思想政治和道德品质教育的目的，它是一门知识性、趣味性和育人性相融合的基础性的学科教育。在新课程改革理念的倡导下，思想政治理论课应更加突出以人为本的特征，更加关注学生的全面的发展，关注学生人格的完整，注重科学与人文精神的结合，逐步改变单一的记忆、接受、模仿的被动接受式学习方法，培养学生收集信息以及处理信息的能力、获取知识的能力、分析和解决问题的能力以及交流与合作的能力。然而，在思想政治理论课教学中，仍然存在片面强调知识的传授，学生的学习偏重于机械记忆，浅层理解和理论化的应用问题，这种僵化、被动式的学习方式对学生创新精神和实践能力的培养十分不利。教育在培养民族创新精神和创新能力方面，担负着特殊的使命，必须改变那种阻碍学生创新精神和创新能力发展的教育观念、教育方法。思想政治理论课的自主学习教学方法为学生运用一种开放的学习环境，提供了一种多途径获取知识的可能，涉及将学到知识加以综合应用于实践的机遇。这对于调动学生的积极性、主动性，培养学生的创新精神和实践能力，强化对学生的素质教育具有十分重要的意义。学习者通过有选择的捕捉信息、单独自学或与小组成员协作解决问题，并达成解决方案的学习活动，其自主学习能力、探究创新能力、自我教育能力都势必会得到提升，同时更增强了思想政治教育的针对性和实效性。因此，在思想政治教学中运用自主学习教学方法是新时期思想政治理论教育发展的重要趋势，运用思想政治理论课自主学习与教学方法也是非常有必要的。

二、思想政治自主学习的现状

（一）学习目的不明确，学习积极性不高

由于现阶段就业形势的严峻，导致知识无用的错误倾向有所抬头，大部分学生觉得自己是被动学习，而能够严格要求自己，自主学习的学生比较少。例如，在"导致挂科的原因"调查中，相当多的学生选择"对课程不感兴趣"、部分学生选择"学习习惯、学习方法不对"。而大部分学生人文知识相对匮乏，求知欲望比较低，欠缺对科学的追求与热忱。

（二）学习态度不端正，学习自觉性差

学生积极主动的学习态度是其获得基础知识与基本技能的重要因素，其形成过程也是学会学习和形成正确价值观的过程。一个好的学习态度不仅是取得好的学习成绩的条件，也是一个人形成良好人格品质的促力。然而，在校园中仍然有部分学生学习态度十分不端正，诸如上课迟到、早退甚至旷课；上课不认真听讲而是用手机上网玩游戏；做作业马马虎虎；个别学生缺乏学习兴趣，甚至发展到"厌学""弃学"等等。

（三）缺乏完整的学习计划，自主思考能力不佳

古人云："凡事预则立，不预则废。"具体到学习中来，对于每位学生而言，学习都是一件十分复杂的系统工程，如果有恰当合理的学习计划并按照计划实施，学习起来就可以免去许多不必要的损耗。大部分学生没有制订学习计划，甚至没有考虑过自己的学习计划，学习只有凭"惯性"运转，教师让干什么就干什么。当在课堂中有不明白的问题，只有个别学生主动请教老师或同学；很少有学生在学习中记录自己的学习情况，监督自己是否按计划进行。只有少部分学生能够独立完成作业，依赖别人的倾向比较严重，影响了独立思考能力的提高。

（四）学习习惯不好，自我监控能力比较差

部分学生由于在课上没有养成良好的学习习惯，到了课下以后仍然忽视课前预习、课后复习；不会做课堂笔记，不重视对所学知识的总结整理。仅有一小部分学生能做到课前预习，而课后经常复习的学生则更为稀少，多数学生只是为了应付考试才复习。仅有小部分的学生在上完课后，能够总结出本节课的内容。学生在整体上缺乏对所学知识的自主整理和总结。一旦学习中出现困难，只有少数意志坚强的学生能够坚持达到既定目标。

三、思想政治自主学习的主要途径

(一) 培养学生对于思想政治课的学习兴趣

在思想政治课的教材中,很多内容都与学生的日常生活产生密切的联系。因此,在引导学生进行思想政治课的自主学习之前,思想政治课教师应该做好学生学习兴趣的培养工作。因为在当前的认知心理学领域中,一个公认的观点是:兴趣是学生进行学生活动的最好动机。在兴趣的引导下学生可以更好地进行注意力的集中工作,然后进行独立而且高效的思考在这个过程中,学生的自主学习的行为逐渐地被培养出来。

1. 尊重每位学生的思想

在思想政治课的学习过程中,自己的知识与能力在得到积累的同时,世界观、人生观也会趋于稳定。在这个过程中,由于学生的心智模式并不是完全成熟和固定,因此在面对一些问题时,会存在自己的一些想法。这些想法有时候由于缺乏科学的思维与判断,因此会带有一定的偏激性与片面性,需要思想政治教师进行科学的引导。在思想政治课自主学习中,教师在与学生进行积极的互动过程中,引发学生对自我人生价值的思考,进而帮助其理清未来的成长之路。同时,在日常的课堂教学过程中,教师也可以根据学生的成长变化,在一定的课程标准的范围内,通过选择对应教学内容帮助学生对自我的成长进行正向的思考。

2. 尊重学生思想政治课的学习目标

引导学生进行目标的分层是提高学生的思想政治课兴趣的重要步骤。一方面,教材的内容具有一定的体系性,是一个相对来说较为复杂的学习过程;另一方面,每一个学生在自主学习的过程中,自身的知识储备都存在着比较大的差异。因此,在自主学习目标的设定过程中,思想政治课教师要从教材内容的难度以及学生的学习程度等方面来综合考虑,引导学生设定带有一定的层次性的目标。同时,需要指出的是,目标的分层是有一定的具体的难度要求的。如果目标设定的过高,学生会因为畏难心理或者由于目标没有达成而降低甚至丧失了对思想政治课的学习兴趣。同样,如果目标设定的过于简单,那么对于学生学习兴趣的激发就会造成一定的负面的影响。因此,思想政治课教师在进行引导学生进行目标的分层设立与管理的过程中,要从每一个学生具体的发展实际出发,制定一个让学生通过定的努力就可以实现的一个目标。这种分层设立的目标对于提高学生自主学习的积极性来说具有十分重要的影响,需要我们在今后的思想政治课自主学习过程中予以高度的重视。

(二) 更新思想政治教师的观念

引导学生进行自主学习需要思想政治课教师从自身观念出发,将自主学习的意义与重要性谨记于心。只有在一个重视思想政治课自主学习的班级上,只有拥有一个知道如何引导学生开展自主学习的思想政治课教师,那么思想政治课自主学习的实施效果才会得到一定程度的保证。在这个过程中,需要思想政治课教师在思想观念以及教学方式等方面发生一个大的改变。

1. 尊重学生接受思想政治教育的平等权利

在学生进行思想政治课的自主学习的过程中，教师对每一位学生接受思想政治教育平等权利的尊重，是进行思想政治自主学习的重要思想基础。这种对学生独立人格的尊重是基于开展自主学习的考虑，也是基于教学对象特殊性所做出的一种必要的思想观念的转变。同时，每一个学生都有在思想政治课通过自己的努力，而获得平等的思想政治教育发展的权利。这是国家法律层面的规定，也是实现学生进行自主学习的重要条件。所以，在思想政治课教师的观念里，对学生的思想政治教育权利的尊重是非常重要的。此外，从思想政治课自身的学科特点来说，学生在这一课程的学习过程中，一个非常大的收获是对公平与正义理念的感知。因此，自主学习是学生追求自我学习的重要的表现，我们更应该在日常的思想政治课的学习过程中，将对学生接受思想政治教育权利的尊重与对学生平等接受教育的权利方面的尊重放在一个突出的观念意识中来。

2. 公正合理地对学生进行思想政治教育

思想政治教师在进行学生的自主学习的引导的过程中，一个非常重要的要求在对待每一个学生的过程中要做到公正。在思想政治课的学习内容中，很多学生对一些问题的看法是存在一定的差异的。同样，在进行自主学习的过程中，由于学生对思想政治课学习的程度及自身的领悟程度会存在一定的局限性。但是，这些局限性不能也不应该成为教师对学生不公正教育的理由。相反，教师更应该从思想政治课的教学内容出发，引导学生探究思想政治教育的重要性。在此基础上，让学生去思考身边有哪些不合理的事情，面对这些不合理的事情应该通过什么样的方式来进行扭转和改变。在这种教学观念和方式的引导下，在思想政治课堂就会形成一个良好的民主的气氛，而这种气氛下的自主学习也具有非常好的效果。

3 对学生"赏罚"要公平合理

在学生的自主学习的实施过程中，思想政治教师应该根据学生的自主学习的变现予以一定的肯定与关注。在自主学习过程中，表现比较好的学生，可以借助表扬的方式来对其进行肯定。注意在思想政治课自主学习的表扬和肯定的过程中，要把最后的肯定地点放在学生的自身的努力层面上对于在自主学习过程中，表现得不是很好的学生，教师要引导其发现自身存在的问题，帮助其在未来的自主学习中有更好的表现。这种带有一定的竞争性的自主学习，可以让学生的自主学习兴趣有着进一步地提高。但是要在这种"赏罚"的过程中，注意使用的合理性以及要把这种机制朝向有利于学生开展思想政治课自主学习的方向上来。

（三）转变教学理念，培养学生自主学习习惯

1. 充分因材施教，突出主体性

从因材施教这个理念来讲，应该充分补充，以便更好地帮助学生发现自身潜力，提升成绩，促进学生全面发展。具体可以做到以下几个方面：一是留意上课时学生的表现，并做出相应分类。例如，思想政治课堂会有很多发散思维的问题，一个问题可以有多种正确的回答，这样就会给学生们很多回答问题的机会，这样，教师就很容易从学生们的表现中分辨优劣，积极回答问题类型、学习冷淡类型、一点通类型等。二是熟记学生的表现，根据不同类型寻找刺激方法。例如，对于积极回答问题的学生，可以通过树立榜

样的方法,让其保持学习的热度和积极性。同时,通过角色的责任感,带动学生的持久力,这样既保持了学生的优秀品质,也可以保障活跃课堂的气氛,还可以带动其他同学转变课堂表现意识,催生正能量。三是不要强求学生向着老师设定的方向发展,否则既违背了课改的要求,也不能体现学生的主体性,甚至会起到反作用,影响对思想政治课程的热爱程度。教师应该通过侧面引导和爱心沟通等方面来进行调整,其首要目标先是帮助学生上好课,再主动参与进学生的课外学习,指导其制定良好的学习计划,总结学习方法,建立认知结构。

2. 挖掘学生潜力,激活学生自主学习的动力

直接推动学生主动学习的心理动机,来自学习活动本身,是把心理活动具体化的过程。将把挖掘学生潜力和激活学生自主学习动力放在一起进行研究和理论说明,其主要原因在于:现在各方面科技都比较发达,物质条件丰盈,已经不适合仅从粉笔、黑板和课本等方面寻找刺激点,更多的兴趣点来源于课外。为此,教师应该本着注重学生个体需要、促进全面发展的原则,寻找学生个体课堂以外的优秀之处,并进行正确的引导,帮助学生转变注意点,激活学习的兴趣,让其感受到思想政治的学习其实也可以是"易""趣""活"的。例如,某个学生思维活跃,但精力不能集中在课堂上,此时老师可以让其随意发挥想象去描述可以诠释某个理论知识的任何场景,生成教学题材,或者设定所需场景类型让其发挥,这样,学生的注意力自然就会转移到课堂上来,既能激活学生自主学习的动力,又可以正确引导学生的潜力朝向正确的方向发展。

(四) 拓宽自主学习的渠道

在思想政治课自主学习的引导过程中,一个非常重要的方式就是拓宽学生的学习渠道,这些渠道一方面是在物理层面上的外在渠道的搭建。例如,各种学习资源的获取途径及方式,另一方面是在精神层面对学生自主学习的实施营造一个浓厚的气氛。因此,在思想政治课自主学习的教学过程中,教师应该从以下几方面来进一步地拓宽学生自主学习的渠道:

1 利用练习提供自主学习途径

在思想政治课教材中,存在很多课后的练习题或者思考题,让学生在课下的时间进行自主的思考。因此,在思想政治课教学过程中,教师可以根据教学内容的特点,给学生提供一些思考的题目,让其在课下的时间进行思考和练习。在下一次上课的时候,可以借助提问的方式来检验学生在课下的学习效果。当然,在这些练习的选择过程中,教师也可以根据学生的心理特点来开展不同的练习方式。这些练习的方式也可以是围绕课本教材的一些练习题,也可以是根据教学目标的要求,让学生阐述一下对相关问题的思考与方法。

在练习的过程中,可以引导学生开展互助的方式来实现对某一问题的谈论与理解。因为学生的自主学习并不是意味着学生可以一个人单打独斗,相反,在一定的集体与合作中所产生的自主学习的动力与效果也是十分明显的。此外,一种自主学习途径的扩展是一种精神层面的扩展,具体来说是一种自主学习气氛的营造。气氛是一种非常好的外在环境的熏陶,学生在这种有益的环境中能够不断地强化自己进行自主学习的动机,从而为其自主学习品质的培养打下坚实的基础。这类氛围的营造需要包括思想政治教师、

学生在内的等综合力量的结合，同时需要一个比较长的过程。但是，从长远来看，这种氛围的营造非常有助于学生自主学习能力的培养，值得教师在日后的思想政治课教学实践中不断地加强与完善。

2. 创造自主学习的机会

例如，现在思想政治课中比较主要的授课方式还是通过课堂教学来实现。由于教学进度的影响，学生实际上能够进行自主学习的机会并不是很多。面对这种现实的情况，学校可以利用学生自习的时间给学生进行自主学习的机会。在这一过程中，学生主要在两个方向来进行努力。一方面是，在自习时间解决自己在思想政治课上学过的知识内容，通过主动复习的方式来进行相关知识点的消化与吸收。另一方面，就是对后续将要学习的教学内容进行先期的预习工作。

（五）建立和谐师生关系，培养自主学习能力

和谐的师生关系是让学生真正成为课堂主人的重要条件，只有建立和谐的师生关系，师生在教学中才能真正实现心与心的交流，在交流中激发学生的学习兴趣，从而升华思想，达到育人为先的效果。而传统的教学理念注重教师的主导作用，在实际教学过程中，枯燥的说教，大多会使课堂晦涩无味，学生也会怨声载道。尤其是95、00后的这些学生，个性张扬、叛逆心强、喜欢标新立异，如果教学组织不力、调控不好，很可能会造成"抬杠"现象。因此，要解决好课堂上的"抬杠"现象，教师就必须用心感悟学生的思想和情感。只有这样，才能真正地了解学生，才能让思想政治课堂充满生机与活力，最终会建立和谐的师生关系，从而激发学生学习的求知欲，提高学生自主学习能力。

1. 创设"冲突"情境，营造"可教学时刻"

创设"冲突"情境，有利于引发学生学习兴趣。兴趣是最好的老师，学生只有自己真心愿意学习，教学过程才能顺利进行，教学效果才能有效。学生唯有有了求知欲望，才能引发好奇心，这样学生的主体地位才能真正落实，教师才能更好地因材施教，激励学生内在性的学习动机，达到教学目标。这就需要营造"可教学时刻"，所谓"可教学时刻"，是指学生愿意学新知识的那一时刻。学生是否愿意学习是教学过程能否有效推进的首要条件。因此，教师应努力营造"可教学时刻"，激励学生认知性的内在学习动机，以达到既定的教学目的。营造"可教学时刻"，离不开创设恰当的"冲突"情境，在创设"冲突"情境时，可以从以下几个方面着手：

第一，教师在进行新旧知识的衔接时，要引发适当的概念冲突，寻求学生的"最近发展区"。在学生预习时，教师精心设计问题和活动，让学生在学习和探讨中对新知识产生探究欲望，形成"最近发展区"。"最近发展区理论"认为学生的发展有两种水平：一种是学生的现有水平，指独立活动时所能达到的解决问题的水平；另一种是学生可能的发展水平，即为通过教学所获得的潜力。两者之间的差异就是最近发展区。如果新旧知识之间没有联系或者设置问题难度比较大，无法调动学生的学习兴趣，那么教师就要设置有难度的内容，调动学生的学习积极性，从而营造"最近发展区"。例如，在学生学习经济生活"社会主义市场经济"时，为引发学生的概念冲突，可设置这样一个问题：资本主义搞市场经济，社会主义也搞市场经济，市场在资源配置中都起基础性作用。市场经济与国家的性质是不是没有联系？为什么？两者有区别吗？通过学生对这一问题的学

习和探究，既使学生深化了对市场经济的认识，又在旧知识的基础上引发了一定的探究欲，使学生产生兴趣，激发了学生探求新知识的动机，收到良好的教学效果。通过营造"最近发展区"，提高了学生自主学习能力。

第二，在探究中明辨是非，形成有价值的认知冲突。理不辩则不明，由于学生的年龄和阅历的问题，辨别是非能力较弱，对思想观念的正确与否缺乏判断力，所以需要讲道理辨明道理。学生思想和情感的形成是一个不断完善的过程，教师要利用教学过程中遇到的两难问题启发学生参与辨别讨论，引发学生求知欲望，在辨别中提升学生的思想觉悟。教学过程中可采取必要的辅助手段，在教授教材基础内容之前可创设有针对性的问题情境，结合社会热点选择背景材料，提出能够引起学生讨论和争议的两难问题，使教材内容与学生求知心理产生某种不协调。

2. 课内参与到位，课外拓宽延伸

课堂是学习的主阵地，学生的参与程度影响了课堂教学效果，但我们的教材有些内容不易把握，所以冲淡了学生的参与度。教师要创设一定的情境，通过情境产生良好的教学氛围，有利于学生与教材内容产生情感共鸣，建立和谐的师生关系，保障学生对课堂教学的有效参与。为达到此目的，可从以下几方面入手：

一是备学情。课前要充分的了解学生，思想政治教师必须敏锐地捕捉学生的思想动态，了解学生关注的问题、最感困惑的问题，也就是最乐于参与讨论、思考的问题。在教学的准备过程中，教师要提前做好这方面的工作，使学生觉得老师是他们的贴心人，产生与老师交心的愿望。实际教学中，一定不要让学生成长导师制，流于形式，我们要真正地利用它多与学生交流，多与学生沟通。

二是要备教法。利用各种教学方式如"游戏"式教学方法，提高学生自主学习能力。要适合学生的身心特点，选择适合学生并且能让学生接受的教学方式，比如"游戏"的教学法和"模拟法庭"的教学法，通过使学生感兴趣的教学方法，容易使学生乐于参与。如在讲授关于选举的内容时，组织学生进行班长和舍长等班干部的选举，让学生亲身参与选举活动的异同，获得亲身体验，从而提高学生自主学习的能力。

3. 创造民主氛围，使学生勇于、乐于表现

影响教学效果的重要原因是传统教学理念和传统教学模式。这些传统的教学理念和教学模式，严重压制了学生自主学习能力的培养。学生的向师性和教师本身的权威性，极可能使道德判断追求思想统一、答案唯一，很容易在课堂教学中进行简单粗暴的灌输教育。教师在课堂中为了避免观点统一，常常在课堂上避开容易产生分歧的问题，进行一些灌输。不敢越雷池一步，传统教育奉行唯书唯上主义，凡圣人之言、权威者之论，均被视为金科玉律。有些学生在课堂上说的和实际生活中的完全是两回事。这是教育的失败，是思想政治课的失败，所以在思想政治课教学中要促使学生敢于讲真话，敢于在课堂上大胆地发表自己的见解，哪怕这见解有点幼稚，这就必须创设更民主的氛围。开放、民主的课堂不能仅仅理解为让学生兴致高昂的讨论老师早已设定好的问题，也不仅表现为老师课上面带微笑，而是在兴趣的指引作用下，让学生发自内心的认同教师的思想，去进一步思考，敢于直面我们有时也感到困惑的种种问题。创造民主氛围，使学生勇于、乐于表现，提高学生自主学习能力，需要从以下几方面入手：

第一，教师要放下"教师的架子"，使师生关系和谐。在教学中建立新型师生关系主

导是教师，教师要放下架子，拉近和学生的距离。比如，在教学中对那些"抬杠"的学生要多一点理解和尊重，多一点信任和支持，多一点表扬和鼓励，多一点温暖和体贴，使师生之间形成"互相尊重""互相信任""互相理解"的和谐关系，在和谐融洽的师生关系中有利于引导学生主动思维，有利于提高学生的自主学习能力。

第二，创设质疑氛围，允许学生质疑，用疑问触摸学生的自主思考"神经"。素质教育强调人的全面发展，思想政治课是推进素质教育的有效途径，因此，思想政治课要关注人的全面发展。因此，教师应允许学生带着不成熟的想法到生活中去继续探索思考，允许学生存疑，激发思考，提高学生的自主学习能力。为此，应该创设质疑氛围，寻找学生的关注点，同时教师还要具有开放、民主的思想，允许学生有自己的思想，自己的体验，我们才能给学生真正宽松民主的课堂氛围，才能培养出具有创新精神和独立意识、勇于反思和善于探索的新时代合格人才，从而培养学生自主学习能力。

言而总之，在教学中，通过言传身教，教学生说真话、抒真情、明真理、做真人，用心触摸学生的思想和情感，真心做学生的良师益友，迅速地得到学生认可。这样有利于构建和谐的师生关系，在和谐的师生关系中学生会毫无顾忌地发表自己的观点，师生互动也会亲切流畅，学生自然的地投入到课堂学习之中，最终培养学生思想政治学习的自主学习能力，进而提高学生的学习成绩。

四、思想政治自主学习的实施

自主学习模式在思想政治教学中的实施要搭建好两个平台，即课上平台和课下平台。课上平台要求任课教师课前通过与辅导员和班干部的座谈充分了解学生，在学期初对学生进行分组，每组成员不多于10人，每个组可以有自己的名字、标志、组歌，以增强小组内部的凝聚力，以利于学习活动的开展。课下平台要求教师建立自己的博客或把自己的课件、练习心得传到校内网上，供学生下载。此外，也可为学生开辟一个交流天地，例如，每学期为班级建立一个思想政治理论课学习QQ群或者微信群，师生可以在群中发起讨论，讨论时事。也可以和学生互发邮件解决学生的思想问题和困惑，学生和学生之间也可以利用网络平台互相交流。具体来说，自主学习模式的实施包括自主学习、自主应用和自主管理三个环节：

（一）自主学习

自主学习环节包括学生的自主读书、自主辩论和自主练习三个方面，目的在于使学生全面掌握教材，熟悉思想政治的相关理论。

1. 自主读书

为了使学生在课堂上有较多的活动时间，教师首先要充分理解教材，熟练掌握教学内容，在授课时贯穿"少而精"的原则，主要讲述重点、难点、热点问题，阐明每一章学生要掌握的基本知识。其次，教师要根据每一章的教学内容编制读书指导，设计具体的指导方案，组织学生利用剩下的时间自主读书，提出问题。

2. 自主辩论或讨论

对于学生看书提出的问题，首先要在小组内部予以解决，如果小组内部解决不了，可以组与组之间进行交流。而对于一些重要的带有普遍性的问题，可以由每个组提出自己的不同观点，学生进行充分的讨论或者辩论，老师做好引导和总结工作。

3. 自主练习

对于每一章的授课内容，教师都要编好思考题，每个学生自选 5 道练习并自己回答，组内不允许两个同学选择完全一样的题目，再由学生相互交流，最后教师统一作辅导。

（二）自主应用

自主应用环节主要包括自主竞赛、自主实践以及自主写作三个方面，其目的在于使学生能够自由运用理论知识，锻炼学生分析问题、解决问题的能力。

1. 自主竞赛

每学期结合纪念日、热点、难点等组织知识竞赛，加深学生对时事问题的掌握和理解。竞赛要以组为单位，在组与组之间进行，从选题、评判到主持等都由学生自己准备，教师只需做好把关和指导工作。

2. 自主实践

在整个学习过程中，由学生自主选择实践方式。一是进行课程讲授，在教师的指导下，学生根据授课内容，上网查询资料，自编课件，进行授课。二是进行社会调查，在教师的指导下，学生自主确定调研提纲，确定采访对象，最终形成调研报告并在课堂上进行汇报。

3. 自主写作

教师根据授课内容列出题目，由学生自主选择自己感兴趣的题目进行深入研究，写出优质的论文，提高其论文的写作水平和实际运用知识的能力。

（三）自主管理

自主管理环节包括自主总结、自主考试和自主测评三个方面，目的在于使学生的自主管理水平和教师的授课水平均获得提高。

1. 自主总结

每学期初，教师都要给每一个小组发放一个本子，由学生自己记录在这一学期中的成长历程和课堂参与情况。学期末，每一个学生都要把自己的学习体会写下来，既包括收获，也包括不足，还要对老师的教学提出一些建议，以便教师了解自己教学的实效性，并有针对性地改进自己教学中的不足。

2. 自主考试

试题题目，尤其是分析题的题目，要在学生中征集，这样的考试题目更贴近于学生的实际生活，更能够锻炼他们的思维能力。考试要采取开卷形式，对知识不要求死记硬背，更加注重能力的培养。

3. 自主测评

自主测评包括两部分，一是对教师的测评，学生要对教师的教学方法、教学内容、教学态度、教学手段、教学效果等进行评价，利用评价系统给教师打分，促使教师不断提升自己的教学水平。二是对学生的测评，对学生的测评要由学生自评、小组测评、教师打分三部分组成，以保证成绩的客观。

自主学习模式对传统的教学方法、考试方法进行了变革，克服了片面注重知识讲授和知识考核的弊端，更加注重问题分析能力和问题解决能力的培养和提高，激发了学生对课程的参与热情，强化了学生对思想政治知识的理解和掌握，显著增强了教学实效，促进了教师的自我提高，是深入推进思想政治教学改革的重要途径。

第二节　网络环境及新媒体环境下的自主学习

一、网络环境下的自主学习

（一）网络环境下思想政治自主学习的优势

1. 有利于增强学生对于思想政治的学习兴趣

由于传统思想政治教学侧重于以讲授为主要模式，教学模式较为单加之思想政治授课教师个人知识素养等原因，这一"上课划道道，考试背条条，考完全忘掉"现象在学生中频繁出现，导致大部分学生对思想政治知识的学习停留在课堂听讲的阶段，最终导致缺乏深层次的理论认知。众多思想政治课堂教学氛围比较沉闷，教师讲授得多，学生不善于主动思考和学习。如何激发学生兴趣，转变学生的学习观念是思想政治学习的关键环节。学生唯有主动去思考，才能在思想政治课程学习上从不知到知，由知转化为相应的实际行动。网络自主学习利用网络平台，能够将单一的讲授转换为形式多样的信息交流。知识的认知、思考、考核以及反馈都能够通过网络高效、快捷地得到实现。借助网络自主学习平台，可以在课前及课后填补传统课堂教学上的不足，进而提高整体教学质量。网络交流形式的多样化在客观上能够完善思想政治的教学内容，拓宽并延伸学生学习的空间与时间。同时，教育者与受教育者之间学习信息的快捷传递与有效交流，可以促使思想政治理论教师的教学活动做到因材施教，收放自如。

2. 有利于缓解思想政治教学的学时问题

思想政治新方案的必修课都是围绕着培养中国特色社会主义事业的合格建设者和可靠接班人这一目标而设置的，内容多、理论性强。例如，以"马克思主义基本原理"课程为例，该课程内容主要包括马克思主义的世界观和方法论，帮助学生掌握马克思主义的世界观和方法论，从整体上理解和掌握马克思主义的科学内容和理论精髓，正确认识人类社会发展的基本规律。从基本理论角度帮助学生理解什么是马克思主义，为什么要始终坚持马克思主义，如何坚持和发展马克思主义。该门课程体系庞大，内容涉及马克思主义诸多领域和众多方面，学理性较强，内容极其丰富和深刻。但是，众多学校规定的教学时数只有54课时。因而，利用网络学习平台可以缓解内容多与课时少的矛盾。为此，要科学合理地调整教学计划，使网络自主学习来弥补课堂时间的限制和空间的制约，做到学生自学与教师精讲相结合，学生体会与教师引导相协调。

3. 有利于学生树立主动学习的意识并养成自我思想政治教育的能力

通过构建思想政治网络自主学习平台，促进学生的思想政治理论课学习理念由"要我学"转变为"我要学"，由"重学会"转变为"重会学"。一般而言，学习主体在教学活动中应始终是受教育者，教师在教学中如何提高受教育者的主体参与意识，形成主动学习、自我教育的模式是教育的最终目的。加强和改进思想政治工作，注重人文关怀和心理疏导，培育自尊自信、理性平和、积极向上的社会心态。思想政治工作就是要让受教育者具备社会所需要的思想政治品德，这需要以人为本，通过人文关怀来予以实现。"人的思想政治品德的形成发展过程，其基本问题是如何从不知转变到知，尤其是如何由知转变为行的问题。"这种转变过程与学生的自主性紧密联系在一起。学生作为思想政治理论课的受教育者，其具有一定的个体需求，有一定的社会认知能力和判断能力，而独立性和自我意识也都具备一定的基础。在思想政治理论课教学中，深入实施人文关怀，就是要以学生的发展为根本出发点，尊重学生的主体地位和自主意识，关心学生的学习需求，通过非强制性的力量推动学生实现自身的全面发展。网络自主学习模式通过关注学生自主性和学习自由度，把学生理解为具有独立个性的受教育个体，通过开发和发挥他们的学习潜能，使他们在学习中主动树立起科学的世界观、人生观和价值观。网络自主学习模式通过激发学生兴趣，可以使大学生逐渐具备主动学习的意识，提高自主学习的能力，实现自主教育的目的。

（二）网络环境下思想政治自主学习的过程

1. 学习准备

（1）教师方面

组织教师学习现代教育理论，增强教改意识，明确教改方向，共同探讨实施过程中可能会遇到的问题以及针对这些问题制定尽可能多的解决方案或应急办法；制定明确的教学方案、教学规划，注意同时利用多媒体网络教学设备，老师尽可能快地认识、熟悉参加实验的学生，多了解学生情况，做好实验前的组织工作。

（2）学生方面

建立学习小组，利用学习小组共同学习和讨论，这是网络环境自主学习的重要环节。按照"组内异质，组间同质"的原则，根据男女性别、个性差异、能力强弱等状况进行合理搭配分组，每组6人左右，运用组内成员的差异性、互补性，有利学生的参与和互助合作，又可利用组间水平的大体平衡开展公平竞争。同时，向学生宣传课堂教学改革的重要性和意义，讲清整个课堂教学的过程以及在课堂教学过程中各个环节应当做什么、怎样做、为什么要这样做等问题。

2. 学习过程

（1）自学环节

指导学生在上思想政治课前自主学习教材，可读性是思想政治教材的一个显著特征，强化自学体现了学生是学习的主人的基本思想。但是，每位学生的自学能力参差不齐，还存在部分学生不懂怎样自学教材。自学能力是指运用已有知识去独立地获取新知识的能力。它是一种包括阅读、记忆、归纳总结、理解应用等能力在内的综合性能力，其中阅读能力是自学能力的基础。

（2）交流环节

学生进入多媒体网络教室后，课堂要加强对学生讨论的组织和引导。首先，要让学生明确本节课的学习目的和任务。学生常常不满足于教师和教材关于事物现象的解释、基本原理的分析。此时，教师应让学生在网络上与网下多渠道获得信息，使他们对于某些事物发生、发展的原因、规律有自己的见解，而且也敢于发表个人的看法、敢于争论。

（3）解惑环节

思想政治课网络环境自主学习，"精讲"并不仅仅是数量上的少讲，而是质量上的"精"。"精"是教学内容的精华，即重点、难点和关键；"精"是精确，基础知识要讲得准确；"精"也是精彩，课要讲得生动、形象、严谨，富有引力。

（4）反馈环节

反馈环节主要以实践为主线，使学生灵活运用和掌握知识、深化知识，获得提高。必须特别关注实践环节，这是自主教学法的升华：实践主要指在网络环境中围绕教学内容、目标要求进行网上练习、网上评价，以课堂练习和课后作业为主，目的是实现课程标准要求的"识记、理解"部分，要求学生在规定的时间内完成。实现知识向能力的转化、提高运用知识的能力。题目分必做题和选做题，必做题是每个学生都要完成的；对基础好的学生用"选做"来要求，选做题偏重于"运用"性质的题目。

二、新媒体环境下的自主学习

（一）新媒体和思想政治教育

1. 新媒体概述

（1）新媒体的含义

新媒体是一个十分宽泛的概念，当前对于新媒体内涵的界定尚未明确，但学者们基本认同新媒体是一种利用数字技术、网络技术，通过网络、无线通信网等方式，向用户提供信息的传播形态。据此可知，新媒体从本质上说，就是以信息为媒介进行沟通和交流的传播形式。在20世纪60年代，新媒体一词最早使用，随着新媒体的发展，其内涵也在不断丰富。新媒体以电视、电脑、手机等为输出终端，向用户提供视频、图片、音频等服务，是当前所有新的传播手段的总称。随着近年来新媒体科技的快速发展，博客、微信等使得每个人都可以成为信息的发布者，新媒体与人们社会生活的联系越来越紧密。

（2）新媒体的特征

新媒体的具体特征是相对于传统媒体来说的，其整体上具有三个方面的特征。

①传播方式的互动性增强

新媒体如微信、微博、QQ等，其传播方式都是双向的，信息发送者与信息接受者直接的互动更加直接、快捷、迅速。新媒体采用的点对点的互动交流方式在一定程度上代替了传统媒体点对面的传播方式，新媒体用户可以通过电脑、手机与他人构成联系，形成互动。以校园微博为例，大家可以在网上发表见解与看法，这是传统媒体所无法比拟的特征。

②传播内容的多元化

与传统媒体相比,新媒体内容的数量不受版面、信息容量的限制,信息的输入量也是无限制的。网络在较大程度上实现了资源的共享,使人们能够接触到更多的信息,但网络信息的内容也不断地增长,每个人都可以在网上发布消息,进而导致网络信息内容的复杂化,其中不乏消极的信息内容,网络谣言的泛起更是对社会正常秩序造成严重危害,从中也可以看出,媒体信息内容的多元化也是利弊共存的。

③便捷性

媒体的信息发送与传播不受时间、地域的限制,人们可以在任何时间和任何地点发布消息,而接收者也能在很短的时间内接收到信息,便捷性的传递方式为人们的生活学习提供了极大的便利。

(3) 新媒体的种类

从目前新媒体的种类来看,大致上分为三类:网络媒体、手机媒体、数字电视媒体。

①网络媒体

网络媒体是新媒体中最主要的组成部分,是由不同类型、独立运行的计算机网络组成的网络结构。通过网络,人们能够轻而易举地与远隔大洋的亲友沟通,整个世界也可以形象比喻为一个地球村。网络媒体的最大特点即给人们提供了巨大的信息资源,让人们享有更多的信息资源,如门户网站就是让人们实现资源共享的重要平台。当前网络媒体主要包括微信博客、网络电视、网络报刊等。以网络电视的发展为例,网络电视与传统电视相比,具有跨地域性和互动性的特点。

②手机媒体

手机媒体是随着智能手机快速发展而逐渐形成的新兴媒体,当前手机已经超出了单纯通信工具的功能,已经成为继报纸、广播、电视和网络之后的"第五媒体"。手机媒体的最主要的特点在于其高度的便捷性、互动性成本低。与传统媒体相比,手机媒体只需要通过通信技术平台就可以获取资讯,操作简单并且成本低廉,这也成为手机媒体备受人们欢迎的重要原。

③数字电视媒体

数字电视媒体的形式主要包括数字电视、网络协议电视、移动电视与户外新媒体。数字电视是指从节目摄制、编辑、存储、发射、传输到信号的接收、处理、显示等全过程完全数字化的电视系统。而网络协议电视也叫作交互式网络电视,是一种电视终端的多媒体业务。移动电视则是以数字技术为支撑,通过无线数字信号发射与地面接收的方式传播电视节目。

2. 新媒体和思想政治教育的关系

(1) 新媒体对思想政治教育的影响

随着现代科学技术日新月异的快速发展,新媒体的技术水平也在不断地提高,新媒体对人们社会生活的影响也越来越大,正在不知不觉地改变着人们的生活习惯和工作方式。这种新兴媒介作为一种传播载体,对思想政治教育工作的影响也越来越大,既可以将新媒体看作是思想政治教育系统的一个因素即载体加以运用,也可以将其视作社会环境的一个因素加以考虑。

新媒体与人们的生活紧密相连。现代社会的人们少有不接触手机、网络、电子刊物、触摸媒体的，有的甚至依赖它们，与各种新媒体"为伴"已成为人们的一种生活方式。这种情况使新媒体对人们的生活方式、交往方式乃至思想观念产生深刻的影响，同时也对思想政治教育产生重要影响。例如，过去人们主要是通过文件、会议获得大多数有关思想政治方面的信息，而今天人们则可以事实上也更多地从新媒体中接触思想政治信息。这就对思想政治教育提出了新要求，即要注意通过新媒体传播思想政治道德知识和规范，以对人们施加广泛而有力的影响。

人们对新媒体上传播信息的理解和评价会形成种种"新潮"的舆论环境。这种舆论环境会对思想政治教育工作产生重要影响。良好的舆论氛围会强化思想政治教育的效果，扩大思想政治教育的影响范围，促使人们形成社会发展所要求的思想品德；而不良的社会舆论则会削弱甚至抵消思想政治教育的效果和成就，不利于学生思想品德的正确发展和接受思想政治教育的积极态度养成，这一情况与新媒体的信息筛选和解释功能相联系。新媒体传播通常是传播者以"个人"对世界的认知来影响广大受众对世界的认知的，新媒体上"传播"的世界可能并不是真实的世界，而是已经被传播者选择、辨识过的世界。这种被"加工"过的"世界"很可能是扭曲消极甚至昏暗的，并且总是被当成"真实"的世界而为受众所接受。在新媒体技术无处不在的今天，其已然成为人们生活中不可或缺的一部分，人们总是在自觉或不自觉地接受着来自新媒体上的对于现实世界的诠释。思想道德信息属于价值信息范畴的一种，新媒体对这类思想道德信息做何种解释可以鲜明地体现传播者的价值导向，而这种价值导向与新媒体的传播强度、广度相结合就形成了强大的社会舆论环境。这种强大的社会舆论环境，又使得处于其中的受众能够清晰地感受到社会在提倡什么、限制什么反对什么。这种无形的选择压力会促使人们去选择和接受那些社会大力提倡的思想文化信息，进而促使人们思想品德的形成和发展。

（2）思想政治教育对新媒体的诠释

①能直接促进社会主义精神文明建设，促进青年学生树立共同的理想

新媒体可以把主流的思想品德规范用来教导学生，具有引导学生形成共同的理想和目标、组织激励学生的愿望和意志的作用。新媒体的一项重要任务，就是要将马列社会主义理论、党的政策方针以及代表当下时代精神的新人新事宣传给人民群众，学生在自身思想品德逐渐完善形成的过程中，逐渐成为新媒体完成这一重要任务的最直接受众。新媒体对教育工作广泛、持久、深入的宣传，对于完善社会主义精神文明的建设、提高受教育者的思想道德水准、使广大青少年学生树立有中国特色的社会主义共同理想起到十分重要的作用。尤其值得注意的是，新媒体技术通过各种形式手段，以寓教于乐的方式将教育内容更加直接明了、深入透彻的传播给受教育者，可以显著提高思想政治教育效果，使正确的思想政治观念更加深入人心。

②满足学生的社会化需要，促进学生不断地与时俱进

在现代社会，人的社会化与新媒体之间的相互作用越来越密切。人在童年时期具备了一定的试听能力和阅读能力以后，就开始与媒体结下了不解之缘，成年以后的发展更与媒体密不可分。虽然在当下学校传统的课堂教学模式仍然是学生社会化的主要途径，但调查表明，绝大多数学生接触新媒体的时间要比在学校学习的时间多得多，因而新媒体满足他们社会化的需求也越来越大。归纳地说，新媒体满足学生社会化需求的作用主要表现为：帮助学生获得消息，增长知识和技能；帮助学生形成一定的价值观及其制约

下的规范体系；帮助学生更好地学习和扮演社会角色等。总之，新媒体能较好地满足学生社会化尤其是继续社会化的需要，而促进学生的社会化进而促进学生的全面发展正是思想政治教育的重要任务，通过新媒体施加思想政治教育，就有助于这一任务更好地完成。

③通过调剂学生的生活提升精神生活质量

思想政治教育的一个重要作用就是满足人们精神世界发展的需求，提升人们精神生活的品质。而新媒体通过对学生生活的调剂，有助于这一作用的充分实现。例如，通过新媒体，学生可以开阔眼界，了解外部世界许多有趣的事物；可以读小说、诗歌、散文等文学作品，听音乐，观赏戏剧、体育比赛、电视剧、演唱会等，从中感受到快乐，得到休息；可以从新媒体的内容中感受到某种刺激，使单调的生活激起一点波澜，使平静的心灵增加一点亢奋等。这无疑会从一个方面丰富大学生的生活，提高学生的生活品质，使学生更好地享受生活。

④营造和谐的思想政治教育氛围，强化思想政治教育效果

思想政治教育行为只有在一定的环境中才可以进行，其教育效果与教育模式、传播载体、教育氛围等因素密切相关。只有让思想政治教育所传达的道德理念和规范被高校环境所肯定、所接纳，才能被学生更好地接受并逐渐转化为自我意识，成为他们将来从事各种社会行为的理论导向；如果是被排斥或是被否定，那么这些理念和规范就很难被学生所接纳，思想政治教育工作也就形同虚设。因此，加强思想政治教育的精神文明和物质文明的建设，净化社会环境，营造和谐的教育氛围，成为现阶段思想政治教育的重要工作。新媒体是思想政治教育社会环境的重要因素之一，通过新媒体永不间断地宣传当代社会主义核心价值观、宣扬体现时代精神的先进人物和事迹、抵制摒弃腐朽落后的思想观念能够促成强大而又积极的"舆论场"，以此推动社会风气向好的方向发展，净化社会环境，进而提供一个和谐良好的媒介传播扩散氛围，以便于学校思政教育的有效传播。与此同时，新媒体对先进思想理论的提倡和引导，对先进人物事迹的宣扬和表彰，对不良社会现象的批评和抨击，会潜移默化地作用于新媒体受众，使学生不自觉地向正确积极的行为靠拢，促进学生正确的思想道德观念的早日养成，进而使思想政治教育达到更好的效果。

(二) 新媒体环境下思想政治自主学习模式的构成

新媒体环境下，思想政治自主学习模式就是将新媒体技术具备的优势同实际教学相融合，促使学生自主学习能力的全面提升，以使学生能够全面掌握新型的思想政治理论教学手段。新媒体技术环境下，思想政治自主学习模式主要由四个环节构成。

1. 信息传播必须创造一定的开放性，丰富学生自主学习的形式

在新媒体的影响下，思想政治网络的教学课程，数字化信息的校园平台，使学生获取资源的途径更加多样与完善，而且可以充分利用新媒体开展思想政治网络教学活动，过程中要对教学情境的进行布置，为学生制定相应的学习任务，对学生进行自主学习活动的指导。在思想政治理论课的网络教学中，教师可以利用计算机技术将各种教学资源进行有效的融合，不仅能够进行生活情境的再现，而且能够构建良好的学习氛围。

2. 注重师生之间的互动与实践的操作，不断增强学习的自主性

传统的思想政治理论课教育模式，已经无法满足当下的实际要求，其难以完全发挥学生的积极性，也达不到良好的教育效果。新媒体的出现，找到了使学生更容易接受的教学方式。例如，将课堂从教室延伸到课外，画面比较生动具体，不仅能够营造一个轻松的师生交流环境，丰富学生的想象力，而且也能增强学生的实践操作能力，将教学资源具有的价值更为完整地挖掘出来，让学生对知识进行探索与研究。教学活动开展过程中学生能够带着浓厚的兴趣在电脑中进行实践操作，通过亲身体验最终得到的结果，使得学生对于知识有更深层次的认知，是从点到面的认知过程。

3. 新媒体环境下必须同时注重学习过程的总结

新媒体技术的应用，不仅使得思想政治教学的传播形式发生了改变，而且在内容上也有一定的创新，使学生能够更加生动、详细地了解理论课内容。借助画面的传播，学生更容易接受思想政治理论课的知识，通过学习，在教师的引导下，让学生在讨论的过程中对自主的学习过程进行总结，对于学习到的知识进行更加深入的分析，并且解决自身在学习过程中存在的困惑。学生在经过自主探究式学习之后，在教师的引导下，彼此之间进行交流，对学习经验和成果进行分享，能够使学生的团结合作意识得到有效的提升。

（三）新媒体环境下思想政治自主学习需要注意的问题

1. 探索新方法，提高思想政治理论课自主学习的吸引力

新媒体丰富的共享信息资源和多姿多彩的信息形式，有利于增强思想政治学习的辐射力、吸引力、感染力。思想政治学习者要借助这一载体，努力求新、求实、求活，融入广大学生的日常学习和生活之中，成为学生可以信赖的"朋友"。

2. 提升新能力，提高驾驭新媒体的能力

提升网络思想政治理论课学习体系建设，学会使用网络的本领，掌握使用网络的基本技能成为当务之急。一是必须提高网络应用技能，加紧学习和掌握新媒体方面的基本知识和操作技能，熟练使用计算机的基本应用程序，提高学习效率，努力提升在新媒体上服务学生的能力和水平。二是必须提高舆情研判能力。努力研究网络舆论的特点，及时了解新媒体舆情的最新动态，加强对影响学生队伍和谐稳定情况的分析。

3. 树立新思维，营造思想政治理论课自主学习的良好氛围

新媒体的发展使学生的平等观念、权利意识和自主意识进一步强化，思想政治学习双向沟通、平等互动趋势更加明显。思想政治教师要认清形势、合理使用新媒体，确立两种新的思维观念：一是树立开放思维，学会用宽广的眼界、平等的理念来分析问题、评判事物，用情感的力量、说理的方法和可亲可敬的形象来启发学生、激励学生、教育学生，与学生平等对话、民主讨论、互动交流，推动形成平等民主的思想政治学习模式二是树立服务思维，坚持以人为本，利用网络信息覆盖面大，内容丰富，传播速度快的优势，针对学生的不同需求，选择最适合的媒体形式和传播渠道，为广大学生提供职业规划、继续教育、业务培训、文化娱乐等各种信息服务，建立畅通的网络信息反馈和舆情反映渠道，更好地化解思想政治教学问题和其他问题，为学生答疑解惑、排忧解难。

第三节 自主学习评价体系的构建

一、思想政治自主学习评价体系的构建原则

(一) 可控可测原则

由于思想政治自主学习的满意度指数最终是一个可量化的数值，因此，要获得这样的数值，其所设定的测评指标必须是能够进行统计、计算和分析的。换言之，整个体系的指标设定，必须在体系可以控制的范围内，不能设置一些与测评目的无关的指标。同时，这些指标还必须是可以观察或者记录下来的现象和行为的表现，收集到的信息与数据是可以处理和分析的，指标的表达和叙述必须清楚明了，便于学生和教师理解，确保能够用来获取大学生思想政治理论课自主学习满意度的指数。

(二) 简便易行原则

思想政治自主学习满意度的测评，是一个涉及方方面面的复杂系统工程，内容十分烦琐，可考量的东西也非常多。因此，对思想政治满意度的测量、评价，必须具备可靠的资料来源，数据容易获得，具有可操作性换言之，在确保最小成本的前提下，要优化指标，充分利用数据，真实反映对思想政治自主学习的评价状态。因此，指标体系的建立应符合客观实际，数据应易于采集，便于操作，简便易行，具有广泛的适应性。

(三) 全覆盖、无遗漏原则

真实是量化分析的前提和生命。要想获得详实可靠的自主学习满意度测评数据，就必须对涉及思想政治自主学习满意度的各个方面内容有一个全面统筹的考虑。也就是说，满意度的指标体系要全面反映人们的满意状况，不能在那些或重要或次要的指标上有所遗漏。如此，就会产生统计测量学上的盲区和空白点，这样所获得的数据，从最严格的意义上说，是缺乏科学性的。因此，思想政治自主学习满意度的指标体系，一定要覆盖到思想政治教学的每一个方面，力求做到全覆盖、无遗留，切实做到有关思想政治自主学习满意度的内容没有遗漏。

(四) 主体的多元化原则

思想政治的传统教学评价中，评价主体主要着眼于思想政治理论教师学生通过教师的评价掌握自己学习的效果，学生在评价中处于被动的地位依据建构主义理论，学习评价是评价者与评价对象二者相互作用、共同建构相同观点的过程，评价结果也是评价者与评价对象相互作用、共同建构的产物。因此，在思想政治的自主学习评价中，首先需要改变传统的由授课教师单独评价学习状况的局面，邀请学生本人和学习小组的同学都

参与到学习评价之中,建立由学生自评、学生间互评以及教师评价三种相互配合的多元化评价体系,将思想政治的评价转变为多个主体共同参与的评价活动。

思想政治自主学习评价注重学生的参与,强调学生自我评价和学生互评相互配合的重要性。自我评价是自主学习能力培养中十分关键的环节,学习者在学习过程中对自己的学习行为负责,因此,在学习的全部过程都应注重学习者的自我评价。自我评价包括以下几个方面的内容:自学时间是否达到思想政治理论教学大纲的要求;思想政治理论教材的阅读状况、形成性练习的独立完成情况;独立学习的次数和时间是否达到了学习计划的最低标准、自检自测练习的结果如何等。

所谓学习小组互评,主要是指由几位同学组成的学习小组成员之间的彼此评价。在协作式学习的过程中,学生个体之间借助对话、商讨和辩论等形式,对某一特定学习主题进行分析、讨论,既可共同提高,也可相互监督,同时也能够为学生之间相互评价学习状况提供实践基础。教师评价是教师对学生自主学习的帮助和推动,教师作为学生学习活动的引导者,同时也是学生学习活动的评价者。教师评价首先要采用科学的评价方法,对全体同学的自主学习情况进行综合测评,分析评价结果,提出合理化改进建议与具体措施。其次,引导学生进行自我评价,反思并分析自己的自主学习过程。再次,有针对性地对每个学生提出契合其特点的发展性建议。第四,搜集系统的反映学生自主学习能力形成过程的评价材料。

(五) 评价指标多样化原则

在思想政治传统教学模式的学习评价中,通常以学生期末考试成绩这一唯一指标作为学生学习状况的主要甚至是单独的评价指标,忽略学生学习多面性的特征。在思想政治理论自主学习的评价体系中,期末成绩、作业质量不再是评价学生学习成效的唯一标准,评价的指标内容应反映学生贯穿整个学习活动全过程的影响因素。具体来说,既要包括对学生学习动机、学习态度、学习目标、学习内容以及学习计划执行情况的考核,也要包括学习策略使用以及学习效果、自我效能感、努力程度、学习管理以及自我调节能力的评价等。此外,还必须包括关注学生在自主学习活动中体现出来的心理素质、行为习惯、创新意识以及实践能力等方面因素的评价。总之,思想政治自主学习的评价指标需要采取多种维度,而不应该局限于理论认知这一单方面的维度。

(六) 评价目标多样化原则

思想政治教学的总体目标是多元的,主要包含知识目标、能力目标和情感目标。因此,思想政治自主学习的评价目标也必须是多元化的,即必须是知识、技能以及情感三方面要素的有机统一。传统思想政治教学方式的评价体系大多注重学生对知识目标的评价,从而忽略了学生对能力目标和情感目标的评价。实际上,思想政治的最终教学效果,不仅体现在对思想政治基本概念和原理等知识理论体系的认知状况方面,更体现在学生对这些知识理论体系的情感认同上,体现在运用这些理论体系分析、解释社会现实问题的能力,以及在日常学习生活中践行理论体系的状况方面。因此,在构建思想政治自主学习评价体系时,具体到评价目标上,在注重对知识技能目标评价的同时,更需要强化对能力目标和情感目标的考核与评价,而不应将其视为知识目标的"副产品"。在思想政治评价体系中,可以把对学生自主学习评价的总目标进行细化,从而对思想政治所教授的理论认知、认同和践行三个方面给予全面、客观的评价。

(七) 评价方式的多样化原则

传统的思想政治学习评价大多采取试卷测验这种单一的方式,形式比较单调、枯燥,不利于对学生学习状况进行全方位、多角度的评价。自主学习的评价体系要改变传统的将纸笔测验作为唯一或主要教学评价手段的模式,全面运用多种教学评价方式对学生进行全方位、深层次的评价。具体来说,除了采取纸笔测验以外,还可以采取学习档案评价的方式,通过记录学生进行自主学习的时间、地点、成员、内容、方法、体会、存在的困惑以及解决问题的方法和过程、作业反馈、试卷记录、收集的有关资料等内容,授课教师对学生的学习状况进行全面评价。此外,还可以采用课堂评价的方式,教师运用非测试性评价方法(观察、提问、小组讨论),学生针对自己的学习情况进行全面反思,制定学习计划。还可以根据学生参加公益活动和自愿服务等各种课外活动的具体情况,对学生实践思想政治的情况进行全面、合理地评价。

二、思想政治自主学习评价体系的构建措施

(一) 形成性评价

形成性评价的概念是由斯克里文在其1967年所著《评价方法论》中首先提出的,其是在教学进程中对学生的知识掌握和能力发展的评价。形成性评价又称过程评价,是在教学过程中进行的评价,是为引导教学过程正确、完善地前进,从而对学生学习结果和教师教学效果采取的评价。形成性评价的主要目的不是为了选拔少数优秀学生,而是为了发现每个学生的潜质,强化改进学生的学习,并为教师提供反馈。心理学的研究成果和教育实践经验表明,经常向教师和学生提供有关教学进程的信息,可以使学生和教师有效地利用这些信息,按照需要采取适当的修正措施,使教学成为一个"自我纠正系统"。

1 合作评价

在思想政治教学评价中,教师和学生共同面对学生所存在的问题,各种评价方式不仅给学生,也给教师提供了教与学的信息。学生得到个人反馈,明确努力方向,教师得到个人反馈,以便改进教学,提供给学生更有意义更有针对性的指导。

2. 自我评价

这主要是学生对自己进行评价的学习策略,努力程度和学习效果等以及他们之间的关系的评价和认识。学生对自己学习过程的评价是形成性学习责任感,形成个人独特有效的学习方法,提高学习能力的重要途径。例如,在学生进行自我评价过程中,教师可以从以下方面入手:上课是否认真听讲,参与课堂活动积极是否积极;是否能大声、有条理、清楚地说出所学思想政治的真正含义,能够做到学以致用,培养以及提高自己对思想政治进行自我评价的能力。

（二）终结性评价

终结性评价就是对课堂教学的达成结果进行恰当的评价，指的是在教学活动结束后为判断其效果而进行的评价。一个单元，一个模块，或一个学期的教学结束后对最终结果所进行的评价，都可以说是终结性评价。终结性评价是对一个学段、一个学科教学的教育质量的评价，其目的是对学生阶段性学习的质量做出结论性评价，评价的目的是给学生下结论或者分等。

终结性评价主要是评价学生在学习思想政治后的学习效果，主要包括在理论认知、情感认同以及行为实践三个方面的改变情况，因而，终结性评价可以分为对思想政治所教授理论的认知、认同和实践状况三个维度的评价。具体来说，评价主体、评价对象和评价方式可分为：对思想政治所教授理论知识的认知状况评价，其可以采取传统评价方式，也即由教师借助试卷的形式来予以评价。对思想政治所教授理论认同状况的评价，其可以由教师借助调查问卷的方式予以评价。关于学生对思想政治所教授理论实践状况的评价，则可以由教师或者辅导员等其他第三方人员，借助调查问卷或者实地观察的方式对学生参与公益服务、志愿活动等实践活动状况予以评价。

第十一章
高校思想政治"微教育"模式的构建探究

在新时期，我国的高校思想政治工作必须与时俱进，因事而新，要落实党中央对高校思想政治工作的任务以及立德树人的教育使命。因此，高校必须不断探索思想政治工作的有效途径。在信息时代，面对新一代的大学生，高校要不断探索思想政治"微教育"的模式。进入21世纪，网络正悄悄改变着人们的生活方式，如微博、微信、微电影这些新事物应运而生。这些新事物使人们的交流变得更加便捷，可见人们进入了"微时代"。本章首先分析了思想政治"微教育"的相关基础知识，接着进一步分析了"微教育"背景下思想政治教育面临的机遇与挑战，最后分析了思想政治"微教育"模式的构建路径。

第一节 思想政治"微教育"概述

微博、微信等微媒体的实效性、交互性、快捷性和共享性，为创新高校思想政治教育模式打下了扎实基础。与此同时，微媒体活跃和主导的"微时代"，对大学生思想政治教育工作带来了新挑战，提出了新课题。

一、"微时代"与"微教育"

（一）"微时代"的含义与特征

1. "微时代"含义

微时代是一种信息文化，它建立在网络前提下，没有区域性，是全球信息发展的必然趋势。每个人都是这个时代的中心，它是以计算机及手机等作为介质，以数字化为基本方式，在网络上进行传播的一种网络文化，它为人类提供了一种新的活动方式、思维方式和生活方式。"微时代"是一个蕴涵着文化传播、人际交往、社会心理、生活方式等多种复杂语义的时代命题。

2. "微时代"的特征

微时代存在以下几个特征：第一，主体的平等性。在微时代条件下每个以微信、微博等方式参与网络的人，既能接受信息，又传播、制造信息，既相互沟通，又相互感染。

人们可以在处于平等地位的基础上敞开心扉进行交流，并毫无拘束地以比现实更加坦然的态度去发挥自己的热情和创意；第二，信息的碎片化。在这个信息化的世界，人们处于信息的海洋之中，无数的信息碎片遍布于网络的每一个角落。网络将这些碎片信息联系在一起，我们可以使用手中的媒介随时从这些信息碎片转而进入另一些信息碎片中，这样人们获取自己想要的信息也更加便捷，这种碎片化的信息便成了主体传播信息过程中最为独特的风景；第三，交流的互动性。在微时代背景下，信息的传播不仅摆脱了原本的自上而下的单向简单传播，更多的变成了建立在平等基础上的，以多对多的方式进行的沟通模式，其核心就是互动，每个人思维的连接、交流和碰撞，是不同国家、地区、种族、领域的主体不受约束的交往。这种互动式的交流也成了微时代最"时尚"的交流方式。

（二）"微教育"概述

网络科技不仅改变人的行为，还改变教育的实践方式。在教育领域，网络信息技术正在深刻改变教育的手段、方式、理念和内容，传统教育已经不能适应社会发展的要求，无法满足"微时代"学生们的需求。在微时代，教育正面临着巨变和革新，因此，顺应社会的潮流和时代的发展，"微时代"相应的出现了"微教育"这一概念。

微教育是一个全新的概念，它基于互联网迅速发展、"微时代"到来而顺势发展而来。关于微教育的内涵，学术界没有明确界定。笔者将从多个层面理解微教育。微教育是教育的一种特殊形态。广义的教育泛指一切有目的地影响人的身心发展的社会实践活动，教育目标主要是增进人们的知识技能，提升人们的思想品德。狭义的教育是指专门组织的教育，即学校教育。它是根据一定社会的现实和未来的需要，遵循年轻一代身心发展的规律，有目的、有计划、有组织、系统地引导受教育者获得知识技能的一种活动，教育目标主要是把受教育者培养成满足社会需要和促进社会发展的人。从教育活动的基本要素来看，教育是指人有意识地通过若干方法、媒介等形式向他人传递信息，期望以此影响他人的精神世界或心理状态，帮助或者阻碍人们获得某些观念、素质、能力的社会活动。

从上述有关教育的定义可以看出，"微时代"的"微教育"是教育的一种特殊形式。微教育是借助数字化信息技术、电脑和手机等通信设备，通过微信、微博、微小说、微电影、微视频等媒介，以各种"微"网络载体展开的针对人们世界观、人生观、价值观的树立和理想、信念、道德的正确引导的碎片化、渗透式的教育。

从教育模式来看，"微教育"模式主要通过网络平台、利用手机和电脑等通信工具进行教育资源的传播、获取和共享。这种模式基于开放的网络平台，使学生学习知识的时间、空间限制得到缓解，能够给予学生极大的自由空间和选择权利，让学生有选择的培养和锻炼思维品质。这种模式有助于提升学生学习的积极性、主动性，改善教学的效果和质量。

从微观、中观和宏观角度来看，"微教育"是一种典型的微观教育形态。相较于宏观层面的教育实践而言，微教育是从小的方面着眼，致力于为广大受众提供最具个性、最精准、最及时的资讯和社交服务。诸如"微教育"之类的微观教育形态，虽然信息含量较少，但内容精致、传播效率高，针对性和效果亦更为明显，深受大众欢迎。

大体而言，微教育的特点十分鲜明：第一，以微课程的形式呈现微型的学习内容；第二，微课程教学方式灵活多样，适用于在线学习、面对面教学和混合学习等多种学习情境；第三，移动学习。微教育以信息技术为载体，在移动终端上展示微课程内容。微课程短小精悍，多以生动的视频形式呈现，并发布在学习平台上，供学习者观看和下载。

综上所述，微教育伴随微时代到来及个体需求特点的变化应运而生，通过网络通信工具和移动终端，使学习者根据自主选择的需求，进行知识传播或信息共共享。

二、思想政治"微教育"模式的理论基础

任何事物的产生与发展必有一定的依据，理论依据是不可或缺的重要部分，大学生思想政治"微教育"也不例外，同样具有相关理论基础，大学生思想政治"微教育"涉及的理论有交往理论、马克思主义人学理论及教育技术理论。这三个方面的理论，支撑着"微教育"在大学生思想政治教育方面的基础，具有指导、引领的作用。

（一）马克思主义交往理论

1. 马克思交往理论的发展

交往理论是马克思主义哲学思想的一个重要内容。在《德意志意识形态》一文中，马克思多处使用了"交往""交往形式""交往关系"等概念，并从世界普遍交往的角度系统讨论了"物质交换"，以及由"物质交换"决定的"精神交换"在人类历史发展中的作用。在《1844年经济学哲学手稿》中，马克思最早提出了有关交换、交往异化等问题。在书中，马克思对人与人的交往关系的考察并不是从交往关系的形成和作用开始的，而是从异化劳动这一角度来揭示人与人交往关系的扭曲状态，这是马克思交往理论萌生的起点。

1846年，马克思从生产、交换、消费相联系的角度分析人们在社会生活中建立的物质关系和政治国家，点出了生产力与交往方式之间的相互关系。在此基础上，马克思又探讨了商品及其交换的过程，界定了货币、资本等概念，剖析了它们背后的秘密，揭示了货币、资本与人们社会交往的内在联系，扩展了交往理论的研究领域。马克思逝世后，恩格斯在研究家庭、私有制及国家的形成过程中，探讨人类两性生殖交往与家庭、阶级、国家形成之间的关系。在马克思的基础上，补充了人类两性生殖交往的内容，即两性交往、物质交往和精神交往与人自身的生产、物质生产和精神生产密切相关。

在《德意志意识形态》一文中，马克思提出了"和他人之间的交往""个人之间的交往""内、外部交往""世界交往""普通交往""物质交往"和"精神交往""广泛的目的交往"等概念，揭示了交往的丰富内涵，系统阐述了关于交往的思想。由此来看，马克思是从生产与交往的关系来理解交往，生产决定交往，交往是生产的前提，符合生产力的交往方式，就会继续发展下去，不符合生产力的交往方式则会改变，而这种改变的最终目的是不失掉文明的果实。

对"微教育"这一教育模式来说，马克思对交往的定义可以解释微教育的产生原因。从本质上分析，微教育的产生是为了延续人类文明的果实。人们在他们的交往方式不再符合生产力发展需要时，就需要改变交往形式，从而使社会交往利于生产力的发展。微

教育的产生是生产力发展的结果,它顺应了新时代的新要求,有助于交往的继续和扩大,是现代文明的高度浓缩。马克思主义交往理论表明,交往是人的本质的体现,交往关系是人类社会的存在方式,交往是社会发展的动力,是社会实践的基本形式,交往促进了世界历史的产生。这一系列重要思想的阐述都是关于交往对个人及社会发展等多方面的影响。马克思主义交往理论给予我们的启示是,人类创造文明的必经过程就是交往。交往是生产关系的表现形式。衡量交往方式是否文明主要看它是否符合生产力的要求。

所以,在微时代背景下,大学生思想政治"微教育"的首要任务就是通过网络通信工具的运用,来促进"微教育"的客体与主体进行沟通交流,通过交往实现人类关系的维持和发展,并且,以顺畅的沟通交往为前提,促进人类进步和社会发展。马克思主义交往理论提醒我们,微时代背景下的大学生思想政治"微教育"之路,必须有利于人的全面发展和生产力的提升。

2. 哈贝马斯的交往理论

哈贝马斯（Habermas）是研究社会交往的代表人物。但是,哈贝马斯的交往理论与马克思的交往理论有所不同。马克思是从生产关系的角度看待社会交往,而哈贝马斯是从交往关系的角度来定位的,二者侧重点完全不同。在哈贝马斯在其交往行动理论中,其主要论述了以语言沟通为中介形式的沟通行为,提出了"社会交往独立于物质生产"的实践逻辑。在哈贝马斯看来,构成交往的基础是言语行为,其强调人类实践是人与人通过沟通不断达到理解、取得共识的过程。在马克思看来,劳动生产决定人的本质,人的本质就是作为实践主体的人的主体性,它指向人改造客观世界的结果;在哈贝马斯看来,人的本质已经从劳动生产领域转向了生活领域,人的本质就是作为沟通主体的人的主体性,它指向人的主观世界。在哈贝马斯的思想中,语言沟通是一切沟通行为的基础。由此,比较马克思和哈贝马斯的交往理论,前者是结果导向,后者是过程导向,两者都具理论指导意义。

从哈贝马斯的交往理论来看,"微教育"更应注意其施教过程,运用什么样的工具、采取什么样的沟通方式与方法,达到有效沟通的效果。强调沟通交往的作用,这既是"微教育"的鲜明优势,也是"微教育"所面临的挑战。无交往就无教育,无沟通就无反馈,无反馈就难以了解教育的效果,因此,依据交往理论的观点,大学生思想政治"微教育"必须搭建教育主体与客体的沟通桥梁,保证教育实践过程中沟通互动的畅通,只有这样,方能提升大学生思想政治教育的效果,同时,只有这样的"微教育",才是适应时代潮流、符合中国国情、满足学生需要的教育模式,才能真正促进生产力的提高和人的全面发展。

（二）马克思主义人学理论

马克思主义人学理论的产生来源于人类对"人"的研究。关于宗教人、文化人、存在人、理性人等多方面研究,为马克思人学理论提供了基础。马克思从实践出发理解人,在他看来,实践创造了人的生活世界,实践的目标是人类的解放和人的自由全面发展。这就是马克思人学理论的最终目标。马克思主义人学理论以劳动或生产实践为讨论对象。实践是马克思在本体论的层面提出的,它决定人的本质和存在方式。从生产实践或劳动这一逻辑起点出发,马克思构建和提出了人学理论。正如马克思所言,"这种活动、这种连续不断的感性劳动和创造、这种生产，正是整个现存的感性世界的基础"①。在马克思主义人学理论中，实践是人的存在方式，是现实世界的存在前提。马克思对人的科学理解，有利于恢复人的本质，摆正人与物的关系，从而最终废除财产私有制、解放全人类，真正实现人的自由全面发展。

人的全面发展和自由的充分展开，是马克思主义人学思想的最终指向。马克思提出的"自由人联合体"思想以及"建立在个人全面发展和他们的共同社会生产能力成为他们的社会财富基础上的自由个性"观点，清晰阐明了马克思人学理论的终极目标。马克思对人的理解是一种历史唯物主义思维方式，它决定了马克思人学思想的科学性，是一种基于历史现实的科学思考，从根本上超越了其他人学思想。

在马克思的观念中，人的自由全面发展就是人的解放，具有丰富的内容，诸如提高人的身体素质，挖掘和释放人的潜能，提高人的知识技能和道德涵养，构建正常的人际关系和社会交往关系，促进人的协调发展，防止人的片面发展，更好地实现自身价值、适应社会需要，最终实现人与社会的共同进步。因此，马克思所理解的"人的自由全面发展"，就是为了摆脱人自身的局限性和社会体制的外在束缚，实现人的正常功能和社会关系。

从马克思主义人学理论的角度来理解，大学生思想政治"微教育"是马克思人学思想的现实演绎。马克思人学思想是"微教育"的理论基础。马克思主义人学理论关注人的全面发展，这正是"微教育"在微时代所要承担的责任，而随着微时代的到来，让大众了解到，单纯的面对面交流已经不是现今人与人之间的交往方式。目前，无论是公共事务还是私人事务都离不开网络微平台，新型的人类社会交往方式正在发生着改变。

要想真正实现人类交往的普遍性，达到人的自由全面发展，则要以马克思主义人学理论为指导思想，加快人际关系及社会交往关系的转变。在上述现实背景下，大学生思想政治"微教育"应时产生。它作为一种新兴教育模式，能够帮助大学生自由全面发展。为了达到理想教育效果，全面提高大学生素质、促进大学生成长，则需要建立主客体的和谐交往方式，充分开发人的潜能，协调好人与自然、人与社会以及人与自身的关系。

（三）教育技术理论

随着时代发展和社会进步，教育技术在教育过程中的巨大作用日益凸显，逐渐成为一个不可替代的专门领域。教育技术实践的充分展开为教育技术理论的形成提供了基础，理论和实践的相互促进从根本上推动教育技术的持续进步，促进了教育事业的长足发展。从理论逻辑来看，建构教育技术理论范畴体系，可以揭示出教育技术发展的内在逻辑；从现实应用来看，把握教育技术的应用状况和发展困境，有助于推进教育技术的革新和应用。教育技术理论是一门新兴的教育学科，它是在视听教育基础上产生和形成的。实践经验证明，走教育技术理论化之路，可以进一步克服传统教育中存在的一些弊端，进而促进和加强当前的教育改革，适应当前社会信息革命发展变化的要求，从而培养出合格人才。教育技术理论最早来源于美国，经过一番名称转化形成现在教育技术这一概念，从最初的视觉教育——使用视觉教材做辅助，到视听教育——"经验之塔"理论把学习

---

① 高鹏. 马克思主义哲学研究 [M]. 延吉：延边大学出版社，2018：198.

经验按抽象程度不同分为"三大类、十个层次",再到视听传播——软件、传播理论。直到1994年美国教育传播与技术协会提出教育技术这一概念并对教育技术作了全新的界定,指出教育技术是关于学习资源和学习过程的设计、开发、使用、管理和评价的理论和实践。

在很长一段时间内,教育技术以电化教育来命名,这是我国特有的名称。电化教育在我国发展迅速,具有扎实的社会基础,社会各界应用十分广泛。在社会上,一些广播电台、电视台、政府部门应用电教设备,为经济社会建设服务,举办各式各样的公益讲座、论坛、研讨会,这是电化教育发展的开端。社会各界的应用和推广,慢慢拓展到学校内。在教学领域,一些相关课程开始使用电化教育设备,一些从事电教工作的专业人员也逐渐培养起来。

改革开放后,网络技术迅猛发展,电脑得到广泛应用,进一步壮大教育技术学的技术支撑。社会各界非常重视网络科技对教育教学的推动作用,将计算机和网络广泛应用到教学过程之中,提高教师教学效果和学生学习效果。我国教育教学开始驶上"信息高速公路"。从之前的幻灯片、录像、电影教学的方式到今天的互联网、智能客户端等多方面、多层次发展,各种信息技术被广泛运用,并对教学产生深远影响。由此可见,信息技术变革对人类具有深远的影响,从教育技术发展历程及教育技术名称转变,可以了解到教育技术理论发展到今天,主要是以网络为依托,对教育信息进行设计、管理等一系列模式融合到一起,起到教育人的作用。

教育技术理论从不同手段及方式上,将教育信息进行传递,这一过程包括由教师、教学内容、传输媒体、学习者四个基本要素组成。在知识爆炸时代,信息技术应用于教育显得十分重要。网络信息科技使传输媒介转型升级,传输速度和效率不断提高,传输媒介也呈现多样化发展。信息技术对教学系统中各要素的影响越来越明显。

从本质上说,"微教育"是新型教育技术理论与应用的产物,"微教育可以理解为教育技术发展至今而出现的一种新形式。这种新形式依托网络平台和信息技术对教学系统中各要素施加影响,改善教学环境、提升教学效果。因此,从技术角度来说,"微教育"有助于完善和创新大学生思想政治教育模式,提升大学生思想政治教育的水平和效果,提高大学生的道德素质和思想修养。从教育技术理论来看,大学生思想政治"微教育"模式注重学习资源和学习过程的设计、开发、使用、管理和评价,从应用和发展中不断总结经验、创新制度,发扬有利的积极因素,遏制不利的消极因素。

三、思想政治"微教育"分析

(一)思想政治"微教育"的含义

大学生群体有着鲜明的时代特色和年龄阶段特征。从一般意义上说,大学生是指接受过大学教育而没有完全走入社会的人,它是大学注册入学并接受高等教育的群体的总称。而思想政治教育则是指社会或社会群体用一定的思想观念、政治观点、道德规范,对其成员施加有目的、有计划、有组织的影响,使其成为符合特定社会或阶级所需要的思想品德的人的社会实践活动顾名思义,大学生思想政治"微教育"是思想政治教育借助微媒体的实践形式,是思想政治教育在微时代的独特表现。大学生思想政治"微教育"因教育的载体和环境的改变而产生,并且在网络技术的推动下,迅速成为一种思想政治教育新形态。大学生思想政治"微教育"正是从教育的核心理念宗旨和主要目标出发,通过"微教育"这一"微时代"的新形式,对大学生思想道德各方面进行培养。它是大学生思想政治教育与"微教育"的结合体在网络时代,社会各界都在信息化潮流中开拓创新,"互联网+"成为热点话题。从根本上说,大学生思想政治"微教育"是"互联网+"的直接产物。

大学生思想政治"微教育"能够创新大学生思想政治教育的方式方法提高大学生思想政治教育的效率效果,"微"中显精致、远见、高效,等等。简而言之,大学生思想政治"微教育"是大学生思想政治教育的创新形式,通过"微教育",开展思想政治学习和道德素养提升,有助于被教育对象理解、接受,提高大学生思想政治教育的认同度和亲和力。

大学生思想政治教育是由高校思想政治工作者按照一定的社会政治要求思想道德规范,利用各种环境、机制、载体,对受教育主体施加有目的、有计划和有组织的影响,从而进行政治教育、思想教育、道德教育和心理教育等社会实践活动。以人的思想和精神世界作为工作对象的思想政治教育,由于高效地进行信息生产和传播的新媒体(包括互联网和手机在内)的迅猛发展,进入到一个无限选择的时代,生存于这个时代中的"任何人"在"任何地点"和"任何时候"以获得"任何想要的资讯信息"。罗布里德(RobReid)认为:"在一个无限选择的时代,统治一切的不是内容,而是寻找内容的方式。"[1] 大学生思想政治教育受新媒体时代等因素的影响,而呈现出新的特征和问题,如何适应这变化而有效开展思想政治教育,是一个急需研究和解决的新课题。

(二)思想政治"微教育"的构成要素

大学生思想政治"微教育"的开展,需要具备一些基本要素。例如,主体和客体、目标和内容、手段和载体。传授教育的一方是主体;受教育方是客体。只有这些要素和条件基本具备,才能完成复杂的"微教育"过程。教育主体通过设定目标,丰富的内容,完善的载体和手段,在主客体间将知识相互转换,达到教育优化的效果。

1. 大学生思想政治"微教育"的主体和客体

(1) 大学生思想政治"微教育"的主体

从施教与受教的传统角度来看,大学生思想政治"微教育"的主体与以往常规思想政治教育不同。在常规思想政治教育中,教师是主体,他们通过知识传授和课堂教学,进行一对多的、"灌输式"的说教,主体较为单一。大学生思想政治"微教育"的主体与以往不同,在新媒体背景下,"微教育"的主体不是单一形式的教师授课,而是利用多种网络通信工具(如微信、微博、QQ等),通过网络移动终端进行思想政治知识的传授。

在"微教育"过程中,主体是多元且灵活的。"微教育"的主体可以是教师录好的课程视频,也可以是关于某一方面的系统化知识,也可以是在微信公众号等类似网络平台上的系列知识更新。从新媒体平台的性质来看,"微教育"的主体既可以是教师,也可以

---

[1] 张梦初,陈辉. 相互保险 理论与实务教程 [M]. 北京:中国经济出版社,2019:351.

是其他群体，更可以是受众群体。也就是说，在网络时代，思想政治"微教育"的主体不仅仅由教师担当，其他社会群体都可以利用网络平台发布或讨论关于思想政治相关的知识与看法，他们都属于主体。而参与的受众不知不觉中也充当了主体的角色，尤其是参与网络平台讨论时，包括大学生群体在内的受众发表自己的看法，同时也是一种知识的宣传与传播过程，他们无形中也充当了思想政治"微教育"的主体。

从建构主义角度出发，教师在教育过程中发挥主导作用，而学生是教育的主体，即形成"主导—主体"相结合的思想。学生作为主体更能够体现学生的积极性，同时又能体现教师的价值与作用。一些人倡导以学生为中心，另一些人则以教师为中心，而不管从哪种角度出发，学生作为学习过程的主体，教育的目的是促进学生学习、挖掘学生潜能，因而教师应该充当组织者、引导者，启发引导学生成为学习的主人。

由此可见，在新媒体环境中，大学生思想政治"微教育"的主体是多元且灵活的，为大学生思想政治教育创新发展注入新鲜血液，多方参与和互动，激活了大学生的积极性和主动性。

（2）大学生思想政治"微教育"的客体

表面上，大学生思想政治"微教育"的客体是指接受思想政治"微教育"的大学生群体。大学生群体通过各种网络工具获取知识，了解、学习到相关思想政治的观点、知识及实践等。实际上，客体并不局限于大学生群体，客体亦可以是营造的学习环境。运用环境间接影响知识接收者，即客体。

在实际教育过程中，大学生思想政治"微教育"的主体客体界限并不是十分清晰。大学生本身即是传播者又是接收者，既可以是主体又可以是客体，这两者间的关系是可以相互转换的，而且除了这两者间具有主、客体资质外。在"微教育"中，学习工具、学习环境、教学内容等都在主客体之间进行相互转化，这个转化过程主要体现在学习之中的互动、塑造和影响。正是由于主客体总是相互转化，主客体界限并不清晰，使"微教育"更具活力和生命力更有发展前景，能够激发起更多人的参与热情。

2. 大学生思想政治"微教育"的目标和内容

（1）大学生思想政治"微教育"的目标

"为什么而教""教什么内容"是教育的基本要素。学习过程的展开，不仅要有传授者和接受者，还要有学习目标和学习内容。如果没有学习目标及学习内容，教育只能是一纸空谈。对于大学生思想政治"微教育"来说，学习目标与学习内容尤为重要。大学生思想政治"微教育"不仅具有传统思想政治教育的目标和内容，而且还有自身特殊的追求和因素。

大学生思想政治"微教育"以优化教学模式、提升受众能力、改善学习效果为主要目标。在教育过程中，依托微媒体平台、运用微媒体手段、提高微教育效果，力求做到时间短、效率高、效果好，努力提升教师教学的创新性和受众参与的积极性。当然，具体到每个教育环节、模块或方式的时候，大学生思想政治"微教育"的目标又会有所不同，需考虑具体课程设计、开发等方面的因素。

（2）大学生思想政治"微教育"的内容

大学生思想政治"微教育"以思想政治、道德修养为主要内容。在教育过程中，依据具体教育目标，制定、设计、开发、管理甚至优化教学内容，以达到全面提升大学生思想政治素养的目的，使大学生通过提高思想政治素养从而促进自身全面发展。在微教育中，教学内容十分广泛、灵活，可以是相关理论知识和观点，可以是一段视频或语音，也可以是某一问题的讨论小组，微教育以各种形式展开学习的内容，内容的丰富性与展开学习的形式有关。由此看来，大学生思想政治"微教育"的内容是丰富多样的，具有很大的拓展空间亟待人们不断开拓和创新。

3. 大学生思想政治"微教育"的手段和载体

（1）大学生思想政治"微教育"的手段

传统的思想政治教育主要通过教师的课堂讲授、主题报告会、感染性和引领性教育手段，对学生进行思想意识灌输。在这一过程中，教师作为思想教育工作者占据主导地位，学生主体性很少受到关注。在现今时代，互联网发展迅速，各种微媒体崛起，大学生思想政治"微教育"的手段越来越多样化。例如，传统模式+视频模式、完全视频模式、短小课堂模式、视频+实践模式等等。各种方式可以随意进行排列组合搭配。思想政治"微教育"手段的多元性不仅体现在手段样式多，更体现在各种教育手段之间可以相互转化和融合，教育手段本身也可以进一步优化与完善。

（2）大学生思想政治"微教育"的载体

传统的思想政治教育载体十分单一，主要是教育者通过黑板、书本、纸笔等这些看得见、摸得着的载体传递知识信息，是高校大学生获得政治思想和观点立场的主要途径。这些传递信息的载体都为必不可少的硬件设施。如果某环节出现问题，那么教育过程就难以持续下去。但是，在微时代的今天，网络十分发达便捷，大学生思想政治教育的载体更加现代化、多元化和人性化，诸如移动网络终端、微信、微博、各种网络论坛都已经成为教育活动的基本载体。大学生思想政治"微教育"的载体主要体现在网络化上，这一类型载体的特点是信息传播及时、信息"量"大、信息碎片化、交互性和共享性，而且媒介主体大众化，每个人都能够轻松注册账号并发表言论。因此，微媒体时代的思想政治教育载体更加灵活，承载信息也更加多元、便捷和畅通，能够提升学生学习效果，改善思想政治教育质量。

四、大学生思想政治实施"微教育"的必要性

（一）借助"微教育"的时代元素增强教育吸引力

随着微博、微信等媒介的广泛运用，跳跃性、碎片化、快餐式成为信息传播的主要特点。大学生思想活跃，眼界比较开阔，对新鲜观念和事物接受较快，具有鲜明的时代特征。而一些高校思想政治教育创造性不强，教育内容依然固守在传统思想政治内涵上，不能适应当代大学生对求知、审美、处事的需求，调动不了积极性，引起不了关注，触及不到灵魂，气氛沉闷，效果不佳。而"微教育"是一个有组织、有计划、有规律、有内容、有内涵和有目标的生动课堂，简约、形象、生动的"微"话语符合日新月异的信息社会特点多元、共生、交融的"微"元素迎合大学生求新求异的性格特征，平等、互动、创新的"微"体系满足现代教育理念方式，特别是图文并茂、影音结合的多媒体表现形式更是有效解决了传统思想政治教育枯燥乏味的弊端，更易于学生接受而深受欢迎，

使思想政治教育达到"润物细无声"的效果。

(二)借助"微教育"的快捷广泛增强教育时效性

高校传统思想政治教育往往只能通过开展思想政治理论课教学,结合定期开展专题讲座、党团课等形式,相比于社会思潮变迁、时代形势变化、学生思想波动,存在明显的滞后性,并且受制于时间、场所限制,教育覆盖面不广不能及时回应大学生关切的热点焦点问题,难以有效化解学生思想、心理困惑,严重制约了思想政治教育的功能发挥。而"微教育"依托网络传播,具有资源共享、传播快捷、即发即收等特点,打破了思想政治教育时空限制。教育者可以随时随地发布所见所闻、所思所想,并在第一时间内产生快速影响力,实现即时共享,使主流的声音深入到各个角落。相比于传统思想政治教育"逐层式"的传递方式,"微教育"可实现一对一或一对多"垂直式"的传递,开阔了思想政治教育的工作空间,增强了思想政治教育效率。

(三)借助"微教育"的灵活互动形式增强教育感染力

传统思想政治教育方式方法比较单一,过分依赖于课堂授课,恪守"上课、讨论、总结"三部曲,教案中空话套话大话较多,开展教育时上下一般粗,从理论到理论,缺乏思想交流、感情认同;同时,大课教育往往只解决共性问题,对于个体问题却缺乏针对性,教育者与教育对象之间缺少思想互动,受教育者常常处于被动接受地位,即使有了想法也不愿表达真实意见。而"微教育"主客体平等、开放的特点,削弱了传统思想政治教育中话语垄断现象,不但教育者能够传递思想政治教育的新思想、新见解和新内容,受教育者也能随时发布新观点、新意见和新建议,参与其中的个体人人都具有主体地位,不用受到身份、地位等的束缚,相互间形成平等的讨论氛围,也可以将在现实中难以表达的情感、生活等问题倾诉出来,得到他人的交流和理解,从而在心理上获得满足。

第二节 "微教育"背景下思想政治教育面临的机遇与挑战

一、"微教育"给高校思想政治教育带来的机遇

"微时代"作为一个崭新时代,它的到来无疑为当代高校思想政治教育带来了新的生机与活力,为当代高校思想政治教育与新媒体新技术的结合提供了新条件。

第一,"微时代"产生的新兴"微载体"加快和易化了信息的传播。随着"微时代"的到来,电脑、智能手机等电子设备的使用率剧增,微博、微信等"微载体"也孕育而生。这些时下流行的"微载体"在承载高校思想政治教育信息的同时,也不断展现出了新的功能和内涵。在部分学者的思想中,在"微时代"的大环境下,手机用户量增大、网络覆盖面拓宽、智能电子设备功能变强,可以时时处处、方便快捷地获取数量庞大的

各类信息资讯,这就使新兴的"微载体"承载了包括当代大学生的世界观、人生观、价值观、道德观等在内的多元化的思想政治教育内容。微博、微信等作为新兴载体,其传播范围广、速度快、内容多样,不仅能够承载更多更丰富的思想政治教育信息,而且在传播形式上的特点也打破了时间和空间的限制,节约了人力物力,提高了信息传播的有效性,实现了信息传播在时间上无限制、在空间上无阻隔的信息传播最理想状态。与传统思想政治教育载体相比较,"微载体"所提供的信息传播途径更便捷,这一特性使一直束缚着高校思想政治教育的双重枷锁(时间和空间)被打破,教育双方可以随时随地自由发表自己的观点,获取自己感兴趣的信息,并在网络中对各种信息进行实时评论。

第二,"微时代"增强了高校思想政治教育的趣味性。有学者认为,"微时代"带来的新兴"微载体"给高校思想政治教育提供了全新的工作平台。教育内容在这些发展平台中也产生了巨大的变化,即从抽象变为具体、从二维变为三维、从单一变为多元。文字、图片、音频等信息在新的发展平台中合为一体,增加了趣味性,拓宽了传播范围。也有学者认为,"微时代"下,电脑、智能手机等任意一种与网络相关的设备都能成为大学生获取有趣信息的快速有效途径。此外,"微载体"中所蕴含的大量信息,在提升教育内容多样性的同时,也增强了教育内容的趣味性,更加激发了学生的学习兴趣,大大增强了教育的影响力和有效性。形式刻板的思想政治理论一直是高校思想政治教育中含量最大的部分,传统高校思想政治教育正是受到这种内容上的限制,才导致了教育与学生日常生活实践的偏离,使教育内容丧失了趣味性。"微时代"给高校思想政治教育者提供了一条可以自由、开放、快速了解、掌握大学生日常生活的有效途径,通过这种途径,可以将发生在大学生身边的实际案例融入思想政治教育之中,将抽象的理论同大学生的日常生活联系到一起。此外,高校思想政治教育者可以通过掌握流行的网络语言,增加课程的趣味性,拉近理论与学生间的距离,使枯燥的教学内容充满趣味性。

第三,"微时代"为学生更好地参与教学、与教师互动创造了条件。在一些学者的观点中,信息在传统载体中的传播速度十分滞后,接受者很难在第一时间捕捉到这些信息,也不能对这些信息做出有效的反应,这使得信息发送者得到的反馈信息也存在相当的滞后性。而在网络传播中,接受者可以及时获取信息并对这些信息进行评论,信息发送者也能在第一时间看到这些评论,这就使发送者和接受者之间的互动交流更具有时效性和有效性。也有学者认为,手机作为"微载体"的代表,其互动交流能力十分强大,高校思想政治教育者可通过视频、电话、短信、微博、微信等多种方式对大学生进行思想政治教育,以手机为代表的新兴"微载体"的出现,给高校思想政治教育中的教育双方都提供了一个崭新交流平台。

另外还有部分学者坚信,在网络环境中,交流对象的角色和身份都是虚拟存在的,交流对象彼此间基本不存在精神负担,人际交流变得更加宽松和融洽。教育双方间的防范和隔阂大幅减少,这增强了教育双方彼此间的亲近感和信任感,使高校思想政治教育的有效性大大提高。最重要的是,教育者和受教育者在网络环境中可以互换身份。大学生在进行网络学习和获取信息时的身份是受教育者,而在发表意见和发送信息时,即在传播自己的思想和观点时,大学生又站在了教育者的位置上。这种网络环境下教育双方的换位方式,使高校思想政治教育的有效性不断提高,也有效消除了大学生接收信息时的消极被动性,使学生切实参与其中,更能体现当代高校思想政治教育中学生的主体地位。"微时代"下的高校思想政治教育通过加强大学生的主体性和参与性,提升了大学生的自我主动思考能力和对现实的判断能力,实现自我的完善和发展,为学生把握自己的人生指明了道路。传统高校思想政治教育下的教育模式缺少教育者与受教育者之间的互动交流,而"微时代"下的高校思想政治教育工作者可以通过"微载体"与学生互动,了解并走进学生的生活,使思想政治教育更为生活化,变被动了解为主动引导,使高校思想政治教育融入生活,从生活中得到升华。

二、"微时代"给高校思想政治教育带来的挑战

(一)打破了高校传统思想政治教育的思维定式

传统的思想政治教育通常是建立在一个局域优势地位的主体,携带主流意识形态及各种政治观念,采用各种强制或者不自觉的方法输入到受教育者的脑海中,改造其精神世界,支配其思维行动的基础之上。传统思想政治教育的思维定式在大学生和教育者身上都有体现。对大学生来说,思想政治教育是一门建立在国家意识形态之上的为达到政治目的而设置的一门普通课程,作为大学生,只需要完成基本的课程任务即可。因此,在这种思维定式之下,大学生对思想政治教育的重视程度严重不足,忽略了其中的价值观意义。对于教师群体来说,思想政治教育同样是一种自上而下布置的课程任务和政治任务。作为一门课程来讲,教师的职责是完成规定课程任务;作为一项政治任务,传达基本的政治精神和理论知识即可。在这种思维定式之下,无论是大学生群体还是教师群体,都对思想政治教育的意义和重要性缺乏认识,忽略了思想政治教育在国家安全、意识形态捍卫和国民价值观塑造方面的意义,进而使的思想政治教育成为一种"虚有其表"的任务。而在"微时代""微教育"的背景下,传统的高校思想政治教育的思维定式受到了严重的冲击。

"微时代"是以互联网、数字技术和现代通信技术为基础,以微博、微信等新型社会网络交互软件的兴起为发端,以相对于传统电脑而言更为小型化的平板电脑、智能手机等移动化、便携化网络信息工具为载体,通过语音、文字、图片、视频等多种媒体形式进行"实时、高效、互动"的信息阅读、加工、发布和交流等社会活动的信息化时代。"微教育"则是指将微时代的互联网技术运用到教育中,借助数字化信息技术和手机、电脑等通信设备,通过微博、微信、微电影等"微"载体而展开的大学生教育。电脑、手机在学生群体中的高度普及、网络技术的发展以及新型网络媒体的兴起,已经成为不可逆转的趋势。善于利用网络平台,将高校思想政治教育的途径拓展到"微领域",积极运用微博、QQ、飞信、微信等网络交流平台,积极搭建思想政治教育在网络中的阵地,发挥微博、微信等个人网络在教育中的作用。

在"微教育"方兴未艾的环境之下,传统的思维定式开始受到质疑,新的思维方式逐渐形成。互联网的交互性、隐匿性激发了学生的平等意识和表达诉求,尤其是手机的普及和功能的增强,社会进入了人人都是自媒体的时代。无论是公共事务还是娱乐事件,学生能轻松地参与其中,不受传统表达和参与规则的限制。一方面,学生的表达欲望和参与意识空前增强,不再满足于被动地灌输和吸收,而是希望成为互动中的一环;另一

方面，对传统权威和知识产生了强烈的质疑精神，课堂和教师的权威性下降，学生希望通过课堂互动完善和纠正各种存疑的观点。但是，目前高校大多数思想政治教育课教师在理论课教学方面还是采用说教式的灌输，尽管制作了精美的课件、精心选取案例和相关视频，但是仍然难以满足学生参与和表达的诉求，难免对高校的思想政治教育产生一定的抵触情绪。

通过以往新媒体与高校思想政治教育研究发现，思想政治教育在微博、微信等新媒体中缺乏足够的吸引力，教育作用没有很好地发挥。实际上，微教育作为一种新兴的教育方式，对传统的思想政治教育模式既是挑战，也是机遇。方面，"微教育"打破了传统课堂的"灌输"和"被灌输"的两者固化关系。无论是教师还是学生，都不再仅仅局限于传统课堂赋予的角色内容，而是成为一种双向的互动关系。学生的参与意识和表达诉求得到满足，同时教师授课方式和权威实现更加灵活多样。另一方面，"微教育"使得课堂内容常新、更新，不仅仅是局限于教材规定内容，而是结合当下时事和身边事，更加贴近生活，更具有现实意义。当代中国处于一个剧烈变革的时期，大到政治格局，小到生活方式，无时无刻不受到新兴媒体的影响。在这种情况下，"微教育"则成为教育界面对时代变化所应当有的反应。

通过微博、微信等新兴媒体和自媒体与课堂的交叉、渗透，思想政治教育不再是一种任务和要求，而成为一种贯穿始终的生活方式。这不但使得思想政治教育的效率得到有效提升，而且在校园和社会范围内的认同度得到提升。微博、微信等作为一个交流平台，为思想政治教育工作者和大学生提供了更多的交流沟通机会，而且在使用"微教育"平台的过程中，自身的综合素质也有所提升。但是，新兴媒体同样对高校的思想政治教育存在一定的消极影响。网络本身就具有两面性，微教育也是如此，既有积极事件的发生，也有消极事件的出现。部分学生在使用微教育平台的过程中，容易产生极端情绪，并且对自己要求不严格，出现恶意攻击的行为，对微教育平台环境的维护和学生的身心健康、思想政治教育造成不良影响。高校利用微教育平台的经验尚浅，教育者对信息利害的辨识度还不够高，而大学生群体正处于价值观、人生观定型的关键时期，不良信息对大学生的思想政治教育造成严重危害。正是由于微教育的两面性，因此其在打破传统思想政治教育思维定式的同时，也是思想政治教育在新时代新形势下面临的一个挑战。

（二）超越了高校传统思政教育的时空限制

高校思想政治教育一直以来是以普通课程的形式出现在大学生的校园生活之中，无论是上课时间、形式，还是最终的考核方式，无时无刻不是以"标准化课程"的形式示人。随着社会发展和生活选择的多样性，一方面，课堂的思维定式受到了冲击，另一方面，课堂的时空限制也在不知不觉中发生改变。

"微教育"是利用网络和新媒体进行的教育思想和方法的革新，不但顺应了时代的变化，而且对当今社会的观念和思想普及具有更强的促进作用。例如，美国曾成立过一个公益项目，即联合几所高校把优质知名课程放到网络上，以满足无法进入高校学习或者课堂的人学习。目前此类项目也在中国出现，例如"慕课""中国大学 MOOC"等，不少高校也曾采用此种方式进行课堂学习。例如安徽理工大学曾利用超星平台进行南开大学的《星海求知：天文学的奥秘》等课程学习，这一学习方式打破了传统教育的时空限制，不但扩大了课堂知识的受众范围，而且极大地增强了课堂的影响力和影响时间。将"微教育"运用到高校思想政治教育中，也不失为一种有效合理的方式。依托微教育平台，实现高校思想政治教育资源的系统整合，是思想政治教育资源实现国际与国内兼收并蓄，历史与现实的参考比较，自然与社会旁征博引，经典讲座与名师授课等公众共享，革命圣地与历史事件现场如若亲临。通过微教育平台的整合，使得受教育者可以在网上查找相关的教育资源，打破以往接受知识的有限性和被动性，极大地拓展了高校思想政治教育的空间和时间。

与此同时，一方面"微教育"打破了传统思想政治教育的时间和空间限制，实现了思想政治教育与校园生活的交叉和渗透。在如今人人都是自媒体的时代，了解、参与公共事件在网络生活中占了相当大比例。一部分大学生利用课余时间，在网络世界娱乐、学习、休息。将思想政治教育放到新兴的网络媒体当中，不但使得大学生的课外时间也能进行有效的思想政治教育，培养正确的政治观念，而且使得思想政治教育不再局限于一方课堂之中，不再局限于教材之中。思想政治教育贴近生活的过程，也是贴近学生的过程。"微教育"的实现，不仅要把重点放在构建网络公共主页、空间平台之上，也应该把思想政治教育的内涵，延伸到教育者和被教育者的自媒体当中。无论是学校、学院还是班级，都可以开通公共主页或个人空间，尤其是教师、辅导员的自媒体平台，这些领域学生的关注度较高，对他们更具吸引力。同时，网络作为即时通信平台，提高了思想政治教育的时效性，微教育平台在信息传递方面的优势，把思想政治教育触角延伸至网络空间的每个角落，打破了传统思想政治教育的时空限制。

另一方面，打破时空限制也给高校思想政治教育带来了一定的难度。信息传播的速度和广度已经远远超出人们的控制范围，信息的多元化，带来的是价值观念的多元化。互联网的信息爆炸一定程度上弱化了大学生的价值选择能力，影响了社会主义核心价值观在校园文化中的主导地位。例如网络传播者良莠不齐，造成大量个性化网站、博客的同时，也造成了许多负面信息的泛滥，是独立思考能力尚未完全形成的大学生容易出现迷茫，危及社会主义核心价值观教育者原先在信息和权威上占的优势地位；网络的工具主义倾向容易造成些人对新媒体语言和网络快餐式阅读的追逐，导致人文精神的缺失。国内与国外信息的碰撞，使得传统的主流价值观受到一定的冲击。面对西方敌对势力的渗透，要守住思想政治的阵地尤为艰难。但是作为新的争夺点，消极逃避不是正确的应对方式，如何利用"微教育"模式，建设让学生真心喜爱、终身受益的思想政治课，如何在多元文化、多元价值交织冲突中凸显社会主义核心价值观的教育优势，真正入脑入心，需要我们对现行教育方式进行反思，同时利用好"微教育"在高校思想政治教育中的积极作用。

(三) 颠覆了传统教育自上而下的灌输模式

"微教育"时代，思想政治教育的教育者话语权和权威性弱化，自上而下的灌输模式被打破，主要表现在信息的多元化和信息获取途径的多样性。高校思想政治教育话语权在实际的思想政治教育过程中承担着对受教育者的主流意识形态的教育、爱国主义和法治观的教育等任务。然而，"微教育"背景下网络媒体的存在不同程度上影响了高校思想政治教育话语传播的效果，弱化了教育者的话语权的主导力。在这种背景下，"微教育"

既是打破传统自上而下的灌输模式的利器,同时也成为高校思想政治教育难度上升的因素。

一方面,在思想政治教育课堂内,教育者凭借其所掌握信息和资源优势处于绝对的权威地位,受教育者处于被忽视和被灌输的地位,受教育者的表达空间和机会受到极强的限制。"微教育"的出现,打破了信息传播的限制,信息传播的途径更加丰富便捷,信息共享的程度提高,受教育者可以轻松获取其所需要的信息,在接受和获取能力方面往往更优于教育者。"微教育"具有民主化、自由化和便捷化等特性,满足高校大学生渴望获得关注和表达的需求。高校大学生以微博、微信等新媒体为平台,对社会公共事件、国家热点事务、社会现象表达观点和诉求,成为社会和国家事务参与的一部分。因此,在思想政治教育过程中,受教育者所享有的信息优势有所提高,教育者的话语权被弱化,思想政治教育的单向、被动灌输的模式也转变为双向、平等的互动交流。同时,教育者话语权和权威地位的弱化,也给高校思想政治教育带来了定的困难和挑战。网络时代带来了丰富多样的信息和高效的信息获取途径,同样也降低了信息发布的门槛。传统媒体和课堂的信息经过层层筛选和审查,基本是社会主流的价值观,真实性和可靠性得到保证;但是在网络世界中,信息的审查制度很难覆盖整个网络,大量垃圾信息和谣言掺杂在微博、微信当中。蓄意传播的网络政治谣言,宣传错误观点和思想,对社会热点问题和敏感事件进行蓄意炒作,煽动群众,尤其是网民对党和国家的不满情绪,扰乱社会政治秩序,严重影响到了国家的政治安全。

大学生群体作为网民中的一支重要力量,长期在网络世界中获取和参与社会问题,如果不加强甄别信息真伪的能力,那么将极大增加高校思想政治教育的难度,给大学生群体的价值观和国家政治安全、思想政治教育的正常展开带来极其恶劣的影响。因此高校思想政治教育的关注点将不能仅仅局限于课堂和校园这一个"场域",也应该重点加强受教育者的理智辨别力和抵抗力。

另一方面,"微教育"的发展,打破自上而下灌输模式的同时,也从一定程度上给受教育者正确信息的获取增加了难度。高校思想政治教育的教育者对新兴事物的获取能力与大学生相比存在一定的滞后性,其思维方式大多停留在传统的教育方式上,这种信息的不对称影响了"微教育"对思想政治教育的正面功能。"微教育"的到来,打破了信息传播的限制,信息传播的渠道更加丰富、边界,信息共享的程度提高。教育者由于受到时间、精力以及使用新媒体能力等多种因素的限制,缺乏必要的媒介和运用"微教育"平台的能力使原本凭借知识储备和信息优势向大学生进行的灌输式教育方式被打破。原有的话语体系多以空洞的说教为主,常有陷入远离社会生活、远离受教育者的困境。受教育者对教育者话语的淡漠、疏远,话语表达体系的严肃、空洞、枯燥,与受教育者之间造成难以弥合的距离感。这些现象的存在制约了高校思想政治教育权力的有效行使。

总之,高校思想政治教育者作为全国思想政治教育的主力军,在主动克服传统教育方式的不足的同时,应当更加积极地应对"微教育"带来的挑战和机遇,以主动权赢得话语权。专业化、职业化的队伍是思想政治教育顺利进行的人才保证。一支能力强、反应快、有深度、懂策略的高素质的思想政治队伍是提升高校思想政治教育水平应具备的最稳固的基础。"微教育"时代的到来促使高校思想政治教育工作者对新环境做出必要的回应,对新媒体技术、知识构成、话语体系等综合素质重新审视和定位。思想政治教者如果仅仅具备学科专业知识和课堂教学经验，而缺乏运用新媒体接收信息，组织、传播信息的能力，显然已经无法适应当下的教育需求。因此，如何将微博、微信等新媒体融入思想政治教育中是当下高校思想政治教育必须面临的问题。随着微博、微信时代的到来，大学生思想政治教育更多地呈现出趣味性、互动性和时效性，从而提高大学生思想政治教育的影响力，增强教育效果，是当下高校思想政治教育的一个大胆尝试和创新。

第三节 思想政治"微教育"模式的构建路径

伴随着网络的普及，"微时代"如浪潮般席卷而来。"正在快速崛起的高校官方微信公众平台，适应了大学生不断增长的信息咨询、生活服务的需要"，如何把高校思想政治教育与"微时代"更好地结合起来，使"微时代"下的高校思想政治教育焕发新生，就成了当务之急。我们可以分别从学校、教育者、受教育者三方面对这些新举措进行分析。

一、学校应建立各种校园微平台

学校应建立包括校官方微博和其他各种微信公众平台在内的校园微平台。"微时代"的到来，使得网络生活成为大学生日常生活中不可或缺的组成部分。为了让思想政治教育更好地融入大学生的日常生活，各个高校应促进富有时代特色和校园特色的思想政治教育信息与"微载体"的结合，满足当代大学生的现实需求；同时，要大力宣传和有效使用这些载体，使之成为高校思想政治教育与大学生日常生活间的一座桥梁，更好地为教育服务。学校还应安排专门人员对微平台进行维护管理，定期发布学生关心的与思想政治教育相关的社会热点、社会道德、学校发展等最新动态信息，加强学生对当下热点的了解，扩大学校的影响力。有学者认为，学校应在微平台分享学生日常关注的、迫切需要解决的关于现实人际交往、在校期间生活学习规划、未来如何就业等问题的解决方案，为大学生答疑解惑。校园微平台的信息发布一定要从贴近学生的角度出发，同时加入具体的案例，在具体问题中进行具体分析，并用视频、图片等更能吸引学生的形式取代长篇大论的文字和理论，充分发挥校园微平台的教育作用。高校建立校园微平台是为了使高校思想政治教育顺应"微时代"的发展，满足新时代下大学生对新型教育的需求，拉近教育者与学生生活之间的距离。

二、高校思想政治教育者要熟练运用各类新兴"微载体"

高校思想政治教育者要把自己的工作真正融入学生生活之中，必须挣脱传统观念的束缚，发挥自己的创造力，熟练运用各类新兴的"微载体"与学生的生活实现真正的接轨。

教育者要改变自己高高在上的传统理念与大学生成为无话不说的好朋友，引导大学生从事积极向上的活动。有学者认为，高校思想政治教育者要学会借助新兴"微载体"进行正面信息的传播，挣脱传统教育的时空束缚，使积极正面的教育信息搭乘"微载体"在网络中展翅高飞，为高校思想政治教育营造一个充满正能量的教育环境。一方面，要求教育者在进行思想政治教育时，不能拘泥于传统高校思想政治教育方式，而应顺应时代需要把"微载体"作为信息传播的主要途径，在保证信息正确的情况下，将抽象的理论转变为通俗的语言，方便学生对信息的理解。有学者认为，只有具备对"微载体"熟练地使用能力、敏锐的信息捕捉能力和对未来高校思想政治教育发展路径的精确判断力，才能洞悉"微时代"与高校思想政治教育结合以及思想政治教育融入大学生生活时遇到的问题，进而解决问题，使教育者自身更好地融入大学生生活，成为他们的"微伙伴"。另一方面，教育者还是引导学生对网络上良莠不齐信息进行理性辩证、科学分析的主要力量。在"微时代"下，信息传播速度极快，不良信息容易呈几何级数扩大，单凭个别高校思想政治教育者是远远不够的，这就需要将高校思想政治教育者拧成一股绳，分享经验、开拓进取，成为一支力量庞大的队伍，共同处理"微时代"中出现的复杂问题。有学者认为，思想政治教育者要发挥自己的作用，在调动学生自我思考的同时，也要养成他们自我教育、自我监管的能力，引导学生接受积极正面的信息，并教会学生如何判断各种复杂信息的真伪，增强大学生正确的思想信念，自觉抵制不良信息的诱惑。

三、大学生应该对自身严格要求

作为受教育者的大学生也应对自身严格要求，才能使自己在"微时代"下出淤泥而不染，更好地接受思想政治教育。

学生的素质和修养往往对思想政治教育起到不可忽视的作用。因此，要搞好高校思想政治教育工作，就必须帮助大学生提高自身的素质和修养。比如，帮助大学生在网络生活中准确表达自己的观点，实事求是，文明规范用语，切勿被纷杂的信息蒙蔽，也不要发表过激言论。除了文明用语外，还要引导大学生加强自身对各类信息筛选辨别的能力。大学生应拥有自己独立思考和冷静分析各类信息的能力，要学会过滤不良信息，提高对不良言论、低俗文化的免疫能力，不要被不法分子牵着鼻子走。总之，大学生要养成网络自律精神，恪守网络道德，在积极进行"微教育"的同时学会理性思考，带着批判精神去接受各类信息。

除了上述三个方面之外，高校思想政治教育内容的丰富与改善也是当下高校思想政治教育与"微时代"更好结合的一个不可或缺的因素。教育内容的多样化是让高校思想政治教育产生应有教育效果的首要因素理论源于实践，更应通过实践运用到生活中，通过理论与生活的结合，发现传统高校思想政治教育内容的不足和缺陷，不断提高教育内容的质量，使高校思想政治教育对学生产生有效的指导作用。教育内容如何向多样化发展，只有在生活中才能找到答案。教育内容不能一成不变，必须紧跟潮流，才能符合当代思想政治教育的需求。只有加快思想政治教育同大学生实际生活的融合，才能更有活力。首先，选材要取自于大学生亲身经历的案例，亲身经历的案例更能引起大学生的共鸣，引发他们的道德思考。其次，选取影响力大的案例。对于习惯从网络获取信息的大学生而言，影响力大的案例更能第一时间被他们关注，将这些案例融入思想政治教育中，更能吸引学生。最后，选取实际生活中困扰着大学生的一些案例，让思想政治教育不断向大学生的生活靠近。教育者只有深谙如何运用思想政治教育去解决大学生日常生活中存在的一些困扰的方法，才能实现思想政治教育和大学生的零距离接触。

第十二章
高校思想政治教育评价体系的构建

随着我国教育事业的不断改革，高校对大学生的思想政治教育也越来越注重，构建大学生思想政治教育体系是义项非常重要的任务，评价体系作为大学生思想政治教育体系的重要组成部分，也受到广大学教育工作者的重视。

第一节 思想政治教育评价体系概述

一、评价、教育评价、思想教育评价体系

(一) 评价的概念

"评价"是一个使用范围相当宽广、几乎人尽皆知的词，如《辞海》所述，它是泛指衡量人物或事物的价值。一般来说，人们每时每刻都从外界接收到大量信息，其中一部分信息经过分析、综合等思维过程，形成某种判断，进而进入决策阶段。这种分析、判断、决策过程，必然蕴含着各自具有的不同动机和目的，针对不同的人物和事物，当然就会产生不同层次、具有不同效果的评价过程。

对人物或事物作出主观的"是好是坏"的判断，往往被人们称之为"评价"。这里言及的"好"或"坏"，就是指"价值的判断"。在教学评价过程中，这种现象表露得最为突出的科目是"作文"，不同的评判者，存在着不同的倾向：或着眼于题目的理解，或着眼于词句的练达，或着眼于文章寓意的深刻等。这就涉及评价过程中的主观性、不一致性，这种主观性、不一致性是绝对的。

追求科学的评价，是在人们的主观认识最大限度地符合客观现实的情况下，作出的价值判断。在实际评价工作中，往往在进行评价设计时，适量减少一些在价值标准上有过大争议的评价目标和评价指标，并要详尽地表述评价指标，以期作出评价者一般都可以接受的价值标准方面的约定，从而求得评价标准的大体一致。

换句话说，主观评价反映客观实际的前提，首先应该是在价值观的较多层次方面，大家大体相近，这样才能比较容易地形成统一的且比较正确、比较完备的价值规定。对

科学的客观评价的弱点，用经验的主观评价来补充，即以某种形式把两者结合起来作为决策的依据，才可能是更客观、更科学的。

(二) 教育评价概述

1. 教育评价的概念

教育是一种有意识、有目的的社会活动。教育评价就是对教育活动的价值作出评判，以推动教育活动的发展。关于教育评价的界定，目前国内外学者还没有达到完全的共识。不同的界说中，强调的侧重点有所不同。

第一种，强调教育评价是判断教育目标或教育计划的实现程度。美国的泰勒认为："评价过程在本质上是确定课程和教育大纲在实际上实现教育目标的程度的过程"；中国台湾的李聪明认为："教育评价是利用所有可能的评价技术评量教育所期望的一切效果"。

第二种，强调通过评价搜集信息，为教育决策服务。美国的克龙巴赫认为，评价是为作出关于教育方案的决策收集和使用信息；斯塔弗尔比姆认为，评价是为决策提供有用信息的过程。

第三种，强调教育评价是考察教育成绩的一种手段、方法。日本的长谷川荣认为，教育评价就是系统地、有步骤地从数量上测量或从性质上描述儿童的学习过程与结果，据此判定是否达到了所期望的教育目标的一种手段；中国有的学者认为，教育评价是一种新的教育成绩的考察方法。

第四种，突出满足社会和个人需要程度的判断。中国学者陈玉琨认为："教育评价是对教育活动满足社会与个体需要的程度作出判断的活动。"

借鉴上述界说特别是第四种界说的思想，把教育评价界定为：教育评价是评价者根据一定社会确定的教育目标和价值标准，对教育活动满足社会与受教育者需要的程度作出判断的活动。

2. 教育评价的特点

(1) 教育评价是以事实判断为基础的价值判断

价值判断必须以事实判断为基础，回答客体对主体有什么意义的问题，在多大程度上满足价值主体的需要或达到价值主体的要求。教育评价的本质是价值判断，是对教育现象的价值作出判断。科学研究重在事实判断，即揭示事物的客观规律；评价重在价值判断，即揭示事物的价值、意义。教育评价必须在充分获得教育现象现状和结果信息的基础上进行价值判断，才能达到真实、准确地认识教育现状，自觉主动地改革教育现状，实现教育价值的目标。

(2) 教育评价的基本标准是国家的教育目标

任何评价都离不开标准，没有标准就无法判断事物的优劣高低。对教育活动的判断当然也离不开标准。虽然每一特定的评价都有其具体的评价目标、标准，但各种教育评价共同的基本的标准都是教育目标。

教育目标是根据人与社会发展的需要，对教育活动所规定的目的、方向和要求，是教育活动的结果所应达到的标准、规格和状态，它是教育工作的出发点和归宿，是评价教育活动成效的依据。

（3）教育评价过程是评价与指导统一的过程

教育评价作为教育管理的重要手段，进行评价是为了改进工作和学习，提高工作和学习质量，这是评价者和被评价者共同的目标。所以，评价中评价者和被评价者应是相互协商的，尽量促使被评价者参与并取得被评价者的支持，重视被评价者的自我评价。对于在评价中发现的被评价者的不足之处，评价者应与被评价者相互沟通，取得被评价者的认可，并有责任帮助被评价者分析原因，提供或创造条件帮助、指导被评价者改进工作和学习。做到评价和指导统一，才能达到改进工作、提高质量的目的。

3. 教育评价的目的

（1）促进学习的目的

学生是教育评价的核心对象，各种教育评价活动都是围绕学生质量而展开的。但是，大量的、经常性的评价活动又是在教师和学生之间进行的。

从促进学习的目的出发进行评价，重要的是要让学生了解自己的学习达到了何种程度，尤其是进步实态，使他们从中受到激励更加努力学习。同时，也要使他们了解自己在学习上存在的主要问题，以便有针对性地采取措施加以改进。

（2）改善教学的目的

教师的使命是教书育人。为了不断地改善各科教学活动，最大限度地提高教学效果，教师应利用评价来改善教学质量。

只有教师真正努力了，才能使教学计划付诸实施。为此，教师一般都采取一些必要的评价手段，在执行新的教学计划之前，弄清学生的实际水平及存在的主要问题，教学计划实施的一种改善。有时要测查学生的知识、技能和能力，以便加强教学计划的针对性。

（3）强化管理的目的

对一所学校来说，评价工作做得如何，能从一个侧面反映出学校的管理水平。为了把握学生质量，学校管理者可以根据管理目的需要选择多种评价形式，如诊断性评价、形成性评价和总结性评价，或相对评价、绝对评价和自我评价。

在学科教学管理工作中，评价活动也是不可缺少的。特别是在教学的全过程中，如能恰当地运用形成性评价，那就能较好地发挥评价的管理作用，不断提高教学。

（三）思想政治教育评价体系概念辨析

对于思想政治教育的评价，最主要的是看是否达成了教育目标，通过制定评价的指标，在全面地对思想政治教育工作的运作进行分析和归纳的基础上，用科学的方法进行总结，通过科学合理的评判标准和指标，对思想政治教育工作的成果进行衡量。为了确保思想政治教育评价的科学合理，需要进行全面评价，即所有参与了思想政治教育活动的人都要给予评价，才能确保思想政治教育成功与效率评价的全面合理，获得最真实的数据结果，使其具有高度的参考借鉴价值。

尽管很多人已经认识到思想政治教育评价的重要性，开始从不同的角度对其进行了研究探讨，但到今天对于思想政治教育评价依然没有较为全面和准确的定义，目前多从广义与狭义两个方面来解释思想政治教育评价。狭义上的思想政治教育评价更加看重被教育者在接受思想政治教育时取得的进步与收获，是对整个思想政治教育效果的诠释，也是更注重教育结果的表现。而广义的思想政治教育评价，除了关注教育结果外，还将焦点聚集到了思想政治教育的整个过程中，进行了整体综合的分析评价，更加科学合理。

本书进行的思想政治教育评价研究也是立足在广义思想政治教育评价上开展的，同时也兼顾了狭义这一代表大多数人意愿和观点的评价内容，这是因为评价要客观地从各方面进行，集合与思想政治教育工作相关的人，包括思想政治教育开展部门、思想政治教育者，以及思想政治教育被教育者——学生等的相关评价话语，再结合思想政治教育的实际进行全面客观的判断分析，最终才能构建出科学合理完善的思想政治教育评价体系，进而推动思想政治教育工作的开展。

二、思想政治教育评价体系的功能体现

（一）思想政治教育评价体系具有指引功能

通常来说，对思想政治教育工作开展评价，构建完善的评价体系是为了对整个教育工作进行一定的检验，找出其中的不足与问题，以便更好地采取应对之策加以完善，并对其他类似的评价提供借鉴经验。当然，在对思想政治教育评价时最重要的还是针对评价结果进行分析，衡量是否达到了预期的教育目标，为接下来的工作创新提出相应的数据依据，引导思想政治教育更加完善。

（二）思想政治教育评价体系具有判别功能

构建和完善思想政治教育评价体系最首要的任务就是设置合理的评价指标，简单来说就是需要全面了解影响思想政治教育评价结果的各个方面，这样才可以针对性地对思想政治教育中存在的问题进行定量定性分析，判别导致思想政治教育过程出现问题的具体环节、具体因素是哪些。只有进行了全面的判别分析，才能提出行之有效的解决完善对策，为思想政治教育工作的进一步发展提供准确、全面、客观的参考依据和资料。

（三）思想政治教育评价体系具有鼓舞功能

思想政治教育者与被教育者作为整个工作过程中的重要参与者，在评价中也是不能忽略的重要对象，从思想政治教育评价的结果中能一定程度地反映教育者的工作能力和效果，将其作为对思想政治教育者给予奖励还是惩处的一个衡量判断标准，在思想政治教育队伍中形成一种良性竞争机制，激发鼓舞思想政治教育者的工作积极性和主动性，以便进一步提高思想政治教育者的工作能力，实现预期的教育目标，突显良好的教育效果。同时被教育者作为思想政治教育的主体对教育结果具有极大的影响，从评价结果中也不难看出被教育者在思想政治教育中的积极性和主动参与性，以便教育者采取措施来吸引被教育者对思想政治教育的兴趣，积极主动参与思想政治教育的全过程。

（四）思想政治教育评价体系具有把控监督功能

由于思想政治教育评价体系包含了整个教育过程中的方方面面，因此能从评价结果中分析出不同部门不同岗位工作者的能力，同时还能起到一定的监督把控作用，监督每

个参与思想政治教育工作的人,确保其将所有精力自觉地投入到思想政治教育中这样能够充分调动思想政治教育工作人力、物力、财力的使用率,尽可能地用最小的投入成本获取最大的教育成果,达到事半功倍的效果,促使整个思想政治教育工作的顺利开展。

三、构建思想政治教育评价体系的核心原则

(一) 兼顾自我评价与外部评价

为了确保思想政治教育评价的公正客观,具有参考价值,必须立足思想政治教育工作的实际情况,顺应社会、经济、科技、文化、教育多方面的发展进步,施行一定的奖惩制度来最大限度地调动思想政治教育各部门的职能作用与配合功效。

从学生角度来看,思想政治教育评价是将学生融入社会大施拳脚、促进学生自我完善的过程,利用这样的方式能够让学生对自身的思想道德观念、人生观、世界观、价值观、素质修养进行评价认识,发现不足并及时采取措施完善,将接收到的思想政治教育知识内化,作用于社会实践中。同时通过对评价结果的分析运用,还能有效地将主动与被动相结合,有效地促进思想政治教育效率和质量的提升。

因此,在构建完善思想政治教育评价体系时要始终兼顾自我评价与外部评价的结合,其中外部评价能够给思想政治教育的发展与完善指明正确方向与目标,而自我评价则会大大增加思想政治教育的真实度和主动性,共同推进思想政治教育的全面发展,为社会主义现代化建设提供保障。

(二) 实现可接受性及可操作性

无论是针对什么事物的评价体系,都可能出现不足与缺陷,就像"一千个读者,就有一千个哈姆雷特"一样。因此,思想政治教育工作评价体系也可能会出现这样的问题,尤其是在确定指标时必须紧密联系实际,不同人的主观观点和看法都不相同,因此所建立的思想政治教育评价体系也不可能被所有参与者接受认可,然而在思想政治教育工作评价中必须依靠明确的指标来分析比较,使得体系构建实现可接受性显得至关重要。其中最重要的就是思想政治教育评价体系必须满足科学性,立足实际,才能最大限度地发挥其应有的价值和意义。

"思想政治教育工作评价体系构建过程中对评价指标和标准的制定需要符合当前学生的思想政治素质的程度,要能满足思想政治教育工作的当前基本状况,要支持思想政治教育工作评价的未来发展,这样的原则称为可操作性原则。"[①] 从这里可以清楚看到,构建思想政治教育评价体系时还要考虑其可操作性,这样才能增加评价指标的说服力。同时要依靠对思想政治教育的明确认识,将更多具象化的东西用直观、清晰的数据来反映,这是对评价对象自身能力素质与条件设施的体现,成为体系指标制定的真实可靠借鉴,对提高思想政治教育工作评价指标的实效性,保障评价体系的客观可靠具有重要作用。

---

① 陈秉公. 思想政治教育学原理 [M]. 沈阳:辽宁人民出版社,2001:120.

（三）确保教育性及发展性

思想政治教育工作评价在其实践过程中主要面对的是个体对象，每个参与者都具有鲜明的主观能动性。所以，在思想政治教育工作评价体系的构建及完善过程中，应当充分考虑到参与者的个人感受、兴趣爱好，以及对于自我的认知程度。根据其本身的性格特点以及理想抱负，从而制定因材施教的科学教学方法。"而在思想政治教育工作评价的施行过程中，通过评价指标和标准的制定从而得出每个团队每个个体的形象数据，根据这些数据进行互相之间的分析比较，通过分析比较及时发现自身所存在的问题和不足，进步制定下一阶段的方案来解决这些问题和不足。"①

思想政治教育工作评价是一项复杂多变、长期隐形的工作。每个阶段面临的社会问题和经济问题都不一样，而每个阶段所面临的受教育者和教育评价工作者的思想观念也都不一样。"这就要求思想政治教育工作评价需要不断地对参与者进行了解和监控，牢牢把握住形势和人心的走向，保证思想政治教育工作评价的走向和指标符合当前的形势和状况，保证思想政治教育工作评价科学地可持续发展下去。而其可持续性发展主要则落实于评价主客体的发展、评价指标的发展、评价方法的发展。"②

（四）展现科学性及系统性

思想政治教育工作评价指标和标准的核心在于其科学性。如果不具备科学性评价的效果就无法尽如人意。思想政治教育工作评价不仅仅是对参与者的言行进行评价，更多的应该是对参与者的思想政治境界和道德文化素质进行评价。既不是某个人、某本著作的一家之言，也不是满足所有人所有需求的"万金油"。评价本身应当保证一定的客观性。一方面需要保证在思想政治教育工作评价体系的构建和完善过程中应当实事求是，从当前切实情况和形势出发，科学、准确、真实地对评价主体进行评测和收集相关数据，从理性的角度出发，系统地对评价数据和评价结果进行分析。另一方面需要参与者在思想政治教育工作评价体系构建的过程中保持谨慎严密的态度，多方面考虑来自社会各界的需要又不人云亦云。从前人的经验中找到应该有的道路，避免主观性，在思想政治教育工作评价的指标和标准的制定上，应该广泛收集信息，并客观核实其真实性，用最真实的信息来制定最科学的评价指标和标准。

"系统性原则要求把评价对象视为一个系统，以系统整体目标的优化为准绳，协调系统中各分系统的相互关系，使系统完整、平衡。"③ 来自各个部门、教育评价参与者个体，甚至是社会各界的声音和反馈都是思想政治教育工作评价体系构建过程中需要考虑的因素。思想政治教育工作评价不应该仅仅是教师和学生之间的评价，而应该综合到教育单位、学生家庭、政府部门、社会团体等。只有考虑多方面的因素才能全面发展，各方面共同进步。由于思想政治教育工作评价对象存在差异性，这就要求制定的评价指标和标

---

① 邱柏生. 要重视高校教职员工的思想政治工作［J］. 学校党建与思想教育，2008（10）.
② 刘旭涛. 政府绩效管理：制度、战略与方法［M］. 北京：机械工业出版社，2003：85.
③ 罗布江村，赵心愚，冯瑛，李永政. 大学生思想政治教育测评体系的建构原则与方法研究［J］. 四川师范大学学报（社会科学版），2009，36（06）.

准需要多元化,对于每个层次的评价对象都要有一个相应的指标和标准,从而适应各个层次的评价对象,这个方面也体现了针对性和实效性。

(五) 突显时代性及导向性

思想政治教育工作评价指标和标准在一定程度上代表了当前社会和时代对于人才的要求。随着市场经济的发展,社会主义建设的进步,个体需求不同、科学技术的普及发展、人们价值观念的差异等各方面的变化共同组成了当前社会和时代的发展变化特征。思想政治教育工作评价也要紧跟时代的脚步,不断进行完善。而在市场经济地位不断上升的过程中,人们的自我意识越来越强,各种价值观之间的碰撞也越来越激烈。这个时候的思想政治教育工作评价应该将对人的社交能力、心理素质、合作能力、竞争能力、创新能力等加入评价内容中,以体现当代高素质人才的发展理念方向。

随着科技的爆炸式发展,无论是宏观还是微观领域,人类都在快速地延伸着自己认知的触角。新的知识和技术所带来的风暴不断洗涤着人们的思想,拓展着人们的思维与想象空间。新的科学技术给思想政治教育工作评价所带来的问题也就是如何运用的问题,这个问题也将是未来思想政治教育工作评价的主要方向之一。

四、思想政治教育评价体系涵盖的主要内容

思想政治教育评价体系在整个教育过程中的重要性体现在《全国大学生思想政治教育工作测评体系(试行)》中,教育部联合中宣部在2012年发布了相关文件,在文件的结尾部分介绍了测评指标体系相关内容,包括指标的确定。以此文件内容为基础,可以确定出思想政治教育评价体系的主要内容,共同构建相对完善的思想政治教育评价指标体系。

(一) 组织领导

对于思想政治教育来说,组织领导的态度尤为重要,这代表高校对思想政治教育的重视程度高低,也是思想政治教育评价体系中不可或缺的重要指标内容。而在讨论高校思想政治教育组织领导指标时,要从工作定位思路以及领导体制、工作体制出发。

当前我国进入经济转型时期,促进了高等教育的全面深化发展,带动了学生的变化,对思想政治教育提出了新的要求。高校组织领导必须认清现状,才能有效地加强和改进思想政治教育工作,必须在高校办学体系中对思想政治教育进行准确的定位,并有明确的工作思路。把思想政治教育工作的定位与思路作为评价高校思想政治教育工作的指标之一,其目的是了解高校是否在人才培养的格局中定位思想政治教育工作的角色,是否在服务学生成长发展中定位思想政治教育工作的思路。这个指标主要考察高校思想政治教育工作是否纳入学校事业发展规划,是否在学校人才培养方案中,体现出"育人为本,德育为先"这一根本理念,是否有全员、全过程、全方位育人的明确思路等。

同时,中共中央、国务院在出台的"16号文件"中明确指出:各级党委和政府要从战略全局的高度,充分认识加强和改进大学生思想政治教育的重大意义,把"培养什么人""如何培养人"这一重大课题始终摆在重要位置,切实加强领导。高校思想政治教育

工作的领导体制和工作机制是思想政治教育各项工作能否得到及时部署和有效落实的重要保证，把其作为重要指标之一纳入高校思想政治教育评价体系有着重大意义。

这个指标要求高校要建立由学校主要负责人担任组长的思想政治教育工作领导小组，定期召开专门工作会；要将思想政治教育与教学、科研、社会服务工作同时部署，同时检查，同时评估；要有贯彻落实"16号文件"及其配套文件的实施办法；学校有关部门要有明确的思想政治教育工作职责并完成相应任务；学校党政主要领导每年要分别到课堂听思想政治理论课。

（二）队伍建设

高校思想政治教育工作队伍是加强和改进思想政治教育的组织保证。建立一支能力突出、素质过硬、作风优良的高校思想政治教育的队伍，有利于保证坚持社会主义的办学性质和方向，有利于全面推进素质教育，培养可靠接班人，有利于加强高校教师队伍建设，有助于推动学校改革和发展，提高人才培养质量。高校思想政治教育工作队伍主要由党政干部、共青团干部队伍、思想政治理论课与哲学社会科学课教师队伍以及辅导员、班主任队伍等组成。

（三）理论课开设

高校思想政治理论课是介绍马克思主义基本理论的课程，承担着对大学生进行系统的马克思主义理论教育的任务，着眼于引导和帮助学生掌握马克思主义的立场、观点和方法，树立正确的世界观、人生观、价值观，为坚持党的基本理论、基本路线不动摇打下坚实的理论基础。同时，思想政治理论课也是对大学生进行思想政治教育的主渠道和主阵地。因此，把高校思想政治理论课开设与教学情况纳入高校思想政治教育工作的评价指标体系中有着重要意义。目前，高校学生的思想政治教育理论课主要包括两方面，即思想政治理论课教育教学和形势与政策教育，都不同程度地为思想政治教育评价体系的完善提供了可能。

（四）工作开展

学校课堂外思想政治教育是指除思想政治理论课教学之外而开展的大学生思想政治教育各类工作的总和。根据中宣部、教育部《关于印发〈全国大学生思想政治教育工作测评体系（试行）的通知〉》精神，学校课堂外思想政治教育主要包含对学生社会主义核心价值体系宣传教育、实践育人、校园文化建设、网络思想政治教育、心理健康教育等八方面内容。从不同的方面考察评估了思想政治教育的内容，对评价体系功能作用的发挥，具有积极意义。

（五）条件保障

"16号文件"指出，"不断完善大学生思想政治教育的保障机制，要加大大学生思想政治教育工作的经费投入，要为开展大学生思想政治教育工作提供必要的场所与设备，不断改善条件，优化手段"。因此，开展高校思想政治教育评价务必掌握学生教育活动设施建设、经费投入以及开展的相关科学研究等情况。

1. 学生教育活动设施建设

学校建设有完备的学生教育活动设施是开展思想政治教育活动的基本条件保障，有利于提高学生参与活动的积极性和主动性，提升思想政治教育活动的效果。这个指标主要考察高校是否建有专门的学生活动用房，有完善的活动设施并得到充分利用（完善是指配套合理、功能齐全、使用方便、设施完好），是否在学生宿舍楼或生活园区设有学生党团活动室等。

2. 经费投入

思想政治教育不是赢利的事业。但是在市场经济条件下，它的运作程序也必须在市场经济的规则下进行。思想政治教育的经费开支必须纳入大学生培养成本的核算体系之中，否则，经费保障就是一句空话，各项工作就达不到预期的工作目的。把经费投入情况作为评价高校思想政治教育的指标，主要考察高校是否设立了专门的思想政治教育工作经费预算项目，且经费做到专款专用；思想政治教育工作经费占学校上一年度政府拨给的事业费和收缴的学生培养费或学杂费总收入比例是否在逐年增长。

3. 科学研究

随着社会的不断发展和进步，大学生的思想状况也随之产生较大变化，思想政治教育工作随时面临着新的考验。因此，高校必须加强对新形势下的思想政治教育工作的研究，针对出现的新情况和新问题能够有效采取新举措。把对思想政治教育工作的研究情况作为评价高校思想政治教育的指标，主要考察高校设立思想政治教育专项研究课题和课改课题等情况。

（六）育人环境

马克思曾明确提出："全部社会生活在本质上是实践的。凡是把理论引向神秘主义的神秘东西，都能在人的实践中以及对这种实践的理解中得到合理的解决。"[①] 中国儒家贤哲孔子说："性相近也，习相远也。"（《论语·阳货》）意思是说，人的性情是相近的，因为习染不同，便相距甚远。习，就是人生下来后向社会的学习，也就是在社会中接受熏陶，可见孔子十分重视教育环境对人的作用，把人的道德品质的差等归结为习染的结果校园环境对大学生的学习、生活、品格修养、思想道德等起着潜移默化的影响。良好的校园环境，对师生具有凝聚、激励和导向的作用，使师生对学校产生一种责任感、归属感和自豪感，激发师生爱校如家、奋发向上的精神，引导师生的思想行为向健康、文明的方向发展，有利于学生形成优良的品德和正确的人生观。

1. 校园安全稳定

安全重于泰山，稳定压倒一切。安全稳定的校园环境是高校实施育人工作的基础。把校园安全稳定作为高校思想政治教育评价的指标具有重要意义，其主要考察高校是否建有维护安全稳定的综合防控机制和突发事件紧急处置预案；是否有校园舆论阵地建设与管理办法，有哲学社会科学研讨会、报告会、论坛等审批制度；是否按需要设置校园安全标识；是否有抵御和防范宗教对学校进行渗透的措施和办法；是否有抵御和防范境内外敌对势力对学校进行渗透和破坏的措施和办法；是否有与当地党委政府及有关部门

[①] 中共中央编译局. 马克思恩格斯选集：第一卷[M]. 北京：人民出版社，2012：135-136.

的信息沟通制度；能否经常性开展学生安全教育并无重大安全稳定责任事故等。

2. 家庭与社会参与

教育家苏霍姆林斯基指出："没有家庭教育的学校和没有学校教育的家庭都不可能造就全面发展的人。"① 构建学校与家庭协同运作的思想政治教育和谐互动机制，切实发挥家庭教育在思想政治教育中的作用，使之与学校教育和谐统一起来，以发挥教育合力作用。思想政治教育工作是一项系统工程，需要全社会的支持。因此，高校思想政治教育工作离不开家庭和社会的参与。把家庭和社会参与学校思想政治教育工作情况作为评价高校思想政治教育的指标，主要考察高校是否建立并落实与学生家长联系的制度，是否能够定期召开学生家长代表座谈会，学校是否与社区有合作育人工作机制以及每年组织开展合作育人活动情况等。

五、建立健全思想政治教育评价体系的积极意义

（一）引导大学生树立正确的价值导向

在思想政治教育评价中最重要的部分就是关于教育价值实现与否的判断，只有当学生群体接受了高校与教育者组织实施的思想政治理论知识教育与社会实践活动后，有所收获与进步，按照社会发展与大学生群体全面发展的需求而开展实践活动，才能认定思想政治教育发挥了巨大的导向功能，促进了大学生的全面成长成才。

随着全球化趋势的加剧，各国之间的交流日渐频繁，多样化的文化思潮涌入，给大学生群体带来了较大的冲击，使得大学生的个体价值取向也呈现出了多元化特点，更强调个体个性的发展，价值取向出现了一定的偏差，与社会主义现代化发展相违背。同时，在政治、经济、文化全球化的时代背景下，大学生的社会价值同样由单一向多元化方向发展，给思想政治教育增加了难度。这样的思想政治教育现状也决定了教育的主要内容为严格遵循党的基本路线与方针政策，树立与社会主义市场经济发展相适应的经济新观念，确保最大化地实现个人价值与社会价值，投身社会主义现代化建设。同时开展思想政治教育工作还必须引导大学生学习掌握马克思主义基本理论观点，用以武装自己的头脑，理性地甄别不同的文化思潮，从而树立正确的人生观、世界观和价值观，并不断加强思想道德素质修养，培养科学道德研究素质，在推动自身全面发展的同时兼顾个体价值需求的实现。而建立健全的思想政治教育评价体系能够有效地引导大学生树立正确的价值导向，为社会政治、经济、文化各方面的发展做出贡献，最大限度地展现大学生的社会价值。

（二）扩大思想政治教育的效果

思想政治教育评价的科学化，不仅是思想政治教育评价活动发展的归宿，又是思想政治教育评价活动逻辑开展的终点，更是思想政治教育取得较好效果的前提。在整个思想政治教育评价体系中，确保教育效果的基础与前提就是实现教育评价的科学化。这要

---

① 朱慧霞. 学校与家庭合作教育的实践与思考 [J]. 南方论刊，2011（a1）.

求建立健全思想政治教育评价体系时严格按照相关的评价原则和规律进行，从实际出发，确保评价结果实事求是，能够提供可靠的依据。同时构建思想政治教育评价要考虑事物的内在联系与规律，让评价标准更具客观性，在具体应用思想政治教育评价体系时，采用行之有效的评价方法，能够充分反映出被评价对象的客观现实。在评价是否实现了思想政治教育的价值时，要立足客观的评价信息，准确、真实、系统的调动；理性思维和方法多方面综合考虑，为了让思想政治教育评价更具针对性和实效性，不同教育对象，不同教育环境需要在大方向大前提不变的情况下，建立不同的评价规则，突显普遍性与特殊性的结合。最最重要的是，确保思想政治教育评价的科学性能有效地提高教育效果，被更多被评价对象所接受认可。因此，利用思想政治教育评价体系，能够有效地提高对评价重要性的认识程度、建立思想政治教育评价制度、建立相应的评价组织、建立完善思想政治教育评价信息系统，进而提高思想政治教育评价的科学化，为扩大提升教育效果提供基础保障，促进大学生群体的全面发展。

（三）提高思想政治教育的效率

在思想政治教育中，除了要不断优化教育手段，丰富教育内容，扩大教育效果，提升教育质量外，还需要不断提高思想政治教育的效率，这也需要纳入评价体系中，成为一项重要的内容。而关于思想政治教育效率的最明显表现为实效性的优化，建立科学的评价标准和体系，加深对评价对象本质、特征的分析，了解其内在联系和规律以及与思想政治教育相交织的主体系统。这样才能确保标准指标层级的划分、标度的确定、权重的设置既能反映社会要求和教育需要，又能更好地体现评价对象实际；既要使评价指标体系体现其科学性和可行性，又要使评价指标体系体现其易操作性。

简言之，评价指标体系设计程序的简洁与精确、设计方法的简单与有效、设计操作的便捷与高效对于优化资源的配置、提高资源的使用效率、提升思想政治教育评价的整体效率、保证思想政治教育效果的有效性具有重要意义。

（四）提升思想政治教育的效益

思想政治教育评价必须将被教育者接受相关教育后能够满足国家与社会发展的需求，具体社会实践中取得不错成绩（这就是所谓的社会效益体现），放在重要位置上，检验评估思想政治教育的合价值性和合工具性的结合统一。其中关于思想政治教育的合价值性，主要强调评价要以整个思想政治教育活动中参与的人的利益需求为主，同时立足社会利益需求进行，才有利于社会的全面发展；而思想政治教育的合工具性，是从手段方式方面着手的，重点考察思想政治教育过程中使用各种手段培养的高级人才，能否在具体的社会实践中起到维护推动社会发展，实现社会有效管理的作用，满足社会的需求。从二者的方向和重点差别来看，可以发现合价值性是整个思想政治教育发展中非常重要的内在制约与推动力，合工具性更多地体现的是思想政治教育发展的外在约束与支撑，将二者完美融合就代表了国家政治、经济、文化等方面发展对思想政治教育提出的具体要求，展现了思想政治教育的育人属性，能有效地确保大学生的全面发展，更好地为社会主义现代化建设发展做贡献。

第二节　高校思想政治教育评价的基本原则、方法及体系

一、评价的基本原则

我们一般所说的原则，就是人们在说话或者采取行动时必须依据的各种规则，或标准，这种原则不仅是对现实世界的客观规律的真实反映，而且是人们基于某种需求在主观上达成的一致性的约定，它在一定程度上达到了主观与客观的高度统一。正如前文所述，因高校思想政治理论课的教学评价受到多重因素影响，而且它是一个动态的、相对复杂的测评过程，所以，构建高校思想政治理论课教学评价体系，就必须要严格遵循马克思主义评价理论，通过完整把握学生品德结构及其内在的发展规律，通过一定的原则性约束，根据其课程的教学目标来合理、高效的制定其教学评价的基本要求，以便能够体现出其导向和目标性原则、针对性和科学性原则、整体性和全面性原则、过程性与客观性原则以及发展性和有效应原则，其内容主要包括以下五点：

（一）导向性与目标性原则

在我国高等教育深化改革的大背景下，思想政治理论课教学发展面临着各种纷繁的新形势与新问题，这就迫使我们开展思想政治理论课教学评价需要很强的针对性，以便能够使其教学评价成为促进高校思想政治理论课教学改革的重要手段和有力抓手。因此，我们需要强化思想政治理论课教学评价指标体系的目标，努力使其成为引导教师转变教学思想、深化教学内容改革、优化教学方法与流程，以及能够为提高教学效果具有重要的参照坐标作用，即具有很强的导向作用。

引导和帮助青年学生坚定共产主义信念、牢固树立建设中国特色社会主义的政治方向以及构建正确的"三观"（即世界观、人生观和价值观），为实现中华民族的伟大复兴打下良好的理论基础。同时除了方向性目标，还需要在观点、立场、意志和行动方面进行全面考量，不仅可以对考核学生起到重要的指引作用，例如激发起学习热情、唤起学习兴趣、引导其端正学习目的、选择科学的学习方法，以便不断提升学习效率；而且可以对教师进行全面的考评，可以有力对教师的实践教学活动进行适当引导和合理规范，通过调动其积极性，进而发掘其内在潜能，从而对于强化教学质量，提升教学效果和实现育人目标等方面具有极其重要的作用。

（二）价值性与科学性原则

为了更好地检验思想政治理论课的教学效果、巩固其课堂教学内容、不断提升教学质量，这就需要制定一套切实可行的测评指标体系，以便能够更为准确地反映思想政治理论课教学的客观状况，充分体现思想政治理论课的价值性，这就需要科学、客观的设置评价指标和量化值，当然这些指标不仅需要体现思想政治理论课教学评价与其他课程

评价的共性因素、强调其规范性和可操作性，而且也需要凸显出其"个性"、要适度创新，以期更好地反映目标要求，力争做到"核心因素突出"、筛选指标及其指标分解要规范合理，尽可能地反映教学活动的实质性倾向，力争使指标不冲突和不重复、使各项指标能够较好反映现实的情况。因此，我们设计评价指标体系，要高度重视针对性，从教学全过程的角度来宏观把握，同时在微观领域力争量化评价标准和方法，这样可以有效地将定性与定量相结合，既具可比性，又具有可行性。

（三）整体性与全面性原则

根据系统论的观点和方法，我们在构建高校思想政治理论课实践教学评价体系时，需要全面考察教学环节的各个要素，紧紧围绕思想政治理论课教学特性出发，在科学合理界定相关内涵的基础上，通过甄选体系构成要素，对评价内容进行全面的考量，其中尽可能地兼具学生和教师考评、文字材料与学生实际收获考评、实践结果与态度情感等方面的评价，力争使教学评价活动的各个主体在满足组织性、时间性等基本要求的基础上，力争在全面、公正和有效性上下功夫，协调各项质量保障力量，进一步发挥评定、激励等多种功能，以期实现包括学校、教师和学生等各方面的利益多赢，较为完满的实现培养总目标。

（四）发展性与有效性原则

根据马克思哲学基本原理，事物总是在不断地变化发展之中。所以，我们需要运用发展的眼光来看待学生，以期实现学生的全面发展。而对于高校思想政治理论课教学评价，我们同样需要用发展的眼光，在充分信任和尊重评价对象的基础上，不断激发其热情，强化其积极性和主观能动性，增强他们对教学评价的认可度；同时以积极的态度来面对评价结果，要充分肯定和表扬所取得的成就和进步，但与此同时，对于存在的缺点和不足也需要及时查找原因，以便后期的改进，而非一味过多的批评和指责，从而使测评的有效应尽可能大地发挥出来。

（五）可操作性原则

高校思想政治理论课教学评价的依据必须以教学目标为导向，需要通过一系列指标体系来分解各个相关主体的内容、对既定教学目标的判断未达到预期的准确度、目标值。因此，我们应当力求具体化、使其更易操作，故在指标选择与表述方面力求语言简洁准确、同时评价项目和要素力求可观察、可感受、可测定、可评价的，语言要简洁和准确。虽然理论上我们可以较为容易的建立全面完整的思想政治理论课教学考评体系，但在实际操作、运行过程中因诸多不可预期的因素而导致实施过程中面临一些困难，所以我们在制定该教学评价体系时，还需要使指标项目具有一定的实用性与兼容性，使其指标所涉及的信息能够在短期内容易被获取和进行一定程度的比较，同时还需要注重各项指标之间的内在逻辑性，尽可能地规避重复或者抵触等情况的发生，确保其具有较强的实际操作性。

二、评价的方法

在明确评价原则的基础上，我们接下来需要对高校思想政治理论课评价方法进行简要阐述，以便能够更好地推进评价系统的科学、有效的实施。评价方法主要包括以下五种方法：

（一）测验法

测验法是评测中较为普遍的一种测评方法，其主要分为客观测试和主观测试两种。对于客观测试而言，我们可以通过客观题对测评主体进行是非判断、知识理解、实际应用等方面进行评价；对于主观测试而言，可以通过主观性试题来综合考查测评主体的思考能力和综合运用知识能力等，当然也要尽可能地规避主观性和随意性问题。

对于高校思想政治理论课教学评价而言，通过测验这种方式，可以较为全面地考查学生对于理论课所学知识的理解以及对现实情况的分析和综合运用的能力。当然，使用这种方法，也需要注意一些问题，一是测验需要全面考查测试者的知识、技能和技巧，而非简单考查其记忆能力；二是克服题型的单一性、局限性和评分主观性问题，力争采取统一命题和集体命题相结合方法，通过主客试题搭配，创新测试形式，提高测试的准确度；三是在评分上要严格把握好"度"，将绝对评分和相对评分要有机地结合起来，以期全面地评价思想政治理论课的教学效果。

（二）研讨法

研讨法是增强思想政治理论课授课教师业务水平、为他们提供相互交流的平台。但是在参加研讨之前，需要教师对研讨相关的内容进行充分的准备，而非简单的、即兴的、随机的研讨。具体的步骤如下：首先是明确研讨目的；其次是选择合适的研讨材料；再次是提出一个或者多个关注度高的问题，从而引起参与者的兴趣和好奇心，从而出现思想交锋的火花；最后需要及时记录研讨的进程及其研讨会的要点，以便在研讨结束后进行要点梳理，查找有价值的资料，进而对教学评价产生一定的借鉴与参考。

（三）观察法

观察法是一种较为古老的方法，它是在一定的时间内，在连续或者不连续的观测点，通过对观察者在日常学习或者生活中的外部行为表现来进行资料的收集，并通过它一定的方法来进行评价的方法。

对于高校思想政治理论课教学评价来说，其观察的要点，重点包括对学生知识、能力、习惯、情感、价值观、行为表现和创造力等诸多方面进行测量和评价。尤其是观察学生在课堂上表现，可以通过课堂提问的形式来进行检验，参考期末考试评价，还需要结合生活以及课后其他方面的表现情况来判定。总之，我们运用观察法，需要有机结合终结性评价和过程性评价，以便能够全面的掌握教学评价的现状。

（四）自省法

自省法是作为高校思想政治理论课教学评价中一种较为独特的评价方法，它具有很大主观性、与评测自身的素质有很大的关系。这种方法是学生从自己自身整体或某方面素质的发展所做出的价值判断。尤其是判断其在知识掌握、能力培养、情感交流、行为表现等方面所存在的优势和劣势,通过对比之后,以期在以后能够实现某种程度上的转变,使评价结果能够积极转化为学生进步的动力,最终实现其健康快乐地成长与发展。

（五）非正式评价

与上文中所列举的四种评价方法不同,与之相区别是一种评判方法,即非正式评价,它是在高校思想政治理论课的教学过程中,通过师生互动直接,或者间接交流方式来对学生某种看法和判断进行一种评价的方式。很显然,这种方法具有主观、灵活、多样、零散和隐蔽等特点,可以进行无拘束的交流。这种方式不仅帮助学生明白存在的差距,便于改进学习,而且可以作为教师强化师生交流和互动的工具,便于提升测评的效率。

三、评价的体系

对于高校思想政治理论课程教学活动进展的判定以及对其教学效果进行评判,需要构建一个科学、客观、可行的评价指标体系,这样不仅可以做到有据可依,同时也为开展活动,进行比较与借鉴提供了方便,便于业界或者同行之间的评价,有助于其内部进行良性的竞争,保持旺盛的生命力。

（一）评价体系的内涵

评价指标体系就是指众多指标按照一定的关系所组成集合；评价标准则是评价数量和质量指标所进行价值判断的准则和尺度。一般认为,评价标准的构成主要包含四部分内容,即标准的强度和频率、标号、标度等因素。换句话说,评价标准是预先设定的,而评价指标则是后天主观设计的,同时指标体系反映了指标及其相互联系。通常情况下,一个完整的评价指标体系应当由指标、标准、量表和指标权重等四部分组成。其中指标和标准与前文意思相同,本文这里省略介绍；量表则是对评价对象是否达到与其程度的一种有效地衡量尺度；指标权重则是对评价对象做出综合的数量化评定时,可以突显出在整体中的位置与关系,它是评价指标体系中不可缺少的。所以,我们进行思想政治理论课教学评价活动,需要构建评价体系,这时我们必须准确把握其内部的逻辑关系,以便为后续的工作打下坚实的基础。

（二）评价体系的内容

要构建教学"评价体系",其目的就是将教学评价对象的具体化,所以,本文依托新课程改革中有关思想政治理论课教学评价的现状进行深入研究之后,提出了思想政治理论课教学评价指标及其权重的内容,如下表12-1所示。

表 12-1 高校思想政治理论课教学评价指标及权重内容

一级指标	二级指标
教学理念（10%）	坚持以人为本、尊重和理解学生，注重调动学生的积极性（50%） 坚持因材施教、尊重教学规律（30%） 注重学科联系（20%）
教学目标（10%）	目标明确、符合大纲要求（50%） 结合学生实际、体现教学要求和学科特色（50%）
教学内容（10%）	重难点突出、科学准确（20%），创造性使用教材（20%） 内容与社会需求紧密联系（20%） 具有较深专业知识、吸取新知识（20%） 拓展教材文化内涵、以人为本（20%）
教学过程（20%）	发挥学生主体性、有效调动学生主动性（30%） 教学规范，完成任务（20%） 注重学生学习方法、重难点把握好（25%） 课堂气氛融洽、师生互动好（25%）
教学方法（10%）	方法灵活、符合课程特色（30%） 重视学生认知、启发学生（30%） 培养学生学习方法，鼓励创新研究（40%）
教学态度与表达（15%）	态度良好、治学严谨（50%） 表达清晰、较好运用多媒体（50%）
教学特色与效果（15%）	特色鲜明，有魅力（50%） 注重学生理论与实践操作能力的培养（50%）
学生表现（10%）	敢于质疑（20%） 积极参与（40%） 持续关注（40%）

如上表内容显示，这个指标体系是从"教师、学生、教师教学、学生学习"等四个维度来对高校思想政治理论课教学评价进行分析。充分体现出"教"与"学"的有效结合，尤其是分设"学生表现"和"教学效果"两个指标，这既是对教师"教"的效果评价，更是对学生"学"的评价，使其得到了较为完美的统一。

第三节 思想政治教育综合评价体系构建的路径分析

一、思想政治教育评价体系的建构依据

(一) 坚持以马克思主义中人的全面发展理论为导向

"科学发展观提出了'以人为本，全面、协调、可持续'的发展理念，其终极目标是为了实现人的全面发展。"[①] 在马克思主义中有关于人的全面发展的相关阐释，与教育目标不谋而合，成为指导和评价研究思想政治教育的重要导向理论依据，具有一定的科学性和合理性。

马克思主义在我国社会主义发展过程中具有较强的指导作用，其中很多基本理论观点都为我国发展建设指明了方向，并逐渐与我国社会主义建设发展实际情况相结合，形成了系列中国化的马克思主义，进一步促进了社会的全面发展。马克思主义中提出的人的全面发展思想也是经过不断地发展逐渐形成的，从《德意志意识形态》到《政治经济学批判大纲》再到《资本论》，从马克思、恩格斯的这些著作中可以看到人的全面发展思想的形成和完善。对于不同的对象而言，人的全面发展内容有所不同。例如，相对于自然界来说，是人的能力的全面发展；相对于人类社会来说，是人的社会关系的全面发展；相对于人的自身来说，是人的素质的全面发展。而人的个性自由发展是人的能力、社会关系、素质全面发展的前提。而从这个观点中全面发展的不同角度来看，也呈现了不同的特点：纵向发展上具有一定的充分性；横向发展上更多地体现了全面发展的协调性；从时代发展需求上来看，又带有浓厚的时代性。"从马克思主义的人的全面发展的思想内涵看，学生的全面发展，应该是学生的能力、社会关系、素质与个性的全面发展。"[②] 通过对思想政治教育的全面研究，可以明显看到最重要的核心人物就是加强学生自身能力和素质的培养，简单来说就是将育人放在重中之重的位置，这是思想政治教育被教育者全面发展的重要衡量标准。鉴于此，在构建和完善思想政治教育评价体系时，将人的全面发展理论作为科学的理论指南是很有必要的，涉及学生自身的全面发展，自然和社会的全面发展，能够更好地促进思想政治教育成为一个完整的体系，提高思想政治教育的质量和效果。

(二) 坚持将思想政治教育价值的实现与否作为重要评价标准

在建立健全思想政治教育评价体系时，制定科学、合理、有效的评价标准是很关键的一个步骤，这直接关系着评价体系的具体实践效果。目前思想政治教育提倡理论教育与社会实践教育相结合，以便促进思想政治教育价值的实现，满足政治社会化的需求，

[①] 沈炜，宋来. 大学生全面发展教育：科学发展观视角 [M]. 上海：华东理工大学出版社，2009：18.
[②] 陈小鸿. 论人的自由全面发展 [M]. 北京：人民出版社，2004：344.

同时也是检验学生在思想政治教育中的成长成才，是否满足了学生的个体个性发展需求。因此，在设置思想政治教育评价标准时，一定要将是否实现了思想政治教育价值作为重要衡量标准。

结合思想政治教育价值实现的具体运行阶段可以看到，需要经过价值内化、价值外化、价值评论三个不同的阶段。无论是思想政治教育价值的内化还是外化，最主要的都是为了完成思想政治教育价值的转化，只有到价值评价阶段才是具体实践应用阶段，也是检验思想政治教育创造的价值的重要环节。思想政治教育价值能否实现，人们对思想政治教育及其活动的价值评判是否恰当，都依赖于如何保证思想政治教育价值的实现。这与思想政治教育的育人目的有很大关系，不论怎样的教育都必须以被教育者为主体，能够充分满足他们的需求，才会在具体的实践活动中选择使用，并在反复实践的过程中逐渐内化为自身的主体精神，形成稳定的思想道德价值取向，否则该教育就仅仅是一个理论与策划的过程，无法作用于具体的社会实践活动，为社会创造更大的价值。因此，推进和保证思想政治教育价值实现构成了制定评价标准的依据。

当然，要想推动思想政治教育价值的全面实现，离不开社会、学校和家庭教育者的融合，它们是开展思想政治教育的重要途径，自然成为价值实现的有效方式。在思想政治教育中最主要的还是集中在学校教育上，这是由专业的思想政治教育者有组织、有计划、有目的开展的集体、系统思想政治教育活动，广泛参考借鉴国内外优秀的思想政治教育经验，不断结合时代发展变化和学生群体特征丰富思想政治教育内容，创新教育手段，能够有效确保思想政治教育更加的科学化、系统化，形成一定规律性的教育活动。同时在高校思想政治课堂教育、校园文化制度建立、思想政治教育校园环境营造等因素的支持下，能进一步提高思想政治教育质量与水平，帮助学生学会利用马克思主义基本原理分析问题和解决问题的能力，使其树立科学的世界观、人生观和价值观，提高学生的思想道德素质，为社会培养合格的人才起到了主体性作用。从这里也不难发现社会才是人活动的最大舞台，也是教育人的最广阔的课堂，将思想政治学校教育延伸到社会中形成的社会教育也是整个思想政治教育体系中不可或缺的重要内容。通过定的社会教育，能很好地培养学生吃苦耐劳、团队合作、责任意识、选择适应等方面能力，同时这也是学生提前适应社会，全面了解社会、发现社会真实情况的有效途径，能够激发学生为了更好地服务社会，自我反思，弥补自身不足，不断完善自身，促进自身专业知识技能和综合素质提升的重要途径之一。当然在思想政治教育中，家庭教育也占据着重要地位，它更多的是在日常生活中培养学生人际关系的亲情性，在教育内容上盖了一切思想政治教育价值取向内容，可以说是最原始、最持久、最具人情色彩的思想政治教育价值实现途径，同时家庭教育也是对学校教育和社会教育的必要修正和补充，具有一定的积极意义。

（三）坚持以教育发展评价价值多样化为思想政治教育评价原则

教育理论的形成经过了漫长的发展时期，目前使用范围最广的是在20世纪80年代末由库巴（Kuba）和林肯（Lincoln）等人共同提出的第四代教育评价理论。在这个教育评价理论中认为，评价就是通过共同"协商"从而实现的"心理建构"过程，赋予了被评价事物一定的价值，同时"第四代评价对前三代评价观进行了批判，认为在价值观多元化的社会里，评价的最终结果是参与评价及与评价有关的人或团体基于对对象的认识通过协商而整合成的一种共同的、一致的看法"。

针对思想政治教育展开的相关教育评价，是一个复杂的过程，会涉及很多方面为了满足不同关系者的利益，在使用第四代教育评价理论时，要坚持价值多样化的观点看法。在具体实践应用过程中，不能单一地听取一方的评价观点，而要综合考虑与思想政治教育评价有关的各个方面的观点意见，才能最大化地确保评价的客观、公正、准确，同时还能有效地协调不同评价者的价值标准，最终有效地解决彼此之间的分歧，达到认可度较高的思想政治教育评价结果。

当然在进行思想政治教育评价时，还要创新评价方法，不能使用单一的评价方法，反而要突出质性和多样性评价。学生作为思想政治教育中的参与主体，在评价上也是很关键的部分，为了全面地对思想政治教育主体展开评价，要始终坚持多元化和全面参与性原则，将学生作为教育评价的重点。在评价过程中，需要对评价主体的各种实践活动进行整合，尽可能地达成评价意见共识，面对学生个体特征较为突出的现状，在制定评价标准时也不能"一刀切"，也要突显适切性与差异性，打破以往用统一标准评价不同目标群体的方式。同时还必须认清思想政治教育评价的目的，是为了及时了解思想政治教育上的不足与缺陷，更好地促进学生的全面发展，以达到思想政治教育价值实现的目的，注重突显思想政治教育评价的导向功能，将关注焦点转向评价过程的形成。

（四）坚持提高思想政治教育工作的实效性

思想政治教育实效性的实现及评价过程，是一个教育影响力生成、接受、内化、体验与评价选择的复合过程，主要考察教育者是否把握思想政治教育活动的连续性与阶段性规律，并按照教育对象的情绪、思想、接受能力、行为方式、发展特点，有重点、有步骤地实施教育；考查学生是否认同和接受教育者所传授的思想政治观点及其内容信息，并使之内化为自己的道德行为准则；考察思想政治教育活动是否满足了学生全面发展所需的各项活动的开展，进而使得高校在人才培养的定位及效果上满足社会的需求。正确评价思想政治教育实效性，一方面有助于思想政治教育工作者结合工作实际，不断调整工作方向，提升工作的针对性和实效性；另一方面有助于教育对象在评价体系的实施过程中不断内化社会规范的主动性和自觉性，养成自我教育、自我管理、自我约束的调整机制，从而达到思想政治教育评价有效实施，思想政治教育工作不断优化、科学化的目的。

（五）坚持平衡计分卡理论在思想政治教育评价中的应用

自"衡量组织业绩"课题提出以来，平衡计分卡理论在社会各界的口碑越来越好，运用程度越来越高。许多政府、高校、企业都将之引入自己的工作评价中，并作为相当重要的一项参考数据。思想政治教育工作评价作为高校工作评价的一个重要环节，作为"可以应用于企业组织以外的各种组织的战略和工作评价"的平衡计分卡理论也非常适用。而平衡计分卡理论主要从以下几点为思想政治教育工作提供帮助。

1. 为思想政治教育工作评价提供定量定性的分析方式

思想政治教育工作评价是定量和定性相结合的工作。平衡计分卡理论用具体形象的方式对思想政治教育工作评价进行了分析。

2. 为思想政治教育工作评价提供了明确的指引方向

平衡计分卡理论的程序

般为确认目标→检测过程→收集数据→分析数据→构建评价标准→实施评测。这对于思想政治教育工作评价来说，是值得借鉴的。

3. 为思想政治教育工作评价提供了思考方向

平衡计分卡理论在企业中的运用对于股东、员工、客户都有一套相对详尽的理论方案，尤其对于客户意见和感受的尊重尤为成功。这就给思想政治教育工作的评价提供了一个思路，即对于学生的意见和感受应该被提上日程。对思想政治教育工作的评价应该清楚地认识到其本身所具有的多元性和特殊性。

4. 为思想政治教育工作的评价标准提供了可借鉴的方案

平衡计分卡理论是通过具体的评价标准将战略目标变成形象可见的数据，经由这些数据对结果和预期目标进行分析和比较，从而了解自身的缺陷和不足，并对过程中出现的困扰进行记录和分析进而得出解决问题的方案。而在思想政治教育工作评价体系的构建过程中，也可以借鉴用来将具体事件与评价目标紧密结合在一起。

二、思想政治教育评价目标的确立

思想政治教育工作评价目标的科学性程度直接影响着思想政治教育工作评价工作的结果。在思想政治教育工作评价体系的构建中，评价目标扮演着灯塔的角色，一旦缺少了这个"灯塔"，思想政治教育工作评价过程中的行为就缺少了指导和方向，费时费力是难免的，可能还会做无用功，甚至有可能起反作用。所以说，在思想政治教育工作评价体系的构建中，如何科学地设置其评价目标是一个首要任务，是一个要首先考虑解决的问题。

（一）目标设置程序

思想政治教育工作评价目标的设置是一个有步骤、有层次的行为。从参与者的划分来看，应该从一个群体、一个部门作为单位开始制定目标，然后细分为一个个单独的个体。这只是一个对目标的简单划分，思想政治教育工作评价目标应该是"从群众中来，到群众中去"。从大多数人的基本利益出发，收集和统计分析数据，然后综合设置评价目标，提升大多数人的思想政治境界和道德文化素质，这是一个民意过程的体现。简单地说，首先，对各个部门和群体在对其自身的所收集而来的信息进行目标的分配和安排，并跟上季的结果进行比较，充分了解自身当前状况和目标之间有多少距离。这个目标可以是分配而来，也可以是综合考虑自身目前的状况和当前所具有的条件而自己提出来。这样也更符合其"从群众中来"的思想。其次，思想政治教育工作评价目标应根据所掌握的各方面的信息，对信息的真实度进行核实并针对各个部门当前的状况、条件和需求进行求证。在此基础上对已分配、下达、上交的评价目标进行审核，主要审核其实际性、实用性、可行性对部分目标进行修改和完善，对修改和完善后的评价目标进行再次的审核，综合所有的目标后形成相应的总目标以及各个部分目标的合计。经过多次反复多次审核形成最后的评价目标，才确定发布下达给每个部门单位。最后就是各个部门单位将目标彻底学习分析后，制订出计划，为每个个体分配目标并开始实施评价。在评价的初始阶段，或者说是试行阶段，要不断对施行的过程进行测验和分析。实践是检验真理的唯一标准，对于实践过程中所出现问题和状况需要进行不断统计和分析，不断地完善和改进评价的方法和指标。

（二）目标设置方法

思想政治教育工作评价目标的设置方法应遵循多元化，通过多方面的量化进行分析和设置。量化的方式可以使得思想政治教育评价目标变得形象化而可分析比较。从另外的角度来说，同时也为目标结果的分析做好了可分析的准备。而其主要的方法有如下几种：一是分解分配，也就是在对大目标的分析后，将大目标分解成小目标，将长期目标分解成短期目标，然后具体分配到各个部门、单位和个体上；二是强制规范，这一点主要是要求参与者在思想政治教育工作评价过程中必须做哪些事，并将哪些作为评价内容拿来分析和比较；三是标杆，这是一种通过比较来设置目标，将一些重点的要点进行设置区分，以鲜明的标记突出其重要性；四是量化，就是通过具体的数字对目标进行统计和分析；五是程度，就是将目标以其难度和成功率分为几个阶段，通过每个阶段来进行判断目标的被接纳和施行程度。

（三）目标设置原则

不同的高校的思想政治教育工作评价所面临的困难和所具备的条件都不一样所以其评价目标的设置也必然不同。在思想政治教育工作评价目标的设置上想要使得思想政治教育工作评价顺利施行，则必须遵循以下几点原则。

1. 一是方向和目标统一原则

思想政治教育工作评价所面临的范畴并不小，需要考虑的因素非常多，这就要求思想政治教育工作评价目标也需要多元化，以适应各个方向的发展要求。而评价目标不可能说是简单地以今天做什么明天做什么来界定，而是要强调思想政治教育工作的重点方向。因为思想政治教育工作本身是一项持续性的工作，不可能一步到位。所以其评价目标也必然要遵循这个要求，也就是对整个过程进行一定的划分，划分为数个阶段，每个阶段有每个阶段的短期目标。短期目标需要围绕长期目标来进行划分制定，短期目标服务于长期目标。

2. 统一性和多样性相结合原则

统一性是指思想政治教育工作评价的各个阶段、各个部门单位、个人的评价目标要与实际总目标相一致，为高校教育单位和社会的未来负起责任。多样性则是针对思想政治教育工作评价对象和指标、目标等的层次性来说，需要有多个小目标和短期目标来具有针对性地进行评价分析。通过短期的策划和战略，实现长期目标。

3. 客观性与主观性相结合原则

思想政治教育工作评价目标代表着参与者和社会对学生的期望以及信念。这本身是一个主观性的东西，我们在对思想政治教育工作评价目标的设置过程中，要对这些主观性的东西进行充分的分析，使之发挥其本身积极一面的作用。而我们在对思想政治教育工作进行评价的过程中,又需要一定量化的数据信息来对评价目标进行分析和比较,需要评价目标是形象可见的数据信息,需要其具有真实性和客观性。所以说,思想政治教育工作评价目标的设置需要客观性和主观性相结合。

4. 挑战性和可行性相结合原则

思想政治教育工作评价目标不能太低或者太高。因为如果将评价目标设置过低,则评价过程过于简单,对于参与者来说没有难度和压力,评价就无法达到预期目的。而如果评价目标过高,太过高于目前的实际则容易造成"假大空"的现象,评价目标一旦脱离实际,则评价过程就会变成一个虚的过程,评价的结果也必然是一个不切实际的结果。要知道,思想政治教育工作评价目标是应该来自实际又高于实际,但是这里的"高于实际"仅仅是为了让目前的状况有所进步而给的压力,从压力中给参与者动力。所以,思想政治教育工作评价目标的设置要"来源于实际适当高于实际"。

(四)根据评价资源和外部环境确定评价目标

思想政治教育工作评价的参与者群体是非常大的,而无论是主体还是客体,无论其教育环境和条件如何,都需要从实际出发,对本身所掌握的信息进行分析,对本身所具备的条件和能力进行总结,对所能使用的资源进行统计,来对其自身在思想政治教育工作评价中的行为进行判断,应该做什么,不应该做什么,应该积极做什么,应该避免什么。简单来看,思想政治教育工作评价参与者参与思想政治教育工作评价目标的设定与其发展或所持的价值取向是相符合的。但是如果深入地进行分析,我们会看到思想政治教育工作评价目标在设定过程中其实更侧重于对参与者本身所具备的和不具备的特点能力的分析。评价参与者的特点和能力素质直接决定着评价目标的设置,同时评价目标的实现也需要依靠参与者的特点和能力。从这点来说,思想政治教育工作评价目标的设置是为了"增益其所不能"和"更上一层楼"。

思想政治教育工作评价的实施在很大程度上取决于思想政治教育工作评价的环境。而思想政治教育工作评价环境又分为内部环境和外部环境。其中内部环境决定着评价目标施行的动力和支持,外部环境决定着思想政治教育工作评价的规模、所使用的方式和目标的设置。外部因素包括了人力、物力、财力等等方面的因素,涵盖了当前的经济形势、政治形势、文化环境等。在对评价目标进行设置的时候,需要考虑到这些外部因素,才能将目标设置在现实的基础上。

三、思想政治教育评价指标建构的具体路径

(一)总体架构

结合平衡计分卡理论和框架,并就思想政治教育工作评价中平衡计分卡理论的运用和借鉴进行分析可知,思想政治教育工作评价不仅仅是一项管理工作,与企业管理和分配有着本质的区别。所以,在对平衡计分卡理论进行借鉴和参考的同时,要牢记点,即必须以思想政治教育工作评价本身的特点和规律为基础进行借鉴。

平衡计分卡理论在企业中的运用方式就是将目标细分为财务、顾客、内部经营、学

习和成长过程等五个层次。而思想政治教育工作评价指标体系同样可以借鉴将指标划分为评价结果、学生思想道德素质提升程度、思想政治教育工作过程三个层次，以此明确思想政治教育工作的核心。思想政治教育工作评价的最简单的表现就在于参与者本身的思想政治境界和道德文化素质是否得到提升。所以，评价结果应该主要侧重于对思想政治境界和道德文化素质的考核和审评。从经济学的角度来说，思想政治教育工作评价就是为了使每笔"投资"都有明确的来源和去向，并尽量使得思想政治教育工作的"产出"大于"投资"，使所投入的资源得到高效率的应用。

（二）构建的主要思路

思想政治教育工作评价指标体系的构建对于整个思想政治教育工作评价体系的构建和完善有着指导性的意义，是一项责任深重而又艰巨的任务。而我国目前的思想政治教育工作评价仍处于一个起步阶段。对于评价目标缺乏借鉴经验，所以在对评价目标的设置过程中，在坚持原则的同时，还应充分把握思想政治教育工作评价指标体系的战略方向。

通过对国内外已有的高校教育单位的相关方面的理论知识和实践经验的总结，遵循思想政治教育工作评价体系构建和完善的原则，从思想政治教育工作评价本身的特点出发，以平衡计分卡理论为分析工具，以参与者的思想政治境界、道德文化素质的提升程度以及评价过程的发展为蓝本构建思想政治教育工作评价指标体系。在针对参与者的思想政治境界和道德文化素质进行的考核上，要考虑到其本身所具备的能力和条件，参与者不仅仅是个体，还包括了各个部门单位群体。针对其原来的层次和应有的发展速度，对所制定的目标需要进行再评判，才能得出最合适的评价指标。

（三）体系指标构建原则

思想政治教育工作评价是一项复合型的工作。所以评价指标就需要充分考虑到来自各个方面的要求和需要。需要对思想政治教育工作的构成结构有一个充分的了解，在此基础上综合思想政治教育工作的特色和发展规律，重点分析对思想政治教育工作有重大影响力的因素，保证评价目标的整体性，同时多方面进行考核。在对评价内容进行设定之前，必须要将评价目标作为纲领，从实际出发才能为思想政治教育工作提供导向。尽量让每个评价指标都具有指向性和针对性，每个指标或者几个指标都能代表一个或者几个领域范围内的评价范畴。同时，思想政治教育工作评价指标具有独立完备性。一方面，思想政治教育工作评价指标与指标之间应尽量减少重复，以减少投入资源，这里的"减少重复"不代表指标与指标之间就没有任何关系，而是指标与指标之间应该有一个相互联系、互相促进、共同进步的关系；另一方面，指标与指标之间通过相互配合而为最终目的服务。

思想政治教育工作评价指标还应该是可测量、可比较的一个具体化的数据。这就要求思想政治教育工作评价指标应该是一个能用具体的数字化或者书面化、语言化等形式表现，并对评价结果可以用一定的量化进行互相比较，包括同一个部门不同个体的比较，同一个部门现在和历史的比较等。

（四）体系指标的权重设计

思想政治教育工作评价指标体系的构建和完善基础在于其指标权重的设计。我国目前的思想政治教育工作及其评价所面临的问题存在许多差异，各教育单位的层次不一样，各教育单位的学生的素质水平不一样，各教育单位所具备的物理条件不一样，不同城市的经济发展环境不一样等。因此不同地点、不同教育单位的思想政治教育工作评价指标必然存在差异，虽然总目标是一致的，但是其侧重发展点必然不一样，尤其是在思想政治教育工作评价指标权重的体现上存在差异。而目前常见的思想政治教育工作中使用的确定评价指标权重的方法主要有特尔斐法和经验加权法。其中，特尔斐法是先将思想政治教育工作评价指标的权重进行分配，然后传达给相关部门，以"背靠背"不记名的形式，让其做出修改，然后汇集来自各方面的意见，采用差和极差处理技术，对数据进行处理，并且将处理的结果再次发放给各部门。如此通过数轮书面咨询，最终使方案趋于完善。而经验加权法则是召集一部分专家，通过会议讨论的形式，得出最后的分配方案。

四、思想政治教育评价方式方法的创新

思想政治教育工作评价要想更成功，就必须要有先进的评价方法方式来参与。大学生作为一个高素质群体，在未来的社会、经济发展中有着非常重要的地位。其本身具备一定的文化素质和知识广度，但又由于群体中个体差异较大，如专业不一、家庭条件不一、个人能力条件不一等，所以思想政治教育工作评价具备其独有的特殊性。这也给思想政治教育工作评价带来了更多的考验。不论时代如何改变、经济如何发展，思想政治教育工作评价方法方式都一样是重中之重。

（一）绝对考评和相对考评的统一

绝对考评就是指在评价目标的制定中要有一个明确的指标和标准然后将评价结果与这个指标之间进行比较和分析从而得出结论。就如同相对运动一样，需要一个客观的参照物。而相对考评则是指以正态分布理论基础对评价对象在整体中所处的位置进行分析。相对考评是一种能对评价对象的状况进行系统分析的方式。

（二）定性考评和定量考评的统一

从某种意义上来说，定性考评是一个单选题，而定量考评则是一个比较判断题。定性考评的方式是在参与者的言行中得出一定的结论和结果，并对这些结论和结果进行系统的分析。而定量考核则是通过数字化的形式来对评价对象进行描述。而在思想政治教育工作评价过程中，往往无法统一用准确的数字来进行描述，而又由于其本身的特殊性，也往往无法一言盖棺定论。所以就需要二者相统一来进行考评，才能得出相对客观的考评方式。

（三）分析与综合的考评方式统一

分析考评就是将思想政治教育工作评价目标和内容细分为数个层次和范畴。然后对

这几个层次或范畴进行分别考评从而综合得出结论。而综合考评则相反，是站在一定的高度上对评价目标和内容进行整体考评。如果将分析考评看作是一个"零存整取"的方式，那么综合考评则是一个"整存零取"的过程。因为综合考评所得到的结论还必须进行一系列的分析从而得出结论，是哪里做得不好，哪里做得不够，哪里还需要加强等。只有将二者相结合，才能得出最合适的思想政治教育工作评价考评方式。

参考文献

[1] 白迪. 大数据时代高校思想政治理论课教学研究［J］. 高教论坛, 2014 (10).

[2] 包玉琴. 走出困惑——新时期大学生思想道德教育问题探析［M］. 北京: 民族出版社, 2003.

[3] 鲍中义, 熊龙. 微博对大学生思想政治教育的影响及对策研究——基于问卷调查的分析［J］. 教育观察, 2016 (08).

[4] 边和平. 高校思想政治理论课教育教学论［M］. 徐州: 中国矿业大学出版社, 2014.

[5] 曹顺仙, 薛桂波. 高校思想政治理论课"一体化"探究式教学模式的理论探索与实践创新［M］. 北京: 北京理工大学出版社, 2014.

[6] 陈秉公. 思想政治教育学基础理论研究［M］. 长春: 吉林大学出版社, 2007.

[7] 陈洪涛. 高校思想政治理论课评价论［M］. 北京: 中国社会科学出版社, 2011.

[8] 陈鸿雁. 高校思想政治理论课教师胜任力研究［M］. 石家庄: 河北人民出版社, 2011.

[9] 陈万柏, 张耀灿. 思想政治教育学原理［M］. 北京: 高等教育出版社, 2007.

[10] 陈文强. 高校网络思想政治教育现状及策略研究［D］. 昆明: 云南师范大学, 2018.

[11] 陈晓力. 教师专业化: 提升教师职业品位的分水岭［J］. 教育理论与实践, 2003 (2).

[12] 丁国浩. 问题意识导向下的高校思想政治理论课教学研究［M］. 杭州: 浙江大学出版社, 2017.

[13] 樊泽民. 我国大学生思想政治教育的几个前沿问题［J］. 湖南社会科学, 2013 (05).

[14] 方世南. 高校马克思主义思想政治理论课程改革创新研究［M］. 北京: 人民出版社, 2007.

[15] 封鲁宁. 浅析改革开放40年高校思想政治教育管理的发展［J］. 赤子, 2019, 14 (10).

[16] 冯国芳. 高校思想政治理论课教学育人论［M］. 上海: 上海交通大学出版社, 2014.

[17] 冯培. 挑战与变革: 慕课时代的高等教育［J］. 前线, 2013 (12).

[18] 冯培. 新媒介时代高校思想政治理论课创新体系研究［M］. 北京: 旅游教育出版社, 2013.

[19] 顾海良, 余双好. 高校思想政治理论课程教学改革研究［M］. 湖北: 武汉大学出版

社，2006.

[20] 顾海良. 高校思想政治理论课程体系的演化及其基本特点[J]. 教学与研究，2007（02）.

[21] 顾晓英. 一身一任，高校思想政治理论课教师主体性研究[M]. 上海：上海大学出版社，2016.

[22] 顾钰民. 高校思想政治理论课教学方法研究[M]. 上海：复旦大学出版社，2012.

[23] 韩东才，房慧玲. 社会问题对高校思想政治理论课教学的影响研究[M]. 广州：中山大学出版社，2008.

[24] 洪明. 碰撞、共鸣、认同：高校思想政治理论课互动教学探索[M]. 武汉：湖北人民出版社，2012.

[25] 胡爽. 高校网络思想政治教育的现状及对策研究[D]. 西安：西安工程大学，2017.

[26] 胡铁生. 微课：区域教育信息资源发展新趋势[J]. 电化教育研究，2011（10）.

[27] 黄崴. 教师教育专业化与教师教育课程改革[J]. 课程·教材·教法，2002（1）.

[28] 霍福广，刘社欣. 信息德育论[M]. 北京：人民出版社，2008.

[29] 姬广阁. 论高校思想政治教育话语权现状与对策[J]. 山东行政学院学报，2018（03）.

[30] 季海菊. 共享社区：新媒体时代高校思想政治教育的模式选择[J]. 学海，2010（06）.

[31] 贾继斌. 正确认识网络的本质和功能大力加强网络思想政治教育[J]. 中外企业家，2013（08）.

[32] 景星维，吴满意. 论网络思想政治教育的新理念[J]. 思想政治教育研究，2019（06）.

[33] 赖莎，孙朝. 浅析高校辅导员在"易班"平台的应用[J]. 山西青年，2013（20）.

[34] 李逢庆. 混合式教学的理论基础与教学设计[J]. 现代教育技术，2016（9）.

[35] 李泽中. 试论微信对高校思想政治教育的影响及对策[J]. 山西青年，2019（03）.

[36] 梁永郭，耿微. 高校思想政治教育网络化教学研究[J]. 天津电大学报，2014（4）.

[37] 梁臻. 利用"易班"开展大学生思想政治教育的研究[J]. 知识经济，2012（10）.

[38] 刘向永. 教育技术：塑造教师专业发展[J]. 中小学信息技术教育，2003（8）.

[39] 刘兴亮. 微博的传播机制及未来发展思考[J]. 新闻与写作，2010（3）.

[40] 刘媛媛. 高校思想政治教育话语权研究[D]. 沈阳：辽宁大学，2017.

[41] 刘志敏. 高校网络思想政治教育现状与对策研究[D]. 太原：中北大学，2016.

[42] 卢挚飞. 易班在高校思想政治教育中的作用探析[J]. 群文天地，2012（2）.

[43] 鲁宽民. 网络思想政治教育论[M]. 北京：社会科学文献出版社，2014.

[44] 吕冬云. 新时代高校思想政治教育管理方法的创新探究[J]. 黑龙江教育学院学报，2019，38（03）.

[45] 磨然. 高校网络思想政治教育现状及对策研究[D]. 牡丹江：牡丹江师范学院，2017.

[46] 倪愫襄. 思想政治教育概念的逻辑分析[J]. 学校党建与思想教育，2013（9）.

[47] 潘思文. 高校思想政治教育中微信公众平台的应用[J]. 吉林省教育学院学报，

2019, 35 (09).

[48] 平章起, 梁禹祥. 思想政治教育基本理论问题研究 [M]. 天津: 南开大学出版社, 2010.

[49] 秦端茜. 思想政治教育话语权功能研究 [D]. 南宁: 广西师范学院, 2013.

[50] 秦琬媛, 王琪, 黄长云. 职业道德与法律 [M]. 长春: 吉林人民出版社, 2017.

[51] 孙兆静. 高校思想政治教育网络载体的新探索 [J]. 吉林工程技术师范学院学报, 2012, 28 (10).

[52] 汪倩倩. 网络语境下高校思想政治教育话语研究 [J]. 改革与开放, 2016 (21).

[53] 王睿. 探析微课在高校思想政治理论课中的应用 [J]. 现代交际, 2019 (13).

[54] 王顺顺, 莫冠. 高校思想政治理论课易班教学面临的双重境遇及应对策略 [J]. 高教论坛, 2018 (11).

[55] 魏魏. 运用"微教育"创新高校思想政治教育 [J]. 辽宁医学院学报 (社会科学版) 2016 (1).

[56] 翁贤锋. 我国大学政治理论课程政策分析 [D]. 长沙: 湖南师范大学, 2007.

[57] 吴满意. 高校思想政治理论课虚拟社会实践研究 [M]. 成都: 电子科技大学出版社, 2016.

[58] 邢伟荣, 曹亮. 论高校网络思想政治教育话语失当及回归 [J]. 教育与教学研究, 2011 (12).

[59] 熊雅妮. 网络环境下高校思想政治教育话语权的构建 [J]. 胜利油田党校学报, 2017 (06).

[60] 徐建军. 网络与思想政治教育的关联 [J]. 现代大学教育, 2009 (05).

[61] 薛一筝. 微博在高校思想政治教育工作中的创新研究 [J]. 渭南师范学院学报, 2018, 33 (22).

[62] 阎高程, 高国伟. 在高校思政课教学中引入网络舆情的价值探究 [J]. 学校党建与思想教育, 2015 (1).

[63] 杨鸽, 赵英. 微博在高校思想政治教育工作中的应用研究 [J]. 科教导刊 (电子版), 2019 (04).

[64] 杨建义. 大学生思想政治教育路径研究 [M]. 北京: 社会科学文献出版社, 2009.

[65] 杨凯. 微博在高校思想政治教育中的创新应用研究 [J]. 吉林广播电视大学学报, 2017 (09). 杨立淮, 徐百成. "微博"网络生态下的高校网络思想政治教育 [J]. 中国青年研究, 2011 (11).

[66] 杨林香. 高校社会主义核心价值观培育微传播与主渠道融合研究 [J]. 社会主义核心价值观研究, 2017, 3 (04).

[67] 杨思远, 孟艳春, 魏建斌. 主义论: 论马克思主义及其中国化 [M]. 石家庄: 河北人民出版社, 2008.

[68] 叶天放. 高校思想政治理论课教学管理初探 [M]. 上海: 复旦大学出版社, 2010.

[69] 詹万生. 整体构建德育体系总论 [M]. 北京: 教育科学出版社, 2001.

[70] 张春宇. 论移动互联网背景下高校思想政治教育的创新 [J]. 教育与职业, 2015 (03).

[71] 张加才. 高校思想政治理论课实践教学模式研究 [M]. 北京：中国民主法制出版社，2016.

[72] 张金鑫，张国启. 微时代思想政治教育话语权提升的逻辑思考 [J]. 继续教育研究，2015（02）.

[73] 张丽斌. 高校思想政治理论课网络教学模式的建构 [D]. 重庆邮电大学，2017.

[74] 张守龙. 社会热点在高校思想政治理论课教学中的运用研究 [M]. 合肥：中国科学技术大学出版社，2015.

[75] 张天文. 新时期我国高校思想政治教育管理队伍建设研究体会 [J]. 现代经济信息，2018，21（30）.

[76] 张雅楠. 高校思想政治教育网络话语权的建构研究 [D]. 长春：长春理工大学，2019.

[77] 张耀灿，郑永廷，吴潜涛，等. 现代思想政治教育学 [M]. 北京：人民出版社，2006.

[78] 张晔. 网络思想政治教育载体创新 [J]. 新玉文艺，2019（02）.

[79] 张迎春，吴云志，丛茂国，李伟民. 新时期大学生思想政治教育的十个问题 [M]. 长春：吉林大学出版社，2006.

[80] 张瑜. 高校网络思想政治教育发展与创新研究 [M]. 北京：人民出版社，2014.

[81] 张再兴. 网络思想政治教育研究 [M]. 北京：经济科学出版社，2009.

[82] 张智强. 高校思想政治理论课讨论式教学研究 [M]. 上海：上海人民出版社，2012.

[83] 郑吉春，王秀彦. 明德正行 新媒体时代大学生思想政治教育研究论文集 [M]. 北京：北京工业大学出版社，2015.

[84] 郑志龙，余丽. 互联网在国际政治中的"非中性"作用 [J]. 政治学研究，2012（04）.

[85] 周向军. 高校思想政治理论课教学方法探索 [M]. 济南：山东大学出版社，2012.

[86] 周中之，石书臣. 现代思想政治教育理论与实践探微 [M]. 北京：人民出版社，2009.

[87] 朱丹. 移动互联网时代下高校思想政治教育创新研究 [J]. 福建教育学院学报，2016，17（07）.